社会法学

前沿问题研究

赵红梅

　　教授，中国政法大学民商经济法学院社会法学科学术带头人。在《中国法学》《中外法学》等权威和核心期刊发表论文近 20 篇。作为负责人主持了国家社会科学基金一般项目、国家法治与法学理论研究一般项目、北京市哲学社会科学基金一般项目、中国法学会部级法学研究重点项目等科研课题。代表性专著（独著）《私法与社会法——第三法域之社会法基本理论范式》获北京市第十一届哲学社会科学优秀成果二等奖。

社会法学前沿问题研究

赵红梅

| 主编 |

中国政法大学出版社

2020 · 北京

本教材系"中国政法大学第一批研究生精品教材支持计划"
和"中国政法大学新兴学科培育与建设计划"项目资助成果。

总　序

　　2017 年 5 月 3 日，习近平总书记考察中国政法大学并发表重要讲话。他指出，全面推进依法治国是一项长期而重大的历史任务，也必然是一场深刻的社会变迁和历史变迁。全面推进依法治国，法治理论是重要引领。办好法学教育，必须坚持中国特色社会主义法治道路，坚持以马克思主义法学思想和中国特色社会主义法治理论为指导。我们要坚持从我国国情出发，正确解读中国现实、回答中国问题，提炼标识学术概念，打造具有中国特色和国际视野的学术话语体系，尽快把我国法学学科体系和教材体系建立起来。加强法学学科建设，要以我为主、兼收并蓄、突出特色。要努力以中国智慧、中国实践为世界法治文明建设做出贡献。希望法学专业广大学生德法兼修、明法笃行，打牢法学知识功底，加强道德养成，培养法治精神。

　　习近平总书记的重要论述深刻阐释了法治人才培养的重要意义以及法学学科体系建设的突出地位和特殊使命。法治人才培养是法学教育的核心使命，法学教材体系是法学学科体系建设的重要内容。没有科学合理的法治人才培养机制，没有适合我国国情的法学教材体系，没有符合法治规律的法学教育模式，就不可能完成全面推进依法治国的历史重任。大力加强法学教材体系建设是培养高素质法治人才的基础性工作，对于加强法学学科建设，培育社会主义法治文化，坚持和发展中国特色社会主义法治理论，推进国家治理体系和治理能力现代化都具有重要意义。

为了深入贯彻习近平总书记考察中国政法大学时重要讲话精神，创新法学人才培养机制，加强法学教材体系建设、发展中国特色社会主义法治理论，充分利用中国政法大学作为国家法学教育和法治人才培养主力军的地位，发挥中国政法大学法学学科专业齐全、法学师资力量雄厚、法学理论研究创新方面的优势，我们组织专家学者编写了这套中国特色社会主义法治理论系列研究生教材，期待着为建立健全法学学科体系和教材体系贡献尽绵薄之力。

整体而言，这套教材有以下几个鲜明特色：

第一，坚持以中国特色社会主义法治理论为指导。中国特色社会主义法治理论是新时代法治建设的指导思想，也是该套教材编写的理论指导。在教材编写中，我们坚持以中国特色社会主义法治理论为指导，把立德树人、德法兼修作为法学人才培养的目标，努力探索构建立足中国、借鉴国外、挖掘历史、把握当代、关怀人类、面向未来的中国特色社会主义法学学术和话语体系。教材既立足中国，坚持从我国国情实际出发，又注意吸收世界法治文明成果，体现继承性、民族性、原创性、时代性、系统性和专业性，努力打造具有中国特色和国际视野的学术话语体系。努力为培养高素质法治人才提供基本依据，为完善中国特色社会主义法治体系、建设社会主义法治国家提供理论支撑。

第二，坚持反映我国法治实践和法学研究的最新成果。与传统的法学教材相比，这套教材作为"中国特色社会主义法治理论系列研究生教材"，其特色在于"研究生教材"的地位。不同于传统的以本科生为阅读对象、以基本概念和基础法律制度为主要内容的法学教材，这套教材意在提升法学研究生的问题意识和学术创新能力，培养法学研究生的自我学习意识和自我学习能力，反映我国法治实践和法学研究的最新研究成果。可以说，党的十八大以来在科学立法、严格执法、公正司法、全民守法等各方面的理论和实践创新都在这套教材中有所体现。

第三，坚持理论与实践相结合。习近平总书记强调"法学学科是一门实践性很强的学科，法学教育要处理好知识教学和实践教学的关系。"法治是治国理政的基本方式，法律是社会运行的基本依据，法学是社会科学的基本内容。这三个层面都决定了法学是面向社会、面向生活、面向实践的学科。长期以来，法学教育内容与法治实践需求相脱节始终是我国法学教育面临的突出问题。这套教材坚持理论与实践相结合，着力凸显法学学科的实践性，坚持法学教育内容与法治实践需求相结合，在教材中大量反映中国特色社会主义法治实践、社会实践、制度实践的内容，注重引导学生更加关注鲜活的法治实践、社会现实和制度变革。

由于能力有限，时间较紧，这套教材肯定还存在不少问题，期待各位专家和读者批评指正。

是为序。

马怀德

中国政法大学校长

赵红梅（中国政法大学民商经济法学院社会法研究所教授、社会法学科学术带头人）：

负责策划、协调、组织和统稿，并编写第一章"社会法基础理论"和第二章"劳动法"第三节（部分）、第六节（劳动行政法部分）。

金英杰（中国政法大学民商经济法学院社会法研究所副教授）：
编写第二章"劳动法"第一节（部分）。

杨飞（中国政法大学民商经济法学院社会法研究所副所长、副教授）：

编写第二章"劳动法"第一节（部分）、第二节、第三节（部分）、第四节、第五节、第六节（劳动争议调解仲裁法部分）。

娄宇（中国政法大学民商经济法学院社会法研究所所长、副教授）：

编写第三章"社会保障法"。

赵廉慧（中国政法大学民商经济法学院社会法研究所教授）：

编写第四章"慈善法"。

翟宏丽（中国政法大学民商经济法学院社会法研究所教授、副主任医师）：

编写第五章"卫生法"。

目录

CONTENTS

第一章 社会法基础理论

第一节 国外及我国台湾地区社会法基础理论 学术史回顾和相关研究综述

一、国外及我国台湾地区社会法基础理论学术史回顾[1]

"社会法"是大陆法系语境下的法律概念和法学术语。英国和美国等作为普通法系国家，根本不理解在大陆法系曾引起很大争议的"社会法"（Social Law）这一概念是何含义。

（一）德国

一般认为，"社会法"（德语"Sozialrecht"）作为一个学术概念起源于德国。这一概念早在 1870 年即由偌斯勒（Rosler）提出。[2] 据德国当代著名社会法学家察赫（Hans F. Zacher，又译为

---

〔1〕 本部分主要是赵红梅教授在其撰写的《第三法域社会法理论之再勃兴》（载《中外法学》2009 年第 3 期）一文的基础上，补充新的文献资料编写而成。

〔2〕 参见 Hermann Rosler, Deutsches Verwaltungsrecht, Bd., Ⅰ, Dassociale Verwaltungsrecht, 1872. 参见 ［德］Hans F. Zacher（ハンス・F・ツァハー）：《ドイツ社会法の构造と展开：理论、方法、实践》，藤原正则、多治川卓朗、北居功、佐藤启子译，日本评论社 2005 年版，第 6 页。

"察哈尔",德国马普学会前主席,现已故)介绍,德国现在的社会法有着三大历史来源,它们在现在的法律中也是显而易见的。社会法的渊源长期以来就已具有标准格式。比如通过社会保险达到集体自助这一历史来源,其中一部分可以追溯到中世纪。到了 19 世纪中叶,社会保险制度逐步完善,扩大到病人、丧失劳动能力的人和老年人。19 世纪下叶,俾斯麦政府针对具体问题公布了《疾病保险法》(1883 年)、《工伤事故保险法》(1884 年),又于 1889 年公布了关于对丧失劳动能力的人和老年人保险的法律。这几项法律于 1911 年合并组成帝国保险制度。[1]

在德国,第一次世界大战后兴起了社会民主主义的思潮,与此同时,德国开始施行所谓重要产业的社会化政策,通过国家或中间团体的统制来纠正原来自由放任所产生的各种问题。与作为自由放任的法律表现的市民法相对,上述政策体系上升为法律后即被称为"社会法"。[2] 从此,有学者开始强调作为第三法域之社会法的经济法与劳动法的独立性,拉德布鲁赫(Radbruch)教授是这种观点的代表者。[3] 第二次世界大战前,德国社会法理论研究异常活跃,真可谓观点各异、流派纷呈。[4]

1950 年沃尔夫(Erik Wolf)再次提及具有第三法域与团体法意义之社会法学说。[5] 然而,他的见解显然未在德国法学界引发

---

〔1〕 参见〔德〕汉斯·F. 察哈尔:《德意志联邦共和国社会法的编纂工作》,李兆雄译,载《国外法学》1983 年第 2 期;〔德〕汉斯·F. 察哈尔:《德意志联邦共和国的社会保险立法》,孙常敏、孙汇琪译,载《法学评论》1984 年第 1 期。

〔2〕 参见〔日〕小学馆编:《万有百科大事典 11·政治社会》,小学馆 1973 年版,"社会法"词条,第 247 页。

〔3〕 〔德〕拉德布鲁赫:《法学导论》,米健、朱林译,中国大百科全书出版社 1997 年版,第 77 页。

〔4〕 可参见〔日〕丹宗晓信、伊从宽:《经济法总论》,青林书院 1999 年版,第 52~59 页。

〔5〕 参见 Schmid, Sozialrechtund Rechtdersozialen Sicherheit, 1981, Berlin, S. 91.

回应。[1] 此后德国开始转向以狭义社会法学说，即将"社会法特指称社会安全法"作为最具影响力之通说。在德国，以社会安全法作为社会法之内涵与范畴之见解，可谓已受到普遍支持。[2] 德国这种局面的形成与其在 1953 年制定社会法院法有最直接关联。1957 年怀尔德（Wilde）等人主张以社会法院管辖权为范围，而将相关法律称为社会法，这一见解被学界严肃思考并接受。[3] 1975年德国陆续编纂社会法典（Sozialgesetzbuch）也对这种局面的形成起了重要的推动作用。[4] 在这一发展过程中，历经以察赫为代表的众多学者近二三十年论述，狭义社会法之概念与范畴遂更为明确，并成为学术、司法实务、政治与社会上之共同语言与共同概念，相关著述颇丰。[5]

除了将社会法特指称社会安全法作为社会法学通说之外，德国当代社会法学最具影响力的学说就是帕夫洛夫斯基（Pawlowski）等所确立的（真正）第三法域之社会法"团体法说"，就此，德国学者拉伦茨（Larenz）等与帕夫洛夫斯基进行过非常有价值的理论切磋（见后文）。

（二）日本

第一次世界大战时期社会法理论由德国传播至日本，此后三、四十年，日本的社会理论研究，产生了有重要影响的代表性人物、

---

〔1〕　参见郭明政：《社会法之概念、范畴与体系——以德国法制为例之比较观察》，载《政大法学评论》1997 年总第 58 期。

〔2〕　参见 Schmid, Sozialrechtund Rechtdersozialen Sicherheit, 1981, Berlin, S. 94.

〔3〕　参见 Schmid, Sozialrechtund Rechtdersozialen Sicherheit, 1981, Berlin, S. 95.

〔4〕　德国编纂社会法典的情况可参见 ［德］Hans F. Zacher：《德国社会法典计划》，郭明政译，载《政大法学评论》1998 年总第 60 期。

〔5〕　参见郭明政：《社会法之概念、范畴与体系——以德国法制为例之比较观察》，载《政大法学评论》1997 年总第 58 期。

学说及其作品，如桥本文雄[1]、加古祐二郎[2]、菊池勇夫[3]、沼田稻次郎[4]、丹宗昭信（曾用名：丹宗晓信）[5]等。在研究中，学者们不仅创立了各自的社会法学说，而且还形成了两种完全不同的研究路径和学说理论体系。[6] 其中，以菊池勇夫为代表的所谓"实证法学派"，主要致力于对社会法的体系化及其法域构成的研究；而以桥本文雄和加古祐二郎为代表的所谓"理论法学派"，则把研究的重点放在了构建社会法自身独立的理论体系之上。[7]

在 20 世纪 50 年代，随着一大批带有其本国特色的社会立法的相继出台与实施，日本学者对社会法的认识也出现了新的变化——即由原来仅停留在对社会法基本理论的探讨、归纳和总结上，转向了围绕着这些社会立法在司法审判实践中出现的各种实际问题，从"法律解释学"的角度出发展开了比较务实的社会法学研究。[8] 这

---

〔1〕 桥本文雄有关社会法的代表性作品参见［日］桥本文雄：《社会法と市民法》，有斐阁 1957 年版。

〔2〕 加古祐二郎有关社会法的代表性作品参见［日］加古祐二郎：《理论法学的诸问题》，有斐阁 1935 年版。

〔3〕 菊池勇夫早期有关社会法的代表性作品参见［日］菊池勇夫：《经济统治法》，有斐阁 1938 年版。

〔4〕 沼田稻次郎有关社会法的代表性作品参见［日］沼田稻次郎：《市民法と社会法》，评论新社 1953 年版。

〔5〕 丹宗晓信有关社会法的代表性作品参见［日］丹宗晓信、伊从宽：《经济法总论》，青林书院 1999 年版；［日］丹宗晓信、厚谷襄儿编：《新现代经济法入门》，法律文化社 2007 年版。

〔6〕 参见［日］丹宗昭信：《日本社会法理论的展开》，载《法律时报》1958 年总第 335 号。

〔7〕 参见王为农：《日本的社会法学理论：形成与发展》，载《浙江学刊》2004 年第 1 期。

〔8〕 参见王为农：《日本的社会法学理论：形成与发展》，载《浙江学刊》2004 年第 1 期。

个时期，日本的社会法理论研究掀起了一个新的高潮，其颇具影响力的法学权威期刊《法律时报》于 1958 年总第 335 号开辟了"市民法与社会法"专栏，集中刊发了戒能通孝、丹宗昭信等 10 多位学者撰写的 9 篇论文和参与发言的 1 篇研讨座谈会纪要，这些研究文献涉及市民法与社会法的关系，社会法的概念、理念、产生、发展，社会法的理论的展开等内容。[1] 这一时期的研究使日本社会法学一跃超过德国社会法学，成为世界上该领域研究最为发达的国家。然而，这一时期日本的社会法学研究也逐渐发生了一个重要转型。日本社会法学研究先驱人物菊池勇夫一反以往"实证法学派"的研究思路，将其对社会法学的研究重点移向了探讨社会法思想等社会法的基本法理问题，并试图从思想史及法哲学的视角来重新审视和解释社会法这一立法现象及其有关的基本问题，以期能从宏观上对社会法有一个整体的把握，并阐述其"社会法就是以个人的利害从属社会的统一整体利益为基本法理的法"这一新的学说思想[2]，对日本后来研究社会法学产生了很大的影响。

　　至 20 世纪 70 年代，在日本，"社会法"这个词汇根据引用者的不同含义而不同，社会法理论的内容在很多方面存在着模糊性。到了这个时期，日本的社会法学便基本转入对各具体社会立法的基本内容及其应用加以研究的轨道上来了，再没有出现新的有重大理论创新价值和广泛影响力的社会法学术作品，而劳动法等具体社会

---

　　〔1〕　参见［日］末弘研究所编集：《法律时报》1958 年总第 335 号。
　　〔2〕　［日］菊池勇夫：《社会法の基本問題：労働法・社会保障法・経済法の体系》，有斐閣 1968 年版，第 89~90 页。

法领域的研究却著述颇丰。[1] 2001 年小林昌之所编的《亚洲诸国的市场经济化与社会法》一书，已不再对社会法基础理论做任何阐述，而直接介绍论述归属社会法领域的劳动法、社会保障法、环境法、消费者保护法，以及教育法、文化法等具体法律制度。[2] 日本也再未如 1958 年《法律时报》总第 335 号开辟"市民法与社会法"专栏集中刊发多篇论文和研讨座谈会纪要那样，对涉及市民法与社会法的关系进行大规模研讨。

（三）我国台湾地区

在我国台湾地区，有关社会法的研究一直未受重视。据考证，民法学界和行政法学界有些学者对社会法的认知如林纪东教授所主张的那样："所谓社会法（或称社会立法）者，不外法律社会化最主要表现而已。"[3] 但没有展开深入论证，响应者也甚少。1992 年郝凤鸣于《中兴法学》上发表论文，主张依德国的社会安全法学说确定社会法之性质及其在法体系中之定位。[4] 1997 年《政大法学评论》刊登了郭明政、郝凤鸣、蔡茂寅撰写的三篇比较法性质的

---

〔1〕 我们曾于 2008 年 11 月 19 日在中国国家图书馆·中国国家数字图书馆联机公共目录查询系统进行检索，检索字段为正题名，检索数据库范围为"外文图书"，时间为 1980 年以后出版。以"劳动法"为关键词，共检索出日文图书 299 本。以"社会法"为关键词，共检索出日文图书 19 本，其中与本书研究的社会法理论有关联的仅 3 本，最接近的仅 1 本，即 [德] Hans F. Zacher（ハンス·Ｆ·ツァハー）：《ドイツ社会法の构造と展开：理论、方法、实践》，藤原正则、多治川卓朗、北居功、佐藤启子译，日本评论社 2005 年版。但该书系日本学者翻译的察赫教授关于德国社会安全法——狭义社会法论证的译著。我们曾于 2009 年 1 月检索查阅了日本权威的法学理论刊物《法律时报》，自 1980 年总第 628 号至 2008 年总第 1000 号，未发现有专门研讨社会法理论的论文专刊或专栏，甚至此方面有价值、有分量的单篇论文也未寻见。而针对土地法、劳动法、社会保障法、教育法、少年保护法、高龄社会法等具体问题开辟专刊或专栏刊登系列论文的现象比比皆是。

〔2〕 参见 [日] 小林昌之编：《アジア诸国の市场经济化と社会法》，日本贸易振兴会亚洲经济研究所 2001 年发行，目次。

〔3〕 林纪东：《行政法》，三民书局 1988 年版，第 20~22 页。

〔4〕 参见郝凤鸣：《社会法之性质及其在法体系中之定位》，载《中兴法学》集刊第 10 期。

社会法专题论文。[1] 此后一些学术刊物上偶见一两篇介绍评论社会法的论文、译文，劳动法等具体法律领域的研究成果反倒十分丰硕。现今的六法全书一般将社会立法的相关内容编入"行政法及关系法规"，这一点与日本现今的六法全书共有六分册〔分别为：公法编（1）、公法编（2）、民事法编、刑事法编、社会法编、经济法编〕相比差别极大。[2] 专门研究社会法的学者极少，且这些学者如我国台湾地区政治大学法学院郭明政基本秉承了以察赫为代表的德国狭义社会法学说，其主要研究领域限于社会保障法。[3] 藉此，我国台湾地区效仿德国，将社会法定位为社会保障法（或曰社会安全法），并且认为社会法属于特别行政法。[4] 我国台湾地区社会法系以社会保障法立法为主轴所展开的，大凡社会保险法、社会救助法、社会福利法（儿童、老年、残障福利）、职业训练法、就业服务法、农民健康保险法等均属社会法研究之范畴。由于现有社会法体系十分松散，又属于特别行政法，使得学术上架构出完整的社会法理论体系，既无必要也无可能，因此社会法理论研究成果尚不多见。据此，我国台湾地区尚未出现作为第三法域之社会法的系统性理论学说。

---

〔1〕 参见郭明政：《社会法之概念、范畴与体系——以德国法制为例之比较观察》，载《政大法学评论》1997年总第58期；郝凤鸣：《法国社会安全法之概念、体系与范畴》，载《政大法学评论》1997年总第58期；蔡茂寅：《社会法之概念、体系与范畴——以日本法为例之比较观察》，载《政大法学评论》1997年总第58期。

〔2〕 我国台湾地区现今比较权威的六法全书参见林纪东等编：《新编六法参照法令判解全书》，五南图书出版公司2006年版；日本现今比较权威的六法全书参见〔日〕法务省大臣官房司法法制部职员监修：《六法全书》（1~6分册），新日本法规出版2005年版。

〔3〕 参见我国台湾地区政治大学法学院劳动法与社会法研究中心：《研究领域与开设课程》，载http://www.law.nccu.edu.tw/Research/research_01.asp? item = 6，最后访问时间：2009年3月6日。

〔4〕 参见郭明政：《社会法之概念、范畴与体系——以德国法制为例之比较观察》，载《政大法学评论》1997年总第58期。

二、国外及我国台湾地区社会法基础理论相关研究综述

（一）国外及我国台湾地区相关研究学说归纳概括[1]

1. 按社会法概念外延暨定位划分

表 1.1　社会法概念外延暨定位学说

序号	学说	代表人物	基本观点	影响力
1	狭义社会法说	察赫[2]	社会法特指社会保障法（或曰社会安全法），核心是社会保险法	德国和我国台湾地区目前通说
2	中义社会法说	《六法全书》社会法篇编纂者[3]	社会法主要由社会保险、福祉、高龄社会、卫生、医疗、环境保护、劳动等内容组成	日本目前通说

---

〔1〕系本教材根据代表性学者的前期相关研究成果初步整理并归纳概括出其学说名称、基本观点。

〔2〕"社会法的核心部分就是社会保险法。较新的提法更把社会法同社会支付（现金补助、服务与实物提供）法视同一体，社会支付是由国家、地方、专区以及在社会保险部门向要求社会保护和帮助的人提供的。"[德]汉斯·F.察哈尔:《德意志联邦共和国的社会法》，于李殿译，载《国外法学》1982 年第 1 期。

〔3〕参见［日］法务省大臣官房司法法制部职员监修:《六法全书》（5 分册），新日本法规出版 2005 年版。

续表

序号	学说	代表人物	基本观点	影响力
3	广义社会法说	拉德布鲁赫[1]丹宗昭信等[2]	社会法包括劳动法、社会保障法、经济法和环境法等	
4	泛义社会法说	林纪东[3]	社会法指的是一种现代法学思潮，一个相对于"个人法"的宽泛法律概念	

2. 按社会法地位划分

表 1.2　社会法地位学说

序号	学说	代表人物	基本观点	影响力
1	特别行政法说	察赫[4]	社会保障法（或曰社会安全法）属于特别行政法	德国和我国台湾地区目前通说

［1］"如果要用法律语言来表述我们所见证的社会关系和思潮的巨大变革，那么可以说，由于对'社会法'的追求，私法与公法……之间的僵死划分已越来越趋于动摇，这两类法律逐渐不可分地渗透融合，从而产生了一个全新的法律领域，它既不是私法，也不是公法，而是崭新的第三类：经济法与劳动法。"［德］拉德布鲁赫：《法学导论》，米健、朱林译，中国大百科全书出版社1997年版，第77页。

［2］"私法、公法的混合形态，不属于传统公法和私法的第三领域形成的社会法，可谓社会法的特色。劳动法、社会保障法、经济法和环境法等都属于这个领域。"［日］丹宗昭信、伊从宽：《经济法总论》，吉田庆子译，中国法制出版社2010年版，第154页。

［3］"吾人以为由尊重个人本位之法律，至尊重社会本位之法律社会化现象，为二十世纪法律之主流，所有法律，直接间接均受其影响，所谓社会法（或称社会立法）者，不外法律社会化最主要表现而已。"林纪东：《行政法》，三民书局1988年版，第20~21页。

［4］"社会法在原则上属于公法范畴。"［德］汉斯·F.察哈尔：《德意志联邦共和国的社会法》，于李殿译，载《国外法学》1982年第1期。

续表

序号	学说	代表人物	基本观点	影响力
2	（不真正）第三法域肯定说	拉德布鲁赫[1]	社会法是公私交叉混合融合法统一体，这一统一体既不属于公法、也不属于私法，为独立第三法域	
3	（不真正）第三法域怀疑说	丹宗昭信等[2]	社会法是公私交叉混合融合法统一体，这一统一体是否为独立第三法域值得怀疑	

---

[1] "由于对'社会法'的追求，私法与公法……之间的僵死划分已越来越趋于动摇，这两类法律逐渐不可分地渗透融合，从而产生了一个全新的法律领域，它既不是私法，也不是公法，而是崭新的第三类"。[德] 拉德布鲁赫：《法学导论》，米健、朱林译，中国大百科全书出版社1997年版，第77页。

[2] "我们将混合公法和私法的法律称为社会法。但将经济法这样带有民商法、经济行政法、刑事法色彩的法律称为社会法是否妥当还存在一些疑问，但是出现这种包含私法与公法两方面规制的社会现象应该说是市民社会复杂化的体现。"[日] 丹宗昭信、伊从宽：《经济法总论》，吉田庆子译，中国法制出版社2010年版，第154页。

续表

序号	学说	代表人物	基本观点	影响力
4	（不真正）第三法域否定说	美浓部达吉[1] 金泽良雄[2] 梅利曼[3] 林纪东[4]	社会法包含的公私法虽交叉混合融合，但依然可分别归属公法或私法	大陆法系通说

---

　　[1] "最近，颇有人主张在公法和私法的两大领域外，应有'社会法'的第三领域存在；并以为在社会法的领域内，无公法和私法的区别可言。在此所谓'社会法'主要是指劳动法及其他为保护经济上的弱者而干预国民之经济生活的法而言。在这种法里，事实上公法和私法确是常相结合的。一个法律条文同时为私法而又为公法，是把公法和私法结合在一起的，但合并之而规定在单一的条文中，即不过将公法和私法结合于同一的规定中而已，并不是在公法和私法之外另行构成第三区域的。"[日]美浓部达吉：《公法与私法》，黄冯明译，中国政法大学出版社2003年版，第39~41页。

　　[2] "在历来的法律体系中，曾经有过相对于公法和私法两大法域，而形成第三法域的见解。这一见解出自认为与社会法相对于公法和私法而处于具有独立存在的立场。……三分说的论据之一，就是把国家、个人、社会分别作为公法、私法和经济法或社会法的各自法域的支撑。……三分说提出的所谓经济法或社会法的'独立法域'本身，实质上，应该包括在公法和私法的自身发展之中。换言之，应该认为经济法是与公法、私法二者重叠存在的。"[日]金泽良雄：《经济法概论》，满达人译，甘肃人民出版社1985年版，第30~32页。

　　[3] "总的来说，公法与私法两大部门的划分依然有很大的重要性，两者之间的界限依然比较清楚，大量的具体问题或当事人的利益仍然可以毫不费力地归入公法或私法范畴中去。"[美]约翰·亨利·梅利曼：《大陆法系》（第2版），顾培东、禄正平译，法律出版社2004年版，第102页。

　　[4] "吾人以为由尊重个人本位之法律，至尊重社会本位之法律社会化现象，为二十世纪法律之主流，所有法律，直接间接均受其影响，……换言之，旧日之公法与私法，已因法律社会化之现象（亦即所谓社会法之崛起）而一新其面目，故社会法或则渗透于公法私法之中，或则将公法与私法法治于一炉，以公法与私法之结合姿态出现，并非于旧有之公法与私法之外，另有面目异殊之社会法。法律三元论者，不察及此……，反不足以彰其地位，转使旧日之公法与私法，依然无恙，夫非确当之论哉。"林纪东：《行政法》，三民书局1988年版，第20~21页。

续表

序号	学说	代表人物	基本观点	影响力
5	（真正）第三法域肯定说	帕夫洛夫斯基[1] 维亚克尔[2] 梅利曼[3]	从社会法中寻找（真正）第三法域——社会集体规范	

[1] "例如，雇主只有在提前听取工厂委员会意见后才可以有效解除一个雇员；在此他有义务告知工厂委员基于怎样的原因作出了解除（《工厂组织法》第102条第1款）。在雇员要求时，他应将解除原因告知雇员。社会法规定的就是作出这种决定的组织的法。劳动法、经济法（包括卡特尔法）、承租人保护法、经济上有意义的社团的法律以及当今也包括一般交易条件法等都属于社会法。"节选译自 Hans-Martin Pawlowski, Allgemeiner Teildes BGB, 7. Auflage, C. F. Müller Verlag, 2003, S. 8-9. 德国学者汉斯-马廷·帕夫洛夫斯基教授的此德文文献资料由沈建峰教授友情提供，特此致谢！

[2] "社会法是传统公法与私法之间的新兴中间领域，新兴的社会法与经济法从一次大战起打破了私法独擅胜场的情势，并消解了后者内在的统一性。……这一在传统公法与私法之间的新兴中间领域，国家与社会经常相会之处，其共通的功能原则是：社会与经济的运作既非透过国家的直接命令，亦非由经济主体藉由私法自治之自由游戏规则加以调控，毋宁应藉由社会团体间的合作或公权力的调整、平衡其利益，以达成之。……藉此，作为十九世纪宪政国家特征的，公权力与（私权利主体、经济主体构成之）社会的严格划分，也日益消泯。个人与国家之间插入合法或非法的团体权力，后者成为社会法的真正住所与源泉。今日社会的热情为团结的热情：质言之，不仅是公权力，毋宁是社会与其成员均须为任一社会成员的社会实存（或多或少亦为其福祉）负责。"[德] 费朗茨·维亚克尔：《近代私法史——以德意志的发展为观察重点》，陈爱娥、黄建辉译，上海三联书店2006年版，第544、546、620页。

[3] "今天的法律领域是一个极为复杂的天地，它的主体不仅是个人和国家，还有众多不同种类的团体组织，如工会、合作社、基金会、商业公司和工业公司、国际财团以及宗教团体等。仅就其中的政治团体、工会和工商企业来说，它们都拥有很大的经济权力和政治权力，在战后的民主国家中尤为如此。它们形成了一种'私人政府'，在广泛的个人生活方面有着比正式成立的'公共政府'更大的影响力。在如此复杂的法律领域中，公、私法这种简单的二分法显然已失去了它的实用价值。"[美] 约翰·亨利·梅利曼：《大陆法系》（第2版），顾培东、禄正平等译，法律出版社2004年版，第100~101页。

续表

序号	学说	代表人物	基本观点	影响力
6	（真正）第三法域怀疑说	拉伦茨[1]	社会法包含的公私法虽交叉混合融合，但大部分依然可分离归属公法或私法，少部分社会集体规范难分离	
7	基于特定社会目的民法修正说	菊池勇夫（晚年）[2]沼田稻次郎[3]	社会法是基于特定社会目的如维护生存权而建立起来的一套为对民法加以修正而存在的法律	

---

〔1〕 "帕夫洛夫斯基（Pawlowski）想以三分法来取代传统的两分法，他把实体法分为私法、社会法与公法。他认为，……换在社会法领域，某些自愿组合而成的团体（如工会、雇主联合会）或通过选举产生的利益代表机构（如企业委员会）也在参与着决定法律关系的形成。不管这类团体承担什么样的社会功能，不少团体的内部组织是属于私法领域的，它们以合同的法律形式共同活动，属于私法领域。因此我们不赞成这种三分法。不过，正确的是：这类团体或利益代表机构参与决定了经济生活和劳动世界各种条件的形成，他们因此承担着相应的责任。这是当代经济秩序和社会的一个基本特征，而且这一特征有不断增强的趋势（维亚克尔）。从这一角度来看，区分公法和私法是否能够适当地把握所有的法律关系，这的确是很成问题的（拉姆）。"［德］卡尔·拉伦茨：《德国民法通论》，王晓晔等译，法律出版社 2003 年版，第 7~8 页。

〔2〕 "法律面前的无差别平等，正好足以产生在现实社会中放任个人天生不平等的结果，因此就必须从社会共同生活的全局立场出发，进行为了增进共同福利的调整，它的'产物'就是被社会所'统制'，社会法也可以在承认个人法的前提下形成。社会法就是以个人利害从属于社会的整体利益为基本法理的法，其对应的是以个人的权利义务为核心的'个人法'，社会法是对建立在个人法基础之上的个人主义法秩序所存在的弊端的反省，并对其实施社会管制为显著特征的法。"［日］菊池勇夫：《社会法基本问题：劳働法·社会保障法·经济法的体系》，有斐阁 1968 年版，第 89~90 页。

〔3〕 "社会法是作为对民法的修正而存在的；由于民法学原理的贯彻和实施，激发了资本主义社会的结构性矛盾，进而对市民社会中现实存在的特殊社会群体及社会集团的生存权构成了严重的威胁，社会法便是基于社会的正义，为维护生存权而建立起来的法律制度。"［日］沼田稻次郎：《社会法理论的总括》，劲草书房 1975 年版，第 106 页以下。

续表

序号	学说	代表人物	基本观点	影响力
8	法律社会化说	林纪东[1]	社会法不为独立之法律部门或法域,而为宽泛之公法和私法社会化	

注:(不真正)第三法域的理论内核是公私交叉混合融合法,(真正)第三法域的理论内核是社会集体法,因而两者不同。

(二)国外及我国台湾地区相关研究综评

1. 社会法基础理论研究逐渐弱化的原因探析

根据目前我们所掌握的德国、日本和我国台湾地区的相关资料,令人十分遗憾的是,近些年来社会法基础理论研究有逐渐弱化、甚至淡出人们视野的趋势。

日本社会法的理论先驱桥本文雄通过与"市民法"的对比来把握"社会法"的基本性质,其研究成果具有很高学术价值,为日本后续的社会法理论发展奠定了基础。但其社会法理论是一种没有完成的理论:该理论表明了"市民法"和"社会法"可以共存的观点,但并没有对两者的相互关系展开法律技术层面的具体论述,该理论中的"社会法"的性质未免有些模糊。[2] 特别是作为桥本文雄理论重点的所谓"社会人",被丹宗昭信评价为实际还停留在

---

[1] "吾人以为由尊重个人本位之法律,至尊重社会本位之法律社会化现象,为二十世纪法律之主流,所有法律,直接间接均受其影响,所谓社会法(或称社会立法)者,不外法律社会化最主要表现而已。"林纪东:《行政法》,三民书局1988年版,第20~21页。

[2] 参见〔日〕江口公典:《经济法研究序说》,有斐阁2000年版,第290、296页。

"抽象的理念型"。[1] 加古祐二郎虽被江口公典赞誉为日本社会法理论的深化者,[2] 其针对桥本文雄的社会法理论所存在的前述缺陷欲意弥补,但实际上没能真正弥补;而沼田稻次郎虽被江口公典赞誉为日本社会法理论的确定者,[3] 但实际上也没有确定出完整的社会法基本理论范式。

蔡茂寅在评价日本的社会法理论研究现状时指出:

> 社会法之概念、体系与范畴的研究在日本已属"过去式"的议论,因此不具理论的新鲜度。随着社会法各个领域之日渐发展成熟,学者的研究方向乃转向诸如劳动法、社会保障法等社会法各论领域的理论精致化与体系之严整化,对于社会法之基础理论与总论之研究,似已少有措意。[4]

在解释该现象产生的原因时,蔡茂寅指出:

> 首先,日本的社会法研究早已脱离初期的兼容并蓄、浅尝辄止的粗糙阶段,学者通常只在单一领域进行研究,出现分工精细的高度化现象,因之即无必要对上位阶的概念多所演绎。其次,社会法作为一个"说明概念"固然有其学问上的意义,有助于"思考经济",但是其转化为"工具概念"的疑虑则难以祛除,有鉴于此,学者对此概念的进一步探讨自然多所踌躇。[5]

---

〔1〕 参见［日］丹宗昭信:《日本社会法理论的展开》,载《法律时报》1958 年总第 335 号。

〔2〕 参见［日］江口公典:《经济法研究序说》,有斐阁 2000 年版,第 290 页。

〔3〕 参见［日］江口公典:《经济法研究序说》,有斐阁 2000 年版,第 295 页。

〔4〕 蔡茂寅:《社会法之概念、体系与范畴——以日本法为例之比较观察》,载《政大法学评论》1997 年总第 58 期。

〔5〕 蔡茂寅:《社会法之概念、体系与范畴——以日本法为例之比较观察》,载《政大法学评论》1997 年总第 58 期。

据江口公典介绍，日本法学界对于以前各种社会法理论所提出的"社会法"的概念，陆续出现了消极的评价并提出了各种各样的问题。[1] 例如，存在下述说法："今天，我们用'社会法'这个没有实际内容的法律术语来概括市民社会与市民法的形态变化或功能变化，这事实上忽视了真正的问题所在。"[2]

我们认为，社会法基础理论长期得不到承认，重要的因由有二：

第一，迄今为止，社会法基础理论基本还停留在思想理念和具体制度规范分析解释这两个或宏观抽象但虚无空泛或微观具体但无整体自恰理论的层面，并未形成法律理念与具有操作性的法律技术规则统一的理论体系——其基本理论范式尚未确立。特别是其中部分学者主张的第三法域之社会法理论，实际是一种不真正第三法域理论——依然是公法与私法的交叉、混合或融合。因此，社会法基础理论研究若获得承认，必须先练好理论内功，其理论应取得重大的实质突破并能自圆其说，而不能如（不真正）第三法域之社会法理论那样实际为公私法现代化的拼盘。

第二，大陆法系法学界对私法（学）、公法（学）的现代艰难处境认识不充分，对"私法公法化""公法私法化"与"私法社会化""公法社会化"等理论产生过分依赖，认为前述的"四化"就可以解决一切现代法律发展亟待面临的所有问题。这实际成为大陆法系不需要存在独立于公法与私法的第三法域之社会法的最主要理由。以下仅就其中的过分依赖"私法社会化"提出质疑并阐释。

对"私法社会化"可以这样加以表述：与近代私法相对称的，一种回应法的社会化要求的现代私法形态。四宫和夫认为：私法的社会化属于私法本身内部发生的变化——指导原则社会化。其具体的表现一般包括：人类形象的修正、对所有权绝对原则的限制、对

---

[1] 参见［日］江口公典：《经济法研究序说》，有斐阁2000年版，第300页。

[2] ［日］江口公典：《经济法研究序说》，有斐阁2000年版，第300页。

契约自由原则的限制、对过失责任原则的修正等。[1]

大部分大陆法系国家或地区，虽然其私法各自的功能定位与内容体例不尽相同，面对的现代化难题也不尽一致，但在 20 世纪中期以后大都面临是否以及如何社会化的艰难处境。与此同时私法学也陷入困境。维亚克尔（von Franz Wieacker）对此进行了总体上的描述：

> 藉由建构一个封闭的私法体系以及民法的一般理论，19 世纪的法学实证主义不仅首次在实证的法秩序中贯彻了理性法的方法要求，同时也学术性地表达了当时市民社会的法律形象，并在精神层次上加以证成。学说汇编学的私法与民法理论也因此成为其他法学学门的典范……
>
> 私法学在 20 世纪不再能享有此等优越地位。那种古老社会形象的崩溃也显示在，（在将私法中重要社会领域外移于个别特殊领域中表现出来的）民事法体系统一性的分解。……与自由经济社会的引退相应的正是：其最伟大的法学创作（私法之统一性）的崩溃。[2]

在现当代社会，有许多私法学者热衷于倡导"私法社会化"，有一些大陆法系国家或地区也极力推行"私法社会化"，仿佛这是使私法具有包治现代社会百病，并使其自身获得新生的灵丹妙药。

星野英一在《私法中的人》一书中比较了近代私法中的人与现代私法中的人。他指出：

---

〔1〕 参见［日］四宫和夫：《日本民法总则》，唐晖、钱孟珊译，五南图书出版有限公司 1995 年版，第 21~24 页。

〔2〕 ［德］弗朗茨·维亚克尔：《近代私法史——以德意志的发展为观察重点》，陈爱娥、黄建辉译，上海三联书店 2006 年版，第 523 页。

民法上对人的对待向现代法变迁，可以做如下概括：首先是"从对所有的人的完全平等的法律人格的承认到承认人格权"这一转变，关于"法律人格"发生了"从自由的立法者向法律的保护对象""从法律人格的平等向不平等的人""从抽象的法律人格向具体的人"的转变，在其背后则是"从理性的、意思表示强而智的人向弱而愚的人"的转变。[1]

星野英一将这样的法称为"现代民法"，他指出："这样，可以说现代民法直率地盯准了由于把弱者作为强者处理而产生的痛苦和烦恼，并正在对此采取相应的对策。"[2] 进而，他将这种"不是一切人均平等地对待，而是向保护弱者、愚者的方向大大地前进了"的法解释为"民法中的'人的再发现或复归的方向'"[3]。我们认为，星野英一对现代私法中的人及其关系等的论证，有片面、牵强、随意之嫌，且对现代法的解释说服力不强。正如拉伦茨等很多德国学者所共同意识到的那样，"诚然，我们可以提出这样的问题：今天，社会关系的发展是否已接近一个临界点，表明私法的发展已经脱离了私法的基本原则。"[4]

其实，星野英一在论证现代私法中的人时曾经提及"社会法"[5]，他指出：

〔1〕 ［日］星野英一：《私法中的人》，王闯译，中国法制出版社 2004 年版，第 50 页。

〔2〕 ［日］星野英一：《私法中的人》，王闯译，中国法制出版社 2004 年版，第 81 页。

〔3〕 ［日］星野英一：《私法中的人》，王闯译，中国法制出版社 2004 年版，第 82 页。

〔4〕 ［德］卡尔·拉伦茨：《德国民法通论》，王晓晔等译，法律出版社 2003 年版，第 70 页注释 8。

〔5〕 星野英一在此介绍：关于日本社会法理论的发展，请参照丹宗昭信：《日本社会法理论的展开》，载《法律时报》1958 年总第 335 号，第 44~47 页。参见 ［日］星野英一：《私法中的人》，王闯译，中国法制出版社 2004 年版，第 73 页注释 116。

　　以维持这种社会经济弱者阶层的生存及其福利的增进为目的的诸法律在学术上按体系分类，称为"社会法"，并被试图加以体系化。近来，与"社会法"相对，有人主张以近代民法为中心的包含在民法中的"市民法"观念，虽然能够指出两者之间在理念上的差异，但其内容却因论者不同而大相径庭。[1]

　　星野英一仅以关于社会法的"内容因论者不同而大相径庭"为由，不承认社会法的存在，其论证本身明显太过随意，也不恰当。私法是建立在个人法律观基础上的法律形态，它以个体私益为出发点和最终归宿；而社会法是建立在社会连带法律观基础上的法律形态，它以集体公益为出发点和最终归宿。私法的确可以在一定程度上社会化，但不可能彻底社会化——社会法化，如果私法可以彻底丢弃个人主义，那私法就变成了"社会法"。因此，可以毫不夸张地说：私法的彻底社会化——社会法化是为私法准备的坟墓。[2]

　　在此有必要提及桥本文雄的观点：

　　　　社会法的特质存在于其与市民法的对比中。……社会法是被严密精致的近代市民法法理充分雕琢、洗礼后建立起来的，这一点正是社会法的特质。任何企图抛弃近代市民法在长期发展中形成的技术上的精巧性和体系上的严密性而直接构建社会法的努力，从法学上看都是徒劳的。[3]

---

　　〔1〕　〔日〕星野英一：《私法中的人》，王闯译，中国法制出版社 2004 年版，第72~73 页。

　　〔2〕　参见赵红梅：《私法社会化的反思与批判——社会法学的视角》，载《中国法学》2008 年第 6 期。

　　〔3〕　〔日〕桥本文雄：《社会法と市民法》，有斐阁 1957 年版，第 294~295 页。

的确，我们不可能脱离私法即市民法论证社会法，但正如桥本文雄所言：

> 从市民法到社会法的变迁不是社会法完全废弃市民法，而是市民法在其自身的法律发展或转型过程中逐步向社会法转化。从具体的现实法上看，市民法与社会法两者相互渗透、相互合作，共同规范着社会生活。市民法在规范某些生活关系中发挥着主要作用，而社会法又在规范另一些生活关系中发挥着重要作用，两者各自发挥着自身的独特作用。[1]

据此，我们可以看到，从市民法到社会法的变迁不是简单地将市民法"社会化"，更不是简单地将市民法的全部"社会化"本身简单视为社会法，而是产生了一个真正独立于市民法法域的社会法法域。社会立法蕴涵的现代性理论若被简单归结为"私法社会化"，也太过于轻描淡写："私法社会化"这一表达属于私法内生性的变革，还未超出私法的边界，也即未使私法发生质变；而"社会法"这一表达则属于私法外生性的变革（发生质变），已超出了私法的边界，在本质上已不属于私法。

2. 社会法基础理论研究中最具有"革命"意义的理论

当下，大陆法系关于社会法相关领域的既有研究多为对某一法律部门或法律制度的具体研究。对此研究取向，他们（指日本当代法学者）认为，法学毕竟是一门与现实社会密切相关的应用社会科学，如果离开了生活实际，社会法学的研究也就将失去其存在的意义。[2] 然而，我们认为，这种研究毕竟只属于"小题小作"式的应用性、实证性研究，其理论再缜密、研究再精细，对现实法律现

---

〔1〕 ［日］桥本文雄：《社会法と市民法》，有斐阁 1957 年版，第 294 页。

〔2〕 参见王为农：《日本的社会法学理论：形成与发展》，载《浙江学刊》2004 年第 1 期。

象的解释力与对法律实践的指导意义仍极受局限。在日本，有不少学者当涉及相关社会立法具体制度分析时，必着眼于民事契约、侵权及诉讼抑或行政执法。这样的研究基本还是将具体社会法立法定位为公私法"复合法领域"，完全不能与针对社会法于基础理论层面所展开的研究相提并论。由于社会法的基本理论范式没有建构出来，因而，即使在社会立法及社会法学研究极为发达的日本，与此相关的法律实践与法律学术活动也缺乏科学系统的理论指导。如日本权威的《六法全书》，其中社会法编包括劳动、社会保险、福祉、高龄社会、卫生、医疗、环境保护等内容；经济法编包括的内容则非常庞杂，涉及企业、消费者保护、中小企业、金融证券、贸易商业、矿产资源与能源、农林水产、交通运输、通信、知识产权等；而会计、教育、文化这样的典型社会立法则被分别置于公法编（1）、公法编（2）中。[1] 可见，如此法律分类虽有一定规律可循，但仍缺乏坚实的理论基础。蔡茂寅在评论日本的社会法理论时指出："构成社会法内容之劳动法、社会保障法、环境法、消费者保护法，以及教育法、文化法等各个法领域，为何能成为独自的法域？各个法域又如何会被统合在社会法的概念之下？凡此种种，均有加以探究的必要。"[2]

在德国，社会法院是作为特别行政法院而存在的，社会争议被认为属于公法性质（劳动争议却被认为具有特别私法性质），[3] 社会法等被归入特别行政法。[4] "社会法在原则上属于公法范畴。私

---

[1]　参见［日］法务省大臣官房司法法制部职员监修：《六法全书》（1~6分册），新日本法规出版2005年版。

[2]　蔡茂寅：《社会法之概念、体系与范畴——以日本法为例之比较观察》，载《政大法学评论》1997年总第58期。

[3]　参见程延园、［德］Barbara Darimont：《中德社会保障争议处理制度比较研究》，载《北京行政学院学报》2005年第2期。

[4]　参见［德］哈特穆特·毛雷尔：《行政法学总论》，高家伟译，法律出版社2000年版，第34页。

法，如劳动法、住房法、消费者保护法等，尽管它除了有支付平等这一典型的私法性质之外，还旨在向弱者提供社会保护，但在根本上它们算不得是社会法。"[1]"社会法典之标的将以社会给付或社会给付体系为限。核心所在乃是公法之社会给付体系，即社会预防、补偿以及促进与辅助。"[2] 因此，德国以及效仿德国模式的我国台湾地区，归属特别公法的狭义社会法学说与其归属特别私法的劳动法学说一样都不具有理论上的"革命"意义，也没有太重要的学术价值。

我们认为，大陆法系法学界对私法（学）、公法（学）的现代艰难处境认识不充分，对"私法公法化""公法私法化"与"私法社会化""公法社会化"等理论产生过分依赖，这实际成为大陆法系不需要构建独立于公法与私法的（真正）第三法域（社会集体法）理论的最主要理由，而这个推论是可以被怀疑甚至被证明是难以成立的。帕夫洛夫斯基等曾倡导研究的最具有学术价值及立法和实践意义的（真正）第三法域（社会集体法）理论，可以继续传承发展下去。2015 年 10 月 25 日，我们曾专门邀请德国帕绍大学 Frank Bayreuther 教授（德国研究集体劳动关系法的著名学者）到访中国政法大学举办了一场"中德集体劳动关系法座谈会"，Frank Bayreuther 教授在座谈中谈道：德国集体劳动关系法中 80% 的内容已经与私法固有的即便是已经社会化了的体系不兼容，德国法学界若不沿着探索第三法域的道路走，也就只能将集体劳动关系法"寄养"在私法体系之中，私法还是对个体劳动关系法有更好的接纳性，（真正）第三法域（社会集体法）理论对研究集体劳动关系法具有很强的解释力。借此，（真正）第三法域（社会集体法）理论

〔1〕 ［德］汉斯·F. 察哈尔：《德意志联邦共和国的社会法》，于李殷译，载《国外法学》1982 年第 1 期。

〔2〕 参见［德］Hans F. Zacher：《德国社会法典计划》，郭明政译，载《政大法学评论》1998 年总第 60 期。

或许是社会法基础理论中最具有"革命"意义的理论。

第二节　我国社会法基础理论学术史 回顾和相关研究综述

一、我国社会法基础理论学术史回顾

（一）播种期（1990 年之前）

1. 民国时期

中国法学在 20 世纪 30 年代从德国、日本引进了"社会法"概念。陆季蕃于 1936 年即发表了《社会法之发生及其演变》一文可兹证明。该文指出：

> 社会法在现代法制中，可谓为最新之法律，其历史虽已有一世纪之久，然其发达成长则自战后始，逮至最近乃益扩张，从"个人法到社会法"……口号中，即可表现今日社会法发展之情况。同时，亦可知今后民法之趋势。现代社会法内容及系统，仍未达于完备境地，但与民法已立于对等地位，在最近将来，纵不能取民法之地位而代之，至少与以极大限制，则可断言。[1]

近期我国有学者对民国时期社会法理论的知识谱系进行了非常精细缜密的溯源性的梳理和总结，其可以为当下社会法学的知识积累和传承提供若干基础性助益。民国时期，以法律社会化思潮为端绪，我国法学界出现了一批社会法基础理论相关著述。这些著述对社会法的概念、产生及演进、内容、地位和特质等诸问题进行了一

---

〔1〕　陆季蕃：《社会法之发生及其演变》，载《法律评论》1936 年第 15 期。

定程度的理论阐发，其对中国近代社会法基础理论的构建，起着某种奠基性作用。[1]

2. 1949 年至 1979 年

我们在研究过程中，在中国知网上以"社会法"为篇名进行检索，然后按发表时间先后为序，在显示的第 1 篇文献中就找到了珍贵文献资料——《日本社会法学家菊池勇夫作"劳动法和社会法"学术讲演》[2]。这是一篇学术动态报道，内容为："中国政治法律学会六月十日（应为 1955 年 6 月 10 日）请日本学术会议访华代表团团员菊池勇夫先生作了一次学术讲演，题目是'劳动法和社会法'。菊池先生是日本九州大学教授，日本著名的社会法学家，研究社会法已有三十多年。演讲内容包括三个部分：第一，劳动法和社会法的概念；第二，劳动法和社会法在法律体系中所占的地位；第三，社会法的发展情况。听众有法律工作者一百余人，均表示对这个讲演有极大的兴趣。"可见当时中日法学界已就劳动法和社会法开展了学术交流，并且劳动法被排除在社会法概念以外。

3. 1980 年至 1990 年

我们在研究过程中，在中国知网上以"社会法"为篇名检索，按发表时间先后为序，随后找到的有价值的文献都是关于 20 世纪 80 年代开始进行社会法学术研究中外交流合作的。其中主要是联邦德国察赫，在这个时期与我国学者合作，将联邦德国以及欧洲和

---

〔1〕 参见蔡晓荣：《民国时期社会法理论溯源》，载《清华法学》2018 年第 3 期。

〔2〕 参见《政法研究》编辑部：《日本社会法学家菊池勇夫作"劳动法和社会法"学术讲演》，载《法学研究》1955 年第 4 期。

世界的社会法理论及立法和实践介绍到中国，并出版相关翻译作品。[1] 这一时期进行的社会法学术研究中外交流合作，播下了我国社会法基础理论研究的种子，并等待时机逐步在我国学术土壤中萌芽破土。

（二）萌芽破土期（1991 年至 2001 年）

这一时期，我国社会法基础理论研究学术幼芽破土而出并露出尖尖角的标志是，北京大学法学院著名经济法学者张守文教授发表了我国社会法基础理论研究首篇真正意义上的学术论文《社会法论略》。这篇论文在当时成为我国社会法基础理论研究的指路明灯，其所提出的某些学术观点[2]，我们今天读来依然为深刻的洞见。

这一时期，我国社会法基础理论研究学术幼芽破土而出长成一颗生机盎然的学术新苗的标志是：其一，我国著名社会法学者华东政法大学董保华教授与郑少华副教授合作撰写我国社会法基础理论研究第二篇真正意义上的学术论文《社会法——对第三法域的探索》。[3] 其二，董保华教授与他的硕士研究生朱晓喆同学合作

---

〔1〕　参见［德］汉斯·F. 察哈尔：《德意志联邦共和国的社会法》，于李殷译，载《国外法学》1982 年第 1 期；［德］汉斯·F. 察哈尔：《德意志联邦共和国的社会法（续）》，于李殷译，载《国外法学》1982 年第 2 期；［德］汉斯·F. 察哈尔：《德意志联邦共和国社会法的编纂工作》，李兆雄译，载《国外法学》1983 年第 2 期；［德］汉斯·F. 察哈尔：《德意志联邦共和国的社会保险立法》，孙常敏、孙汇琪译，载《法学评论》1984 年第 1 期；［德］汉斯·F. 察哈尔：《国际与欧洲社会法》，孙汇琪译，载《现代外国哲学社会科学文摘》1986 年第 6 期；邱小平：《联邦德国的社会法和社会立法》，载《政治与法律》1989 年第 2 期。

〔2〕　如以下："三元论看到了国家、个人和社会三者的不同，认识到了社会法法域的诸法确实更偏重于社会方，但这只是社会法独立于其他法律部门的主要原因。作为一个法律部门的社会法，它与公法和私法并非同一层次的概念，并且，社会法自身的发展与公法、私法的发展本来就存在着不可分割的内在联系"。张守文：《社会法论略》，载《中外法学》1996 年第 6 期。

〔3〕　参见董保华、郑少华：《社会法——对第三法域的探索》，载《华东政法学院学报》1999 年第 1 期。

撰写并出版了我国社会法基础理论研究的首部学术专著《社会法原论》[1]。《社会法原论》可谓石破天惊，董保华教授为我国社会法基础理论研究做出了巨大贡献，他也成为我国社会法基础理论研究的开拓者。

（三）爆发成长期（2002 年至 2005 年）

这一时期虽然时间很短暂，却名副其实成为我国社会法基础理论研究中第一次突然出现的爆发式成长期（这与 2001 年社会法成为我国最高立法机关确立的中国特色社会主义法律体系中的七大法律部门之一密切相关），先后发表了十几篇有影响力的论文（大部分发表于核心期刊）。[2] 这些论文主要对中外社会法的概念和定位及其学说加以研讨。

这一时期，汤黎虹教授撰写的我国第二部社会法基础理论学术专著出版。[3]

---

〔1〕 参见董保华等：《社会法原论》，中国政法大学出版社 2001 年版。

〔2〕 参见董保华、周开畅：《也谈"从契约到身份"——对第三法域的探索》，载《浙江学刊》2004 年第 1 期；董保华：《试析社会法的调整模式——对第三法域的探索》，载《西南政法大学学报》2000 年第 1 期；董保华：《社会基准法与相对强制性规范——对第三法域的探索》，载《法学》2001 年第 4 期；林嘉：《论社会保障法的社会法本质——兼论劳动法与社会保障法的关系》，载《法学家》2002 年第 1 期；陈海嵩：《经济法与社会法关系之我见》，载《中南民族大学学报（人文社会科学版）》2003 年第 S2 期；朱晓喆：《社会法中的人——兼谈现代社会与法律人格的变迁》，载《法学》2002 年第 8 期；王为农、吴谦：《社会法的基本问题：概念与特征》，载《财经问题研究》2002 年第 11 期；王全兴、管斌：《经济法与社会法关系初探》，载《现代法学》2003 年第 2 期；郑尚元：《社会法的存在与社会法理论探索》，载《法律科学》2003 年第 3 期；郑尚元：《社会法的定位和未来》，载《中国法学》2003 年第 5 期；李昌麒、单飞跃、甘强：《经济法与社会法的关系考辨——兼与董保华先生商榷》，载《现代法学》2003 年第 5 期；竺效：《关于"社会法"概念探讨之探讨》，载《浙江学刊》2004 年第 1 期；竺效：《"社会法"意义辨析》，载《法商研究》2004 年第 2 期；王为农：《日本的社会法学理论：形成与发展》，载《浙江学刊》2004 年第 1 期；赵红梅：《社会法代表性学说之评析与展望》，载《法学杂志》2004 年第 5 期；竺效：《祖国大陆学者关于"社会法"语词之使用考》，载《现代法学》2004 年第 4 期；竺效：《法学体系中存在中义的"社会法"吗？——"社会法"语词使用之确定化设想》，载《法律科学》2005 年第 2 期。

〔3〕 参见汤黎虹：《社会法通论》，吉林人民出版社 2004 年版。

（四）反思后的再次成长期（2006 年至 2011 年）

这一时期，史探径教授等撰写的我国第三、四部社会法基础理论学术专著出版。[1]

这一时期，赵红梅副教授提出了完全不同于董保华教授所倡导的将公私交叉混合融合法视为"第三法域之社会法"学说的"（真正）第三法域之社会法"新学说，她撰写的我国第五部也是迄今为止最为厚重（60 万字）的社会法基础理论学术专著[2]以及系列学术论文[3]出版、发表。

这一时期，马金芳讲师作为主持人获得立项并完成了社会法基础理论研究领域的国家社会科学基金青年项目"社会民生、社会和谐与社会法基础理论研究"，于 2008 年立项，已结项。

这一时期初期，有社会法学者发表论文对上一时期将广义社会法暨公私交叉混合融合法视为"第三法域之社会法"的学说提出了反对或质疑。[4]

这一时期，有社会法学者发表论文从其他方面对社会法进行了有价值的思考或综述。[5]

---

〔1〕 参见史探径:《社会法论》，中国劳动社会保障出版社 2007 年版；李宁等:《社会法的本土化建构》，学林出版社 2008 年版。

〔2〕 参见赵红梅:《私法与社会法——第三法域之社会法基本理论范式》，中国政法大学出版社 2009 年版。

〔3〕 参见赵红梅:《私法社会化的反思与批判——社会法学的视角》，载《中国法学》2008 年第 6 期；《第三法域社会法理论之再勃兴》，载《中外法学》2009 年第 3 期；《个体之人与集体之人——私法与社会法的人像区别之解析》，载《法商研究》2009 年第 2 期；《自私利己之人与克私利公之人——私法与社会法人性区别解析》，载《中国政法大学学报》2010 年第 2 期。

〔4〕 参见谢增毅:《社会法的概念、本质和定位:域外经验与本土资源》，载《学习与探索》2006 年第 5 期；郑尚元:《社会法语境与法律社会化——"社会法"的再解释》，载《清华法学》2008 年第 3 期。

〔5〕 参见林嘉:《社会法在构建和谐社会中的使命》，载《法学家》2007 年第 2 期；雷兴虎、刘水林:《矫正贫富分化的社会法理念及其表现》，载《法学研究》2007 年第 2 期；王广彬:《社会法上的社会权》，载《中国政法大学学报》2009 年第 1 期；余少祥:《社会法基础理论研究述评》，载《法律文献信息与研究》2010 年第 2 期。

（五）再次反思后的蓬勃发展期（2012 年至今）

这一时期，有关部门举办了一次重要的立法研讨活动：2015年 8 月 29 日由中国机构编制管理研究会主办的"社会领域立法问题研讨会"，小型研讨会由华建敏（十一届全国人大常委会副委员长）、滕炜（时任全国人大常委会法工委社会法室主任）、彭高建（时任国务院法制办社会管理法制司副司长）、郑功成（时任全国人大常委会委员、中国劳动学会副会长、中国社会保险学会副会长、中国社会福利协会副会长、中国人民大学教授）、郑秉文（时任中国社会科学院美国研究所所长、研究员）、马怀德（中国法学会行政法学研究会会长、时任中国政法大学副校长、教授）、于安（中国法学会行政法研究会副会长、清华大学教授）、薛刚凌（时任中国政法大学法学院院长、教授），以及社会法学者叶静漪教授和赵红梅教授等出席，以及会后由中国机构编制管理研究会组织与会者于《中国机构改革与管理》（杂志）和《社会体制改革构想》发表系列文章[1]，关注我国社会建设和社会领域立法的关系这一重大主题，对社会领域立法、社会建设和社会体制改革决策产生了重要影响。

这一时期，举办了三次重要的专题学术研讨活动，对社会法基础理论研究起到重要的推动作用，在全国社会法学界产生很大影响：

（1）2014 年 12 月 21 日至 22 日，中国社会科学院法学研究所在合肥主办了"中国社会法学科基础理论问题研讨会"。中国社会

---

[1] 参见滕炜：《关于社会领域立法的几个问题》；滕炜：《学习"十三五"发展规划纲要推动社会法立法向前发展》；彭高建：《社会法建设的现状、问题及展望》；彭高建：《社会立法的进展与前瞻》；郑功成：《社会法建设的滞后与发展》；郑功成：《对社会法建设的思考》；郑秉文：《社会立法问题的五点思考》；郑秉文：《社会立法和社会政策的八个问题》；马怀德：《中国社会立法现状分析》；于安：《强调社会法在社会领域中的优先地位》；薛刚凌：《社会法建设要关注中国社会转型中自身的问题》；叶静漪：《社会法立法迫切需要理论研究支持》；赵红梅：《准确认识我国社会法的定位》。以上均载黄文平主编：《社会体制改革构想》，人民出版社 2017 年版。

科学院法学研究所、北京大学、清华大学、中国人民大学等 20 余所研究单位、高校的 40 余位专家学者与会。本次研讨会以自由发言、自由讨论等方式，就社会法的基本范畴、性质和发展社会法的基本问题等进行了热烈的讨论，增进了对社会法学科的认识，有效地推动了社会法学基本问题的研究。

（2）2016 年 11 月 6 日，中国政法大学民商经济法学院主办了"首届'社会法基础理论探索'高端论坛"，来自中国社会科学院法学研究所、北京大学、清华大学、中国人民大学、中国政法大学、吉林大学、华东政法大学、西南政法大学、西北政法大学、上海财经大学等的 50 位专家学者与会。

（3）2016 年 12 月 3—4 日，中国社会科学院法学研究所、中国政法大学民商经济法学院社会法研究所和北京大学非营利组织法研究中心联合主办了"'社会法部门中蕴含的基础理论探索——社会法与私法的碰撞'学术研讨会"，来自中国社会科学院法学研究所、北京大学、中国人民大学、清华大学、中国政法大学、西南政法大学、中南财经政法大学、浙江大学、中国劳动关系学院、《中国社会科学》杂志社、《中国法学》杂志社、《法学研究》杂志社等的 30 位知名专家学者与会。

这一时期，社会法学者作为主持人先后获得立项并完成了社会法基础理论研究领域的国家社会科学基金项目。叶静漪教授：国家社会科学基金一般项目"社会法的中国理论：比较视野与本土构建"，2011 年立项，已结项；汤黎虹教授：国家社会科学基金一般项目"社会法理论基础与制度体系研究"，2011 年立项，已结项；余少祥副研究员：国家社会科学基金重点项目"社会法总论重大理论问题研究"，2014 年立项，已结项。其中汤黎虹教授、叶静漪教授结合项目研究已经出版了有重要价值的学术专著、教材。[1]

---

〔1〕 参见汤黎虹：《社会法基本理论》，法律出版社 2017 年版；汤黎虹主编：《社会法学》（第 2 版），中国人民公安大学出版社 2014 年版；叶静漪主编：《比较社会法学》，北京大学出版社 2018 年版。

这一时期，几位社会法学者发表论文对将广义社会法暨公私交叉混合融合法视为"第三法域之社会法"的学说进一步提出了质疑[1]，董保华教授对其中冯彦君教授的论文给予了回应。[2]

这一时期，几位资深或青年社会法学者在我国制定民法典的背景下，围绕劳动法与民法的关系，推出了几篇带有争鸣性且有分量的学术论文[3]，从这个独特的视角大大推进了我国社会法基础理论研究向纵深发展。

这一时期，我国重要的法学核心期刊《华东政法大学学报》于2019年第4期，集中刊载了五篇中外社会法基础理论评述文章，大大推动了社会法基础理论研究的发展。具体包括：乌尔里希·贝克尔著、王艺非译的《社会法：体系化、定位与制度化》；沈建峰的《社会法、第三法域与现代社会法——从基尔克、辛茨海默、拉德布鲁赫到〈社会法典〉》；郑爱青的《法国"社会法"概念的历史缘起和含义》；田思路《日本"社会法"：概念·范畴·演进》；吴文芳的《我国社会法理论演进与研究路径之反思》。

这一时期，几位资深或青年社会法学者先后发表了一批有一定

---

〔1〕 参见汤黎虹：《对社会法理论基础的再认识》，载《东方法学》2012年第4期；冯彦君：《中国特色社会主义社会法学理论研究》，载《当代法学》2013年第3期。

〔2〕 参见董保华：《社会法研究中"法律部门"与"法律理念"的关系——兼与冯彦君先生商榷》，载《法学》2014年第2期。

〔3〕 参见郑尚元：《雇佣关系调整的法律分界——民法与劳动法调整雇佣类合同关系的制度与理念》，载《中国法学》2015年第3期；谢增毅：《民法典编纂与雇佣（劳动）合同规则》，载《中国法学》2016年第4期；董保华：《雇佣、劳动立法的历史考量与现实分析》，载《法学》2016年第5期；战东升：《民法典编纂视野下的服务合同立法——日本立法经验及其借鉴》，载《法商研究》2017年第2期；沈建峰：《劳动法作为特别私法——〈民法典〉制定背景下的劳动法定位》，载《中外法学》2017年第6期；刘绍宇：《劳动合同法与民法适用关系的法教义学分析——以〈劳动合同法〉修改与民法典编纂为背景》，载《法学》2018年第3期。

分量的其他社会法基础理论研究学术论文。[1]

　　总之，我国社会法基础理论研究经过二十余年的发展已经处于再次反思后的蓬勃发展期。在这一背景下，社会法学界若对我国社会法基础理论研究进行再次全面深刻反思，在经过若干年的深入思考、潜心研究，必将产出更加丰硕的学术成果，促进其蓬勃发展。

二、我国社会法基础理论相关研究综述

（一）我国相关研究学说归纳概括[2]

1. 按社会法概念外延暨定位划分

表1.3　社会法概念外延暨定位学说

序号	学说	代表人物	基本观点	影响力
1	狭义社会法说1	林嘉[3]	社会法主要由劳动法和社会保障法构成	我国社会法学界曾经的通说

---

　　〔1〕　参见陈步雷：《社会法的功能嬗变、代际更替和中国社会法的定位与建构》，载《现代法学》2012年第3期；陈步雷：《社会法的部门法哲学反思》，载《法制与社会发展》2012年第4期；汤黎虹：《对社会法理论基础的再认识》，载《东方法学》2012年第4期；李炳安、汤鹏：《论社会法的产生》，载《法学杂志》2013年第6期；马金芳：《社会法的未来发展特征》，载《政治与法律》2013年第10期；汤黎虹：《社会法论纲——基于社会法历史逻辑和理论逻辑的辩考》，载《福州大学学报（哲学社会科学版）》2014年第1期；汤黎虹：《中国社会法的理性求变与制度创新》，载《东方法学》2015年第1期；王全兴、唐伟森：《我国社会法基础理论的研究路径选择》，载《江淮论坛》2016年第6期；余少祥：《社会法上的积极国家及其法理分析》，载《江淮论坛》2017年第3期；余少祥：《论社会法的国家给付原则》，载《法学杂志》2017年第4期；张东：《论社会法体系构建的新路径》，载《法学论坛》2017年第2期；钱叶芳：《"社会法法域说"证成——大陆法系和英美法系融合的一个例证》，载《法学》2017年第4期；周湖勇、关今华：《当今社会法的反思与再认识——兼论社会法与经济法、民法和行政法的关系》，载《温州大学学报（社会科学版）》2017年第6期。

　　〔2〕　系我们根据代表性学者的前期相关研究成果参照社会法学界的评价形成的基本共识初步整理并归纳概括出其学说名称、基本观点。

　　〔3〕　"应当将社会法定位于劳动法和社会保障法。"林嘉：《论社会保障法的社会法本质——兼论劳动法与社会保障法的关系》，载《法学家》2002年第1期。

续表

序号	学说	代表人物	基本观点	影响力
2	狭义社会法说2	郑尚元[1]	社会法主要包括弱势群体保护法、公益事业法、社会保障法、教育权利保障法，但不包括劳动法	
3	中义社会法说	谢增毅[2]	社会法包括劳动法、社会保障法、社会福利法和特殊群体权益保障法	我国社会法学界目前的通说
4	大中义社会法说	谢增毅[3]	社会法可与社会领域法对应存在，具体包括劳动法、社会保障法、社会组织法与慈善法、卫生法、教育法、特殊群体保护法等	与国家目前的社会领域立法范围基本吻合

---

〔1〕"社会法法律体系大体分为：弱势群体保护法，……；公益事业法，……；社会保障法，……；教育权利保障法，……；但不包括劳动法。"郑尚元：《社会法的存在与社会法理论探索》，载《法律科学》2003年第3期。

〔2〕"笔者认为，立法机关关于社会法是'规范劳动关系、社会保障、社会福利和特殊群体权益保障方面的法律关系的总和'的论述是比较恰当的。"谢增毅：《社会法的概念、本质和定位：域外经验与本土资源》，载《学习与探索》2006年第5期。

〔3〕"在坚持本土资源的同时，立法机关对社会法的定义并非无懈可击。该定义仅仅指明了社会法的范围，社会法的价值目标和核心范畴并不清晰。……社会法作为旨在保护弱势群体的生存权和发展权的法律，应该将社会权利引入社会法的范畴，以社会权利作为社会法的核心概念，既可以提升社会法的理论性，又可以提升社会法的正当性，而且以社会权利为核心范畴构造社会法的体系，就可以将涉及公民住房权、教育权、健康权、安全权等教育法、医疗卫生法、安全生产法等保护公民社会权利的法律纳入社会法的范围之中，从而丰富社会法的体系。"谢增毅：《社会法的概念、本质和定位：域外经验与本土资源》，载《学习与探索》2006年第5期。

续表

序号	学说	代表人物	基本观点	影响力
5	广义社会法说	董保华[1]	社会法包括中义社会法+经济法等	于我国社会法学界、经济法学界影响力很大

2. 按社会法地位划分

表1.4 社会法地位学说

序号	学说	代表人物	基本观点	影响力
1	狭义社会法独立法律部门说1	林嘉[2]	劳动法和社会保障法是两大既相互独立又密切关联的法律部门；换言之，劳动法和社会保障法才是独立法律部门，社会法则不是独立法律部门，而是法域	我国社会法学界曾经的通说

---

[1]"我国社会法的发展可能的进路是分出两类立法，一类是官方定义的'社会法'，另一类是'社会性法'。后一类立法从国家划界上从属于经济法。对于我国社会法研究而言，更有意义的是在'统'的领地，发生'分'的研究。经济法学者已经开始较为深入地研究国家视角与社会视角的差异，从而以一种更为精细的方式来梳理自己的体系。当经济法在一定程度上实现视角转换，'社会法'与'社会性法'本身会以广义社会法为原理建立起某种内在的逻辑联系。"董保华：《社会法研究中"法律部门"与"法律理念"法律理念的关系——兼与冯彦君先生商榷》，载《法学》2014年第2期。

[2]"社会保障法与劳动法同属于社会法的范畴，两者是最为邻近的两大部门法。"林嘉：《论社会保障法的社会法本质——兼论劳动法与社会保障法的关系》，载《法学家》2002年第1期。

续表

序号	学说	代表人物	基本观点	影响力
2	狭义社会法独立法律部门说2	郑尚元[1]	主要包括弱势群体保护法、公益事业法、社会保障法、教育权利保障法（但不包括劳动法）的社会法是独立法律部门	
3	中义社会法独立法律部门说	谢增毅[2]	中义社会法是独立法律部门，其既不属于公法、私法，也不是第三法域，而是公私交叉混合融合法统一体	我国社会法学界目前的通说
4	社会法（不真正）第三法域肯定说	董保华[3]林嘉[4]	作为公私交叉混合融合法统一体的社会法既不属于公法、也不属于私法，是公私交叉混合融合法统一体，这一统一体是独立第三法域	于我国社会法学界、经济法学界影响力很大

〔1〕 "本文以社会法是独立法律部门的命题展开，寻求支持社会法作为独立部门法的理论依据。"郑尚元：《社会法的存在与社会法理论探索》，载《法律科学》2003年第3期。

〔2〕 "将社会法作为法律部门，而不是第三法域，既符合目前国际通行的社会法学说，也符合我国立法理念和立法实践。"谢增毅：《社会法的概念、本质和定位：域外经验与本土资源》，载《学习与探索》2006年第5期。

〔3〕 "如果将以国家本位为特征的公法看作是第一法域，以个人本位为特征的私法看作是第二法域，那么私法与公法相融合而产生的、以社会本位为特征的社会法则是第三法域。"董保华等：《社会法原论》，中国政法大学出版社2001年版，第11页。

〔4〕 "从部门法地位来看，劳动法应为独立的部门法；而从法域地位看，劳动法既不属于公法，也不属于私法，而是具有公私法兼容属性的社会法。"林嘉主编：《劳动法和社会保障法》（第4版），中国人民大学出版社2016年版，第28~29页。

续表

序号	学说	代表人物	基本观点	影响力
5	社会法（不真正）第三法域否定说	沈建峰[1]	社会法未因公私法交叉混合融合而形成统一体，一部分属于特别私法、另一部分属于公法	
6	社会法（不真正）第三法域否定说	谢增毅[2]汤黎虹[3]	社会法具有公私交叉混合融合法统一体属性，但这样的法不构成第三法域，因根本就没有公法与私法的划分，故不可能有第三法域	

[1] "民法是私法的一般法，劳动法应是私法的特别法。在现行法框架中，依附性劳动的本质是需要用人单位单方进一步确定给付内容的债的关系。通过市场配置劳动力资源是劳动法无法离开民法的根本原因，劳动法包含较多弱者保护制度并不足以将其从民法中分离出去。从法教义学角度看，劳动法本身是规则残缺的；劳动关系中特殊的照顾保护义务可以在民法教义学中得到解释；民法中持续性合同规则得到很大发展；公法在私法上的效力理论可以解释劳动法包含公法规则的问题"。沈建峰：《劳动法作为特别私法——〈民法典〉制定背景下的劳动法定位》，载《中外法学》2017年第6期。

[2] "不主张把社会法作为公法、私法之外的'第三法域'。现在的法律已经很难找到纯粹的公法或者私法，公法私法化或者私法公法化已经是法律的普遍现象。要从公法、私法之外刻意划分出第三法域，是相当困难的。在公法、私法之外划分出社会法，并不符合法律的现状和趋势。'公法私法化'和'私法公法化'本身就说明所有的法律都呈现出一种公私融合的状态或者趋势。从某种意义上，在公法、私法越来越融合的背景下，再'寻找'或者归纳出所谓的'第三法域'不但是不可能的，也是不必要的。"谢增毅：《社会法的概念、本质和定位：域外经验与本土资源》，载《学习与探索》2006年第5期。

[3] "新中国自诞生以来就没有'私法'，即没有第一法域，又从何谈起第二法域和第三法域；如果硬要在中国建立'私法'，也已经不合时宜。……应当看到，关于第一法域（私法）、第二法域（公法）、第三法域（社会法）的划分，从根本上说已经不符合现实。公法私法化、私法公法化的现实，已难划清法域，各部门法本质归属已无指向；……中国构建和谐社会需要建构特有的社会法体系及中国特色的社会法理论，第三法域说因外延泛且不符合中国国情而不具备这一特质。"汤黎虹：《中国社会法的理性求变与制度创新》，载《东方法学》2015年第1期。

续表

序号	学说	代表人物	基本观点	影响力
7	（不真正）第三法域不等同于社会法说	郑尚元[1] 冯彦君[2] 余少祥[3]	社会法是具有公私交叉混合融合法属性的法，这样的法属于第三法域，但第三法域不仅包括社会法还包括经济法等，故不宜将第三法域与社会法画等号，社会法属于第三法域里面的一个独立法律部门	

---

〔1〕"社会法属于公私融合性质的法律，或者说属于第三法域中的法律。'公'与'私'对立或融合的结果不是'社会'，公法与私法融合的结果同样不可能是'社会法'。这种融合的结果只能是公法与私法之外的'第三法域'，而'第三法域'并不等同于社会法。"郑尚元：《社会法的存在与社会法理论探索》，载《法律科学》2003 年第3 期

〔2〕"中义的社会法概念定位了社会法与第三法域的关系是一种包含与被包含的关系：社会法属于第三法域；第三法域不限于社会法。"冯彦君：《中国特色社会主义社会法学理论研究》，载《当代法学》2013 年第 3 期。

〔3〕"将社会法定位为法域是社会法研究的重大理论偏失。诚然，社会发展到今天，'出现公法与私法之外其他性质的法律是历史的必然选择'，即第三法域的存在有其合理性和必然性，但第三法域不等于社会法，社会法也不等于第三法域。……事实上，第三法域才是与公法和私法同位阶的概念，而非所有的第三法域的法都是社会法。也就是说，对于公、私法融合的第三法域完全可以用一个别的名称或者直接称为'第三法域'，而不必冠以社会法的称谓。"余少祥：《社会法"法域"定位的偏失与理性回归》，载《政法论坛》2015 年第 6 期。

续表

序号	学说	代表人物	基本观点	影响力
8	（真正）第三法域说	赵红梅[1]	从社会法中寻找（真正）第三法域——社会集体规范	

注：（不真正）第三法域的理论内核是公私交叉混合融合法，（真正）第三法域的理论内核是社会集体法，因而两者不同。

（二）我国相关研究综评

我国社会法基础理论研究经过二十多年的蓬勃发展，方兴未艾，已取得了较为丰硕的研究成果，董保华教授等一大批社会法学者颇具开拓性地就我国社会法基础理论提供了有建树的研究成果，贡献了学术智慧，做出了重大理论贡献，为包括我们在内的后人的相关研究做了非常重要的学术理论铺垫（即使其中有些或许乃试错，但也是一种值得肯定的学术贡献），这是毋庸置疑的。但我国社会法学仍属新兴"幼稚学科"[2]，社会法基础理论已有研究尚存在以下几方面问题。需要说明的是，对我国社会法基础理论研究的大部分作品，特别是早期的研究力作，我们以现在的学术视角和有局限性且未必成熟的观点评价之，实属苛难，或许也并非妥当。故我们的综评虽出发点系为砥砺学术，但期盼接受学界同仁的批评指正。

1. 已有研究涉及领域极不均衡

我们利用中国知网对社会法基础理论研究成果论文类进行了检

---

[1] "关于人的认知前提假设，私法与社会法最本质的区别是：私法中的人是个体之人，存在形态为'独''合'；社会法中的人是集体之人，存在形态为'群'与'群之成员'。就私法与社会法两者而言，每一个个体都具有多重身份：作为独立自我的个体和他人合作的个体以及作为集体成员的个体。"赵红梅：《个体之人与集体之人——私法与社会法的人像区别之解析》，载《法商研究》2009年第2期。

[2] 参见郑尚元：《社会法的定位与未来》，载《中国法学》2003年第5期。

索，检索时间为 2018 年 8 月 10 日，检索结果如下：

以"社会法基础理论"为篇名检索到 2 篇文献，以"社会法基础理论"为主题检索到 16 篇文献；

以"社会法概念"为主题检索到 38 篇文献，其中相对更有价值的文献 10 篇以上；

以"社会法定位"为主题检索到 10 篇文献，其中有价值文献 2 篇（作者：余少祥、周湖勇、关今华）；

以"社会法理念"为主题检索到 22 篇文献，其中相对更有价值的文献 1 篇（作者：雷兴虎、刘水林）；

以"社会法原则"为主题未检索到文献；

以"社会法主体"为主题未检索到有价值的文献；

以"社会法权利""社会法义务""社会法权力""社会法职责"为主题均未检索到有价值的文献；

以"社会法责任"为主题检索到 1 篇有价值的文献（作者：黎建飞）；

以"社会法实施"为主题检索到 16 篇文献，但未见有价值的文献；

以"社会法诉讼"为主题检索到 2 篇有价值的文献（作者：余少祥、冯彦君、汤闶淼）。

以上检索结果表明已有研究涉及领域极不均衡，具体表现是：以"社会法概念"和"社会法定位"为主，以"社会法理念"为辅，真正涉及法学者和法律人最该关注的社会法的主体及其关系、权利与义务（权力与职责）及法律责任、实施机制（含诉讼），却鲜有研究甚至没有研究，而劳动法学已经构建起来的理论体系又不能适用于整个社会法学，同时已经出版的部分我国社会法基础理论的著作和教材，有的基本立论、研究推理过程和研究方法尚存在某些可质疑之处，或其构建出的我国社会法基础理论的体系尚难以自圆其说、令人信服。

2. 已有研究大胆创新有余而小心求证不足导致理论观点不能令人信服

我国社会法基础理论已有研究成果的数量较多，但研究成果的质量不容乐观。最大问题是未能令人信服地解释和证明社会法的概念外延暨定位和地位等社会法理论的基础性大胆创新命题。其实研究者大胆创新本身是中性的，并无对与错，只要其随后遵循小心求证的治学原则谨慎求证自己的大胆创新就无可指摘，因为通过小心求证，其可能证成也可能推翻自己的大胆创新。然而，我国社会法基础理论已有研究大部分却大胆创新有余而小心求证不足。

比如，社会法学创立之初，通说将社会法定位为包括劳动法和社会保障法〔1〕，但对如此定位的理由倡导者虽进行过简要分析论证却并不令人信服。在大多数大陆法系国家或地区，社会保障法主要属于公法，而劳动法除了劳动行政法之外基本不属于公法，这两者法律属性并不相同，只是法律规范的价值理念和部分内容有紧密关联而已，在德国和我国台湾地区，从事劳动法学和社会保障法学研究的是两批不同学术背景的学者，他们分别自成体系（有两个学会），不经常在一起交流研讨。但法律规范的价值理念和部分内容有紧密关联并不是必然形成一个独立法律部门的理由〔2〕，将它们放在一起研究也并没有太突出的学术价值〔3〕。为什么将社会法定位为包括劳动法和社会保障法？我们自问，难道系因为我国设立了人力资源和社会保障行政主管部门使得这两块法律业务有了密切关联性？但法律部门和法律学科的划分也不能与行政机关的设置有直

---

〔1〕 参见林嘉：《论社会保障法的社会法本质——兼论劳动法与社会保障法的关系》，载《法学家》2002年第1期。

〔2〕 比如财税法和社会保障法、慈善法和社会保障法、卫生法和劳动法、卫生法和社会保障法的价值理念和部分内容都有紧密关联。

〔3〕 目前合在一起编写出版的《劳动法和社会保障法》教材，也基本都是上篇即前半部分讲解劳动法，下篇即后半部分讲解社会保障法，统领两法的总论则没有。参见林嘉主编：《劳动法和社会保障法》（第4版），中国人民大学出版社2016年版，目录。

接关联，因为行政机关的设置是可以变化调整的，再说社会保障法中除了社会保险法以外其他业务都主要归民政部门等其他行政部门主管。又难道因为缴纳社会保险费是劳动关系中用人单位的一项重要法定义务，才导致将劳动法与社会保障法合二为一？但其实社会保障法中除了职工社会保险外，其他大部分内容（社会救助、社会优抚等）都与劳动法几乎没有任何关联性，并且某些社会保险关系的建立也不以劳动关系存在为前提。如果单从法律关系的属性来分析，劳动法、卫生法、慈善法三者的亲缘性，反而大于劳动法、社会保障法两者的亲缘性，因为社会保障法主要调整公法关系，而劳动法、卫生法、慈善法都调整公法、私法、（真正）第三法域（社会集体法）三种关系。

再比如，社会法学创立之初，有影响力学说为社会法定下基调——"社会法是具有公私法融合属性的第三法域"[1]，但却从来没有社会法学者令人信服地论证过公私法交叉混合融合是否一律导致法律从区分公法、私法的二元论转变为不再区分公法、私法的一元论或区分公法、私法、社会法的三元论？这些问题其实国外很多著名学者，如前述德国民法学家拉伦茨、日本宪法和行政法学家美浓部达吉、日本经济法学家金泽良雄等都曾研究探讨过；即使总体上支持"社会法是具有公私法融合属性的法律"的日本著名经济法、社会法学者丹宗昭信和伊从宽也对自己的这种将带有民商法、行政法、刑事法色彩的法律称为第三法域之社会法的认识是否妥当进行过自我质疑。若认真研读过前述学者的相关研究成果，就会更加重视社会法基础理论研究中的小心求证。我国社会法学创立之初，有影响力学说认为社会法是在"私法公法化""公法私法化"

---

[1] 参见董保华等：《社会法原论》，中国政法大学出版社 2001 年版，第 11 页。

过程中产生的[1]，于是乎，凡是与公法和私法现代化沾边的，于"私法公法化""公法私法化"，甚至仅仅于"私法社会化""公法社会化"这一变化过程中出现的与传统法律责任有差异的新型法律责任，如现代民事侵权法上的过错推定责任、严格责任，现代行政法、刑法上的"两罚责任"等，全部归入了社会法的法律责任体系。[2]

再比如，社会法学有影响力学说一直将法律的价值理念作为社会法与其他法律部门或法域区分的主要标准。[3] 但依据大陆法系目前法律分类的通说，法律的价值理念并不是法律分类的合适且有效标准（被认为的合适且有效的法律分类标准是法律主体或法律关系）。[4] 因为法律的价值理念并不能真正将民法、行政法、经济法、社会法或者公法、私法、第三法域区隔开来，实现法律的价值理念，比如"倾斜性保护社会弱者"往往需要穿越整个法律体系的"对角线"——从宪法、行政法、刑法到民法，甚至涉及诉讼法，这些法律都有保护社会弱者的功能作用。这样的社会法基础理论确实难以令人信服。

3. 已有研究封闭性强，有强烈的独立学科地盘意识

前文论及，我国社会法基础理论已有研究，不是强调社会法中

---

[1] 参见董保华、郑少华：《社会法——对第三法域的探索》，载《华东政法学院学报》1999 年第 1 期。需要说明的是，该论文作为我国社会法领域有突出贡献的早期作品，不应该以现在的学术观点苛难之。

[2] 参见董保华、郑少华：《社会法——对第三法域的探索》，载《华东政法学院学报》1999 年第 1 期。

[3] "至于新的路径，近些年来，笔者在研究社会法的理论基础的时候，也着重研究了社会法价值及其取向。社会法的价值取向及由此生成的理论基础与其他部门法（主要是民商法、行政法、经济法）的价值取向及由此生成的理论基础是不同的。区别这样一些部门法的理论基础，不仅从根本上将民商法、行政法、经济法、社会法区隔开来（使它们的区隔乃至独立法部门地位的确立具有理论根据），而且还直接佐证'扶权论'的合理性。"汤黎虹：《对社会法理论基础的再认识》，载《东方法学》2012 年第 4 期。

[4] 参见［德］哈特穆特·毛雷尔：《行政法学总论》，高家伟译，法律出版社 2000 年版，第 40~42 页。

的劳动法和社会保障法分别是两个独立法律部门，就是强调社会法自身为独立法律部门，再不就是强调社会法既不属于公法、也不属于私法是公私交叉混合融合法统一体，这一统一体是独立第三法域。为什么要强调这些呢？其实还是因为忽略了社会法与宪法、行政法、刑法、民法、经济法、诉讼法及其他学科等的密切关联性，进一步来说这些法律之间作为法律部门的分类标准或许并不一致，藉此当然难以厘清社会法与其他法律之间的关系。郑尚元教授的见解可谓深刻：社会法学研究所追求的学科"地位"绝不是割裂与其他法学学科的联系，不是追求所谓的"独立"，与此同时，从其他法学学科汲取营养亦为必需。社会法与宪法、行政法、民事法等关系最为密切，亦与国际法、环境法、刑事法及商事法等法学领域相关。新兴学科的存在如果定位准确，该学科成熟所需的时间将大大缩短。[1]

我国目前通行的社会基础理论强调社会法是独立法律部门，或曰形成公私交叉混合融合统一体这个独立第三法域时就不能回避社会法（具体如劳动法）与公法（如行政法）和私法（如民法）的区别是什么的问题。这时，社会法学者常常会提及：社会法（如劳动法）与传统公法（如行政法）和传统私法（如民法）的区别如何如何，或者具体认为劳动法因超越了传统民法而成为与民法相区别的独立法律部门，[2] 如此所言似有不妥。为什么不能、不敢将社会法（学）与现代公法（如行政法）（学）和现代私法（如民

---

〔1〕 参见郑尚元：《社会法语境与法律社会化——"社会法"的再解释》，载《清华法学》2008 年第 3 期。

〔2〕 "社会法的基本特征是：以社会整体利益为本位，保障社会经济安全与可持续性。兼有公法和私法的属性。实效性的实现主要依赖于独立或非独立公共机构的实施，而非仅依赖于私法主体的遵守和司法救济，这是社会法独立于传统私法的标志。实施机构权限广泛，可兼有行政权、立法权和司法权；调整手段以基准控制、经济诱导、转移支付为主，行政命令为辅，这是社会法独立于传统公法的标志。"钱叶芳：《"社会法法域说"证成——大陆法系和英美法系融合的一个例证》，载《法学》2017 年第 4 期。

法）（学）加以比较呢？因为只要一比较，我国已有的社会法学所研究的领域，基本是现代公法和现代私法两者加在一起具体应用于劳动法和社会保障法等领域的大拼盘这一真相就基本暴露无遗了。

德国和日本等大陆法系国家，研究劳动法的学者通常都是民法学出身精通民法，比如与我们多次进行学术交流的德国著名劳动法学者多伊普勒（Wolfgang Däubler），他退休前在不莱梅大学除了从事劳动法学的教学科研外，还同时从事民法总论的教学科研；同时这些国家研究社会保障法的学者通常都是行政法学出身精通行政法。在德国和日本等大陆法系国家，无论是公法（如行政法）还是私法（如民法）学者，都受到严格的规范法学（法教义学）研究方法的规训和囿限，这当然不支持他们将社会法或劳动法视为独立法律部门进行封闭性研究。而我国专门研究社会法或劳动法的学者大多没有这种民法学和行政法学的学术背景，没有受过严格的规范法学（法教义学）方法论的规训和囿限，研究中容易出现封闭性强即开放性不够、自说自话的问题，与其他法学学科的交流沟通也明显不够，这就进一步导致其普遍滋生出颇为严重的社会法学或劳动法学独立学科地盘意识。有些学者即使质疑以董保华教授为代表的广义社会法说暨（不真正）第三法域肯定说，也并不是于理论根基上评判该说主张的"社会法属于公私交叉融合性质的法律"或指出该说在论证上有何疏漏，甚至实质上还赞同其核心观点，比如认为：公法与私法融合的结果只能是公法与私法之外的"第三法域"，但不可能是"社会法"，进而主张"第三法域"并不等同于社会法。或曰社会法属于第三法域中的法律。[1] 即使所谓质疑该说仅仅是认为其广义社会法概念外延过大、"贪多求全"、"耕别人地荒自家田"，并建议用一个别的名称或者直接称为"第三法域"，而

〔1〕　参见郑尚元：《社会法的存在与社会法理论探索》，载《法律科学》2003 年第 3 期。

不必冠以"社会法"的称谓。[1] 这种质疑虽然不无道理，但也仅解决了保住社会法学科地盘、划清社会法与经济法学科界限问题。而前述德国民法学家拉伦茨在质疑帕夫洛夫斯基提出的以"团体法"确立（真正）第三法域说的观点时，却指出其在论证上有何疏漏以及承认论证有哪些合理之处，并不涉及学科地盘之争。

我国社会法学惯常使用的研究方法其实可以归为英美法系擅长的社科法学和法律实用主义。然而在英美法系，却是从来不强调所谓独立法律部门或法域的划分，他们的法律实用主义不会导致学科地盘之争。

前文论及，国外及我国台湾地区社会法基础理论（特别是其中的第三法域理论）长期得不到承认，更重要的因由是大陆法系法学界对私法（学）、公法（学）的现代艰难处境认识不充分，对"私法公法化""公法私法化"与"私法社会化""公法社会化"等理论产生过分依赖。我国社会法基础理论研究则正好相反，走向了另一个极端——完全无视前述"四化"理论，意图平地起高楼另搞一套社会法基础理论；或者将前述"四化"理论拼合在一起，意图构建出一套应用性的社会法基础理论。我们认为，这两者均不可取。社会法基础理论中的公私法交叉混合融合理论是对前述"四化"理论的法学理论继承与发展，而最具有"革命意义"的（真正）第三法域（社会集体法）理论是在继承与发展前述"四化"理论的基础上的法学理论超越。两种社会法基础理论研究路径均具有广阔的学术创新发展前景。

---

〔1〕 参见冯彦君：《中国特色社会主义社会法学理论研究》，载《当代法学》2013年第 3 期。

第三节　我国社会法概念外延暨定位

一、我国最高立法机关对社会法的认识

我国最高立法机关于社会法部门确立之初（2001 年）对社会法的认识确实将社会法界定为仅限于劳动法、社会保障法、社会福利法的领域。2001 年 3 月 9 日，第九届全国人大第四次会议上的《全国人民代表大会常务委员会工作报告》首次将社会法界定为调整劳动关系、社会保障关系和社会福利关系的法律。后来（2011年）又加入特殊群体权益保障法等。2011 年国务院新闻办发布的《中国特色社会主义法律体系》白皮书对社会法的论述为："社会法是调整劳动关系、社会保障、社会福利和特殊群体权益保障等方面的法律规范"。该白皮书还指出："突出加强社会领域立法。坚持以人为本，围绕保障和改善民生，在促进社会事业、健全社会保障、创新社会管理等方面，逐步完善劳动就业、劳动保护、社会保险、社会救助、社会福利、收入分配、教育、医疗、住房以及社会组织等法律制度，不断创新社会管理体制机制，深入推进社会事业建设。"在此，该白皮书对社会法概念的解释与对社会领域立法范围的说明出现了不一致。

党的十七大特别是十八大以后，我国最高立法机关社会立法的工作任务有了新的变化，逐渐转向社会领域立法。随之，全国人大常委会法工委社会法室负责的立法工作的范围也得到调整，不再仅仅限于劳动法、社会保障法、社会福利法和特殊群体权益保障法领域的立法工作。2016 年出台的《中华人民共和国慈善法》和《中华人民共和国境外非政府组织境内活动管理法》，2017 年修订的《中华人民共和国红十字会法》（以下简称《红十字会法》）等立法工作都是由全国人大常委会法工委社会法室具体承担的，这些都

超出了劳动法、社会保障法、社会福利法和特殊群体权益保障法的范围，只能归入"等"里面。这时，我国最高立法机关的社会立法工作任务与其对社会法的认识就出现了不统一。2017 年，任全国人大常委会法工委社会法室主任的滕炜在所撰《关于社会领域立法的几个问题》一文中认为：加强社会领域立法，主要是在十一届全国人大常委会期间针对立法工作提出来的，当时它着眼于党的十七大提出的经济建设、政治建设、文化建设、社会建设四位一体总体布局上的社会建设，是指属于社会建设范围的立法。关于社会建设的内容，党的十七大报告第八部分"加快推进以改善民生为重点的社会建设"所确定的范围是：教育、劳动就业、收入分配、社会保障、医疗卫生、社会管理六个方面。在党的十八大报告和十八届三中全会的决定中增加了生态文明建设，但社会建设的内容仍然没变。社会领域立法的基本内容或者其基本含义，应当是围绕着六个方面的立法。从工作考虑，用社会建设来界定社会领域立法的范围，能够较好地使立法活动紧密围绕党和国家的中心工作展开。[1]滕炜主任认为：值得一提的是，社会领域立法，比法律体系意义上的作为与民法、刑法、经济法、行政法等并列的法律部门的社会法，目前含义还是要宽一些。社会法与有的部门法之间界限不是很清楚，或者说也有交叉，有的在划分上还有必要进一步推敲。这些都还需要进一步研究。[2]滕炜主任撰写的另一篇文章《学习"十三五"发展规划纲要 推动社会法立法向前发展》，其提法和思路有了一些变化——力争将其对社会法的认识与社会立法工作任务统一起来。滕炜主任指出：社会法体系中应有以下几个方面的法律作为支架性法律：一是劳动保护（包括就业保护）方面的法律，二是

---

〔1〕 参见滕炜：《关于社会领域立法的几个问题》，载黄文平主编：《社会体制改革构想》，人民出版社 2017 年版。

〔2〕 参见滕炜：《关于社会领域立法的几个问题》，载黄文平主编：《社会体制改革构想》，人民出版社 2017 年版。

社会保障方面的法律，三是社会组织方面的法律，四是基本公共服务主要指义务教育和公共医疗卫生服务方面的法律。第四个方面目前习惯上还没有全部列入社会法行列，这值得进一步研究，其列入社会法范畴很有必要。除了这些基础性法律之外，还有一些方面，如对妇女、未成年人、残疾人、老年人等一些社会群体专门保护的法律，以及其他一些关于社会治理方面的法律，共同构成法律体系中的社会法。总之，社会法立法是社会建设中的一个重要方面，是社会建设法治保障的基础，加强社会法法律研究，对于推进中国特色社会主义建设和完善法律体系，都有很重要的意义。[1]

可见，我国最高立法机关对社会法的认识与相关社会立法工作任务的关系，经历了从统一到不统一，再到经过调整提法和思路有了一些变化，力争将两者尽量统一起来的发展过程。

二、我国社会法学界对社会法的研究认识

谢增毅指出："在坚持本土资源的同时，立法机关对社会法的定义并非无懈可击。该定义仅仅指明了社会法的范围，社会法的价值目标和核心范畴并不清晰。"[2] 我国最高立法机关对社会法的认识并不一定成为我国社会法学界对社会法研究认识的唯一依据，但可作为其研究认识的重要参考。

前文"社会法概念外延暨定位学说"提及，我国社会法学界曾经的通说对社会法概念外延暨定位的认识仅包括劳动法和社会保障法，目前的通说对社会法概念外延暨定位的认识包括劳动法、社会保障法、社会福利法和特殊群体权益保障法，它们同我国最高立法机关目前社会领域立法的工作任务范围都不吻合或者不十分吻合。

〔1〕 滕炜：《学习"十三五"发展规划纲要 推动社会法立法向前发展》，载黄文平主编：《社会体制改革构想》，人民出版社 2017 年版。

〔2〕 谢增毅：《社会法的概念、本质和定位：域外经验与本土资源》，载《学习与探索》2006 年第 5 期。

我们对社会法概念外延暨定位的认识为：可与社会领域法对应存在，同我国最高立法机关目前社会领域立法的工作任务范围基本吻合，但因主张具体包括劳动法、社会保障法、社会组织法与慈善法、卫生法、教育法、特殊群体保护法等，人们就此还具有一定争议。卫生法、教育法立法工作是归口全国人大常委会法工委行政法室还是社会法室，在内部有不同意见：有的观点认为这些都主要属于社会福利法，立法工作应归口社会法室；有的观点则认为卫生法、教育法的立法内容也并非都属于社会福利法，还包括其他的内容，如涉及营利性私立医院、私立学校的管理等。

2018 年 3 月 11 日，第十三届全国人民代表大会第一次会议通过《中华人民共和国宪法修正案》，将"全国人民代表大会法律委员会"更名为"全国人民代表大会宪法和法律委员会"，另设立监察和司法委员会、财政经济委员会、教育科学文化卫生委员会、外事委员会、华侨委员会、环境与资源保护委员会、农业与农村委员会、社会建设委员会等专门委员会。其中社会建设委员会负责研究、拟订、审议劳动就业、社会保障、民政事务、群团组织、安全生产等方面的有关议案、法律草案，开展有关调查研究，开展有关执法检查等。全国人大设立社会建设委员会后，参与本教材编写的几位学者讨论过是否以该委员会的职责范围界定社会法的概念外延，有学者认为，不宜将卫生法、教育法纳入社会法范围，因为全国人大设立的社会建设委员会的职责范围不包括卫生、教育，这两项归属于教科文卫委员会的职责范围。经过研讨，本教材倾向性的意见认为：

首先，全国人大常委会法工委的立法工作具体归哪个室负责，全国人大设立专门委员会的职责范围包含什么等问题，只是国家机关内部工作职责分工问题，不涉及学术研究的科学性，我们也没有必要一定以这些机构过去、目前及未来归口负责的立法等工作范围作为学术研究上界定社会法概念外延暨定位的唯一或主要依据。在这一点上，滕炜主任与我们的认识倒是有某种程度的契合性。他在《学习"十三五"发展规划纲要　推动社会法立法向前发展》一文中指出：社会的概念是近几年才提出来的，法理研究上才刚刚开始。社会法的概念不能局限于满足工作现实需要的考虑。由于立法机构成立的时间不长，立法也主要是在大家有共识的范围之内进行，但法理上还是要不断发展。[1] 我们将社会法概念外延暨定位界定为具体包括劳动法、社会保障法、社会组织法与慈善法、卫生法、教育法、特殊群体保护法等，实际还略大于目前归口社会法室负责的立法工作范围，与社会领域法对应存在，是一种应然而不是实然界定。藉此，社会法础理论研究对我国社会法概念外延暨定位的准确把握，可以为我国社会法立法工作提供一定的理论指导。

其次，社会法基础理论研究为我国社会法立法工作提供一定的理论指导，主要还不是告诉立法者哪些立法属于、哪些立法不属于社会法的范围，理论指导更主要还在于提供一套社会法基础理论思维模式。如此看来，社会法学者无论对社会法概念外延暨定位采狭义说、中义说、大中义说还是广义说，其实都并不十分关键，因为这些或小或大范围的社会法都只是学者们研究社会法基础理论所取的"素材"。但取材范围大小将影响理论抽象出来的质量和适用的范围。取材范围太小，如狭义社会法将社会法的外延理解为仅包括劳动法和社会保障法，对其理论抽象出来的质量则不能有太高期待，其适用范围也太有限——还是仅仅适用于劳动法和社会保障法，前文论及，其实这两个法也没有多少共性，从两者中抽象不出多少共同的法理。取材范围适中，如中义社会法说，则理论抽象出来的质量和适用范围都还算中规中矩，对研究者理论抽象能力的要求相对也不是很高；取材范围大，如广义社会法说，则不影响理论抽象出来的质量和适用范围，但对研究者理论抽象能力的要求相对

---

〔1〕　滕炜：《学习"十三五"发展规划纲要　推动社会法立法向前发展》，载黄文平主编：《社会体制改革构想》，人民出版社 2017 年版。

更高一些。故本教材虽不采中义社会法说和广义社会法说，但对这两个学说的研究成果还是有所期待的。这也正是我们不赞同有学者质疑以董保华为代表的广义社会法说暨社会法（不真正）第三法域肯定说的理由之一。

最后，社会法学者无论对社会法采狭义说、中义说、大中义说还是广义说，其实都不甚重要，因为这些或小或大范围的社会法都只是学者们研究社会法基础所取的"素材"，取材不是为了圈地或者将或小或大范围的社会法立法拼合在一起搞实用大拼盘，而是从它们中抽象出有学术价值的社会法基础理论，否则将毫无意义。至此，本教材对社会法概念外延暨定位为大中义社会法，具体包括劳动法、社会保障法、社会组织法与慈善法、卫生法、教育法、特殊群体保护法等，主旨并非欲将这些不同的法律拼合在一起，而是欲从它们中抽象出有学术价值的社会法基础理论，再返回来滋养与它们相关的学术研究及立法和实践，它们作为社会法大家庭的一员，也相互滋养。

迄今我国社会法学界总体上对社会法的认识，仍停留在社会法包括劳动法、社会保障法、社会福利法和特殊群体权益保障法的阶段，甚至大部分人依然将社会法理解为仅包括劳动法和社会保障法。劳动法和社会保障法在社会法领域中确实非常重要，但如果我国社会法学研究队伍依然由主要研究劳动法和社会保障法的学者构成，则无法胜任研究社会领域法法理的重任，且仅仅从劳动法和社会保障法中无法抽象出真正有重大学术价值的社会法基础理论。

学术的成长必须要有相应的积累。短时间内社会法基础理论研究还难以摆脱幼稚，只有通过时间的积累加上学者们共同努力"在路上"以及有利的学术氛围，才能缩短学术成长的路径。[1] 我国距离社会法基础理论的成熟还有很长的路要走。

---

[1] 参见郑尚元：《社会法的定位与未来》，载《中国法学》2003 年第 5 期。

第二章 劳动法

第一节　劳动法总论

一、劳动法立法体系

（一）劳动法现有相关立法体系

劳动法是调整劳动关系以及与劳动关系密切联系的其他社会关系的法律规范的总和。中国劳动法的真正起步是在 20 世纪 90 年代，以 1994 年颁布《中华人民共和国劳动法》为标志。中华人民共和国成立后，1956 年起实行全面的计划经济体制，在劳动力资源配置上实行统一分配体制（又称统包统配体制），对大中院校毕业生由中央政府和相关部门下达统一计划，实行统一招收、统一调配。这一分配体制确定了企业、劳动者对国家的隶属和身份关系，对消灭失业现象，维护国家政权、社会秩序稳定，培养建设社会主义需要的人才起到重要作用。弊端是以具有行政化色彩的国家和地方的劳动政策管理控制劳动关系，国家利益淹没劳动者利益和用人单位利益，本具有私法性质的劳动关系僵化为具有单一公法性质的劳动行政关系，用人单位与劳动者的自主权利丧失，终身用工制及计划统一调配不考虑人力资源的效力配置，使得市场活力下降。多年的计划经济导致经济低速发展，社会财富积累缓慢，人民生活水平降低。

进入 20 世纪 90 年代，我国设定以经济发展为主要目标，以此相配套的需要进行经济体制改革。1992 年 10 月，党的十四大报告提出建立社会主义市场经济体制，启动由计划经济向市场经济的转折历程。市场经济意味着经济领域的资源配置需要遵循市场规律，在劳动领域需要改革传统的用工制度，打破"统包统配"的分配体制，冲破计划经济体制国家劳动政策下高度管控的藩篱，加大对劳动者的保护，增加劳动力市场灵活性、自由度，尊重和保护劳动者，赋予企业用工自主权，以全新的理念对劳动关系的法律调整作出制度安排。1994 年 7 月 5 日，第八届全国人民代表大会常务委员会第八次会议通过了《中华人民共和国劳动法》（以下简称《劳动法》），该法于 1995 年 1 月 1 日起施行。《劳动法》是中华人民共和国成立后第一部调整和规范劳动关系的基本法律。其后随着市场经济的深化，劳动立法经过二十多年的不断发展，内容丰富，已形成以《劳动法》为基本法，《中华人民共和国就业促进法》（以下简称《就业促进法》）、《中华人民共和国职业教育法》（以下简称《职业教育法》）、《中华人民共和国劳动合同法》（以下简称《劳动合同法》）、《中华人民共和国工会法》（以下简称《工会法》）、《中华人民共和国劳动争议调解仲裁法》（以下简称《劳动争议调解仲裁法》）等单行法律，国务院颁发的劳动行政法规，国务院所属部委颁布的劳动规章，最高人民法院的规范性文件，地方性法规和地方性规范文件组成的劳动立法体系，在保护劳动者合法权益、构建和谐稳定的劳动关系、促进经济发展和社会稳定方面发挥重要作用。

从学理上，可将劳动法的立法体系分为：

1. 劳动就业法

劳动就业法是为保障劳动者劳动权的实现，对劳动就业法律关系进行规范和调整的法律。其内容包括就业促进法、职业培训法、就业服务法、就业管理法。我国已颁布的劳动就业法方面的单行法律有：《就业促进法》《职业教育法》。涉及特殊群体就业保障的单行法律主要有：《中华人民共和国妇女权益保障法》（以下简称《妇女权益保障法》）、《中华人民共和国未成年人保护法》（以下简称《未成年人保护法》）、《中华人民共和国残疾人保障法》（以下简称《残疾人保障法》）、《中华人民共和国民族区域自治法》（以下简称《民族区域自治法》）等。

2. 个别劳动关系法

个别劳动关系是有关调整用人单位与劳动者个体利益关系的法。我国已颁布的主要调整个别劳动关系的单行法律主要有：《劳动合同法》。

3. 集体劳动关系法

集体劳动关系法（以下简称"集体劳动法"）是有关集体合同、职工民主管理、工会的法。我国已颁布的劳动关系规范协调法方面的单行法律主要有：《工会法》。

4. 劳动基准法

劳动基准法是立法规范最低劳动条件、劳动标准方面的法律。其内容包括工资法，工时、休息休假法，职业安全卫生法，职业病防治法，女职工、未成年工特殊保护法。目前我国劳动基准尚无统一立法，散见于劳动行政法律、部门规章。我国已颁布的劳动基准相关单行立法主要有《中华人民共和国安全生产法》（以下简称《安全生产法》）、《中华人民共和国职业病防治法》（以下简称《职业病防治法》）。

5. 劳动行政（主要为劳动监察）与劳动争议处理法

劳动监察与劳动争议处理法是在劳动者劳动权益受侵害或发生争议时，法律所给予的救济机制及劳动争议解决机制，包括劳动监察法、劳动争议处理法。我国已颁布的劳动争议解决机制方面的单行法律主要是《劳动争议调解仲裁法》。

（二）基本劳动立法——《劳动法》介绍分析

《劳动法》是 1949 年之后我国第一部规范和协调劳动关系的基本法律，是劳动法制建设的里程碑。该法共有总则、促进就业、劳动合同和集体合同、工作时间和休息休假、工资、劳动安全卫生、女职工和未成年工特殊保护、职业培训、社会保险和福利、劳动争议、监督检查、法律责任、附则十三章内容，条文总计 107 条。显然区区 107 条不能完全适应从计划经济体制向市场经济体制转折期间劳动关系的复杂性和多元化的发展趋势，因之一直对其有过于原则性且技术性较差的批评之声。但该法确立的劳动法的基本体系和构建的主要制度一直影响着此后二十多年的劳动立法，对推动我国劳动立法的发展有不可磨灭的功绩。《劳动法》的历史贡献在于：

第一，明确劳动法是劳动者权益保护法，体现对劳动者的人文关怀。立法上一直存在对劳动关系双主体是单保护还是双保护、平等保护、倾斜保护之争，纵观世界各国，有国家强调双保护，例如瑞典认为劳资双方为市场经济主体，雇主组织与工会组织力量均衡，应通过市场博弈，国家立法秉承平等保护理念；再如德国认为应实行对劳动者"较有利原则"；而美国强调国家在平衡劳资关系上的作用。我国《劳动法》第 1 条明确规定立法的直接目的是"保护劳动者的合法权益"，反映了我国劳动立法最主要最基本的价值取向是适度倾斜保护劳动者，并在此基础上构建劳动权保护的各项制度。

第二，确立劳动合同制，建立适应市场化的人力资源配置机制。表现在摒弃计划经济体制下统包统配、"铁饭碗"、终身固定用工制度，赋予劳动者与用人单位通过劳动合同双向选择的权利，为人力资源的效率配置、经济发展奠定坚实的基础。

第三，初步建立国家强制、团体自治、个体自治的劳动关系协调机制。我国《劳动法》从国家强制、集体劳动关系、个别劳动关系三个层次调整和规范劳动关系，以构建具有中国特色的劳动关系协调机制。国家强制即由国家设定最低标准的劳动条件，制定最低工资、劳动报酬、工作时间和休息休假、职业安全卫生等劳动基准，是用人单位与劳动者都须遵守的强行性法律规范，体现国家意志对劳动关系的积极干预。集体劳动关系的调整是用人单位与工会或职工代表通过集体协商签订集体合同，确定本单位或本行业劳动者集体的劳动条件、劳动标准以及集体劳动规则等。集体劳动关系调整的价值在于通过团结力量平衡与制约资本的力量，为劳动者争得不低于国家劳动基准的劳动条件和劳动标准，体现合理公平，从而实现团体自治和产业和平。个别劳动关系的调整是用人单位与劳动者根据平等自愿、协商一致原则签订的适用于特定劳动者的劳动条件、劳动标准以及劳动权利义务的协议，体现用人单位对劳动者的个性化要求，实现个体自治。但在我国目前劳动关系协调机制中，国家仍处于主导地位，既制定强行性劳动基准，又积极干预个别劳动关系与集体劳动关系，对劳动合同、集体合同的契约自由予以限制。国家通过积极干预劳资关系和市场运行，规范用人单位的劳动管理行为，制约资本力量对劳动者利益的侵蚀，以实现社会公平和劳动关系的和谐稳定。

《劳动法》是在中国社会由计划经济向市场经济转折，效率优先、兼顾公平、优先发展经济的历史背景下出台的，经济转型、社会转型尚未完成，又受当时劳动法学理论尚不发达、立法技术粗糙的影响，因之不可避免地存在一些问题，表现在：

第一，条文过少，原则性规定多，缺乏操作性，未能形成劳动法典。《劳动法》条文总计 107 条，且多为原则性规定，无法应对经济转型、社会转型情形下劳动关系多元化、复杂化发展的趋势，以致在《劳动法》颁布后，为弥补《劳动法》立法不足，增强其可操作性，国务院的劳动行政法规、所属部委的劳动规章、最高人民法院的司法解释、地方性法规、地方性规章等频繁出台，导致劳动法立法体系纷杂，劳动标准不统一，甚至出现冲突，影响了劳动法的统一性与权威性。劳动法应向法典化发展，法典化有利于完善劳动法体系并提高劳动法的权威性。

第二，基本法律概念界定缺位、模糊。劳动法的主要调整对象是劳动关系，劳动关系可谓核心概念，但《劳动法》并未对劳动关系从性质和内涵上加以界定，而是通过列举用人单位类型倒推劳动者，"劳动法上用人单位""劳动法上劳动者"成为劳动法独有的风景。由于未能反映劳动关系的本质，也未能应对在市场经济发展进程中出现的新的用工主体，致使劳动法适用范围有限，局限性凸显。如何界定劳动关系，在理论与实践两个层面一直纷争不止。劳动者物质利益的最大体现是工资，但何谓工资、何谓加班费、何谓劳动报酬，均无明确定义。例如我国工作日、周休息日、法定节日加班费标准为 150%、200%、300%，但因工资概念不明确，导致加班费基数如何计算出现混乱。《劳动法》所确定的三种基本类型合同——无固定期限劳动合同、固定期限劳动合同、以完成一定工作任务为期限的劳动合同均没有在《劳动法》中被明确定义[1]。法律概念界定的缺位与模糊，既反映了理论支撑不足，也反映了立法的粗糙，亟待今后修法解决。

第三，侧重个别劳动关系的调整，忽视集体劳动关系的调整。《劳动法》第三章名为"劳动合同和集体合同"，立法者将个别劳动关系调整与集体劳动关系调整作为并列关系，但在具体条文上，有关劳动合同的规定有 17 条，有关集体合同的规定却只有 2 条，比例悬殊，反映出团体自治的规则和模式在立法上被忽视。随着市场经济的发展，我国个别劳动关系调整的法律规范不断加强，而集体劳动关系的调整模式和规则一直处于不完善、不发达状况，国家强制、个体自治与团体自治的劳动关系协调机制始终未完整形成。

---

〔1〕 2008 年 1 月 1 日施行的《劳动合同法》对固定期限劳动合同、无固定期限劳动合同、以完成一定工作任务为期限的劳动合同作出明确的法律定义。

第四，强行性、禁止性立法较多，国家干预性较强，灵活性、弹性不足。由于当时的历史局限性，《劳动法》更多地体现国家对劳动关系的积极干预，因之强行性、禁止性法律规范较多，任意性法律规范相对较少。例如关于标准工时设定为每周 40 小时、每天 8 小时[1]，超过即为加班，规定每月加班时数不得超过 36 小时。实际状况是 20 世纪 90 年代开始我国进入经济高速发展时期，各行各业尤其是制造业发展迅猛，延长工时的现象普遍存在，标准工时缺乏灵活性和弹性，远不能满足经济发展需求，执法部门亦为保障经济发展而选择性执法，致使限制加班加点的规定形同虚设。

第五，涉外劳动法基本为空白。在经济全球化和市场经济的推动下，国际贸易和跨国投资增长迅猛，资本和劳动力的全球流动成为趋势，我国涉外劳动关系日益增多且纷繁复杂，各国劳动法律制度以及立法管辖权的不同，必然会导致跨国劳动关系中的法律冲突，而《劳动法》对这一问题没有回应，涉外劳动法基本为空白。

自 1995 年 1 月 1 日第一部《劳动法》施行以来，我国劳动法不断发展，内容不断丰富，已形成体系，但在立法及理论研究上仍存在缺陷，尚需完善。

二、劳动法基本原理

劳动法学是从劳动权、劳动关系出发讨论劳动法的定位，国内学术界对劳动法基本理论的研究主要体现在对劳动法的社会法属性、劳动立法的功能与价值（劳动法中体现的劳动者与用人单位利益平衡以及实现劳动关系和谐稳定的理念）、劳动法与民法的关系等几个方面进行研究。我们从劳动法的立法价值及功能上，认为劳动法既不属于传统的公法，也不属于传统的私法，而主要是现代公

---

〔1〕《劳动法》第 36 条规定的标准工时为平均每周不超过 44 小时，每天不超过 8 小时。1995 年 3 月 25 日发布的《国务院关于修改〈国务院关于职工工作时间的规定〉的决定》中规定职工每日工作 8 小时、每周工作 40 小时。

法与私法相向发展，交叉融合的产物。

（一）劳动法的立法价值及功能的文献综述

我国《劳动法》第 1 条规定："为了保护劳动者的合法权益，调整劳动关系……促进经济发展和社会进步，根据宪法，制定本法。"此条规定彰显了我国劳动法的立法宗旨及立法目的。劳动法作为规范和调整劳动关系的法律部门，具有鲜明的特色。

1. 劳动法契合社会法的理念

劳动法学界的多数学者认为劳动法属于社会法，将之定位于公私法相交融之社会法领域。劳动法律制度的设置在于维护劳动者这一社会群体的利益，与传统的私法不同，并不是对某个特定的私主体个人利益的维护，也不是对广泛意义的公主体国家利益、公共利益的维护。基于劳动权是社会权利的属性，一方面在"强资本弱劳工"的状况下，国家公力干预劳动关系，对契约自由予以矫正，要求用人单位的财产所有权和生产经营管理权对劳动者群体的社会权利作出适度让渡；另一方面劳动法律制度的设定同时给予劳资双方意思自治的空间，劳资双方通过团体自治和个体自治，实现劳资双方利益的平衡，维持劳动关系的和谐。社会法的本质之一就在于防控社会法主体形式上平等而事实上不平等带来的社会风险，以实现社会公平和实质正义。

林嘉教授认为：最近三十年来在劳动法的价值观念、立法策略、利益衡量、学科定位等多种因素的共振下，我国劳动法不断被赋予新的时代意义，最终实现了范式的转变——在调整方式上实现了从政策调整到法律调整的转变，在价值观念上确立和深化了倾斜保护劳动者和保护劳动者基本权利的原则，在劳动法定位上实现了从国家本位到社会本位的转变，在调整模式上实现了从单一模式到个体自治、团体自治和国家强制三种模式共存的转变。劳动法在尊重劳动关系当事人意思自治的基础上必须有公法的介入，实行国家干预，通过立法矫正劳动关系中的不平等地位，以达到实质平等。

正是在这层意义上，劳动法具有社会法属性，属于第三法域，而保护劳动者的劳动权以实现维护社会公平正义，是劳动法的社会法属性使然。在对劳动法修改和完善的过程中，劳动法实现了从国家本位到社会本位的转变。社会本位突出了对个体利益和社会利益的关注：在劳动就业上，改革国家统包统配的就业方式，确立了劳动者的自主择业权和用人单位的用工自主权，实行双向选择；在调节劳动关系方面，引入劳动合同制度，引导劳动者和用人单位通过平等协商建立劳动关系，并通过集体合同制度提高劳动者的谈判能力，保障劳动者权益；在工资分配上，用人单位享有工资分配自主权，并积极推动工资集体协商机制，赋予劳动者民主参与工资分配权；进行社会保险制度改革，保障劳动者的生存权；等等。[1]

林嘉教授指出："由于劳动法在性质上可以归属于社会法。因此劳动法具有社会法品格。其法的理念在相当程度上须体现社会大众的利益，因此我们不能简单地将劳动合同看作劳动者与用人单位之间'私的合同'，它相当多的内容已经超越了意思自治的范畴。"[2]

董保华教授指出："从利益本位的角度看，私法是以个人利益为本位，公法是以国家利益为本位，社会法以社会利益为本位。"[3] 劳动法的产生是为了解决工业劳动社会化导致资本家过度压榨劳动者引发的社会问题，其根本目的是通过倾斜保护劳动者以平衡其与用人单位之间的地位，实现劳动关系的和谐，从而促进整个社会的和谐。劳动法以劳动者这一群体的社会利益为本位说明其具有社会法属性。

赵红梅教授认为：劳动法在本质上契合社会法理念。作为社会

---

〔1〕 参见林嘉、邓娟：《论我国劳动法范式的转变》，载《政治与法律》2009 年第 7 期。

〔2〕 林嘉：《劳动合同若干法律问题研究》，载《法学家》2003 年第 6 期。

〔3〕 董保华等：《社会法原论》，中国政法大学出版社 2001 年版，第 15 页。

法的劳动法其保护的对象不是孤立的劳动者个体，而是具有社会连带属性的劳动者集体及作为集体成员的劳动者个体。此外，劳动法在形式上适宜运用社会法技术。社会法主要通过要求义务人强制履行法定义务的方式来具体实施。社会法的技术精髓在于能够强制义务人履行法定义务。社会法性质的任何一项劳动法义务都不为保护劳动者个体而设定，系为保护劳动者集体而设立，义务是实现这种保护目的的工具，故义务为强制性义务，必须得到不折不扣的履行，这不以任何人的意志为转移，作为集体成员的劳动者个体也不应放弃自己的那一份权益，宽免雇佣者的法定义务或者与雇佣者迂回完成交易。因为，如此做的结果必然破坏劳动者有机团结之关系基础。工会等所采取的集体利公行动，对于维护劳动者权益的重要性通常大于劳动者个体所采取的行动。[1]

我国台湾地区的黄越钦教授对于劳动法与社会法的关系进行了深入探讨，认为：社会保险法是社会法，而劳动法与社会法是并存、互补和竞合关系。社会法将取代劳动法的关系，劳动法会向社会法过渡。他认为："所谓取代关系指，原属劳动法范围之内容，由社会法取代，其中最重要的关键在 1952 年国际劳工组织的社会安全最低基准公约，将劳资冲突中的重要内容改以保险之方式替代……"尤其是人民年金取代退休金制度。劳动法与社会法的互补关系，他认为："不论失业或退休，均对劳动者之经济生活造成重大影响，为维持劳动者之基本生活水准，遂有令雇主支付资遣费及退休金之制度。惟或因要件不符或因雇无资力，并非所有劳动者均能受惠，而开办失业保险以补其不足。"劳动法与社会法是竞合关系，劳保职灾医疗给付与健保医疗给付，劳动者可选择适用；劳动法向社会法的过渡关系，退休金、劳保老年给付、人民年金将逐步

---

〔1〕 参见赵红梅：《劳动法：劳动者权利义务融合之法——社会法的视角且以加班工资为例》，载《上海财经大学学报》2010 年第 2 期。

过渡。[1]

上述学者的观点中，林嘉教授认为劳动法的社会法属性体现在个体自治、团体自治和国家强制调整的多样性、国家干预的立法矫正以实现社会公平；董保华教授认为劳动法以劳动者这一群体的社会利益为本位；赵红梅教授则认为劳动法保护的是劳动者集体及作为集体成员的劳动者个体；黄越钦教授则预示了劳动法将向社会法过渡。上述学者的观点虽有差异，但均揭示了劳动法作为社会法，突破单一私权保护与单一公权保护的局限性，既借助私法手段又借助公法手段，维护劳动者群体的社会利益，从而契合社会法的理念，确认劳动法归属于社会法范畴。

2. 劳动法的立法宗旨和功能价值在于保护劳动者合法权益

劳动法是向劳动者倾斜保护的法律。劳动法起源于工业社会，劳动法学界公认 1802 年英国议会通过的《学徒健康与道德法》标志着劳动法的诞生。劳动法诞生之初其主旨是保护劳工利益免受资方的侵害。其后在劳动法不断发展和变革中，其在社会安全、平衡劳资力量方面的作用日益加强，但保护劳动者合法权益始终是劳动法的主旨。即使是讨论劳动法具有平衡劳资力量的功能时，也是在向劳动者权益倾斜保护的理念中争议和思考。当然，倾斜保护是否是和为什么是劳动法的基本理念值得深入探讨。倾斜保护是否是社会法的基本理念值得探讨。

董保华教授认为：现行劳动法是以合同化与基准化相结合的立法模式为依据来确定其立法宗旨的，必然要从"倾斜立法"的视角来概括"保护劳动者的原则"。倾斜保护作为劳动法的一种特殊的标准衡量当事人的地位及分配利益。这些特殊的标准源于对社会弱者的"身份"认定，是以特殊身份来决定利益的分配，使这种分配结果有利于具有"弱势身份"的一方。表面看来，社会法似乎实行

---

[1]　参见黄越钦：《劳动法新论》，中国政法大学出版社 2003 年版，第 359 页。

了一种"不平等"的"差别待遇",其实这种"不平等"针对的是社会关系本身存在的"不平等";保护弱者的原则正是通过倾斜对失衡的社会关系作出的必要矫正,来缓和这种实质上的不平等。倾斜立法即将倾斜保护限定在立法上,脱离了倾斜保护去谈"单保护"或"双保护",只会使劳动法成为民法或行政管理法。劳动合同立法应当从倾斜保护出发来认识其立法宗旨。《劳动合同法》立法宗旨的表述,在承继了劳动法立法宗旨的基础上集中突出了劳动合同法中私法的因素,能够使我们对倾斜保护的社会法思路进行重新的认识。[1]

何平副教授认为:劳动法在于运用保护弱者的法律,可以平衡社会力量,并从机制上保证尽可能不发生某一社会阶层可以为所欲为地侵害另一社会阶层利益的事件。《劳动合同法》以劳动关系为其调整对象,而劳动关系形式平等实质不平等的特点导致了劳动合同法在立法取向与立法宗旨上更倾向于追求实际法的特性,因此也就决定了立法者在制度设计时应适度限制资本所有者而倾斜保护劳动者。《劳动合同法》的实质应该是在"强资本,弱劳工"的基础上建立起平衡劳动关系双方权利义务的法律,由于劳动者的相对弱势地位,政府作为第三方进行调整双方不平等的关系,以维护劳动者的合法权益。劳动关系的强弱本质并没有在现有的新常态下发生实质变化,《劳动合同法》还应该是保障劳动者合法权益为宗旨和目标的法律。[2]

冯睿琪、关洁在《〈资本论〉原理在社会主义市场经济的应用——资本的积累过程和我国劳动者权益保护研究》一文中提出:劳动者是价值的创造者,维护劳动者的合法权益就是维护社会主义经济的发展。劳动始终是资本家源源不断地创造和攫取剩余价值,

---

[1] 参见董保华:《论劳动合同法的立法宗旨》,载《现代法学》2007年第6期。

[2] 参见何平:《〈劳动合同法〉修订需以劳动者权益保障为基础》,载《中国劳动》2016年第17期。

实现资本积累的核心要素，如马克思所说"生财之道就在于占有无酬劳动"。资本积累对劳动者权益的侵害体现在：对就业的不利、资本积累对工人创造价值的剥夺、资本积累与休息休假权的博弈、资本积累对劳动者工作环境的忽视。提出如何调整好企业内部的劳资关系、保障和实现劳动者权益就成了维护社会主义市场经济健康发展的重中之重。劳资关系的和谐是和谐社会的基础和风向标。[1]

穆随心认为：当代中国市场化劳动关系冲突与融合的社会实践，决定了当代中国劳动法需要"倾斜保护原则"，这一原则体现的是中国特色社会主义实践的、现实的社会正义追求。当代中国劳动法"倾斜保护原则"正义价值的实现在于坚持马克思主义正义观的最高价值目标与其"历史生成性"的有机统一，以马克思主义正义观对我国当代劳动法制度安排和制度实践进行深度介入与规制，而其超越只能依赖于生产力的日益发展。作者强调当代中国劳动法需要倾斜保护原则，当代中国劳动法理应体现对正义的强烈的诉求。[2]

聂婕芳在《劳动法为什么要倾斜保护弱势群体》一文中强调倾斜保护原则，并认为：1994 年我国正式出台《劳动法》，用以保护劳动者权益，维护社会劳动关系的稳定发展。《劳动法》诸多原则之中，"倾斜保护原则"是其立法的重要原则，该原则改善了劳动者弱势地位，并极大地促进了劳动者和用人单位之间的利益平衡。在保护劳动者方面，"倾斜保护原则"倾向保护劳动者弱势群体，通过明确的立法来提升劳动者在劳动关系中的地位；在倾斜立法方面，《劳动法》利用法律手段对劳动者权益进行相应保护，通过明确的法律条文来调整劳动者和用人单位之间的关系，虽然《劳动

---

〔1〕　参见冯睿琪、关洁：《〈资本论〉原理在社会主义市场经济的应用——资本的积累过程和我国劳动者权益保护研究》，载《商》2013 年第 17 期。

〔2〕　参见穆随心：《当代中国劳动法"倾斜保护原则"正义价值的实现与超越——基于马克思主义正义观视域》，载《山东社会科学》2016 年第 10 期。

法》对劳动者权益保护具有一定倾向，但也坚决贯彻公平、公正原则。综合来看，在"倾斜保护原则"下，我国《劳动法》更倾向于保护弱势劳动者利益。[1]

孙国平教授在《论劳动法上的强制性规范》中表达的观点是：强调对于劳动者的保护，基于重大公益要素之考量，尽管劳动法是一部倾斜保护劳动者权益的法律，但也并非所有的劳动权利都是劳动法上的强制性规范。强制性规范作为正常的冲突法机制之例外，着力于保障核心国家政策和矫正私人自治之弊端。传统上强制性规范之首要功能旨在经由私法保护国家利益，但第二种强制性规范开始出现，其主要旨在保护弱势一方当事人，因其并不存在对等之博弈能力和审查选法结果之能力，从而决定其在选法之际常处于易被伤害之境地。此类通过某些实体法强制性规范倾斜保护弱势一方当事人而实现双方利益平衡之规范，国际私法学者常称之为保护性实体法规范，其常与保护性冲突规范相对应。以劳动法为例，二者都对弱势一方当事人劳工加以倾斜保护，但前者经由具体的实体法规范来实现，后者则经由保护性连接点之冲突规范引导其选择对劳工较为有利的准据法来实现。[2]

董文军副教授认为：劳动合同立法体现出对劳动者的倾斜保护，其基本价值取向是对实质平等的追求。劳动合同作为规范劳动者和用人单位之间权利义务关系的协议，自然也是以平等作为其存在的前提条件。劳动者在与用人单位签订劳动合同的过程中，虽然法律地位在形式上是平等的，但实质上却是不平等的。与用人单位相比，劳动者处于弱势地位。因此，劳动合同制度在劳动者和用人单位之间进行权利和义务分配的实质是对双方的权利义务做出了差别安排，而这种差别安排体现了对劳动者的特殊保护，这种特殊保

---

〔1〕 参见聂娜芳：《劳动法为什么要倾斜保护弱势群体》，载《人民论坛》2017 年第 14 期。

〔2〕 参见孙国平：《论劳动法上的强制性规范》，载《法学》2015 年第 9 期。

护意在改善在交易中处于不利地位的劳动者的状况，反映了法律对弱者的一种特别关注。[1]

上述学者观点中，董保华教授分析劳动立法的特色在于倾斜保护劳动者，恰是劳动法与民法、行政法区别所在；何平副教授的观点主要集中在劳动者是弱势群体，须要倾斜保护；冯睿琪、关洁从资本积累对劳动者权益的侵害角度提出倾斜保护的必要性；穆随心则提出倾斜保护劳动者是当代中国劳动法对正义的强烈的诉求；聂嫄芳认为倾斜保护改善劳动者弱势地位，极大促进劳动者和用人单位之间的利益平衡；孙国平教授从劳动法与国际私法的比较上分析倾斜保护的立法适用；董文军副教授则认为倾斜保护体现了劳动法对弱者的一种特别关注。

上述学者的观点虽在劳动法倾斜保护劳动者主旨上的表述有所不同，但均分析了抽象的劳动关系形式上平等，具象的劳动关系存在事实上的不平等的社会现实，也鉴于我国工会在代表和维护职工合法权益的局限性，因之不能完全放任市场自发调节劳动关系，法律制度设置上也不能以绝对平等保护劳动关系双方当事人为出发点，而应以国家公权力介入劳资关系，立法及司法应秉承倾斜保护劳动者的理念，以国家和社会力量平衡劳资力量的不均衡，通过国家干预的手段弥补和保障以形式平等的私法手段所不能实现的实质公平。"倾斜保护劳动者"的理念正是社会法的保护弱者的基本理念之一。

3. 劳动法强调"社会人"和社会责任，而非"经济人"

劳动法上的人是追逐私利的经济人，还是在追逐私利同时需要考虑社会责任，劳动法律制度的设置是从经济人角度还是从社会人角度设置，亦反映着劳动法的功能和价值。经济学的鼻祖亚当·斯密认为个人利益是人们从事经济活动的出发点，参与经济活动的人

---

〔1〕 参见董文军：《我国〈劳动合同法〉中的倾斜保护与利益平衡》，载《当代法学》2008 年第 3 期。

在一只"看不见的手"的牵引下，通过追逐个人利益，可以有效地实现整个社会福利的增进和改善。亚当·斯密关于人是自利的，并通过追求个人利益进而实现促进社会利益的论断，被其后的西方经济学家及西方经济学称之为"经济人假说"[1]。马克思认为"人的本质是一切社会关系的总和"，意味着人的行为方式并不能完全随心所欲，是受现实中已经形成的复杂的"一切社会关系的总和"所影响和制约的。后人将其学说概括为"社会人假说"[2]。"经济人假说""社会人假说"虽是经济学理论，但法律制度的设置也存在经济人和社会人之说。劳动法作为社会法，多数学者认为劳动法上的人应为社会人。

郑少华教授认为：对劳动者的法学视野应转向对以劳动者为中心的社会对话与谈判机制的关注。以劳动者为中心的劳动法应建立以劳动者为"社会人"的开放性劳动法体系。以劳动者与雇主对抗而发展起来的劳动法制应走向劳动者与雇主和谐的劳动法制。以社会法原理为视角，以劳动法上的"人"为主线，描述劳动者的变迁：从抽象人格走向具体人格，从原子化的个人走向团体的人，从雇员到股东，从劳动力所有者到资本所有者，从市民到公民，从"单面人"到健全的"社会人"，以此来诠释劳动法律制度的变迁，旨在建立一个开放性的劳动者权益保护体系。[3]

董保华教授认为：私法以个人为本位，其本质是保障权利。公法以国家为本位，其本质是限制权力。[4] 作为三大法域之一的社会法，其出发点、存在的基础和重点保护的社会关系，与传统公法

---

〔1〕 参加冯根福：《"经济社会人假说"与中国经济学构建》，载《当代经济科学》2019 年第 1 期。

〔2〕 参见冯根福：《"经济社会人假说"与中国经济学构建》，载《当代经济科学》2019 年第 1 期。

〔3〕 参见郑少华：《寻找劳动法上的"人"——以社会法为视角》，载《社会科学家》2007 年第 1 期。

〔4〕 参见董保华等：《社会法原论》，中国政法大学出版社 2001 年版，第 32 页。

和私法都有很大不同。社会法以社会利益为本位，通过社会调节机制追求社会公共利益最大化以及社会安全。社会法与公法的主要区别在于承认个人利益，与私法的主要区别在于承认由个人利益组成的群体（集体）利益。[1]

上述学者的观点中，郑少华教授提出建立以劳动者为"社会人"的开放性劳动法体系更有利于保护劳动者权益；而董保华教授则从社会法保护利益与公法、私法保护利益的差别上解读劳动法作为社会法的本质特征。

劳动法上的人是社会人，而非经济人。劳动法律制度的设置不是以单纯追求经济效益为目标，而应以社会利益为本位，维护社会利益。劳动法上的劳动者和劳动法上的用人单位均应承担社会责任，以实现个体利益与社会利益的政策性平衡。社会人及其社会责任在劳动立法与劳动法司法中体现在：国家制定劳动基本标准要求用人单位遵守，用人单位违法不仅承担私法上对劳动者的赔偿责任，亦在公法上承担对国家的行政责任（例如：责令改正、罚款等）；《劳动合同法》对劳动合同社会化的制度设置，既有国家意志强烈保护弱势劳动者的倾向，同时也规定劳动者的义务，并允许劳动关系双方当事人在一定范围内的自由意志和选择权；社会保险费用的强制负担，国家、用人单位、劳动者均须按照法律规定承担社会保险责任和义务，并不因劳动者弱势就免除其缴纳养老保险费、医疗保险费的义务，也不因设置企业的经济目的而免除其缴纳社会保险费义务；劳资双方通过团体契约可以自由约定高于劳动基准法的劳动条件与劳动标准，灵活确定适用于劳资双方的劳动规则与秩序，但又规定集体合同签订后需要报劳动行政部门批准方能发生法律效力，恰是政府基于劳资利益与社会利益的平衡对团体契约的意思自治进行有限度的限制。劳动立法需要在制度设置上考虑控

---

〔1〕 参见董保华等：《社会法原论》，中国政法大学出版社 2001 年版，第 20~21页。

制和消弭劳动风险，并防止劳动风险演化为社会风险，最终演化为政治风险，危及社会稳定。

4. 劳动法应以劳资双方利益平衡为目标

法律作为社会的调节器，是否具有衡平不同利益群体实现社会安全的作用，以劳动法视角而言，劳动法涉及国家、资方、劳方三方力量。国家具有政治力量；资方具有资本的力量；劳方一无政治力量，二无资本力量，在劳资力量博弈中诞生的工会使劳动者具有了团结的力量。以团结的力量制约和平衡资本的力量，来实现劳资双方利益的平衡。

董文军副教授认为：倾斜保护劳动者的目的是为了改善劳动者的弱势地位，实现其与用人单位的实质平等，最终实现二者之间的利益平衡。对劳动者的倾斜保护、对用人单位的限制并非没有限度，对劳动者倾斜保护目的是尽可能使劳动者具有与用人单位平等的对话能力，但不能以牺牲用人单位的利益为代价，过度倾斜保护会失去利益平衡的目标，破坏劳动者与用人单位之间的利益平衡，将会使制度设计失去正当性，也有违公平正义要求。[1]

沈同仙教授认为：基于劳动关系中劳资结构的不平等，限制处于强势地位的用人单位的合同自由，是实现合同正义的需求。然而，过度的倾斜保护又会损及用人单位的用工自主权，削弱企业的市场竞争力。沈同仙列举我国《劳动合同法》的解雇保护制度和无固定期限劳动合同的强制缔约权，认为其刚性有余而弹性不足，致使法律实施成本高，立法预期难以实现。她提出在全球经济激烈竞争的今天，守住宪法确立的基本人权客观价值底线，增强立法弹性，或许是我国劳动关系法律规制较为现实的选择路径。[2]

---

〔1〕 参见董文军：《我国〈劳动合同法〉中的倾斜保护与利益平衡》，载《当代法学》2008 年第 3 期。

〔2〕 参见沈同仙：《〈劳动合同法〉中劳资利益平衡的再思考——以解雇保护和强制缔约规定为切入点》，载《法学》2017 年第 1 期。

程延园教授认为：《劳动合同法》应该是促进竞争和保护劳动者的工具，应当坚持鼓励市场经济以提高国家经济竞争能力与坚持对劳动力市场管制以保护劳动者合法权益为原则，在劳动者权益和企业权益之间寻求平衡，在立法中寻求最佳利益契合点。劳动立法不能单纯强调公平或者单纯强调效率，这不是一个非此即彼的选择，单纯强调某一方面的结果都是矫枉过正，难以避免走向企业和劳动者"双输"的局面。劳动关系调整的目标应该达到效率、公平和劳动者呼声的平衡。[1]

何平副教授则认为：劳动法应具有平衡社会力量，促进社会的均衡发展的法律属性，应有实现双赢的社会理想。[2] 他还列举并支持了美国学者的观点："面对世界范围内劳资冲突的加剧，我们不应该停留在对劳资对立、对抗的刻画上，而应该注重对劳资双方的合作与双赢战略方面的研究。"[3]

上述观点中，董文军副教授认为倾斜保护劳动者的最终目的是实现用人单位与劳动者利益的平衡；沈同仙教授则从过度倾斜保护劳动者会有损于企业的竞争力角度提出利益平衡；程延园教授认为应尊重市场规律，国家管制应在企业竞争力提高与劳动者权益保护中寻求平衡；何平副教授则明确提出劳动法应在社会平衡方面发挥重要作用。

劳动法的法益主旨虽在于倾斜保护劳动者权益，但法律作为社会利益关系的调制器与平衡器，仍应从社会公平出发坚持寻求劳动者利益与用人单位利益的适度平衡。倾斜保护不是无条件的绝对保

---

〔1〕 参见程延园：《劳动合同立法如何平衡劳动者与企业的权益》，载《法学杂志》2007 年第 3 期。

〔2〕 参见何平：《〈劳动合同法〉修订需以劳动者权益保障为基础》，载《中国劳动》2016 年第 17 期。

〔3〕 [美] 丹尼尔·奎因·米尔斯：《劳工关系》，李丽林等译，机械工业出版社2000 年版，第 41 页。转引自何平：《〈劳动合同法〉修订需以劳动者权益保障为基础》，载《中国劳动》2016 年第 17 期。

护，不是忽视用人单位的合法权益、剥夺企业的经营管理权，也不能过度限制劳动关系双方当事人自由意志的空间，而是需要在劳动者的劳动权与用人单位经营管理权间取得适度平衡，既要保护劳动者权益，保护劳动者的基本生存和发展，又不能使过度、失衡、过高标准的保护僵化企业用工灵活性，不适当的加大企业成本，窒息企业发展。失衡的保护同样会给社会关系、社会利益造成损害，最终导致效率与公平的双重丧失，最终也会损害劳动者利益。

5. 维护和谐劳动关系

2015 年 3 月 21 日中共中央、国务院发布的《关于构建和谐劳动关系的意见》中指出，劳动关系是生产关系的重要组成部分，是最基本、最重要的社会关系之一。劳动关系是否和谐，事关广大职工和企业的切身利益，事关经济发展与社会和谐。该文件将构建和谐劳动关系提到政治、经济高度，揭示了劳动法在法律体系中的重要功能和作用。

王全兴教授认为：劳动关系和谐既是经济与社会协调发展的根本保障，也是经济与社会协调发展的内容。既要重视劳动法的社会功能，即以保护劳动者、保障社会公平、维护社会安全为基本内容的功能；又要重视劳动法的经济功能，即以配置和开发劳动力资源、拉动经济增长、保障经济可持续发展为基本内容的功能，更应当强调劳动法对加快经济发展方式转变的关键性作用。[1]

董保华教授认为：和谐作为对良好法律秩序的价值追求，贯穿于我国近二十年的劳动法制历程中，《关于构建和谐劳动关系的意见》中提出了实现劳动关系和谐的新路径与新方法，即在尊重既有法律框架的基础上，以动态和谐与正和博弈为目标，统一维权与维稳的逻辑关系，形成构建和谐劳动关系的新思路。我国曾在"劳资不成熟，公权需介入"时期以静态和谐为目标构建劳动法律制度，

―――――――――――

〔1〕 参见王全兴：《〈劳动法〉与和谐劳动关系构建》，载《思想政治工作研究》2011 年第 9 期。

而在市场经济有所发展，改革有所深化时期，需要在保持国家必要干预的前提下，推动"劳资成熟"，实现劳动关系的动态和谐。这种由政治法治转向理性法治的改革思路，有助于防止中等收入阶段时期存在的诸多经济、社会矛盾与劳动关系问题发生"共振"，从而为全面深化改革创造有利条件。[1]

冯彦君教授认为：促进劳动关系和谐是劳动立法的使命和宗旨，"和谐劳动"与"体面生存"已经凝练成当代中国劳动法治的两大理念。构建和谐劳动关系的核心与关键是依法促进劳动关系各种价值目标的平衡与协调，在此基础上调适相应的法律机制。由于劳动关系为利益共同体的关系表征，劳资双方利益皆维系其中，合作则共赢，冲突则互损，劳动者和用人单位存在着不同的利益诉求并应努力将其整合为一个利益共同体，通过对劳动者进行倾斜保护达成劳动关系利益上的平衡协调，实现劳动关系相对的动态的平衡状态，是一种契合劳动关系本性的与时俱进的现代和谐观念。[2]

程延园教授认为：实现和谐劳动关系的重要性不亚于直接的国家干预。我国已经进入经济结构加速调整时期，建立健全顺畅、高效的劳动关系调整机制，维护社会稳定，是实现经济社会协调发展的重要制度保障，通过劳资双方协商机制，完善集体协商制度，畅通沟通表达渠道，是实现我国劳动关系转型的必由之路。[3]

上述学者的观点中，王全兴教授从劳动法的经济功能角度解读劳动关系和谐的重要作用；董保华教授认为实现劳动关系的动态和谐，是深化改革的必然发展；冯彦君教授认为实现劳动关系相对的动态的平衡状态，符合劳动关系和谐理念；程延园教授则认为劳动

---

〔1〕 参见董保华、李干：《构建和谐劳动关系的新定位》，载《南京师大学报（社会科学版）》2016 年第 2 期。

〔2〕 参见冯彦君：《"和谐劳动"的观念塑造与机制调适》，载《社会科学战线》2015 年第 7 期。

〔3〕 参见程延园：《世界视阈下的和谐劳动关系调整机制》，载《中国人民大学学报》2011 年第 5 期。

关系和谐是社会协调发展的重要制度保障。学者解读虽有观点上的细微差异，但均认为劳动关系的和谐稳定是劳动法的重要功能之一。

党的十九大报告将"完善政府、工会、企业共同参与的协商协调机制，构建和谐劳动关系"作为提高保障和改善民生水平，加强和创新社会治理的重要举措。十九大报告为劳动法作为社会协调器之一正本清源，这不仅源于劳动关系和谐是社会和谐的重要组成部分，关系着社会政治、经济秩序的稳定，更源于劳动关系的和谐关系着劳动者的生存权与发展权，关系着企业长远发展和竞争力的维持与提高，关系着国家在国际市场上政治、经济竞争力的维持与提高。

（二）劳动法与民法的关系文献综述

劳动法与民法的关系既是劳动法的基本理论，也涉及劳动法与民法的不同功能与定位。劳动法以保护劳动者合法权益为主旨，民法以保护平等主体之间的人身关系财产关系为其主旨。劳动法是民法的特别法，是民法的补充？还是劳动法作为第三法域的社会法有自己独有的体系和构建？抑或与民法是并行关系？在民法典编纂期间，是否明确劳动法与民法是特别法与一般法的关系，雇佣合同是否纳入民法典，争议颇大。关于民法与劳动法的关系的观点主要有以下几种：

第一，认为劳动法是独立的部门法，不能适用民法的规则。林嘉教授认为：从部门法地位来看，劳动法应为独立的部门法，而从法域地位看，劳动法既不属于公法，也不属于私法，而是具有公私法兼容属性的社会法。[1] 据此，在法律适用时，劳动法的案件不能适用民法的规则，即使是在劳动合同领域，当劳动合同法没有规定时，也不能适用民法的一般原理。[2] 黎建飞教授认为：从雇佣契约到劳动契约的社会化变迁，劳动法对民法中的两大基本原则"平等"与"诚信"进行了理念上的更新，矫正了形式平等并升华

---

〔1〕 参见林嘉：《劳动法和社会保障法》，中国人民大学出版社 2014 年版，第 35 页。

〔2〕 参见林嘉：《劳动合同若干法律问题研究》，载《法学家》2003 年第 6 期。

了一般诚信，转向了劳动法中的实质平等和最大诚信。从合同的订立、履行、解除到变更，雇佣契约与劳动契约的法律调整呈现出不同的价值评判及处理手段。从社会化的角度出发，劳动者就是弱者，劳动法必须突破民法视域下雇佣契约平等保护的做法，进而实现单方面倾斜性保护劳动者的神圣使命。[1]

第二，认为劳动法是公私法兼而有之的社会法，民法是私法。冯彦君教授认为：早期的民事立法大都将劳动合同纳入民事合同范畴进行统一调整。但是随着近代机器大工业的兴起和扩张，劳工问题日益突出，劳资关系日渐紧张，劳动者相对于资本的弱势地位也暴露无遗。实现对劳动者的法律保护，必须冲破民法理念和制度框架的束缚，寻求公共权力的积极介入。劳动法的独立发展突出表现在，公共力量（国家）和社会力量（工会）在平衡劳资双方力量上的作用日益合法化并得以强化。可以说，劳动法根植于民法，又超越了民法。就其通过立法确立劳动权利义务基准并求助于团体力量以实现契约双方力量平衡的努力方向，是对民法调整劳动契约关系功能不足的一种弥补。劳动法是私法属性和公法属性兼而有之的新型的法律机制。面对这种法律发展的事实，法学界提出"社会法"的概念予以解说。对"社会法"概念的提出，尽管还有不同的意见，"社会法"概念的内涵和外延也都有待科学地界定，但法学适应现实生活的能动性的努力，却值得充分予以肯定。因此，他站在肯定"社会法"概念的基础上，认为劳动法、社会保障法和经济法都具有维护社会稳定、促进社会公正的法律机能，它们是社会法的代表。一言以蔽之，民法是私法，劳动法是社会法。[2]

第三，认为劳动法是民法的特别法。王全兴教授认为：劳动法

---

〔1〕 参见黎建飞：《从雇佣契约到劳动契约的法理和制度变迁》，载《中国法学》2012 年第 3 期。

〔2〕 参见冯彦君：《民法与劳动法：制度的发展与变迁》，载《社会科学战线》2001 年第 3 期。

与民法之间是特别法和一般法的关系，在规范适用上，在调整对象重叠的劳动法规范与民法规范、经济法规范和行政法规范之间是特别法与一般法的关系。即法律适用上特别法优于一般法，一般法补充特别法。[1] 沈建峰教授认为：民法是私法的一般法，劳动法应是私法的特别法。在现行法框架中，依附性劳动的本质是需要用人单位单方进一步确定给付内容的债的关系，通过市场配置劳动力资源是劳动法无法离开民法的根本原因。劳动法包含较多弱者保护制度并不足以将其从民法中分离出去，从法教义学角度看劳动法本身是规则残缺的；劳动关系中特殊的照顾保护义务可以在民法教义学中得到解释；民法中持续性合同规则得到很大发展；公法在私法上的效力理论可以解释劳动法包含公法规则的问题；集体自治的双轨制结构可以将集体劳动法融入民法的制度和理论中。民法典需引入社会化的制度和持续性合同的内容，劳动法应成为私法社会化的发动机。[2]

第四，认为劳动法与民法在调整雇佣关系时可以互补。郑尚元教授认为：民法与劳动法在调整雇佣契约和劳动合同问题上存在着私法与公私交融法律之间的差异，同时，二者并非没有任何牵系；民法所积淀的博大精深的契约理论对劳动法上劳动合同制度的建立和完善起着基础性的指导作用，脱离民法契约法基础的劳动合同法律制度是没有理论基础的法律制度，同样，固守着传统私法思维去理解劳动合同制度也会作茧自缚。"故民法典中雇佣契约一节之规定即并不能毫无疑义地全部适用于劳动关系，应只有在性质相符合并不互相排斥时，始有适用之可能。"注解民法之雇佣契约制度和雇佣契约理论，应秉承传统私法之意思自治理念和契约主体不负担公法义务的法理精神，否则将异化民法，并最终难以在该领域立

---

〔1〕 参见王全兴：《劳动法》（第4版），法律出版社2017年版，第46、48页。

〔2〕 参见沈建峰：《劳动法作为特别私法——〈民法典〉制定背景下的劳动法定位》，《中外法学》2017年第6期。

足。我国当今的经济生活未超越传统雇佣契约与劳动合同相互协进的历史阶段，社会生活中的雇佣关系不可能全部受到《劳动法》的规制，民法调整传统雇佣关系仍具有不可替代的作用。以劳动合同制度为基础所建立的劳资关系或劳动关系，不仅牵系合同双方当事人的切身利益，更为社会关切的是，依据劳动合同所建立的这种社会关系具有相当的扩散性、同质性和社会性。近现代劳动法律从国家对雇主随意使用劳动力所导致的人身伤害进行公力干预，即以健康权保护为起点，逐步将传统雇佣契约改造成为劳动合同制度。这种劳动合同，从合同订立、合同履行、合同变更和解除都渗透着公力干预，使合同本身不再仅是当事人双方意思表示的一致，而是将当事人的意思自治与国家公力干预紧密结合在一起的、与私法合同性质有别的新型合同。本着这一理念界别雇佣契约与劳动合同，建立理性的劳动合同制度，是今后劳动合同立法的方向。[1]

　　第五，认为在劳动关系调整上应协调好民法规则和劳动法之间的关系。谢增毅研究员认为：民法与劳动法立法理念和价值追求不同，前者侧重于平等保护和意思自治，后者侧重于实质公平和雇员特殊保护，两者之间存在一定的张力。通过寻找法律的原则精神，明确法律适用规则，借助立法和判例，可以避免简单将民法规则适用于劳动关系而带来的不公。[2]他建议：首先可以在民法典的雇佣规则中明确这样的规则"劳动关系首先适用劳动法的特别规定，只有在劳动法没有规定的情况下，才能使用民法的规则"[3]。

　　上述学者的观点，林嘉教授和黎建飞教授从劳动法调整关系的特殊性和劳动法突破传统民法契约自由理念角度，认为劳动法是独

────────────

　　〔1〕　参见郑尚元：《雇佣关系调整的法律分界——民法与劳动法调整雇佣类合同关系的制度与理念》，载《中国法学》2005年第3期。

　　〔2〕　参见谢增毅：《民法典编纂与雇佣（劳动）合同规则》，载《中国法学》2016年第4期。

　　〔3〕　参见谢增毅：《民法典编纂与雇佣（劳动）合同规则》，载《中国法学》2016年第4期。

立部门法，不应简单适用民法的规则。冯彦君教授从西方劳动法的发展历史中梳理出劳动法脱胎于民法，又超越民法，劳动关系的调整由民法调整至劳动法调整，到社会法调整的历史，明确民法属于私法，劳动法属于社会法，表明两者的不同。沈建峰教授从民法私法社会化的发展趋势、劳动法本身规则的残缺角度出发，认为民法是私法的一般法，劳动法应是私法的特别法。郑尚元教授则从传统的雇佣契约与劳动合同相互协进角度出发，认为劳动法与民法可以互补。谢增毅研究员则从劳动法与民法在协调劳动关系的连接点上，提出劳动法是特别法。在前述劳动法的功能与价值上，劳动法学者尚能达成较为一致的观点，而在劳动法与民法的关系上，学者之间存在较大的争议。

制度的选择和确立与政治经济制度密不可分，同样也与历史的发展逻辑不可分割。自 1802 年英国《学徒健康与道德法》诞生以来，在劳动法的发展史上欧洲国家经历了雇佣契约向劳动契约的演变、产业雇佣劳动关系由民事法律转由劳动法调整的过程。由国家干预个别劳动关系，设立劳动基准，到集体谈判、集体合同制度的不断成熟，个别劳动关系由私法调整，甚至将劳资自治的集体合同也适用私法调整范畴。但必须看到，我国劳动法的发展与西方劳动法发展的轨迹不同，我国劳动关系经历了由行政法调整转由劳动法调整的历史，而且劳动法有不同于民法的理念、制度、调整方法。将劳动法作为民法的特别法，不符合我国劳动法的发展现状及格局。

第一，法律理念不同。民法基本是保护平等主体之间的人身关系和财产关系的法律规范的总和。契约自由、意思自治是传统民法的理念，其法律规范多为任意性规范，其目的在于公民民事权利的保护，平等保护社会经济生活中的主体，促进发展。而劳动法是国家以公权力对契约自由进行修正，多为强行性规范。保护劳动者合法权益是劳动法的灵魂，以《劳动合同法》为例，规定劳动合同必须采用书面形式，劳动合同解除与终止的法定情形，对约定条款试用期的限制，其旨在限制用人单位与劳动者双方的契约自由、意思自治。这一理念主要是基于劳动关系的特点、"强资本、弱劳工"的社会现实。劳动关系具有从属性，即劳动者经济上、组织上、身份上从属于用人单位，我国人力资源市场供大于求的状况，亦影响着劳动者选择和谈判的能力。而现代社会资本具有的经济力、组织力，显示出的公司的力量，契约自由、意思自治加剧了强势一方的单方话语权，造成劳资力量的失衡无法实现公正秩序，因而需要借助国家和工会力量，平衡与制约资本的力量，实现真正的平等。

第二，对民法所规定的财产所有权、经营权的修正。民法中强调"私权神圣"，在经济社会生活中交往，实行法人制度财产权的私有性、绝对化。虽然现代民法学者也有提出财产社会化观点，要求法人承担社会责任，但私人财产所有权的绝对保护理念将妨碍其社会化的发展。而劳动法归属于社会法的理念却在不断强化，具有私权性质的财产所有权、经营权要部分让渡给具有社会权性质的劳动权、职业稳定权、劳动报酬权。无固定期限劳动合同制度、集体协商制度，企业规章制度应当与工会平等协商确定，职工民主管理民主参与制度等规定，均显示企业经营权和管理权的"被社会化"。公司制下，职工参与权与职工在持股权虽有区别，股权是基于出资而获得的权利，职工参与权则是一项法定的权利，但在公司权利体系中二者均具有衡平与制约的功能，职工参与权对股权与经营管理权有矫正和推进的双重功能，形成现代企业制度经营管理机制的组成部分。其原理在于劳动权关乎劳动者的生存权，而这是人权中的社会权，以劳动法视角审视，应与用人单位的所有权、经营权相比具有优先收到保护的法律地位。

第三，对民法归责原则的修正。民法对侵权行为的归责原则以过错责任归责原则为主导，以过错推定责任、严格责任、无过错责任及公平责任等归责原则为补充。而劳动法在职业灾害补偿方面实行无过错责任原则，所谓"工作时间、工作地点、工作场所、工作原因"的四工原则，甚至将在上下班路上遇到的非本人主要责任的交通事故而受伤的职工也纳入工伤范畴，这是基于倾斜保护劳动者的理念，也基于现代化生产经营企业主作为利润享受者须承担风险。

第四，对民法个体优先的修正。民法注重个体保护，鼓励创造性发展。劳动法将其修正为：团体优先，通过团体合意协调双方利益，实现劳资对等的正义秩序，以团体力量平衡和制约资本力量，求得双方利益的平衡。

厘清劳动法与民法的差异，并非是在二者之间划出彻底隔绝的鸿沟。现代社会法律也在互相融合，在劳动法没有规定时，借助私法调整手段，适用一般的民事合同规则解决劳动法上的问题，恰是劳动法与民法具有一定关联性的体现。

三、劳动权基本原理

(一) 劳动权的界定

我国宪法和劳动法律法规使用"劳动的权利"或"劳动权利"的概念，如《中华人民共和国宪法》（以下简称《宪法》）第42条第1款规定："中华人民共和国公民有劳动的权利和义务。"《劳动法》第3条第1款规定："劳动者享有平等就业和选择职业的权利、取得劳动报酬的权利、休息休假的权利、获得劳动安全卫生保护的权利、接受职业技能培训的权利、享受社会保险和福利的权利、提请劳动争议处理的权利以及法律规定的其他劳动权利。"学理上则多将劳动权利简称为劳动权。

劳动权又称工作权，是指劳动者所享有的与劳动相关联的一系列特定权利。[1] 劳动法应以劳动者的劳动权为本位，劳动权应该是劳动法学理论与法律制度中的基础性概念和核心范畴。目前我国

---

〔1〕 我国法学著作中大多称其为劳动权，国外的立法和法学著作中有称其为劳动权的，但也有不少称其为工作权，在本书中劳动权与工作权具有相同含义，除了引述相关法律和法学著作外，我们一律使用劳动权一词。

宪法学界和劳动法学界对劳动权已经有了初步的研究,[1] 甚至有民法学者将其作为民事权利的一种——人身权中的身体权来进行研究,[2] 但与研究比较成熟的民事权利相比, 劳动权还没有形成比较准确和完整的含义, 学术界对劳动权的认识分歧甚多, 远未达成较为一致的看法。[3] 目前我国劳动法学界里直接使用劳动权概念并将之确立为劳动法学核心范畴的学者也不多, 当前的各种劳动法学教材关于劳动权的专门章节也不多, 一般局限于论述我国《劳动

---

〔1〕 宪法角度的研究参见张千帆主编:《宪法学》, 法律出版社 2004 年版, 第 223~225 页; 胡锦光、韩大元:《中国宪法》法律出版社 2004 年版, 第 283~286 页; 林来梵:《从规范宪法到宪法规范——规范宪法学的一种前言》, 法律出版社 2001 年版, 第 216~219 页; 刘海年主编:《〈经济、社会和文化权利国际公约〉研究》, 中国法制出版社 2001 年版, 第 24~59 页; 王锴:《论我国宪法上的劳动权与劳动义务》, 载《法学家》2008 年第 4 期; 李炳安:《公民劳动权的立宪思考》, 载《河北法学》2002 年第 6 期; 范进学:《市场经济条件下的劳动权论》, 载《山东法学》1996 年第 2 期; 刘嗣元:《谈市场经济条件下公民劳动权的实现》, 载《法商研究》1995 年第 5 期等。劳动法学角度的研究参见黎建飞:《劳动法的理论与实践》, 中国公安大学出版社 2004 年版, 第 152~189 页; 秦国荣:《劳动权的权利属性及其内涵》, 载《环球法律评论》2010 年第 1 期; 许建宇:《劳动权的界定》, 载《浙江社会科学》2005 年第 2 期; 冯彦君:《劳动权的多重意蕴》, 载《当代法学》2004 年第 2 期; 冯彦君:《劳动权论略》, 载《社会科学战线》2003 年第 1 期; 沈同仙:《劳动权探析》, 载《法学》1997 年第 8 期等。

〔2〕 参见郭明瑞、房绍坤、唐广良:《民商法原理（一）民商法总论·人身权法》, 中国人民大学出版社 1999 年版, 第 415~436 页。

〔3〕 至于国外的研究, 有学者指出: 在日本和德国都有劳动权的概念, 不过概念的外延也有所不同。在日本, 劳动权概念基本上是在狭义上使用, 是指获得劳动机会和职业选择的自由, 又细分为请求的劳动权和既得的劳动权。前者的功能是请求国家提供就业机会以实现就业, 称为积极的劳动权; 后者的功能是限制雇主的解雇自由, 使已被雇佣的劳动者能够对抗雇主的无理解雇行为, 称为消极的劳动权。但随着日本雇佣保障立法的发展, 劳动权的内容也得以扩展, 作为就业权和择业权具体化的权利, 如获得就业保障和生活保障的权利、获得职业培训的权利、知悉就业情报的权利和劳动者团体参与制定就业政策的权利, 也成为劳动权的构成部分。不过, 这些权利到底是劳动权本身, 还是劳动权的保障权, 也是存有疑问的。在德国, 劳动权的概念一般是在广义上使用的, 内容包括: 请求就业机会的权利; 请求合理劳动代价（劳动报酬）的权利; 有关自由时间和休养的权利; 经营上卫生的权利; 有关对疾病、残疾、年老补偿的权利。参见冯彦君:《劳动权论略》, 载《社会科学战线》2003 年第 1 期。

法》上具体规定的几种劳动者的劳动权利，这与劳动权理论在劳动法学中应具有的重要地位是极不相称的。我们认为，应该界定劳动权的概念，使之成为内涵和外延都相对确定的劳动法学的核心概念，从而以劳动权为轴心构建起劳动法学的理论体系，进而构建起完善的劳动法律制度体系。

大体上来说，可以对劳动权作广义和狭义两种理解。广义上的劳动权是指公民或劳动者团体所享有的，一切因劳动而产生的或与劳动有关的由宪法和劳动法所规定的权利，包括个别劳动权和集体劳动权、宪法上的劳动权和劳动法上的劳动权、劳动关系中的劳动权和与劳动关系密切联系的社会关系中的劳动权、实体劳动权和程序劳动权、消极性的自由权和积极性的社会权。狭义上的劳动权则是指职业获得权，是指劳动者要求国家和社会提供工作机会的权利，这是一种积极性的社会权。

（二）劳动权的本质属性与特征

1. 劳动权是法定权利

劳动权是由宪法和劳动法所规定的权利。在西方，早期的宪法并未规定劳动权，但其主流意识形态自由主义的重大转变最终使劳动成为权利。19 世纪末现代自由主义出现，并逐步取代古典自由主义成为主流，自由的内涵大大扩张了，不仅包括国家退避三舍的消极自由，还包括了国家积极参与的积极自由。正是由于这一转向，劳动权才逐渐得到国家在宪法上的承认，劳动法才得以发展壮大。最早在宪法中明确规定劳动权的是 1919 年《德国宪法》（即《魏玛宪法》），此后大多数国家的宪法都把劳动权规定为公民的一项基本权利，许多国际人权公约也规定了劳动权，我国《宪法》和《劳动法》也不例外。

2. 劳动权是一种综合性的权利

劳动权涉及人权的各个层面，包括个别劳动权和集体劳动权，宪法上的劳动权和劳动法上的劳动权，劳动关系中的劳动权和与劳动关系密切联系的社会关系中的劳动权，消极性的自由权和积极性的社会权（受益权），可以从不同的分类来进行多角度的研究。例如在劳动权中，属于人身方面的权利有自由择业权、职业安全权、休息休假权等；属于财产和经济方面的权利有劳动报酬权、社会福利权和社会保障权等；属于政治方面的权利有结社权、民主管理权和罢工权等；属于文化方面的权利有职业教育权等。由此可见，劳动权不仅包含人身权、财产权，同时还包含政治权利。

3. 劳动权是因劳动而产生的或与劳动有关的权利

劳动权是因劳动而产生的或与劳动有关的、由劳动法规定和保障的权利，与"劳动者的权利"是不同的概念。劳动者的权利除劳动权外，还包括其作为一个公民应享有的政治、经济、社会和文化权利，如选举权和被选举权、言论和出版自由、受教育权等，以及作为一个自然人应享有的民事权利，如人格权、身份权、物权、债权、知识产权、继承权等，这些权利显然是由其他法律部门如宪法、民法等规定和保障的权利。当然，有些劳动权与其他权利可能会有一些交叉和重合，如平等权、人身自由权、人格权、健康权、社会保障权等。总之，判断劳动者的权利是否是劳动权，要依据其是否因劳动而产生或与劳动存在密切的联系，才能作出明确的区分。

4. 劳动权的部分内容具有一定的抽象性、不可诉性

劳动权中有许多具体的、可诉的权利，但也具有一定的抽象性、不可诉性。作为劳动权核心的职业获得权即狭义劳动权基本上属于一种抽象的权利，其实现必然会受到一个国家或社会的经济社会发展水平等多方面的制约。我国宪法上规定的劳动权，尽管过去解释时认为不仅包括国家努力创造公民就业的外在条件，还包括国家有义务直接提供给公民就业的岗位，但这种劳动权一般是通过政治性的力量来加以实现的，并不具有可诉性。有学者指出，即使是

像职业培训权这样具体的劳动权利也有抽象性。[1] 就业前培训的义务主体是国家和社会，但国家和社会能在多大程度上满足劳动者的职业培训要求，受制于国家的经济发展水平。立法上却难以确定一个量化的标准，来判断国家的义务履行状况，劳动者也不大可能起诉国家以实现职业培训权。至于就业后培训，根据有关劳动法律规定，用人单位负有在职工上岗前进行安全生产教育的法定义务。由于有了特定的义务主体和法定义务内容，劳动者岗前培训的权利具有了现实性。劳动者上岗以后的继续培训有助于提高用人单位的劳动效率，但需要付出成本，有时用人单位并不具有组织安排培训的主动性和积极性，法律同样难以通过强行性规定进行立法上的量化，因此，劳动者在岗上继续获得培训的权利实现的程度较低，而且制度差异较大，劳动者获得司法救济的可能性也很小。

（三）劳动权的体系

劳动权是由一系列权利构成的权利体系。挪威学者德泽维奇（Drzewicki）认为："就工作权而言，……它的确似乎是一个复杂的规范系统，而不是一个单一的法律概念。它反映了一系列的规定，这些规定既需要有传统自由和现代权利的观点，也需要有严格的法律义务和政治承诺组成的以义务为导向的观点。……暂且可以认为，与工作有关的一系列权利可以分成与就业有关的权利、由就业派生的权利、平等待遇和非歧视权利和辅助性权利。"[2] 其内容详见下表2.1。我们认为，这一权利体系过于庞杂，不适当地扩大了劳动权的范围，像拥有财产权、公正审判权、表达自由权等都是独立的权利，不宜划入劳动权，而非歧视和平等待遇的权利应该作为一项原则体现在每一项劳动权之中，可以分开归入具体的劳动权中。

———————————

〔1〕 参见冯彦君：《劳动权论略》，载《社会科学战线》2003年第1期。

〔2〕 参见［挪威］克里斯托弗·德泽维奇：《工作权和工作中的权利》，载《国际人权法教程》（第1卷），中国政法大学出版社2002年版，第301~302页。

表2.1 德泽维奇构建的劳动权体系

第一类权利	第二类权利	第三类权利	第四类权利
与就业有关的权利。	由作为劳动关系的产物——就业派生出来的自由和权利。	非歧视和平等待遇的权利。	与工作有关的权利中的辅助性权利。
免于奴隶制和类似的习俗、免于强迫和强制劳动、择业自由、获得免费就业服务权、就业权、就业保护权和免于失业的保障权。	享受公正的工作条件权（如每年带薪休假和其他休息时间的权利）、享受安全和卫生的工作条件权、获得公允报酬权、接受职业指导和培训权、妇女和年轻人在工作中受到保护权、获得社会保障权和其他权利。	适用于工作权和工作中的权利的所有方面。	结社自由和组织权、集体交涉权、罢工权和工人迁徙自由等自由和权利；与辅助性权利的联系不太直接的还有集会自由、拥有财产权、人身自由和安全、公正审判权、表达自由等。

　　王全兴教授将劳动权分为劳动者在劳动法律关系中的劳动权利和劳动者在劳动力市场上的劳动权利，其内容详见下表2.2。[1] 我们认为这一分类比较合理，值得借鉴，当然，在名称和内容上还可以进一步予以完善。

---

　　〔1〕 参见王全兴：《劳动法》（第2版），法律出版社2004年版，第287~289页。最新的表述为劳动者在劳动关系中的权利和劳动者在劳动力市场上的权利，具体内容未变。参见王全兴：《劳动法》（第4版），法律出版社2017年版，第95~97页。

表2.2 王全兴教授构建的劳动权体系

	劳动者在劳动法律关系中的劳动权利	劳动者在劳动力市场上的劳动权利
定义	劳动者同用人单位缔结劳动法律关系后，作为用人单位的职工，依据劳动法律规范、集体合同和劳动合同的规定，享有劳动权利。	劳动力市场是劳动力供需双方通过相互选择和协商一致而使劳动力与生产资料走向结合的市场。劳动者作为劳动力供方主体，在劳动力市场上的劳动权利主要集中于实现就业方面。
内容	（1）参加劳动的权利。 （2）获取劳动报酬的权利。 （3）休息的权利。 （4）获得劳动安全卫生保护的权利。 （5）享受社会保险的权利。 （6）享受劳动福利的权利。 （7）接受职业培训的权利。 （8）参加工会和职工民主管理的权利。 （9）决定劳动法律关系存续的权利。 （10）保护合法权益不受侵犯的权利。（主要指有权在发生劳动争议时申请调解、仲裁和提起诉讼；有权在合法权益受到侵犯时请求有关国家机关、工会组织依法给予保护。）	（1）有权接受职业介绍机构介绍就业、自愿组织就业和自谋职业，属于国家安置对象的，还有权要求国家安置就业。 （2）有权选择职业和用人单位，并与用人单位签订劳动合同以确立劳动关系。 （3）有权参加各种形式的就业前培训和转业培训。 （4）有权参加由政府或劳动就业服务机构组织的生产自救、以工代赈和其他有津贴的劳动。 （5）有权在失业期间获得保险和福利方面的物质帮助。

劳动权体系分为两大部分，即劳动关系外的劳动权和劳动关系中的劳动权：

第一，劳动关系外的劳动权，简称劳动就业权，亦可进一步简称就业权[1]。劳动就业权是劳动权最基本的方面，从逻辑结构上来看，劳动就业权是劳动关系中劳动权的基础和前提，没有劳动就业权，其他后续的劳动权利就无从谈起。因此，劳动就业权是公民最重要、最基本的生存权利，是公民生存和发展的重要基础。劳动就业权包括工作自由权、就业平等权、就业服务权等。有学者将就业保护权也纳入劳动就业权中，我们认为，就业保护权显然是处于劳动关系中的劳动者享有的权利，纳入劳动关系中的劳动权更为合适。需要注意的是，劳动关系外的就业平等权和劳动关系中的职业平等权往往合称就业平等权，可以放在一起进行研究。

第二，劳动关系中的劳动权，或称劳动关系内的劳动权。劳动关系中的劳动权是已建立劳动关系的劳动者及其团体享有的权利，包括职业平等权、取得劳动报酬权、休息休假权、劳动保护权（劳动安全卫生保护权）、职业培训权、社会保险权、社会福利权、提请劳动争议处理权、组织和参加工会权、参与民主管理权、集体谈判权、罢工权等。

当然，劳动权的体系构建还有其他的分类方法。例如实体劳动权和程序劳动权、个体劳动权和集体劳动权的分类。程序劳动权即劳动争议提请处理权，前面所列的其他劳动权都是实体劳动权。集体劳动权包括团结权（或称结社权、组织和参加工会权）、集体谈

---

[1] 参见王全兴：《劳动法》（第2版），法律出版社2004年版，第287~289页。该书中认为，就业权的主要内容有：就业竞争权、自主择业权、平等就业权、职业安定权、公共就业保障权（获得就业服务、职业培训和失业保险等公共保障的权利）。如果超出劳动法的范围，还包括土地承包经营权。类似的论述还可参见李步云主编：《人权法学》，高等教育出版社2005年版，第220~226页，第十一章"劳动权"（王全兴撰写）。对就业权的研究还可参见杨燕绥：《劳动与社会保障立法国际比较研究》，中国劳动社会保障出版社2001年版，第24~45页，第二章"就业权"。

判权、罢工权、参与民主管理权，此外的劳动权都是个体劳动权。我国宪法缺少对集体劳动权的规定，使得我国集体合同的法律制度在一定程度上欠缺宪法依据。《日本宪法》第 28 条规定，劳动者享有团结权、团体交涉权以及其他团体行动权，被称为"劳动三权"。这些集体劳动权是劳动者权益实现的重要保障。

第二节　劳动就业法

劳动就业法，是为保障劳动者劳动就业权利的实现，对劳动就业关系进行规范和调整的法律。目前我国关于劳动就业法方面的单行法律有《就业促进法》《职业教育法》等。涉及特殊群体就业保障的单行法律主要有《妇女权益保障法》《未成年人保护法》《残疾人保障法》《民族区域自治法》等的相关规定。

一、劳动就业权利

（一）劳动就业权利概述

劳动就业权利（以下简称"就业权利"），是指在就业市场上的劳动者自主择业、平等就业和获得公共就业服务的权利，包括工作自由权、就业平等权和就业服务权（包括就业训练权、就业援助权、就业安置权和失业保险权），其性质分别属于自由权、平等权和受益权。就业权利是劳动权最基本的方面，从逻辑结构上来看，就业权是劳动关系中劳动权的基础和前提，没有劳动就业权，其他后续的劳动权利就无从谈起。因此，就业权利是公民最重要、最基本的生存权利，是公民生存和发展的重要基础。

目前，中国劳动法学界对就业权利的研究偏重于价值分析，尚未从规范分析角度进行系统和深入的研究。劳动法教科书中一般会有关于就业促进的一章，但内容比较简略，从权利角度展开论述的更少，但其中王全兴教授所著的《劳动法》[1]一书将劳动权分为劳动者在劳动关系中的劳动权利和劳动者在劳动力市场上的劳动权利，后者即为本书研究的就业权利。林嘉教授等 2005 年出版的《劳动就业法律问题研究》[2]一书是我国第一部系统论述劳动就业法律问题的学术专著，其中专章研究了劳动就业权利，但研究偏重于价值层面，缺乏细致的规范分析。常凯 2004 年出版的专著《劳权论——当代中国劳动关系的法律调整研究》[3]、李炳安副教授 2006 年出版的专著《劳动权论》[4]对就业权均有论述，但就业权并非其劳动权体系中的重点，相关内容比较简略。李运华副教授 2009 年出版的《就业权研究》[5]是我国第一部系统论述就业权的学术专著，该书中有一些规范分析的内容，如就业权的权利主体、义务主体、法律责任、救济机制等，但尚不够细致，全书总体上仍偏重于价值层面的分析。王天玉博士 2011 年出版的著作《工作权研究》[6]中将工作权置于从就业到职业劳动的全过程中进行考量，将其细化为就业阶段的就业权和职业劳动阶段的职业安定权并进一步予以类型化，还研究了工作权的主体、保障和救济，但仍存在规范分析不足的问题。总体上来说，我国目前对就业权利还缺乏更细

〔1〕　王全兴:《劳动法》（第 2 版），法律出版社 2004 年版；王全兴:《劳动法》（第 4 版），法律出版社 2017 年版。

〔2〕　林嘉、杨飞、林海权:《劳动就业法律问题研究》，中国劳动社会保障出版社 2005 年版。该书提出：应以劳动就业为轴心和本位构建劳动就业法律的规范体系，具体来说，应以狭义劳动权（职业获得权）为轴心构建就业调控法，以工作自由权为轴心构建就业管理法，以就业平等权为轴心构建反就业歧视法（形式平等权为主）和特殊群体就业保护法（实质平等权为主），以就业服务权（含就业训练权）为轴心构建就业服务法，以失业保险权为轴心构建失业保险法。同时这一体系为《就业促进法》的制定提供了参考性建议。

〔3〕　常凯:《劳权论——当代中国劳动关系的法律调整研究》，中国劳动社会保障出版社 2004 年版。

〔4〕　李炳安:《劳动权论》，人民法院出版社 2006 年版。

〔5〕　李运华:《就业权研究》，中国社会科学出版社 2009 年版。

〔6〕　王天玉:《工作权研究》，中国政法大学出版社 2011 年版。

致的规范分析，对就业权利在行政执法和司法实践中的保护均没有进行专门研究，未来有必要结合《就业促进法》进行深入细致的规范分析。

（二）就业权利的性质

就业权利的性质十分复杂，其中不同的内容具有不同的性质。就业权利是指在就业市场上的劳动者自主择业、平等就业和获得公共就业服务的权利，即包括工作自由权、平等就业权和就业服务权，其性质分别属于自由权、平等权和社会权。社会权，又称受益权、积极权利或社会基本权利，是一种请求国家积极作为的权利而非消极的防御权，一般不具有可诉性而难以被法院执行。[1]

1. 工作自由权

工作自由权是指公民依据自己意愿选择职业的权利，其性质属于自由权。

自由权就是指公民在法律规定的范围内，按照自己的意志和利益进行思维和行动，而不受外来约束、控制和妨碍的权利。

2. 平等就业权

平等就业权是指公民平等获得就业机会的权利，其性质属于平等权。

平等权是公民的一项基本权利，它意指公民同等地依法享有权利和履行义务，不受任何差别对待，要求国家同等保护的权利。平等权有以下含义：①所有公民平等地享有宪法和法律规定的权利；②所有公民都平等的履行宪法和法律规定的义务；③国家机关在适用法律时，对于所有公民的保护或者惩罚都是平等的，不得因人而异；④任何组织或者个人都不得有超越宪法和法律的特权。宪法对之最为经典性的表述就是"中华人民共和国公民在法律面前一律平等"。

---

〔1〕 参见张千帆主编：《宪法学》（第3版），法律出版社2014年版，第212页。

3. 就业服务权

就业服务权是公民向国家请求提供免费公共就业服务的权利，其性质属于社会权。

我国台湾地区有许多学者认为，有一种积极权利可称之为受益权。受益权又可分为消极的受益权和积极的受益权。刘庆瑞认为："受益权系人民站在积极的地位，为自己之利益，而向国家要求一定行为之权利。以前，各国宪法多注重于保护人民的自由权，关于受益权，甚少规定。其有规定者，亦仅以保护自由权之受益权为限，例如司法上的受益权。第一次世界大战以后，各国宪法渐趋向于经济上的平等主义，对经济上的弱者，采取种种保护办法。于是教育上的受益权和经济上的受益权，遂规定于宪法之中……受益权可分为司法上的受益权，行政上的受益权和教育上的受益权等。"林纪东认为："受益权，谓人民为其一己之利益，请求国家为某种行为之权利。"他将受益权分为消极性之受益权和积极性之受益权。救济权即为消极性之受益权。"积极性之受益权，亦有多种，如生存权、工作权、受教育权等。"[1] 这里的受益权就是社会权，显然工作权属于社会权。

（三）就业权利的内容

就业权利是指在就业市场上的劳动者自主择业、平等就业和获得公共就业服务的权利，即就业权利的内容包括职业自由权、平等就业权和就业服务权。[2]

1. 工作自由权

工作自由权，又称职业自由权、工作自由、营业自由、择业自由、选择职业的自由、自主择业权等，是指公民依据自己意愿选择

---

[1] 林纪东：《比较宪法》，五南图书出版公司1999年版，第247~251页。

[2] 我国《劳动法》第3条中规定，"劳动者享有平等就业和选择职业的权利"。《就业促进法》第3条中规定，"劳动者依法享有平等就业和自主择业的权利。"就业服务权是学理上的归纳。

职业的权利，包括是否从事职业、从事何种职业、何时何地从事职业等方面的选择权，这是近现代国家普遍承认的一项基本人权。在宪法上，该项权利的性质属于自由权，是公民个人意志和行动自由的结果，是"国家所不能侵犯与必须禁止侵犯的基本权利"[1]，工作自由权可分为两个层面：其一，普遍意义上的工作自由权，这是每一个公民都享有的选择从事任何一种合法职业的自由；其二，劳动者在形成劳动关系过程中的自主择业权，这可以归入合同自由权之内。

2. 平等就业权

平等就业权，又称就业平等权，是指平等获得就业机会的权利。就业平等权是公民的基本权利之一，是公民宪法上平等权在劳动就业领域的延伸和具体化。维护就业平等权，就必须反对就业歧视。出于形式平等的要求，劳动者不分性别、年龄、出身、种族、民族、宗教信仰等，应享有平等的就业机会。出于实质平等的要求，平等就业并不否定和排除法律对妇女、未成年人、残疾人和少数民族人员等弱势群体所规定的特殊保护制度措施。

3. 就业服务权

就业服务包括职业指导、职业介绍、就业训练、就业援助、就业安置、失业保险等内容。[2] 王全兴教授指出就业权的内容包括公共就业保障权，即接受为获得就业机会所必要的就业服务、职业培训和失业保险等公共保障的权利，劳动力供求信息供给、职业指导、职业介绍等就业服务可以疏通劳动者获得就业机会的渠道，由于公共就业保障具有公共产品或准公共产品的属性，应当赋予劳动

---

〔1〕 王世杰、钱瑞升：《比较宪法》，中国政法大学出版社 1997 年版，第 126 页。

〔2〕 我国《就业促进法》第 35 条规定：县级以上人民政府建立健全公共就业服务体系，设立公共就业服务机构，为劳动者免费提供下列服务：①就业政策法规咨询；②职业供求信息、市场工资指导价位信息和职业培训信息发布；③职业指导和职业介绍；④对就业困难人员实施就业援助；⑤办理就业登记、失业登记等事务；⑥其他公共就业服务。

者免费或低费接受就业服务的权利。[1] 我国台湾地区有学者明确提出，对未就业者而言，工作权（学理上称劳动权）包括接受职业训练之权、接受就业服务之权、接受就业辅导之权和接受失业救济之权。[2] 就业服务权是公民的一项基本权利，是由公民宪法上的劳动权和相应的国家义务引申出来的权利。

就业服务权包括就业援助权，这一权利是指就业困难人员所享有的、经由国家积极作为获得就业岗位的权利。该权利的实现和保障，依赖于国家公共权力的介入。这一权利是从狭义劳动权（职业获得权）所派生的权利。由于就业困难人员因为身体状况、技能水平、家庭因素、失去土地等原因难以实现就业，国家如果不承担积极作为的义务援助其就业，就会引起严重的社会问题。因此，国家通过公益性岗位安置等途径，对就业困难人员实行优先扶持和重点帮助，[3] 甚至包括对"零就业家庭"成员的就业安置。[4]

就业服务权也包括失业保险权，这一权利也可被视为是狭义劳动权（职业获得权）所派生的权利，国家如果不能为每个人提供一个就业机会，就应当保证每个人在失业的时候能够获得充分的经济保障，由此与社会保障权显然有紧密的联系。现在世界大多数国家都已建立了包括失业保险在内的社会保障制度，包括失业保险权在

---

〔1〕　参见王全兴：《劳动法》（第4版），法律出版社2017年版，第389页。

〔2〕　参见黄越钦：《劳动法新论》，中国政法大学出版社2003年版，第56页。

〔3〕　我国《就业促进法》第52条规定：各级人民政府建立健全就业援助制度，采取税费减免、贷款贴息、社会保险补贴、岗位补贴等办法，通过公益性岗位安置等途径，对就业困难人员实行优先扶持和重点帮助。就业困难人员是指因身体状况、技能水平、家庭因素、失去土地等原因难以实现就业，以及连续失业一定时间仍未能实现就业的人员。就业困难人员的具体范围，由省、自治区、直辖市人民政府根据本行政区域的实际情况规定。

〔4〕　我国《就业促进法》第56条规定：县级以上地方人民政府采取多种就业形式，拓宽公益性岗位范围，开发就业岗位，确保城市有就业需求的家庭至少有一人实现就业。法定劳动年龄内的家庭人员均处于失业状况的城市居民家庭，可以向住所地街道、社区公共就业服务机构申请就业援助。街道、社区公共就业服务机构经确认属实的，应当为该家庭中至少一人提供适当的就业岗位。

内的社会保障权也已成为一项基本人权。

二、反就业歧视法[1]

(一)反就业歧视法的概念和立法模式

反就业歧视法的调整对象是劳动者在获得职业过程中因受到就业歧视而与用人单位和就业服务组织发生的社会关系，主要规范用人单位和就业服务机构的就业歧视行为。我国《就业促进法》第三章"公平就业"的内容属于反就业歧视法的具体规定。

关于公民就业平等权对应的国家义务，《就业促进法》第三章"公平就业"第 25 条规定："各级人民政府创造公平就业的环境，消除就业歧视，制定政策并采取措施对就业困难人员给予扶持和援助。"这里规定政府应当提供公平就业环境、消除就业歧视、扶持和援助就业困难人员，也就是规定了政府在这三方面的义务。[2]

关于反就业歧视立法存在两种主张：一种主张制订成单行法，即制订一部《反就业歧视法》；另一种主张在《劳动法》修订中增加有关就业歧视的条款，或者在《就业促进法》中规定就业歧视的内容。目前我国采用在《劳动法》和《就业促进法》中规定就业歧视内容的模式。从长远看，应借鉴国外相关立法以及有关国际公约的规定，由国家立法机关制定专门的《反就业歧视法》，其原因在于：其一，从立法理念来看，《反就业歧视法》虽然仍然属于劳动法的范畴，但它具有一定的独立性，除了要体现劳动者优先保护

---

〔1〕 本部分内容以林嘉、杨飞合著的《论劳动者受到就业歧视的司法救济》(《政治与法律》2013 年第 4 期) 一文为基础撰写。

〔2〕 为了实现实质平等，大多数国家都规定政府对于就业困难的群体和人员进行扶助，国际公约也确认了这一原则，例如国际劳工组织 1988 年《关于促进就业和失业保护的公约》第 8 条中规定：每一成员应在符合国家法律和惯例的条件下，努力制订特别计划促进额外就业机会和就业帮助，向特定的、在谋求持久就业方面有困难或可能有困难的处境不利者，例如妇女、青年工人、残疾人、老年工人、长期失业者、合法居住在该国的移徙工人以及受到结构性变化影响的工人，提供自由选择的生产性就业。《就业促进法》第六章"就业援助"对就业援助有比较详细的规定。

的价值外，还要贯彻落实就业中的平等观念，因此，单独立法更有利于实现禁止就业歧视的基本理念；其二，从调整的对象来看，《反就业歧视法》不仅调整《劳动法》上的主体在就业中出现的就业歧视现象，而且要调整公务员录用过程中出现的就业歧视现象，其所调整的范围比《劳动法》宽，因此必须单独立法；其三，从技术上来看，单独立法比较简单，有利于实现就业歧视立法的体系化；其四，从实务来看，由国家立法机关制定全国统一适用的、详尽的《反就业歧视法》，可以较好地解决目前我国反就业歧视立法存在的分散性、原则性、层次低、地区差别大等问题。

（二）就业歧视的界定

目前我国的反歧视法并未对就业歧视进行界定，这为司法机关认定何为就业歧视造成了一定困难。结合国际公约以及其他国家和地区的相关规定并根据我国国情，就业歧视可界定为：没有合法的目的和原因，基于种族、肤色、宗教、民族、社会出身、性别、户籍、残障或身体健康状况、年龄、身高、语言等原因，采取的任何区别、排斥、限制或者给予优惠，其目的或作用在于取消或损害劳动者的就业平等权。

具体来说，就业歧视包括直接歧视和间接歧视，如果非因工作内在需要，用人单位给予一人比在相似条件下的其他人不利的待遇则构成直接歧视；如果一人属于具有法定前述某一典型特征的人群，用人单位对该人和其他不属于该群体的人适用相同的招聘、选拔、考核、报酬等涉及劳动权利的程序或条件，而结果将不利于该群体则构成间接歧视。就业平等权包括但不限于劳动者享有平等获得职业的权利、取得报酬的权利、休息休假的权利、获得劳动安全卫生保护的权利、接受职业技能培训的权利、享受社会保险和福利的权利以及组织和参与工会等方面的权利。也就是说，就业歧视是就业和职业歧视的简称。为促使劳动者实现事实上的平等而采取的积极行为，不得视为歧视，这些措施应在达成事实平等的目的后停止采用。也就是说，根据法律规定以纠正本单位或社会上已经存在的歧视为目的，而给予某一法定人群优惠的不被视为就业歧视。[1]

（三）就业歧视的主体

我国反就业歧视法适用于一切用人单位，其法律依据是《就业促进法》第 26 条的规定："用人单位招用人员、职业中介机构从事职业中介活动，应当向劳动者提供平等的就业机会和公平的就业条件，不得实施就业歧视。"

不少国家的反就业歧视法律仅适用于一定人数之上的雇主，雇员数量少的雇主豁免适用。例如《美国民权法》第七章（Title VII of the Civil Rights Act）[2] 规定雇主（employer）、职业中介机构（employment agency）、和劳工组织（labor organization） 都可以成为歧视的侵权主体即被告，且不论职业中介机构是否收取报酬（compensation）。《美国民权法》第七章适用于在本年度或上一年度连续 20 周以上的每一个工作日雇用 15 人以上的从事涉及商事行业的人（a person engaged in an industry affecting commerce） 或其代理（agent）。这是考虑到雇用不满 15 人的小雇主遵守反歧视法的成本相对来说太高。但该法并未规定职业中介机构本身是否有雇员人数底线，因此当职业中介机构与雇主有合同关系时，即使该职业中介机构的雇员人数低于 15 人，法院仍然认定其构成中介。[3] 当然，职业中介机构本身作为雇主时，其资格条件与一般雇主相同。《美国就业年龄歧视法》（The Age Discrimination in Employment Act） 适用于雇用 20 人以上的雇主。《美国残疾人法》 （The Americans with

---

〔1〕 参见林嘉:《论我国就业歧视的法律调控》，载《河南社会科学》2006 年第 5 期。

〔2〕 该法英文本载美国平等就业机会委员会官网：http：//www. eeoc. gov/laws/statutes/titlevii. cfm，最后访问时间：2019 年 4 月 8 日。

〔3〕 Hishon v. King & Spalding 467 U. S. 69，104 S. Ct 2299，81 L. Ed 2d 59 （1984）. 转引自俞冰:《美国反就业歧视立法及其实践》，载蔡定剑、张千帆主编:《海外反就业歧视制度与实践》，中国社会科学出版社 2007 年版，第 221 页。

Disabilities Act）适用于雇用 15 人以上的雇主，其立法意图应和《美国民权法》对雇员人数的限制一样，即国会不希望联邦法律对小企业造成负担，尤其是许多小企业经常雇用同种族的朋友或亲戚。[1]

我们认为，基于用人单位自主用人权利和劳动者平等就业权利的平衡以及我国的现实，将来立法时应将反就业歧视法仅适用于职工达到一定人数以上的用人单位，职工人数具体标准可借鉴美国经验并结合中国实际来确定，为与国家中小企业划型标准相协调，可先建立小微企业豁免制度，[2] 小微企业（包括小型企业、微型企业）和个体工商户豁免适用反就业歧视法，然后再逐步降低人数标准，提高保护劳动者平等就业权的水平。建立小微企业豁免制度的原因在于我国许多小微企业（包括个体工商户）主要招用亲戚、朋友、同一地域的人员（老乡），对其适用反歧视法在实践中缺乏可操作性，也会大大增加其成本，对其发展成长不利。而大中型企业招用职工人数较多，相对比较成熟和规范，应当承担更大的社会责任。由于中国的经济社会发展程度不同于美国等国家，故标准不宜与他们一致，而应随经济社会发展逐步调整。

---

〔1〕 Supra. note 4, at 106. 转引自谢增毅：《美国就业中的反残疾歧视——兼论我国残疾人按比例就业制度》，载《月旦财经法杂志》2007 年第 9 期。谢增毅研究员在该文中还认为：尽管该法只适用于雇用 15 名雇员以上的雇主，但由于雇用残疾人雇员通常会加重企业的负担，尤其在需要雇主尽"合理调适"的义务时会加重雇主的用工成本，因此，将该法仅适用于规模大的雇主也是合理的。

〔2〕 小微企业是小型企业和微型企业的合称，目前已成为一些规范性文件使用的术语，如《青岛市人民政府关于进一步支持小微企业发展的若干意见》（青政发〔2012〕7 号）。依据工业和信息化部、国家统计局、国家发展和改革委员会、财政部于 2011 年 6 月 18 日联合发布的《中小企业划型标准规定》，工业、交通运输业、邮政业从业人员 20 人以下的企业为微型企业，300 人以下的为小型企业；住宿业、餐饮业、信息传输业、软件和信息技术服务业、租赁和商务服务业、其他未列明行业从业人员 10 人以下的企业为微型企业，100 人以下的为小型企业；零售业从业人员 10 人以下的企业为微型企业，50 人以下的为小型企业。

（四）就业歧视纠纷的案由

案由，是人民法院对诉讼案件所涉及的法律关系的性质进行概括后形成的案件名称。[1] 最高人民法院《民事案件案由规定》（法发［2008］11 号，法发［2011］41 号第一次修正）中未明确规定"就业歧视纠纷"这一案由，在目前的司法实践中，就业歧视诉讼的案由并不统一，有的归入劳动争议纠纷，如原告高某某与被告北京比德创展通讯技术有限公司一般劳动争议纠纷一案;[2] 有的归入人格权纠纷，如李某某与江西日报社人格尊严权纠纷案;[3] 有的归入侵权纠纷，如"中国传媒业就业歧视第一案"即原告×××与被告大众日报社特殊侵权纠纷一案。[4] 由于就业歧视所涉及的人格权纠纷实际上也属于侵权纠纷，故我们将就业歧视诉讼的案由概括为劳动争议纠纷和侵权纠纷两种。

劳动争议纠纷和侵权纠纷这两种案由会带来实体和程序上的一系列不同，包括主管和管辖、时效、诉讼费、举证责任、法律责任形式等，对劳动者各有利弊。综合来看，就业歧视案件的案由如果定为劳动争议纠纷，不仅多了劳动争议仲裁这一前置程序，耗时费力，且在管辖、时效、法律责任形式等方面与侵权纠纷相比均处于

---

〔1〕 参见《最高人民法院关于印发修改后的〈民事案件案由规定〉的通知》（2011 年 4 月 1 日起施行）。

〔2〕 北京市朝阳区人民法院民事判决书（2008）朝民初字第 06688 号，参见俞里江:《劳动者在乙肝歧视案中的利益保护》，载《人民司法》2008 年第 24 期。

〔3〕 南昌市东湖区人民法院民事判决书（2006）东民初字第 71 号，载 http://www.110.com/panli/panli_77768.html，最后访问日期：2019 年 4 月 8 日。此外，在劳动者周某诉广西金桂浆纸业有限公司就业歧视案中，法院将案由定为"一般人格权纠纷"；在劳动者张某诉湖北都市中盛广告有限公司就业歧视一案中，法院将案由定为"其他人身权纠纷"。参见陈冬梅、林锐君:《反思与构筑：我国平等就业权诉讼制度——和谐社会背景下就业平等的新探索》，载 http://www.gzcourt.org.cn/fxtt/2012/02/21094756801.html，最后访问时间：2019 年 4 月 8 日。

〔4〕 济南市历下区人民法院民事判决书（2008）历民初字第 3972 号，参见北京益仁平中心:《中国反歧视法律行动通讯》（2009 年 3 月总第 4 期），载 http://www.yirenping.org/upfile/Newsletter04.doc，最后访问时间：2019 年 4 月 8 日。

不利地位，在诉讼费、举证责任方面虽较有利，但程度有限。在法理上，对就业歧视案件来说，劳动争议纠纷的请求权基础是缔约过失请求权，[1] 而侵权纠纷的请求权基础是侵权行为损害赔偿请求权，前者只能请求经济损失赔偿，而后者除请求经济损失赔偿外，还可以请求精神损害赔偿和赔礼道歉。

在我国现行法律环境下，以选择侵权纠纷为就业歧视案件的案由对受害的劳动者更有利，在法理上也更圆满一些，[2] 但法院应基于作为诉讼当事人的劳动者自主选择行使的请求权来确定案由。[3] 目前我国有的法院要求就业歧视案件中劳动者须先申请劳动争议仲裁，[4] 这是不妥当的。《就业促进法》第62条规定："违反本法规定，实施就业歧视的，劳动者可以向人民法院提起诉讼。"这里并未明确规定须先经劳动争议仲裁，何况综合来看选择劳动争议纠纷为案由也是不利于劳动者的。

我们建议未来最高人民法院明确增加就业歧视纠纷为新的民事案由。就业歧视侵犯的是平等就业权，平等就业权是指公民平等获得就业机会的权利，是公民宪法上平等权在劳动就业领域的延伸和

---

〔1〕　原告高某某与被告北京比德创展通讯技术有限公司一般劳动争议纠纷一案的主审法官俞里江即主张劳动合同缔约过程中劳动者权益应得到保护，劳动者要求用人单位承担信赖利益赔偿的范围应包括积极损害（缔约所支出的各种费用）与机会损失（应得工资收入损失），合同法中关于缔约过失责任的相关规定在劳动合同缔约过程中的信赖利益损害赔偿中可参照适用。参见俞里江：《劳动者在乙肝歧视案中的利益保护》，载《人民司法》2008年24期。

〔2〕　谢增毅研究员亦认为：考虑到我国目前的实际，在反就业歧视相关规则尚未建立或明确之前，可以将就业歧视案件作为侵权案件处理，通过侵权责任法为受害人提供救济。参见谢增毅：《就业平等权受害人的实体法律救济》，载《社会科学战线》2016年第7期。

〔3〕　《最高人民法院关于印发修改后的〈民事案件案由规定〉的通知》（法[2011]42号）规定：在请求权竞合的情形下，人民法院应当按照当事人自主选择行使的请求权，根据当事人诉争的法律关系的性质，确定相应的案由。

〔4〕　参见《山东省高级人民法院关于印发全省民事审判工作座谈会纪要的通知》（鲁高法[2008]243号）。

具体化，而公民宪法上的平等权是贯穿于所有人权的基础性权利，在我国宪法和国际人权公约中，平等权均居于人权的首位或前列，[1] 具有崇高的价值地位。就法律关系的性质而言，就业歧视案件的性质比较复杂，一方面，其具有劳动争议纠纷的特点：就业歧视发生在用人单位招用人员过程中即缔约阶段，侵犯的是劳动法上规定的平等就业权，法律依据是《劳动法》《就业促进法》等劳动法律法规；另一方面，其也具有侵犯人格权纠纷的性质：就业歧视侵犯了劳动者以人格平等、人格尊严为主要内容的一般人格权，赔礼道歉、赔偿经济损失和赔偿精神损失等法律责任形式的法律依据是《中华人民共和国民法通则》《中华人民共和国侵权责任法》等民事法律。因此，简单地将就业歧视案件归入劳动争议纠纷或侵犯人格权纠纷，均不能全面反映该法律关系的本质。

目前我国司法实践中已有法官认识到了现行案由规定的不足，如余某诉名幸电子（广州南沙）有限公司平等就业纠纷案[2]在受理时曾以"一般人格权纠纷"的案由立案，但在开庭审理后，合议庭认为该纠纷既有劳动合同关系的性质（《毕业生就业推荐表》和《补充协议》属劳动合同的预约合同），又有一般人格权纠纷的性质，归入其中一类案由不能全面反映该法律关系的本质，最终以"平等就业纠纷"作为案由。我们认为，该做法虽存在突破《民事案件案由规定》自创案由的问题，但其自创的案由却体现了该案的本质，建议最高人民法院考虑司法实践的需要，及时新增就业歧视纠纷为新的民事案由。2018 年 12 月 12 日发布的《最高人民法院关

---

〔1〕 我国《宪法》第 33 条中规定，"中华人民共和国公民在法律面前一律平等。"该条是第二章"公民的基本权利和义务"的首条。《世界人权宣言》第 1、2 条均规定了平等权，《经济、社会及文化权利国际公约》第 2、3 条均规定了平等权。

〔2〕 广州市南沙区人民法院民事判决书（2008）南法民一初字第 180 号，参见徐于棋：《余某诉名幸电子（广州南沙）有限公司平等就业纠纷案——乙肝病毒携带者的平等就业权受法律保护》，载 http://www.labourlaw.org.cn/detail_show_c_alpx_77.aspx，最后访问时间：2019 年 4 月 8 日。

于增加民事案件案由的通知》（法［2018］344 号）中规定自 2019年 1 月 1 日起，在《民事案件案由规定》的第一部分"人格权纠纷"中，其第三级案由"9. 一般人格权纠纷"项下增加一类第四级案由"1. 平等就业权纠纷"。

（五）就业歧视的原因

关于就业歧视原因，我国《劳动法》第 12 条规定："劳动者就业，不因民族、种族、性别、宗教信仰不同而受歧视。"其范围明显过窄。《就业促进法》第 3 条第 2 款规定："劳动者就业，不因民族、种族、性别、宗教信仰等不同而受歧视。"这里增加了一个"等"字，似乎意味着就业歧视原因的范围可以扩大。《就业促进法》第三章"公平就业"则在第 27、28、29、30、31 条具体规定了性别、民族、残疾、健康、身份五种歧视原因，禁止歧视妇女、少数民族劳动者、残疾人、传染病病原携带者、进城就业的农村劳动者。目前我国生活中存在的年龄、地域、体貌特征（身高、体重、容貌等）、前科等歧视原因能否纳入《就业促进法》第 3 条第 2 款规定的"等"原因中，法院在司法实践中基本上对此持保守态度。

国际公约和一些国外立法规定的就业歧视原因比目前我国明确规定的要宽泛一些。如依据国际劳工组织 1958 年《消除就业和职业歧视公约》（我国人大常委会 2005 年批准加入）第 1 条的规定，歧视原因包括种族（race）、肤色（colour）、性别（sex）、宗教（religion）、政治见解（political opinion）、民族血统（national extraction）或社会出身（social origin）等。欧盟 1997 年《阿姆斯特丹条约》（Treaty of Amsterdam）第 13 条规定禁止的歧视原因包括性别、种族或民族出身（racial or ethnic origin）、宗教或信仰（religion or belief）、残疾（disability）、年龄（age）或性倾向（sexual orientation）。该条规定是欧盟反歧视法体系的基础，2006 年《德国通用平等待遇法》（das Allgemeine Gleichbehandlungsgesetz，AGG）

第 1 条规定的歧视原因与之基本相同。[1] 英国的反歧视立法曾经十分分散,几乎针对前述每一种歧视原因制定一部专门的法律法规,[2] 但于 2010 年通过了《英国平等法》(Equality Act 2010),[3] 从而由分散立法模式转为集中立法模式。1964 年《美国民权法》第七章是反歧视法的核心,列举规定了五种歧视原因:种族、肤色、宗教、性别或民族出身(national origin),1967 年《美国就业年龄歧视法》禁止年龄歧视、1990 年《美国残疾人法》禁止残疾歧视。

考察国外立法的历史发展,可以发现哪些歧视原因为法律所禁止是由该国政治、经济、社会、文化等多方因素和发展程度所决定的,各国也大都经历了歧视原因的范围由窄到宽的过程。如英国的反歧视立法,就是一步步将社会达成共识的应予禁止的歧视原因纳入立法的历史,属于"成熟一个,制定一个",最后再将这些歧视原因汇总集中立法,与英国保守的改良主义、经验主义进路相吻合。美国的反歧视法是在民权运动的社会背景下出台的,主要禁止种族(包含肤色、民族出身)和性别两大类歧视原因,禁止年龄和

---

〔1〕 参见〔德〕Roman Frik:《德国劳动法中的反歧视制度——浅析德国新〈通用平等待遇法〉》,李光译,载林嘉主编:《社会法评论》(第 2 卷),中国人民大学出版社 2007 年版,第 337 页。《德国通用平等待遇法》的德文版本,载 http://www.gesetze-im-internet.de/agg/__1.html,最后访问时间:2019 年 4 月 8 日。

〔2〕 英国 1975 年《性别歧视法》(Sex Discrimination Act)禁止性别或婚姻状况(marital status)歧视,1976 年《种族关系法》(Race Relations Act)禁止肤色(colour)、种族(race)、国籍(nationality)、人种(ethnic)或民族出身(national origins)歧视,1995 年《残疾歧视法》(Disability Discrimination Act)禁止残疾歧视,1999 年《性别歧视(变性)条例》[Sex Discrimination (Gender Reassignment) Regulations]禁止对变性人的歧视,2003 年《就业平等(宗教和信仰)条例》[Employment Equality (Religion or Belief) Regulations]禁止宗教、信仰歧视,2003 年《就业平等(性取向)条例》[Employment Equality (Sexual Orientation) Regulations]禁止性取向歧视,2006 年《就业平等(年龄)条例》[Employment Equality (Age) Regulations]禁止年龄歧视。

〔3〕 《英国平等法》的英文版本,载 http://www.legislation.gov.uk/ukpga/2010/15/contents,最后访问时间:2019 年 4 月 8 日。

残疾歧视的立法则相对晚一些，但美国社会对同性恋还有较大争论，难以达成共识，因此禁止性取向歧视还未获立法。德国的反歧视法出台较晚，但规定的歧视原因比较全面，与欧盟法基本一致，其原因在于德国属于比较崇尚体系化的理性主义进路，希望能够以统一的立法一次性解决反歧视问题。总体来说，国外立法禁止的歧视原因范围相差并不太大，亦未将就业歧视泛化。

我国反歧视法禁止的歧视原因相比国际公约和一些国外立法来说，还稍显狭窄，但考虑到我国政治、经济、社会、文化发展程度的现实，在相关维权运动未发展到普遍和深入地步的情况下，增加规定法律禁止的歧视原因还需谨慎，否则容易沦为"纸面上的法律"，反而有损法律的权威性，可以先考虑将户籍、年龄歧视纳入法律禁止的范围，其余的视社会发展程度再逐步纳入。[1]

（六）就业歧视的举证责任

目前我国就业歧视诉讼中的举证责任依据《中华人民共和国民事诉讼法》（以下简称《民事诉讼法》）第 64 条采取的原则，劳动者如主张用人单位实施了就业歧视行为，有责任提供相应的证据，否则会面临败诉的后果。而在实践中，劳动者相对用人单位来说处于弱势地位，一般情况下劳动者对其求职时不被录取的结果很难提出有力的证据证明是因为被歧视。如在 2010 年"顺德乙肝歧视案"中，顺德区人民法院指出，原告阿伟（化名）在诉讼中未能提供相应的证据，证明顺德某资产管理办因阿伟是乙肝携带者而不予录用，因此法院不予确认。[2] 目前在一些案例中，法官会运用经验法则进行事实推定，以免除劳动者的举证责任，如余某诉名幸

---

〔1〕　其他类型歧视的研究参见李成：《我国就业中基因歧视的宪法问题》，载《法学》2011 年第 1 期；王月明：《消除年龄歧视是劳动权平等保护的首要内容》，载《法学》2010 年第 3 期；丁晓东：《重新理解年龄区分：以法律手段应对年龄歧视的误区》，载《法学家》2016 年第 4 期。

〔2〕　参见海鹏飞、陈宇：《顺德乙肝歧视案一审原告败诉》，载《南方都市报》2010 年 8 月 20 日。

电子（广州南沙）有限公司平等就业纠纷案和原告高某某与被告北京比德创展通讯技术有限公司一般劳动争议纠纷一案。法院在就业歧视诉讼中恰当运用事实推定，有利于实现实质正义和提高司法效率。

国外立法一般对就业歧视的举证责任进行合理分配。如根据英国法和美国法，只要原告能够提供表面的证据证明歧视的存在，被告就要承担反驳的举证责任。关于被告的抗辩，为了免除歧视的责任，在直接歧视案件中，被告必须证明其歧视行为是一项真实职业资格；在间接歧视案件中，被告必须证明其做法是实现正当目的的适当且必需的行为。[1]

我国学者多主张在反就业歧视法律救济中应采用举证责任倒置原则或合理分配举证责任。[2] 我们认为，反就业歧视立法应平衡和协调劳动者平等就业权和用人单位用人自主权的冲突，因此举证责任的设置十分重要。举证责任完全由主张权利的劳动者承担，证明的困难会使得劳动者的平等就业权难以实现。举证责任倒置则可能使用人单位的自主权受到过分限制，面临过高的法律风险。因此，就业歧视救济应在当事人之间实行举证责任的合理分配，如有的学者建议的那样：劳动者应当首先提供能够初步合理推断用人单位存在歧视行为的证据，用人单位应当提供能够证明自己的行为不构成就业歧视的证据和理由（抗辩事由），劳动者应当辩驳和证明用人单位的理由不可信而只是歧视的借口，用人单位不能提供证据和理由或提供的证据和理由不足以证明不存在就业歧视行为的，用人单位应当承担歧视的法律责任。[3]

---

〔1〕 参见谢增毅：《英国反就业歧视法与我国立法之完善》，载《法学杂志》2008年第5期；谢增毅：《美英两国就业歧视构成要件比较》，载《中外法学》2008年第4期。

〔2〕 参见喻术红：《反就业歧视法律问题之比较研究兼论以就业歧视法发展趋势及我国立法选择》，载《中国法学》2005年第1期。

〔3〕 参见蔡定剑、刘小楠主编：《反就业歧视法专家建议稿及海外经验》，社会科学文献出版社2010年版，第19~20页。

（七）就业歧视的抗辩事由

我国反歧视立法未集中明确规定就业歧视的抗辩事由，但在多部法律中分散规定了一些实际上属于抗辩事由的劳动保护措施、就业优惠措施和基于公共利益需要进行的就业限制：

第一，劳动保护措施。国家对女职工和未成年工实行特殊劳动保护，为此禁止妇女和未成年人从事某些工作不应视为歧视。依据《劳动法》第 13 条和《就业促进法》第 27 条，国家规定的不适合妇女的工种或者岗位，可以以性别为由拒绝录用妇女。国务院 2012 年发布并实施的《女职工劳动保护特别规定》中明确了女职工禁忌从事的劳动范围如矿山井下作业等，并详细规定了女职工在经期、孕期、哺乳期禁忌从事的劳动范围。《劳动法》第 64 条规定了矿山井下、有毒有害等未成年工禁忌从事的劳动。

第二，就业优惠措施。我国法律对少数民族劳动者、残疾人、"4050 人员"等就业困难人员规定了就业优惠措施，这不应视为歧视。如《就业促进法》第 28 条规定了用人单位招用人员，应当依法对少数民族劳动者给予适当照顾。这里的"依法"主要是指依《民族区域自治法》，民族自治地方的企业事业单位招收人员时要优先招收少数民族人员。依据《就业促进法》第 55 条和国务院《残疾人就业条例》第 8 条的规定，用人单位应当按照不低于本单位在职职工总数 1.5% 的比例安排残疾人就业，并为其提供适当的工种、岗位。《就业促进法》第六章"就业援助"中则规定建立就业援助制度，采取税费减免、贷款贴息、社会保险补贴、岗位补贴等办法，通过公益性岗位安置等途径，对就业困难人员实行优先扶持和重点帮助。

第三，公共利益需要。基于公共安全、公共卫生或其他公共利益的需要，国家立法可以对个人或某一类人的就业进行限制，这不能视为歧视。如《就业促进法》第 30 条要求，经医学鉴定传染病病原携带者在治愈前或者排除传染嫌疑前，不得从事法律、行政法规和国务院卫生行政部门规定禁止从事的易使传染病扩散的工作。

这些工作的具体类型参见《中华人民共和国食品安全法》《公共场所卫生管理条例》《化妆品卫生监督条例》等法律法规。

此外，在司法实践中，有法院实际上将真实职业资格作为抗辩事由。如在李某某与江西日报社人格尊严权纠纷案中，法院即认为，"特殊岗位根据岗位需要有特殊的要求，企业享有自主经营权，被告在招聘编辑、记者过程中，为了择优录取，要求报考人员必须是全日制普通高校毕业生，而不招收成人教育毕业生这一条件限制，是为了择优录取第一关。"故被告没有构成对原告平等就业权（人格尊严权）的侵犯。该案中学历是否属于工作内在的合理需要值得研究，但该法院判决提出"特殊岗位根据岗位需要有特殊的要求"，实际上是把学历要求视为真实职业资格。

国际公约和一些国外立法普遍规定真实职业资格、对特殊群体人员的劳动保护和就业优惠措施不能视为歧视。[1] 如国际劳工组织 1958 年《消除就业和职业歧视公约》第 1 条规定："对一项特定职业基于其内在需要的任何区别、排斥或优惠不应视为歧视。"该规定其实就是真实职业资格。其第 5 条规定，对由于诸如性别、年龄、残疾、家庭负担、社会或文化地位等原因而一般被认为需要特殊保护（protection）或援助（assistance）的人员采取的专门措施不应视为歧视。美国则有对少数种族采取优惠措施的"肯定性行动"（affirmative action，或称"积极行动"）。

为平衡劳动者平等就业权和用人单位用人自主权的冲突，我国需要明确增加规定用人单位基于合理需要提出的真实职业资格为抗辩事由。真实职业资格［英国称为 Genuine Occupational Qualification（GOQ）；美国称为 Bona Fide Occupational Qualification（BFOQ）］，是指雇主提出的特定行业（a particular business）正常营运（normal operation）所合理需要（reasonably necessary）的职业资格，这不能

---

〔1〕 域外法的研究参见娄宇：《德国法上就业歧视的抗辩事由——兼论对我国的启示》，载《清华法学》2014 年第 4 期。

被视为歧视。借鉴英美法上的规定，真实职业资格包括基于职务的本质上、生理学上的理由、个人服务、隐私或体面、在私人家庭工作、住家工作、在单一性别的工作场所工作、海外工作等。[1] 用人单位基于用人自主权有权根据合理需要选择合适的求职者，如能证明其因性别、民族等实施区别对待是基于上述真实职业资格，就证明了区别对待的"合理性"，则不视为歧视。

（八）就业歧视的法律责任

我国《就业促进法》等劳动法律法规并未明确规定就业歧视的法律责任形式。全国人民代表大会常务委员会法制工作委员会解释，在立法中，有的意见提出应规定劳动行政部门有权进行调查处理，但立法机关最终没有采纳；在就业歧视的救济渠道方面，只规定受害人可以向人民法院提起诉讼的司法救济渠道，依法追究违法行为人的法律责任，如责令改正，要求赔礼道歉，请求侵权损害赔偿等。[2] 该解释虽属于无权解释，但所言法律责任形式与目前的司法实践大体相符。目前司法实践中就业歧视的民事法律责任形式包括经济损失赔偿（包括被歧视者的实际经济损失如误工费、交通费、体检费等）、精神损害赔偿、赔礼道歉等。

有学者主张，关于就业歧视的法律救济，根据英国经验，应向受害人提供损害赔偿包括精神损害赔偿的救济。如果损失难以计算，应根据案件的性质判决被告支付相当于原告数月甚至一至两年工资的损害赔偿。根据美国经验，应向受害人提供禁止令、复职、晋升等救济方式，使受害人获得损害赔偿之外的其他救济。[3] 当雇主实施歧视行为具有故意时应加重其责任，增加对受害人的救济

---

〔1〕　参见饶志静：《英国反性别就业歧视法研究》，法律出版社 2011 年版，第101~102 页。

〔2〕　参见信春鹰主编：《中华人民共和国就业促进法释义》，法律出版社 2007 年版，第 179 页。

〔3〕　参见谢增毅：《英国反就业歧视法与我国立法之完善》，载《法学杂志》2008 年第 5 期。

力度，赔偿金额可以包括精神损害赔偿或者惩罚性赔偿。当雇主缺乏故意时，以补偿受害人实际经济损失为主。[1]

我们认为，英美区分是否故意、提供损害赔偿之外多种救济方式的上述经验值得借鉴。除了规定经济损失赔偿、精神损害赔偿、赔礼道歉等法律责任形式外，未来我国反就业歧视立法还可考虑建立强制缔约和惩罚性赔偿制度。在缔约过程中，劳动者对建立劳动关系已形成合理信赖，而用人单位故意实施就业歧视行为的，劳动者可以"二选一"：劳动者可选择请求建立劳动关系即强制缔约，亦可选择主张惩罚性赔偿责任；用人单位亦是"二选一"：用人单位可以选择建立劳动关系而免于支付惩罚性赔偿，如不选择建立劳动关系则应当承担惩罚性赔偿责任，以有效遏制违法行为和保护受害的劳动者。

（九）就业歧视公益诉讼制度

依据《就业促进法》第62条，我国就业歧视案件的原告应当是"劳动者"，但这里的劳动者并非指已与用人单位建立劳动关系的劳动者，而是指劳动关系外的劳动者，即在劳动力市场中求职但尚未和用人单位建立劳动关系的劳动者，《新疆维吾尔自治区实施〈中华人民共和国就业促进法〉办法》等诸多法规规章则称之为"求职者"。求职者受到的歧视就是本书所称的就业歧视，即《就业促进法》第26条规定的用人单位招用人员、职业中介机构从事职业中介活动时实施的就业歧视。目前我国法院仅受理用人单位在招聘劳动者过程中的就业歧视所发生的纠纷，对于招用人员简章和招聘广告中的歧视内容所发生的争议，人民法院不受理。[2] 也就是说作为原告的劳动者须进入招聘程序而最终因歧视未被招用，目

---

〔1〕 参见谢增毅：《美英两国就业歧视构成要件比较兼论反就业歧视法发展趋势及我国立法选择》，载《中外法学》2008年第4期。

〔2〕 参见《山东省高级人民法院关于印发全省民事审判工作座谈会纪要的通知》（鲁高法〔2008〕243号）。

前并不允许劳动者仅看到招用人员简章和招聘广告中的歧视内容就提起公益诉讼，原因在于我国《民事诉讼法》要求原告必须是与本案有直接利害关系的公民、法人和其他组织。目前我国的社会公益组织亦只能协助和支持劳动者进行就业歧视诉讼。[1]

在国外，除了劳动者有权提起就业歧视诉讼外，有的国家规定平等就业机会委员会、检察官也可以提起就业歧视诉讼。如美国的平等就业机会委员会（Equal Employment Opportunity Commission, EEOC）作为行政执法机构，可提起就业歧视调查，如有理由相信指控属实，应首先通过非正式方式消除歧视行为，如委员会无法和雇主达成和解，可向雇主提起民事诉讼，但雇主是政府的情况下除外（出于利益冲突的考虑）。如雇主是政府，委员会应将案件移交给总检察长，受害人可加入该诉讼。如果委员会或检察长都未在一定时间内提起诉讼，则受害人可自行提起诉讼，法院在这种情况下可为受害方提供免费的律师。[2] 荷兰的平等待遇委员会也有权独立地向法院提起诉讼。[3]

我国目前还没有专门的平等就业管理机构，但国外相关经验值得借鉴，未来我国应建立就业歧视公益诉讼制度。只允许劳动者提起私益诉讼的现行法律制度，实际上无法遏制用人单位的就业歧视行为。受到就业歧视后，弱势地位的劳动者一般缺乏经济实力来承

---

〔1〕 如北京益仁平中心是关注就业歧视现象并开展反就业歧视公益工作的民间机构，为大量就业歧视诉讼提供了法律援助。如 2007 年 1 月协助"广东乙肝歧视第一案"的当事人状告港资公司伟易达，促使伟易达承诺贯彻公平公正的就业政策，禁止任何形式的歧视，并偿付原告 2.4 万元人民币；2007 年 4 月协助乙肝歧视受害者状告诺基亚公司，该案被《法制日报》《人力资源》和劳动法世界网站联合评选为"2007 年十大劳动争议案件"。参见郑思琪、谢孝国：《广东乙肝歧视第一案开庭 双方争执焦点与钱无关》，载《羊城晚报》2007 年 8 月 15 日。

〔2〕 参见俞冰：《美国反就业歧视立法及其实践》，载蔡定剑、张千帆主编：《海外反就业歧视制度与实践》，中国社会科学出版社 2007 年版，第 224~225 页。

〔3〕 参见王春光：《荷兰反就业歧视研究报告》，载蔡定剑、张千帆主编：《海外反就业歧视制度与实践》，中国社会科学出版社 2007 年版，第 105 页。

担昂贵的诉讼成本（如律师费、诉讼费等），同时迫于生存的压力大多选择尽快去别的用人单位求职而无时间寻求法律救济。而且，就业歧视关系到社会公共利益，社会正义的价值要求工作岗位向每一个主体保持平等开放的可能性，要求消除就业歧视、实现平等和保障人权。因此，我们建议《民事诉讼法》第 55 条新增的公益诉讼中也应包括就业歧视公益诉讼，针对某一群体劳动者如残疾人、传染病病原携带的就业歧视显然侵害了众多劳动者合法权益，和污染环境、侵害众多消费者合法权益等一样属于损害社会公共利益的行为，应允许法律规定的机关和有关组织以及公民向人民法院提起公益诉讼。

未来我国就业歧视公益诉讼的主体应包括国家机关、社会团体等有关组织和公民。国家机关是指类似于国外平等就业机会委员会的专门性行政机构，法律应赋予其调查权、调解权和提起诉讼的权利，以更有效保障平等就业权利的实现。社会团体等有关组织主要是指工会、妇女联合会、残疾人联合会等法律规定的代表和保护劳动者、妇女、残疾人等特殊群体利益的社会团体，也包括法律认可的 NGO 等公益性组织，法律应赋予其以自己的名义，就用人单位、职业中介机构侵害集体公益的就业歧视行为直接提起诉讼的权利。公民主要是指劳动者个人，在众多劳动者因用人单位实施的同一就业歧视行为而受到损害时，法律应允许一个或数个原告代表所有的受害者提起就业歧视集体诉讼，将众多的小额诉讼请求合并在一起。

第三节　劳动合同法

劳动合同法是对用人单位与劳动者之间劳动合同关系进行调整的法律。目前我国这一方面的单行法律主要是指《劳动合同法》。

一、劳动合同的形式

（一）劳动合同的形式导论

劳动合同的形式，即劳动合同的存在方式，是指劳动合同当事人双方意思表示一致的外部表现。劳动合同可分为书面和非书面两种形式：书面形式即用文字方式表示的合同；非书面形式则又可分为口头和行为两种形式，口头形式即用语言方式表示的合同，行为形式则既无文字表示，也无口头约定，而只有提供劳动的行为。[1]

　　实际上，书面形式和口头形式各有利弊。各国法律在劳动合同订立要求何种形式问题上态度也是不同的。我国 1995 年 1 月 1 日实施的《劳动法》第 16 条规定："劳动合同是劳动者与用人单位确立劳动关系、明确双方权利和义务的协议。建立劳动关系应当订立劳动合同。"[2] 第 19 条明确规定："劳动合同应当以书面形式订立，并具备以下条款：……"由于没有强有力的处罚措施，在实践中我国的劳动合同签订率一直偏低。2005 年全国人大常委会在劳动法执法检查中发现，中小型企业和非公有制企业的劳动合同签订率不到 20%，个体经济组织的签订率更低。[3] 为强化保护劳动者权益，《劳动合同法》明确规定了全日制用工劳动合同的书面形式要求、用人单位及时与劳动者订立书面劳动合同的义务，并规定了严厉的法律责任，如二倍工资、视为订立无固定期限劳动合同。

　　从《劳动法》到《劳动合同法》，可以看出我国对书面形式的要求得到了强化。是否必须如此？实际上，这样的规定在理论和实践中

---

　　〔1〕　根据黑龙江省哈尔滨市 1000 名农民工的调查问卷统计显示，只有 19.58% 的农民工与用人单位签订了书面劳动合同；52.20% 的农民工与用人单位只有口头约定；还有 21.11% 的农民工与用人单位既没有签订书面劳动合同，也没有口头约定。参见全国人大常委会法制工作委员会行政法室编：《劳动合同法（草案）参考》，中国民主法制出版社 2006 年版，第 109 页。

　　〔2〕　劳动部办公厅印发《关于〈劳动法〉若干条文的说明》（劳办发〔1994〕289号）指出，建立劳动关系的所有劳动者，不论是管理人员，技术人员还是原来所称的固定工，都必须订立劳动合同。"应当"在这里是"必须"的含义。

　　〔3〕　参见何鲁丽：《全国人大常委会执法检查组关于检查〈中华人民共和国劳动法〉实施情况的报告》（2005 年 12 月 28 日），载《中华人民共和国全国人民代表大会常务委员会公报》2006 年第 1 期。

都引发了劳动合同的订立形式到底是否应该要求书面的争议。[1]我国这种对书面劳动合同的要求与世界上其他国家订立劳动合同原则上不要求书面形式形成了鲜明对照,如何看待我国立法采取的这样一种对书面形式的强硬的态度?是否存在缺陷?值得深入研究。

范围教授认为,对于劳动合同形式,我国采用形式强制立法模式。该模式是在计划经济向市场经济转变的历史背景下为"增强企业活力"而确立的,时至今日,其所承载的功能以及运行的社会环境都发生了重大变革。我国的书面劳动合同制度是对形式自由的管制,有违比例原则,且制度层面将证据效力作为书面劳动合同的制度目的也欠缺逻辑的合理性。《劳动合同法》延续了形式强制的立法模式,导致其内在的价值和制度冲突。欧盟国家与我国相反,以形式自由为基本原则,以劳动合同期限为中心设计合同形式。随着社会主义市场经济体制的确立,我国可借鉴欧盟国家的经验,削弱对劳动力市场的过度管制,确立形式自由原则,理顺形式与期限、解雇保护之间的逻辑关系,以完善劳动合同形式制度。首先,确定形式自由原则,将劳动合同形式改为"非要式主义",明确形式制度的定位。其次,强化用人单位的告知义务,将劳动者知情权功能从书面劳动合

---

[1] 在《劳动合同法》制定过程中和发布实施后,均有劳动法学者反对将劳动合同的形式仅仅限制为书面形式,主张承认口头形式等其他形式。参见王全兴、侯玲玲:《〈劳动合同法〉的地方立法资源评述》,载《法学》2005年第2期;姜颖:《劳动合同形式探析》,载《中国劳动关系学院学报》2006年第1期;程延园:《劳动合同立法:寻求管制与促进的平衡》,载《中国人民大学学报》2006年第5期;李坤刚:《试论我国劳动合同立法应关注的几个问题》,载叶静漪、周长征主编:《社会正义的十年探索:中国与国外劳动法制改革比较研究》,北京大学出版社2007年版,第228页;穆随心:《试论我国劳动合同形式的立法发展》,载《新视野》2007年第4期;陈穗芳:《在比较中探析劳动合同形式》,载《法制与社会》2008年第23期;刘芳:《关于劳动合同形式问题研究》,载《中共云南省委党校学报》2005年第4期;蔡吉恒:《关于劳动合同形式问题的思考》,载《中国劳动保障报》2001年1月18日;等等。

同中剥离。[1] 该观点值得肯定。

（二）书面劳动合同的要求并不符合劳动关系的本质

劳动法是调整劳动关系以及与劳动关系有密切联系的其他社会关系的法律，但以调整劳动关系为主。劳动合同法是调整当事人之间劳动关系的法律。但什么是劳动关系，《劳动法》和《劳动合同法》均未作出规定。[2] 目前我国只有地方司法机构对劳动关系进行了界定。上海市高级人民法院民一庭 2002 年 2 月 6 日《关于审理劳动争议案件若干问题的解答》中指出：劳动法上的劳动关系，是指用人单位向劳动者给付劳动报酬，而由劳动者提供职业性的劳动所形成的法律关系。该解答还针对未签订书面劳动合同的情况，确定了三个参考标准来认定劳动关系，同时明确规定用人单位和劳动者之间未形成职业性的从属关系时，双方之间不形成劳动关系。[3] 行政规范性文件《劳动和社会保障部关于确立劳动关系有关事项的通知》（劳社部发［2005］12 号，2005 年 5 月 25 日发布

————————

〔1〕 参见范围：《劳动合同形式强制的反思与完善》，载《中国人民大学学报》2018 年第 1 期。对这一问题的研究可参见董文军：《劳动合同法中的意思自治与国家强制——源自劳动合同书面形式强化的思考》，载《社会科学战线》2016 年第 9 期。

〔2〕《中华人民共和国劳动合同法（草案征求意见稿）》第 3 条规定了劳动关系的定义：本法所称劳动关系，是指用人单位招用劳动者为其成员，劳动者在用人单位的管理下提供有报酬的劳动而产生的权利义务关系。但由于争议较大，在后来的审议稿中该定义被删除。2008 年 5 月国务院法制办公室公布的《中华人民共和国劳动合同法实施条例（草案）》在第 3 条规定了劳动关系的定义：劳动合同法所称劳动关系，是指用人单位招用劳动者为其成员，劳动者在用人单位的管理下，提供由用人单位支付报酬的劳动而产生的权利义务关系。但是由于存在争议，该条后来也被删除。

〔3〕 该解答中规定：用人单位与劳动者（不论是否具有本市户籍）虽未签订书面劳动合同，但具有下列情形时，可认为双方之间形成劳动关系：①用人单位向劳动者支付劳动报酬；②劳动者付出劳动是用人单位业务的组成部分或劳动者实际接受用人单位的管理、约束；③用人单位向劳动者发放"工作证"或"服务证"等身份证件或填写"登记表""报名表"，允许劳动者以用人单位员工名义工作或不为反对意见的。不接受用人单位管理、约束、支配，以自己的技能、设施、知识承担经营风险，基本不用听从单位有关工作指令，与用人单位没有身份隶属关系的，不是用人单位的劳动者，人民法院可根据双方关系的实际状况来确定双方的法律关系。

并实施）则通过规定三个认定劳动关系成立的标准，也间接地对什么是劳动关系作出了规定。[1] 这些规范性文件对劳动关系的认定可供理论和实务界参考。

在劳动法理论上，一般认为劳动关系是用人单位和劳动者之间具有从属性和人身性，劳动者成为用人单位的成员，服从遵守用人单位的管理和指挥，提供劳动以获取劳动报酬的社会关系。劳动关系具有下列特征：

第一，劳动关系具有人格从属性。即劳动者在用人单位的指挥、监督下从事劳动，将劳动力的支配权交给用人单位，服从用人单位的管理，又称"人格上之从属性"。用人单位和劳动者之间存在着管理与被管理、指挥与服从的隶属关系，劳动者使用用人单位的生产工具及原材料从事生产劳动，劳动者提供劳动的具体内容不是由劳动者自己决定，而是由接受劳动的人即用人单位决定。

第二，劳动关系具有组织从属性。即用人单位招用劳动者，劳动者成为用人单位的成员，以职工（雇员）身份提供劳动，又称"组织上之从属性"。《劳动合同法》所称的用人单位包括企业、个体经济组织、民办非企业单位等组织，也包括国家机关、事业单位、社会团体，这些用人单位都具有组织的特性，劳动者加入该组织，即成该组织的成员，才成立劳动关系。劳动者的劳动完全纳入到用人单位的经济组织与生产结构之中。罪犯、劳教人员和战俘的劳役劳动，家庭成员的家务劳动，个体劳动者和合伙人的劳动，因不具有组织雇员身份而都不属于劳动关系。

第三，劳动关系具有经济从属性。劳动关系中的劳动是作为一种谋生手段的职业劳动，即为获取报酬作为其生活主要来源，而相

---

〔1〕 该通知中规定：用人单位招用劳动者未订立书面劳动合同，但同时具备下列情形的，劳动关系成立：①用人单位和劳动者符合法律、法规规定的主体资格；②用人单位依法制定的各项劳动规章制度适用于劳动者，劳动者受用人单位的劳动管理，从事用人单位安排的有报酬的劳动；③劳动者提供的劳动是用人单位业务的组成部分。

对固定在一定劳动岗位上所从事的劳动，这又称"经济上之从属性"。劳动者履行了劳动义务，用人单位必须要对劳动者支付劳动报酬即工资。如果劳动者提供的劳动是无偿的，提供劳动一方与接受劳动一方间的关系就不是劳动关系。如社会志愿者的劳动和其他的义务劳动、无偿劳动，都不具有劳动关系的特征。

由此可见，劳动关系的本质属性是从属性，并不以订立书面劳动合同这一外在形式为必要。《劳动合同法》第 7 条规定："用人单位自用工之日起即与劳动者建立劳动关系"；第 10 条第 3 款规定："用人单位与劳动者在用工前订立劳动合同的，劳动关系自用工之日起建立。"这也把建立劳动关系和订立劳动合同区分了开来，建立劳动关系的标志是用工。所谓用工，就是指用人单位实际上开始使用劳动者的劳动力，劳动者开始在用人单位的管理、监督、指挥下提供劳动。从此时起，劳动者就受到劳动法的全面保护，即使未订立书面劳动合同也不例外。

未订立书面劳动合同并不影响劳动关系的有效成立。《中华人民共和国劳动合同法实施条例》（以下简称《劳动合同法实施条例》）第 5 条规定："自用工之日起一个月内，经用人单位书面通知后，劳动者不与用人单位订立书面劳动合同的，用人单位应当书面通知劳动者终止劳动关系，无需向劳动者支付经济补偿，但是应当依法向劳动者支付其实际工作时间的劳动报酬。"第 6 条第 1 款规定："用人单位自用工之日起超过一个月不满一年未与劳动者订立书面劳动合同的，应当依照劳动合同法第 82 条的规定向劳动者每月支付两倍的工资，并与劳动者补订书面劳动合同；劳动者不与用人单位订立书面劳动合同的，用人单位应当书面通知劳动者终止劳动关系，并依照劳动合同法第 47 条的规定支付经济补偿。"这里均使用了"终止劳动关系"一词，就是仍然承认未订立书面劳动合同时的事实劳动关系，而且明确用人单位应当依法向劳动者支付其实际工作时间的劳动报酬和经济补偿金。在这一劳动关系存续期间，劳动者取得劳动报酬的权利、获得最低工资保障的权利、休息休假的权利、获得劳动安全卫生保护的权利、享受社会保险和福利的权利、提请劳动争议处理的权利等均应受到保护。因此，是否订立书面劳动合同，并不能影响已建立劳动关系的劳动者各项劳动权利的保护。如果这样的话，硬性地要求建立劳动关系必须订立书面劳动合同，无疑和劳动关系的本质相矛盾。

（三）书面形式的要求也不符合合同的本质

合同与非合同的主要区别是双方当事人是否以共同的意思（合意）追求某种具有民法意义的后果（权利义务），也就是"合意+权利义务"。在判断一行为是否为合同时，应当同时采用这两个标准。当然，再不容易判断时，应当以"合意"为主，还是以实际存在的权利义务为主，学说和司法实践有两种不同的观点，即主观标准和客观标准。[1] 无论是采用主观标准还是客观标准，合同的本质不因合同的形式而变化。传统民法认为，合同的核心内容是双方当事人的合意，而确定双方合意的形式不应当只有书面形式。民法界一般认为，合同成立以双方达成合意为要件，即违反法律"应当"的规定，并不一定导致合同无效。[2]

劳动合同虽然与民事合同有所区别，但其是从民法中的雇佣合同发展而来，在"合意+权利义务"这一本质上应当是相同的。以合意为标准，则无论用人单位和劳动者是书面达成合意，还是口头达成合意，均不应影响劳动合同的成立。以实存的权利义务为标准，则无论有没有书面合意或口头合意，只要劳动者事实上提供了劳动，用人单位给付了劳动报酬，就应当认定劳动合同成立。在一般情况下，这两个标准应该是同时具备的，只是在疑难案件时有所

---

〔1〕 参见李永军：《合同法》（第 2 版），法律出版社 2005 年版，第 15 页。

〔2〕 王利明指出："从我国法律用语看，法律采取'应当'的表述方法，并不完全意味着该规定是一种强制性规范"。王利明：《合同法研究》（第 1 卷），中国人民大学出版社 2002 年版，第 466 页。

侧重而已。因此，学者明确指出，"劳动契约之成立原则上与一般契约的缔结相同，不以书面为要件"[1]。"劳动契约与雇佣契约相同，通常只须具备'为他方服劳务''受雇主雇用从事工作'一点之合意，即可推定契约之成立；且劳动契约与雇佣契约二者均属诺成契约，无须订立书面，仅须双方当事人口头同意即可成立。故书面之欠缺并无碍劳动契约之成立于生效。"[2] "劳动合同在技术上是合意的产物，有合意即存在劳动合同。书面形式存在的更大意义是方便证明劳动关系存在，其书面形式强制只具宣示效力，也即未形成书面劳动合同并不会导致合同无效或者不存在。"[3]

这里所说的"通常只须具备'为他方服劳务''受雇主雇用从事工作'一点之合意，即可推定契约之成立"，以我们的理解，其实也就是劳动关系的成立，劳动关系的成立和劳动合同的成立在本质上应是相同的，我国目前规定劳动合同形式必须为书面，使得劳动合同的成立和劳动关系的成立发生了割裂，使得订立书面劳动合同的"劳动关系"和未订立书面劳动合同的"事实劳动关系"之分仍旧成为必要。而在我们看来，劳动关系是一种客观实在的社会关系，一切劳动关系都是"事实劳动关系"，而劳动合同只是劳动关系存在的法律形式，两者是不应有割裂的。

从比较法的角度来看，其他国家和地区几乎都规定劳动合同是诺成合同、不要式合同，这种规定是符合劳动合同的本质属性的。所谓诺成合同，是指当事人意思表示一致即可成立的合同。所谓不要式合同，是指法律不要求必须具备一定形式和手续的合同。[4]

---

〔1〕 黄越钦：《劳动法新论》（修订 3 版），翰芦图书出版有限公司 2006 年版，第 166 页。

〔2〕 黄程贯：《劳动法》，空中大学发行 1997 年版，第 379 页。

〔3〕 沈建峰：《论劳动合同在劳动关系协调中的地位》，载《法学》2016 年第 9 期。

〔4〕 与不要式合同对应的是要式合同，即法律要求必须具备一定的形式和手续的合同。依据我国《劳动合同法》规定，全日制劳动合同是要式合同，法律要求必须具备书面形式；非全日制劳动合同是不要式合同，法律不要求必须具备书面形式，可以采用口头形式。

国家和地区的立法依据各地情况有所不同，大体可以分为下表所列的类型：[1]

表2.3　各国家和地区对劳动合同形式的规定

类　型	各国家和地区对劳动合同形式的规定
允许劳动合同一般采用口头形式，只要求特定劳动合同采用书面形式	《法国劳动法典》第二编"雇佣合同"第121-1条规定："有固定期限的雇佣合同采用书面形式，而非书面合同意味着签订了一个没有特别说明时间的合同。"定期劳动合同必须以书面形式订立，而不定期劳动合同则没有作具体的规定。定期劳动合同只适用于雇员缺岗或劳动合同中止或订立不定期合同的雇员尚未到岗时需有人替代、企业临时增加的活动和季节性工作的情况。另外，除家庭工作者和医生雇员要订立书面的劳动合同，法律没有要求劳动合同一定要以书面形式订立。
	《意大利民法典》第五编第2096条规定，对提供劳务者采用试用期的规定应当由书面文书作出，而其他则无特定形式。
	我国台湾地区"劳动基准法"对缔约方式未做限制，但外国劳工在台湾地区的就业和技术实习生应以书面形式订立劳动合同。
一般要求劳动合同采用书面形式，但允许在特殊情形下采用口头形式	《瑞典就业保护法》规定，合同一般要求采用书面形式，增加雇主的告知义务，允许口头协议甚至行为推定的形式与书面并行。
	《俄罗斯联邦劳动法典》规定，劳动合同一般以书面形式订立。职工的聘用以企业、机关、团体行政管理部门的"决定"的形式确定。聘用"决定"应通知职工并由其签字。

---

〔1〕　资料来源自姜颖：《劳动合同法论》，法律出版社2006年版，第106~108页；谢德成：《事实劳动关系的实证研究》，载常凯主编：《劳动合同立法理论难点解析》，中国劳动社会保障出版社2008年版，第68~69页。

续表

类 型	各国家和地区对劳动合同形式的规定
对劳动合同的形式未进行具体限制	英国的劳动合同即雇佣合同，根据普通法，雇佣合同可以是书面的，也可以是口头的。1996 年《英国工作权利法案》规定："雇佣合同是指一种服务或学徒的合同，不管是明示的还是暗示的，也不论是口头的还是书面的。"
	德国的劳动合同受民法调整，其民法典中关于雇佣合同的规定适用于劳动合同。基于私法自治这一德国民法基本原则，劳动合同的形式原则上不作限制，即不把书面劳动合同作为劳动关系成立的法定条件。
	韩国的劳动法规定，劳动关系是由使用者与劳动者缔结合同而成立的，对于合同的形式并没有特别的规定。
	日本的法律、法规没有要求必须签订书面劳动合同，劳动合同的形式有书面和口头两种，口头形式视为默认。
	中国香港地区的劳动法也规定劳动合同不以书面为要件。

（四）结论

由前文所述可见，大部分国家和地区立法均确认劳动合同是诺成合同、不要式合同，并没有规定书面劳动合同为唯一的法定形式，这样其实可以把更多的劳动者纳入到劳动法的保护范围之中。也就是说，严格地要求劳动合同必须书面订立并不完全有利于劳动者权利的保护，要求劳动合同一律书面订立不仅会造成交易成本增加，而且由于劳动行政部门的监察力量薄弱会导致难以全面严格执法，这都会造成劳动合同书面签订的规定在实践中无法完全实现。通过放宽对劳动合同成立形式的规定，可以避免由于劳动者不愿订立书面劳动合同而使得用人单位不得不终止劳动关系，从而鼓励建立劳动关系，扩大劳动法律的保护范围，实现劳动法的立法目的。劳动合同订立形式的多样化也符合我国的实际情况，有利于促进就业。

我们认为，尽管从学理上看，劳动合同不必以书面形式订立，但我国《劳动合同法》已经明确规定劳动合同必须以书面形式订立，首先还是要尊重法律的权威，切实贯彻执行法律，因为最终检验法律规范合理性与否的是实践。如果经过一段时间的实践，发现劳动合同必须以书面形式订立根本无法全面实行，立法机关才会考虑修改法律。

就目前来说，我们认为可以考虑将书面形式解释为合同书、信件和数据电文（包括电报、电传、传真、电子数据交换和电子邮件）等可以有形地表现所载内容的形式。这样实际上扩大了对劳动者的保护范围，有利于保护劳动者的合法权益，同时也扩大当事人对劳动合同形式选择的自由度，降低了交易和监督成本，也与网络时代技术发展带来的变化相适应。

从长远来看，我们认为劳动合同的订立形式还是以不要求书面形式为宜。对全日制劳动合同，当事人可以选择口头或者书面形式。可以借鉴法国的做法，要求固定期限合同应当采用书面形式。也可以考虑采用举证责任倒置的方法，促使用人单位积极选择书面形式订立劳动合同。[1]

----

〔1〕 有学者提出，劳动合同采用口头形式，假如有相应的配套措施，并不一定会带来大量口头劳动合同的存在和不利于保护劳动者的后果。《劳动法》规定书面形式为唯一合法形式的目的是为了减少劳动纠纷的产生以及纠纷产生之后书面合同能起到有效证据的作用。多数人担心口头形式的劳动合同很难达到这种效果，从而不利于对劳动者的保护。举证责任的设计完全可以解决这个问题，并且可促使用人主体积极选择书面形式订立劳动合同。例如，在涉及非书面形式的劳动合同纠纷中，对于劳动者的权益，劳动者对就其权益提出的主张不负举证责任，假如用人主体提不出有效证据来反驳这种主张，就应当支持劳动者的主张。假如这样，用人主体利用口头劳动合同来谋取更多利益的企图就难以得逞。参见王全兴、侯玲玲：《〈劳动合同法〉的地方立法资源评述》，载《法学》2005 年第 2 期。有学者主张，事实劳动关系中有关劳动关系的存续、劳动报酬等方面的举证责任和举证规则实行对劳动者有利的原则，即在上述事项中由用人单位负举证责任，用人单位不负举证责任的，则以劳动者主张为依据。参见姜颖：《劳动合同法论》，法律出版社 2006 年版，第 108 页。

二、劳动合同中的违约金

(一) 劳动合同违约金的性质

违约金是当事人通过约定而预先确定的、在违约后生效的独立于履行行为之外的给付，是由双方约定的在违约后一方向另一方支付的一笔金钱，是一种违约责任形式。[1]违约金可分为赔偿性违约金与惩罚性违约金，赔偿性违约金主要是为了弥补一方违约后另一方所受到的损失，当事人在约定违约金时一般需要考虑可以预见到的实际损失，预定金额应当与实际损失大体相当，交付违约金后不再承担赔偿责任。惩罚性违约金是指对债务人的违约行为实行惩罚，以确保合同债务得以履行的违约金，在设立时一般不考虑违约后可能造成的实际损失，甚至在没有损失的情况下也可以适用，它也不能替代损害赔偿。[2] 大陆法系国家一般承认违约金具有双重属性，英美法系国家则不承认惩罚性违约金。[3]

《中华人民共和国合同法》（以下简称《合同法》）第 114 条也对违约金作了规定，当事人可以约定一方违约时应当根据违约情况向对方支付一定数额的违约金，也可以约定因违约产生的损失赔偿额的计算方法，约定的违约金低于造成的损失的，当事人可以请求人民法院或者仲裁机构予以增加；约定的违约金条款过分高于造成的损失的，当事人可以请求人民法院或者仲裁机构予以适当减少。通说认为该条规定的违约金为赔偿（补偿）性违约金，其数额

〔1〕 参见王利明:《合同法研究》（第 2 卷），中国人民大学出版社 2003 年版，第 682~687 页。

〔2〕 参见王利明:《违约责任论》，中国政法大学出版社 2000 年版，第 566 页。

〔3〕 英美允许双方当事人在订立合同时约定，一方违约时向对方支付一笔固定的金钱，即违约金。但违约金数额必须公正、合理，如果约定的数额不合理，与可能预见到的损失不相称，那么这种违约金条款就变成了惩罚性的违约金条款，在法律上应被确认为无效。《美国合同法重述》（第 2 版）第 355 条明确指出:"规定惩罚的违约金条款是违反公共政策的，因而是无效的。"参见王利明:《违约责任论》，中国政法大学出版社 2000 年版，第 559 页。

应当与实际损失相当。[1]

我国《劳动法》没有规定违约金，既没有将它作为劳动合同履行的担保或者违反劳动合同的责任形式，也没有禁止性规定。《劳动部关于企业职工流动若干问题的通知》（劳部发〔1996〕355号）第3条规定了用人单位与职工可以在劳动合同中约定违约金，这导致目前在我国实践中许多劳动合同都有违约金条款。违约金的约定主要有两种情形：一是在合同中约定具体的赔偿数额，少则几千，多则几万，甚至更多；二是按未履行合同的期限来计算，如未履行一年的，赔偿一万元。在实践中，一些无固定期限的劳动合同就按劳动者的退休年限来计算合同期，其结果使违约金的赔偿额可能高达数十万元，甚至可能超出劳动者在用人单位工作年限内获得的劳动报酬，具有很大的惩罚性，对劳动者极不公平。

由于劳动法未作规定，而实践中关于违约金的争议日渐增加，各地方纷纷在《劳动合同规定》中对违约金问题进行规范，形成了以北京为代表的"京派"和以上海为代表的"海派"两种做法。[2] 以《北京市劳动合同规定》为代表的"京派"规定的是任意约定违约金，劳动合同可以约定违约金，只要不违反法律、不违背公序良俗，不显失公平，违约方就应当按照约定支付违约金。如《北京市劳动合同规定》第19条规定：订立劳动合同可以约定劳动者提前解除劳动合同的违约责任，劳动者向用人单位支付的违约金最多不得超过本人解除劳动合同前12个月的工资总额。但劳动者与用人单位协商一致解除劳动合同的除外。2001年《山东省劳动合同条例》[3]第31条规定：劳动合同双方当事人违反本条例规定

〔1〕 参见王利明：《合同法研究》（第2卷），中国人民大学出版社2003年版，第694页。

〔2〕 参见周斌：《劳动合同违约金"京派""海派"各不同》，载《新民晚报》2004年3月22日。

〔3〕 此条例于2013年修订，相关内容已被修改。

和劳动合同约定，擅自解除劳动合同的，应当按照劳动合同的约定支付违约金；给对方造成经济损失的，应当依法承担赔偿责任。

以《上海市劳动合同条例》为代表的"海派"规定的是限制约定违约金，劳动合同只能对立法中明确规定的情形设立违约金。《上海市劳动合同条例》第17条中规定，劳动合同对劳动者的违约行为设定违约金的，仅限于下列情形：①违反服务期约定的；②违反保守商业秘密约定的。并且规定，仅在由用人单位出资招用、培训或者提供其他特殊待遇的情况下才可以约定服务期。在《上海市劳动和社会保障局关于实施〈上海市劳动合同条例〉若干问题的通知》第8条中将"竞业禁止"增加为可以约定违约金的情形。属于"海派"的主要是浙江、江苏等长江三角洲地区的省份。

从当时我国的实践来看，绝大多数劳动合同中的违约金在性质上属于惩罚性违约金，即劳动者提前解除劳动合同，不管是否给用人单位造成损失，只要有违约金的约定，都要依照约定予以赔偿。尽管我国民事合同否认惩罚性违约金，但法院在处理劳动合同的违约金条款时，还不如处理民事合同的违约金条款来得慎重和合理，往往都认可违约金条款，甚至不考虑违约金条款的赔偿性和惩罚性之分。另外，多数法院或者劳动仲裁委员会在做出裁决时，要求劳动者支付违约金后还承担赔偿金。由此可见，司法实践承认违约金和损害赔偿责任可以并存，即承认违约金的惩罚性，同时，我国地方性劳动合同法规也以惩罚性的违约金条款为主流，这种情况对于本来是弱者的劳动者来说是极为不利的。此外，《上海市劳动和社会保障局关于实施〈上海市劳动合同条例〉若干问题的通知》第7条中规定，双方当事人约定的违约金数额高于因劳动者违约给用人单位造成实际损失的，劳动者应当按双方约定承担违约金；约定的违约金数额低于实际损失，用人单位请求赔偿的，劳动者应按实际损失赔偿。根据该条款，违约金高于实际损失的，要按照违约金的数额来承担责任，明确将违约金的性质定性为惩罚性违约金。而当违约金数额低于实际损失的时候，又要按照实际损失来承担责任，这一双重标准对劳动者极为不利，显失公平。

因此，我国 2007 年制定的《劳动合同法》采取了限制约定违约金的做法，该法第 25 条规定："除本法第 22 条和第 23 条规定的情形外，用人单位不得与劳动者约定由劳动者承担违约金。"而第 22 条和第 23 条规定的情形分别为劳动者违反服务期的违约金和劳动者违反竞业限制的违约金。[1]

（二）劳动合同限制约定违约金的理由

我国《劳动法》规定双方当事人可以在劳动合同中约定违约金条款，许多劳动法学者认为这样规定是不妥当的，并建议我国劳动法律应该明令禁止劳动者和用人单位在劳动合同中设定违约金条款。[2] 其理由如下：

第一，劳动合同不同于民事合同，劳动合同是一般是经济强者与弱者之间的合同，劳动者之所以接受该条款，往往是迫于无奈而被动接受，其隐藏着巨大的不合理。劳动者与用人单位签订劳动合同，就是为了通过提供劳动以获取基本生活来源。而违约金条款从性质上看具有惩罚性，即不管违约是否给对方造成损失，都必须依照约定给予赔偿，这对以工资收入作为生活来源的劳动者来说是极

---

〔1〕《劳动合同法》第 22 条规定：用人单位为劳动者提供专项培训费用，对其进行专业技术培训的，可以与该劳动者订立协议，约定服务期。劳动者违反服务期约定的，应当按照约定向用人单位支付违约金。违约金的数额不得超过用人单位提供的培训费用。用人单位要求劳动者支付的违约金不得超过服务期尚未履行部分所应分摊的培训费用。第 23 条规定：用人单位与劳动者可以在劳动合同中约定保守用人单位的商业秘密和与知识产权相关的保密事项。对负有保密义务的劳动者，用人单位可以在劳动合同或者保密协议中与劳动者约定竞业限制条款，并约定在解除或者终止劳动合同后，在竞业限制期限内按月给予劳动者经济补偿。劳动者违反竞业限制约定的，应当按照约定向用人单位支付违约金。

〔2〕参见林嘉：《劳动合同若干法律问题研究》，载《法学家》2003 年第 6 期。其他学者的相同观点参见冯彦君：《劳动合同解除中的"三金"适用——兼论我国〈劳动合同法〉的立法态度》，载《当代法学》2006 年第 5 期；徐智华：《劳动合同违约责任亟需立法规制》，载《中南财经政法大学学报》2003 年第 2 期。

不公平的，有些劳动者在单位工作数年，其所得工资报酬还抵不上违约金赔偿数额。由此可见，违约金条款的惩罚性严重违背了劳动法倾斜保护劳动者的原则和目的，不适宜规定在劳动合同中。

第二，违约金条款的适用存在明显的不对等。在民事合同中，违约金条款对双方都是同时适用的，也是由当事人事先协商约定的。而在劳动合同中，违约金条款一般仅针对劳动者而适用，劳动者在用人单位提供的合同条款前并无自由协商的能力，而且在事实上劳动者违约金的数额比用人单位违约金更加难以预先确定。[1]此外，用人单位提前解除劳动合同的，按法定标准给付劳动者经济补偿金，即工作满一年的，给付一个月工资的经济补偿金。该经济补偿金的标准可能是远远低于违约金数额的，显失公平。

第三，违约金条款与《劳动法》第 31 条相抵触。《劳动法》31 条规定："劳动者解除劳动合同，应当提前 30 日以书面形式通知用人单位。"这是法律赋予劳动者的充分的解除劳动合同权，从该条文的内容看，提前解除劳动合同是劳动者的一种法定权利，不能简单地理解为违约。也就是说，劳动者解除劳动合同，只要提前 30 日以书面形式通知了用人单位，就不能视为违约。因此，如果认定违约金条款，则与现行法律规定不符。

第四，即使将违约金规定为赔偿性违约金，也存在一些问题，可完善损害赔偿金制度来替代违约金。赔偿性违约金需要在设定时考虑可以预见的违约损害程度，以此来确定金额。在劳动合同中，

---

〔1〕 有学者认为：用人单位不当解除劳动合同的损害赔偿，由于其构成固定，因此可以通过预定损害赔偿即违约金的方式来体现；但是，劳动者不当解除劳动合同，除招录用费用是明确固定的之外，其导致的直接经济损失是无法预先估量的，因此，在劳动合同中对劳动者不当解除劳动合同的情况预定违约金是不太合适的。然而现实中的做法恰恰相反，即劳动合同中往往没有规定用人单位不当解除劳动合同的违约金，但却规定了劳动者解除合同时各种名目的违约金。这种做法显然违背了平等和公平原则，应当通过有效的方法加以规制。参见傅静坤：《劳动合同中的解约金问题研究》，载《现代法学》2000 年第 5 期。

劳动者在合同期内何时违约及将会带来何种损失，和劳动者的工作能力和升迁机会及用人单位的经济发展状况等密切相关，这些都是极不确定的，在订立合同时是难以预料的。所以，双方约定的违约金数额常常与实际损失差距较大，最后需要通过提起仲裁或者提出诉讼来解决。完善损害赔偿金制度，能够很好地解决因劳动者违法或者违约解除合同给用人单位带来损害的问题，弥补用人单位的损失，没有必要同时设立赔偿性违约金制度和赔偿金制度。[1]

第五，违约金条款大大限制了劳动力的合理流动。现代社会是一个流动的社会，我们面对的市场是一个开放的市场，它要求劳动力能够充分合理自由地流动，同时要求提供必要的法律制度予以保证。而违约金条款的适用往往是为了限制人才的流动，这是对人力的极大不尊重，也是对人才的极大浪费，而且也不利于用人单位发展，不利于社会进步。

---

[1] 有学者认为：如果劳动合同的解除是因违反合同约定，即为违约行为，而合同中又有违约金条款，则此时违约的一方就应当向对方支付违约金。但是，从全国各地的立法来看，以损害赔偿来代替违约金似乎更为普遍和适当，因为劳动合同的权利义务关系的特点在于劳动者必须服从雇佣方的指示，并不一定要达成某种成果，其领取报酬也仅仅为此。在这种情况下，一方解除合同时应支付多少违约金就很难确定，尤其不能预定。因此，通常立法仅规定当事人应对非法解除合同造成的实际损失进行损害赔偿，并无违约金的规定。如《日本劳动基准法》第 16 条禁止在劳动合同中规定违约金或预定损害赔偿。一般来说，如果合同中规定了一方不当解除合同时的违约金，而这笔违约金的数额应相当于给对方造成的损失，似乎不能一概否认。但是，在具体计算违约金数额时会发生下述的问题：违约金如果是由雇佣方支付的，其数额较好计算，即应包括受雇人在正常雇佣期限内所应享受的固定工资、奖金和其他福利待遇，在加拿大还包括退休金、搬家费、寻找新工作的有关费用等，因为受雇人对雇佣人的最大期待莫过于工资和福利；然而，如果违约金是由受雇方支付的，其数额就较难计算，因为事实上没有办法可以使雇佣人预见到受雇人离职可能带来的具体损失。根据我国实践中的做法，受雇方不当解除合同时所应支付的违约金通常包括一定比例的工资、因户口调动引起的城市增容费、接收费（指毕业生就业时用人单位向培养单位所支付的培养费）、培训费和其他损失。且不谈我国用人单位对何为违约提前解除合同的概念存在不清醒的认识，单就这种违约金（解约金）计算方法来说就很值得商榷。参见傅静坤：《劳动合同中的解约金问题研究》，载《现代法学》2000 年第 5 期。

（三）我国劳动合同法中违约金规定的进一步完善

我们认为，在我国立即废除相关的法律法规并立法禁止劳动合同上的违约金条款，是不太现实的。而且，在劳动者违反服务期约定和保密义务的情况下，向用人单位支付违约金也并非不合理，在这种情况下，用人单位的合法权益也应予以有效的保护，否则很容易造成劳动市场的无序竞争，而约定违约金正是一种简便易行而又比较有力的保护途径。因此，我国《劳动合同法》承认劳动合同中的违约金为限制性的赔偿性违约金，即除了服务期条款和竞业限制条款可以约定由劳动者承担违约金外，用人单位不得与劳动者约定由劳动者承担违约金，这是值得肯定的，但还有一些方面可以再予以完善。

首先，限制违约金的性质。应当明确禁止约定惩罚性违约金，如果当事人有明确的惩罚性违约金的约定，该约定无效。只有先确定违约金条款的性质为赔偿性违约金，才能有效地限制违约金的数额，彻底抹去违约金不公平的惩罚性色彩，使劳动者向用人单位承担的违约金的数额决定于劳动者给用人单位造成的损失，这将让劳动者对违约责任的承担更为合理，从而更有力地保护劳动者的权利，也更有利于劳动纠纷的解决。

其次，赋予法官或者仲裁机构一定的自由裁量权来降低违约金的数额。我们认为，可以参照《合同法》第114条的规定，根据倾斜保护劳动者的原则，在约定违约金畸高的情况下，法官或仲裁员可以根据当事人的申请，降低违约金的数额。也就是说，劳动合同中约定的违约金条款高于造成的实际损失的，当事人可以请求人民法院或者仲裁机构予以减少，按实际损失数额支付。

三、劳动合同解除和终止

我们认为，平衡职业稳定与用工灵活性需要在劳动合同法中保持稳定性与灵活性的适度平衡的理念。对于劳动合同解除制度，应当区分固定期限劳动合同与无固定限期的解除，固定期限劳动合同应采用到期终止和重大事由解除，无固定期限劳动合同应采用法定事由的解雇保护，对各种法定事由进一步完善，同时限制甚至取消劳动者的单方任意解除权。《劳动合同法》第 37 条赋予了劳动者任意解除权，劳动者无需任何理由就可以提前通知解除劳动合同，这无助于双方的和谐相处，也会导致用人单位不敢培养劳动者。朱军认为：立足于我国立法、司法实践并借鉴域外经验，《劳动合同法》第 39 条及时解除制度应重归"列举事由+概括条款"的立法例，从确定存在违约行为，到认定违约严重，再到审查除斥期间，平衡劳资利益，并发挥兜底的积极功能。[1]

职业稳定与用工灵活性的平衡首先要完善和创新无固定期限劳动合同制度。我国现行《劳动合同法》中无固定期限劳动合同制度设计的目的是化解劳动合同的短期化。2005 年的《全国人大常委会执法检查组关于检查〈中华人民共和国劳动法〉实施情况的报告》指出的第一个问题就是劳动合同签订率低、期限短、内容不规范，大部分劳动合同期限在一年以内，劳动合同短期化倾向明显。劳动合同严重的短期化已经成为影响社会和谐稳定的重要因素。《劳动合同法》承载着劳动合同长期化的历史使命，2007 年当时立法选择的路径是固定期限劳动合同的长期化，即通过法律制度的变迁引导乃至强制用人单位与劳动者签订较长期限的固定限期劳动合同，构建和谐稳定的劳动关系，概括地说，现行《劳动合同法》对于劳动合同期限制度的法律调整为：固定期限劳动合同劳动法调整（劳动者任意解除+解雇保护+到期终止）、无固定期限劳动合同劳动法调整（解雇保护+法定化之刚性强制缔约）。王全兴教授指出：我国现阶段的劳动关系不稳定，尤其是农民工劳动关系不稳定，已成为导致劳动关系协调机制失灵的主要因素。稳定劳动关系标志着

---

〔1〕 参见朱军：《修法背景下〈劳动合同法〉第 39 条的完善》，载《法学》2017年第 9 期。

我国劳动合同制度的功能转型。[1] 谢增毅研究员提出：不应放弃对不定期合同作为主流合同形式的追求，用人单位订立定期合同必须受到一定的限制。[2]

我们认为，《劳动合同法》进一步促进了我国劳动合同制用工的稳定化和长期化道路。强制缔约制度适用范围从 10 年连续工龄扩展到 2 次连续固定期限劳动合同，从同意续订转换到强制续签，已经使得无固定期限劳动合同从劳动力市场化改革的减震器转变为固定期限劳动合同的调节器，无论是 10 年的连续工龄，还是 2 次连续固定期限劳动合同，它们反映的不再是固定工的特殊要求，而是对劳动合同长期继续性的本质性要求。当符合劳动合同长期继续性要求时，就应当基于劳动合同关系的人身属性要求签订无固定期限劳动合同。因此，基于继续性要求而强制签订的无固定期限劳动合同绝对不再是什么福利合同，签订无固定期限劳动合同的劳动者也没有得到什么额外的福利，这其实就是市场经济条件下的一种正常的雇佣状态而已，因而也就不存在去福利化的问题。当前我国无固定期限劳动合同正在走向一个新的历史阶段，即劳动关系稳定化与灵活性的平衡器阶段。在此阶段，刚性强制缔约制度暴露了其理论困境和实施难题，需要用法定变更论来替代强制缔约论，将劳动合同期限制度改造为劳动关系稳定化和灵活性平衡发展的制度保障。

就此，我们认为值得进一步探讨的问题包括但不限于：其一，《劳动合同法》第 14 条第 2 款"应当订立"属于什么性质的法律制度？属于强制缔约、强制契约还是法定变更？其二，实践中为何有违法终止支付赔偿金、违法解除支付赔偿金、签订无固定期限合

〔1〕　参见王全兴：《关于我国劳动关系稳定问题的基本思考》，载《学术评论》2012 年第 Z1 期。

〔2〕　参见谢增毅：《劳动力市场灵活性与劳动合同法的修改》，载《法学研究》2017 年第 2 期。

同这三种不同的实践做法？各种做法背后的制度原理是什么？其三，用人单位为何不能解除或者终止到期的劳动合同？用人单位解除或者终止的是原来的固定期限劳动合同，还是一个新的无固定期限劳动合同？其四，签订无固定期限劳动合同（并同时主张二倍工资）做法中应何时开始签订无固定期限劳动合同？二倍工资赔偿与赔偿金能否同时并用？二倍工资与经济补偿金能否同时并用？二倍工资的工资基数如何计算？

四、经济补偿金

（一）经济补偿金的概念

经济补偿金是指在劳动合同解除或终止后，用人单位依法一次性支付给劳动者的经济上的补助。[1] 我国在 1986 年国务院《国营企业实行劳动合同制暂行规定》将其称为"生活补助费"，《劳动法》将其命名为"经济补偿"，此后我国法律法规一直沿用此名，学界则多称其为"经济补偿金"，也有学者称其为"辞退金"[2]，《劳动法》、1994 年《违反和解除劳动合同的经济补偿办法》（现已失效）、《劳动合同法》等规定了用人单位在与劳动者解除劳动合同时，应该按照一定标准一次性支付一定金额的经济补偿金。

总的来看，世界上许多国家和地区规定了在劳动合同解除或终止时用人单位应依法支付给劳动者一定数额的经济补偿金，如我国香港地区《雇佣条例》称之为"遣散费"[3]，我国台湾地区"劳

---

〔1〕 参见刘京州：《浅议解除劳动合同的经济补偿》，载《甘肃科技》2004 年第 6 期。

〔2〕 参见傅静坤：《劳动合同中的解约金问题研究》，载《现代法学》2000 年第 5 期。

〔3〕 香港地区《雇佣条例》简体字版参见香港特别行政区政府劳工处网站，载 https：//www. elegislation. gov. hk/hk/cap57? xpid＝ID_1438403462711_001，最后访问时间：2019 年 4 月 28 日。

动基准法"称之为"资遣费"[1]，《法国劳动法典》称之为"解雇补偿金"[2]，《意大利民法典》称之为"待遇"[3]或"偿金"[4]，《俄罗斯联邦劳动法典》称之为"解职金"[5]。经济补偿金也获得了国际劳工组织的承认。为保护就业的劳动者不被雇主无理解雇，早在1963年国际劳工大会就通过了《雇主提出终止雇用建议书》（第119号建议书）。1982年国际劳工大会又通过了《雇主提出终止雇用公约》（第158号公约）和同名建议书（第166号建议书），用以取代第119号建议书。就该公约而言，"解雇"和"终止雇佣"是指雇主主动终止雇佣关系。该公约规定，被终止雇用的工人有权得到合理的事先通知和足够的补偿。根据国家法律和实践，被解雇的工人应有权享有解雇补助或其他离职福利，其数额应特别根据工作年限和工资水平而定，并由雇主或由雇主缴纳费用的基金直接支付。如因工人行为严重不端而解雇时，则雇主不需事先通知时间和补偿，但此种解雇只有在雇主确实无法采用其他途径，而且在此种解雇决定生效前曾给予工人申诉机会的情况下才能作出。第166号建议书进一步规定，工人在解雇通知期为另谋职业，有权得到合理的、不扣工资的脱产时间。[6] 这一制度在功能上类似于经济补偿金。

---

〔1〕 参见黄程贯主编：《新学林分科六法——劳动法》，新学林出版股份有限公司2014年版，第335页。《劳动法》关于经济补偿金的规定与台湾地区"劳动基准法"的相关规定有颇多类似之处。

〔2〕 相关研究参见郑爱青：《法国劳动合同法概要》，光明日报出版社2010年版，第164~165页。值得注意的是，法国的解雇补偿金仅适用于无固定期限劳动合同。

〔3〕 参见费安玲等译：《意大利民法典》，中国政法大学出版社2004年版，第498页。

〔4〕 参见陈国柱译：《意大利民法典》，中国人民大学出版社2010年版，第368页。

〔5〕 参见蒋璐宇译：《俄罗斯联邦劳动法典》，北京大学出版社2009年版，第62~63页。

〔6〕 参见林燕玲：《国际劳工标准》，中国工人出版社2002年版，第143页。

（二）我国用人单位应当向劳动者支付经济补偿的情形

依据《劳动合同法》第46条规定，有下列情形之一的，用人单位应当向劳动者支付经济补偿：

第一，劳动者解除劳动合同，用人单位应当支付经济补偿金的9种情形：

（1）用人单位未按照劳动合同约定提供劳动保护或者劳动条件，劳动者解除劳动合同的；

（2）用人单位未及时足额支付劳动报酬，劳动者解除劳动合同的；

（3）用人单位低于当地最低工资标准支付劳动者工资，劳动者解除劳动合同的；

（4）用人单位未依法为劳动者缴纳社会保险费，劳动者解除劳动合同的；

（5）用人单位的规章制度违反法律、法规的规定，损害劳动者权益，劳动者解除劳动合同的；

（6）用人单位以欺诈、胁迫的手段或者乘人之危，使劳动者在违背真实意思的情况下订立或者变更劳动合同，用人单位免除自己的法定责任、排除劳动者权利，用人单位违反法律、行政法规强制性规定，劳动者解除劳动合同的；

（7）用人单位以暴力、威胁或者非法限制人身自由的手段强迫劳动，劳动者解除劳动合同的；

（8）用人单位违章指挥、强令冒险作业危及劳动者人身安全，劳动者解除劳动合同的；

（9）法律、行政法规规定的其他情形。

第二，用人单位解除或终止劳动合同，应当向劳动者支付经济补偿金的12种情形：

（1）用人单位提出协商解除劳动合同，并与劳动者协商一致而解除劳动合同的；

（2）劳动者患病或者非因工负伤，在规定的医疗期满后不能从事原工作，也不能从事由用人单位另行安排的工作，用人单位提前30日通知劳动者或者额外支付劳动者一个月工资后解除劳动合同的；

（3）劳动者不能胜任工作，经过培训或者调整工作岗位，仍不能胜任工作，用人单位提前30日通知劳动者或者额外支付劳动者一个月工资后解除劳动合同的；

（4）劳动合同订立时所依据的客观情况发生重大变化，致使劳动合同无法履行，经用人单位与劳动者协商，未能就变更劳动合同内容达成协议，用人单位提前30日通知劳动者或者额外支付劳动者一个月工资后解除劳动合同的；

（5）用人单位依照企业破产法规定进行重整，依法裁减人员的；

（6）用人单位生产经营发生严重困难，依法裁减人员的；

（7）企业转产、重大技术革新或者经营方式调整，经变更劳动合同后，仍需裁减人员，用人单位依法定程序裁减人员的；

（8）其他因劳动合同订立时所依据的客观经济情况发生重大变化，致使劳动合同无法履行，用人单位依法定程序裁减人员的；

（9）劳动合同期满，劳动者同意降低劳动条件续订劳动合同而用人单位不同意续订劳动合同，由用人单位终止固定期限劳动合同的；

（10）因用人单位被依法宣告破产而终止劳动合同的；

（11）因用人单位被吊销营业执照、责令关闭、撤销或者用人单位决定提前解散而终止劳动合同的；

（12）法律、行政法规规定的其他情形。

以上用人单位应当向劳动者支付经济补偿的法定情形共计高达21种。其中合法解除劳动合同的，用人单位应当支付经济补偿金，违法解除合同用人单位则应该支付相当于经济补偿金双倍的赔偿金。

(三) 我国经济补偿金的性质

就经济补偿金的性质,学界主要提出了三种学说:一是劳动贡献补偿说,认为经济补偿金是对劳动者在劳动关系存续期间为用人单位所做贡献的积累给予补偿,是对劳动者过去劳动内容和成果的肯定。二是法定违约说,认为经济补偿金是国家为保障劳动者的合法权益而强行干涉用人单位与劳动者之间合同的结果,是企业未能履行劳动合同规定的义务所承担的责任。三是社会保障说,认为基于宪法、劳动法对公民生存权保护的需要,国家要求用人单位在解除劳动合同时必须支付给劳动者一定的经济补偿,以帮助劳动者渡过失业和生活消耗、医疗费用无来源的阶段,保障劳动者权益。结合《劳动合同法》的规定并纵览比较各国立法,我国现行经济补偿金的性质是一种具有社会保障金属性的金额给付。[1]

冯彦君教授认为以上三种观点都有不妥之处,经不住理论的推敲,不足以采信。经济补偿金只是用人单位对少数承担被告转嫁的经营风险的劳动者进行的补偿,而不是对所有承担就业风险的劳动者的补偿。[2] 傅静坤教授认为经济补偿金的性质是因雇员过去的服务而进行的补偿;而在雇主无正当理由解除合同时,即表示雇主违约,则所发放的经济补偿金相当于损害赔偿。此外,有的国家和地区的法律还规定,如果雇主未按规定或合同约定支付经济补偿金的,应另加50%,有的甚至规定为犯罪,应缴付罚金,这就使经济补偿金具有了惩罚性损害赔偿的性质。[3] 王显勇副教授认为:《中

---

〔1〕 参见刘京州:《浅议解除劳动合同的经济补偿》,载《甘肃科技》2004年第6期;王天玉:《经济补偿金制度的性质——兼评我国〈劳动合同法〉第46条》,载《社会科学战线》2012年第3期。

〔2〕 参见冯彦君:《劳动合同解除中的"三金"适用——兼论我国〈劳动合同法〉的立法态度》,载《当代法学》2006年第5期。

〔3〕 参见傅静坤:《劳动合同中的解约金问题研究》,载《现代法学》2000年第5期。

华人民共和国劳动合同法》中的经济补偿金和《中华人民共和国社会保险法》中的失业保险都是针对劳动者中断就业这一法律事实所做出的制度回应，这两种制度在保护利益和适用范围上具有一致性，形成双重制度保护和理论困境，造成制度浪费。[1] 董保华教授等随后也认为：美国和日本都没有经济补偿制度，他们的失业保险制度都比较发达，失业保险替代了经济补偿的制度功能。与我国的"并列模式"相比，美、日"单轨模式"具有明显的优点。对劳动者而言，只要符合法定条件，就可以领取到标准较高的失业保险金，不受企业经营状况和破产倒闭的影响；对企业而言，只需在正常生产时定期缴纳失业保险费，并可以将其纳入成本核算，在正常经营的情况下，负担比较轻；同时，经济补偿不应是作为限制解雇的一种手段，劳动关系比较灵活，在面临经济危机、财务较困难时，比较容易以裁员的方式让企业获得重整。[2]

我们认为，上述学说均有一定道理，但又都有一些不足。首先，用人单位的经营是连续的，劳动者的劳动内容和成果，不仅是当时公司业绩的一部分，也是公司以后累积成长的一部分。计算经济补偿金的依据主要是劳动者在本单位连续不间断工作的时间，可见劳动贡献补偿说具有一定的道理，但是，劳动者的劳动贡献已由用人单位支付给劳动者的工资和奖金予以补偿了，用人单位替劳动者缴纳失业保险金和养老保险金，也是对劳动者劳动的一种长远补偿。况且，该说与经济补偿金的法定适用范围相矛盾，因为如果经济补偿金是劳动贡献补偿，则劳动合同解除和终止时所有的劳动者都应获得经济补偿金，但实际上依照法律只有部分劳动者能获得经济补偿金。

---

〔1〕 参见王显勇：《经济补偿金制度：坚持、放弃抑或改良》，载《中国劳动》2015 年第 12 期。

〔2〕 参见董保华、孔令明：《经济补偿与失业保险之制度重塑》，载《学术界》2017 年第 1 期。

其次，经济补偿金主要适用于用人单位依法行使单方解除权情形，这些情形一般被认为就是用人单位违约，经济补偿金因此也就被认为是法定违约金。目前我国劳动合同违约金的适用对象主要是劳动者，极少有用人单位违约解除劳动合同支付违约金的现象，可能因此也使得人们把用人单位违约解除劳动合同支付的经济补偿金视为法定违约金。由此可见，法定违约金说也具有一定的道理，但我们认为，用人单位根据劳动法规定解除劳动合同是合法地解除合同，恐怕不能说是违约，认定经济补偿金为法定违约金颇为牵强，且作为用人单位单方法定义务的经济补偿金和作为劳动合同双方约定义务的违约金很难说具有共同的性质。此外，违约金计算应以未履行的时间为标准，而各国对于经济补偿金的计算却主要以劳动合同已经履行的年限为标准，何况协商一致解除合同时并不能说是违约，用人单位仍需支付经济补偿金，这说明法定违约金说也不足以解释经济补偿金的性质。需要指出的是，经济补偿金和违约金的性质和功能各不相同，不可混淆。

最后，劳动者解除合同后，在找到新的工作之前的过渡期内，经济补偿金能够保障劳动者生存权和择业自主权等公民基本权利，具有明显的社会保障功能。但是，社会保障应当通过参加社会保险如失业保险、医疗保险等实现，经济补偿金与失业保险金来源、发放条件、标准、功能均有不同。失业保险、医疗保险等发生作用都以失业和医疗的实际发生为前提，但劳动者完全有可能在解除合同前或解除合同后立即找到了新的工作，此时虽然劳动者不需要经济补偿金提供生活保障，但用人单位仍须依法支付经济补偿金。还有，社会保障应覆盖全部劳动者，具有社会性、统一性，但依照法律只有部分劳动者能获得经济补偿金，与社会保障的性质明显不符。用人单位不能因劳动者领取了失业保险金而拒付或克扣经济补偿金，失业保险经办机构也不能因劳动者领取了经济补偿金而停发或者减发失业保险金。由此可见，经济补偿金有社会保障的功能但并不等于其性质就是社会保障金。

我国台湾地区有学者认为：资遣费有双重性质，在不可归责于劳雇双方当事人之事由时，资遣费乃是雇主保护照顾义务之效力所衍生的一种义务，其法律性质为对受解雇劳工之"离职补贴"，具有劳动契约之伦理功能。唯因可归责于雇主之事由而劳工被迫辞职时，其资遣费之性质则有民事违约制裁之意义，同时并不排除劳工另有损害时，赔偿请求权之行使。至于因可归责于劳工之事由时，无资遣费之保护，则衡诸上述原则，自属当然。至于在裁员解雇时，劳工得依法请求资遣费，此一制度可以说是劳动契约的特别规范，基本上并不是劳动契约内容之直接效力，而是因为通常受此种裁员解雇影响者人数众多，如果适用私法原则，而不特别予以保障，可能造成重大社会、经济问题，尤其因为顾虑到技术革新和解雇保护之矛盾，才给予资遣费作为保护劳工之规定，因此其资遣费带有退职补偿之意义，虽然有填补损失的作用，但并无制裁之意味。[1] 这种观点也认为经济补偿金的性质颇为复杂，很难用一种性质来概括。该观点认为经济补偿金是雇主保护照顾义务之效力所衍生的一种义务，甚为深刻和独到。

综上所述，我们认为，经济补偿金是劳动法上一项极有特色的制度，充分体现了劳动法对劳动者倾斜保护的原则和目的。经济补偿金具有劳动贡献补偿和社会保障的双重功能，也在某种程度上具有违约金的功能，但这三者都不足以全面说明经济补偿金的性质。尽管劳动者的损失是未履行时间内的可得利益，对劳动者的补偿却主要根据劳动合同已经履行时间内的贡献来计算，这一矛盾使得经济补偿金的性质很难被归类，只有将其作为独立的新类型来看待才比较合理一些。经济补偿金应被视为是劳动法上特有的和独立的解约经济补偿形式，是对因用人单位解除合同而遭受损失的劳动者进

---

〔1〕 参见黄越钦：《劳动法新论》，中国政法大学出版社 2003 年版，第 158～159 页。

行的补偿，是用人单位的一种特定补偿义务，其适用范围和补偿标准由各国根据对劳动者倾斜保护的程度而定。我国《劳动合同法》规定的经济补偿金制度更是具备了诸多政策功能，这些政策功能的杂糅使得经济补偿金缺乏统一的机理，值得深入反思和重构。

（四）我国经济补偿制度未来改革的方向

前文提及，用人单位应当向劳动者支付经济补偿的法定情形高达21种。其中合法解除劳动合同的，用人单位应当支付经济补偿金，违法解除合同用人单位应该支付相当于经济补偿金双倍的赔偿金。这样的过分倾斜性保护劳动者的规定，是否有损于构建和谐劳动关系值得进一步研究论证。

董保华教授等认为：既然企业已经缴纳了失业保险费，那么，当企业无过错解雇时就不能再以企业作为实施帮助的主要来源。我国的立法修正应当回到这一基点上来，失业者的生活通过制度化的失业保险来保障更可靠，经济补偿只应在制约企业违约解雇上起主要作用。然而，对于我国调整而言，如果我国完全放弃经济补偿制度，则意味着失业保险的筹资规模将大大增加，这在当前社会保险筹资压力较大的情况下，难以实行。[1] 王倩副教授认为：经济补偿金制度不是一个独立运转的封闭体系，它与解雇保护、集体谈判和失业保险等制度有着相互衔接与协调的关系，因此，在修改经济补偿金制度时不仅可进行制度替代设计，而且需有必要的配套措施安排。作为中长期规划，应该在重构失业保险制度的基础上取消经济补偿金制度，用失业保险金替代经济补偿金，同时调整赔偿金制度并且设置解除通知期制度。但囿于现实国情，要实现失业保险"应保尽保"、大幅提高保险待遇水平、消除转移接续困难等目标尚需时日，短期内更为务实的做法是在保留现行经济补偿金制度框架的基础上进行适当调整，如可考虑小微企业、困难企业在向劳动者

---

〔1〕 参见董保华、孔令明：《经济补偿与失业保险之制度重塑》，载《学术界》2017年第1期。

支付了经济补偿金后向失业保险基金申请专项补贴的安排等。[1]

我们认为：《劳动合同法》应当逐步剥离生活保障功能，合法解除劳动合同的仍需支付经济补偿金的制度设计确实有必要加以反思，并刻意适当限缩经济补偿金制度适用的范围。就此，值得进一步探讨的问题包括但不限于：其一，我国的经济补偿制度存在哪些问题？其二，我国完全放弃经济补偿制度是否合理可行？其三，我国若重构失业保险制度用失业保险金部分取代经济补偿金的制度功能是否具有合理可行性？

五、二倍工资和二倍经济补偿金

我国学界目前对于二倍工资和二倍经济补偿金的法律属性、惩罚性赔偿的理论根据、构成要件、工资基数、时长、诉讼时效等都没有达成共识。此外，《劳动合同法》第 82 条第 2 款作为用人单位违反应当订立无固定期限劳动合同规定的法律责任，在适用时争议更大。如果用人单位二次固定期限到期后不再雇佣劳动者，则用人单位的行为是属于违法解除承担赔偿金责任呢？还是适用二倍工资？还是两者同时并用呢？如果适用二倍工资，此时劳动者已经不在岗，工资如何计算？时间界限是多长？由此，二倍工资和二倍经济补偿金法律责任制度的调整势在必行。

在某种意义上，二倍工资和二倍经济补偿金这种"私人执法"机制使得劳动争议案件充斥着紧张、对立情绪，某种程度上破坏了劳动关系当事人之间的信任基础。据媒体报道，用工单位屡被追讨

---

〔1〕 参见王倩：《经济补偿金制度修改的制度替代及方案设计》，载《法学》2017年第 3 期。

二倍工资，有劳动者专门以此实施"劳动碰瓷"[1]。温州市瓯海区人民法院审理了全国首例利用《劳动合同法》二倍工资罚则实施诈骗的案例。[2] 赵红梅教授认为：二倍工资和二倍经济补偿金法律责任制度的设计，显然是企图通过鼓励劳动者个体积极实施"私人执法"，来推动劳动法的实施，进一步"把劳动监管权一定程度地下放给劳动者"。的确，二倍工资和二倍经济补偿金类似于施害人向受害人支付的私人罚款，也即借助劳动者个体主观贪利（请求获得双倍赔偿金）于客观上实现社会公共利益——抑制用人单位违法用工。鼓励个体劳动者实施"私人执法"带有很强的悖论色彩，应

———————

〔1〕 劳动碰瓷，是劳动市场上出现的"碰瓷"现象。是指少数不良劳动者利用用人单位人力资源管理的疏漏与制度的缺失，"为谋取不正当利益，通过伪造劳动合同签名、盗取已签订的劳动合同、盗盖企业印章伪造劳动合同、虚构劳动合同关系等方式，向用人单位提起劳动仲裁及诉讼，要求用人单位支付未签订劳动合同或劳动合同到期后未续签劳动合同的双倍工资差额等赔偿要求，成为近期深圳劳动用工市场一大新现象新问题，给用人单位造成极大的困扰和经济负担，同时浪费司法资源。"张小玲、徐全盛：《"劳动碰瓷"属诈骗 企业可向警方举报》，载《南方都市报》2018年6月14日，第7版。

〔2〕 在温州务工多年的毛某和时某（女）系夫妻。2015年7月，时某、毛某分别进入浙江亨达光学有限公司工作。按照亨达公司内部管理规定，新入职员工必须在一个月内签订劳动合同，公司文员于当月中旬提供劳动合同让毛某、时某签订，但他二人称要带回去看看，并没有当场签订，后来才提供已签有名字的合同给公司。9月24日，毛某、时某离职，并以亨达公司未与其订立劳动合同为由，请求劳动仲裁委裁令亨达公司支付二倍的工资。经劳动仲裁委裁决、法院裁定，亨达公司支付毛某、时某二倍的工资分别为9100元、8092元。2015年9月29日，毛某、时某进入温州圣蓝工贸有限公司工作。次月16日，被告人毛某、时某在圣蓝公司提供劳动合同供其签名时也未予当场签署，后提供签名不是其所写的劳动合同。毛某、时某于2016年9月底离职，后以圣蓝公司未与其签订劳动合同为由，请求劳动仲裁委裁令圣蓝公司支付被告人毛某、时某二倍的工资分别为51 257.71元、41 711.69元，后因案发而未得逞。浙江省温州市瓯海区人民法院经审理认为，毛某、时某夫妇结伙在劳动合同上伪造不是其所写的签名，再以用人单位未与其订立劳动合同为由，通过劳动仲裁等途径获取二倍工资，且数额较大，依法应以诈骗罪定罪处罚。两名被告人分别被依法判处有期徒刑1年零9个月，并处罚金3000元，共同退赔违法所得17 192元。参见余建华、瓯文：《打着"正当维权"旗号进行"劳动碰瓷"》，载《人民法院报》2017年11月24日，第3版。

慎重适用，因为它不一定符合公序良俗原则且可能悖反诚实信用原则。[1]

我们认为：是否采用二倍工资和二倍经济补偿金的私人执法制度取决于其功能定位。劳动合同纵使国家通过立法干预形成强制性的权利义务安排，但那也是用人单位与个体劳动者私人之间的权利义务关系，不直接涉及公共利益或者劳动者集体利益，也就不需要"私人执法"以直接实现公共利益或者劳动者集体利益——这两项任务应该由劳动行政法和集体劳动法分别来完成，不需要作为个体劳动法的劳动合同法来完成。用人单位与个体劳动者不签订书面劳动合同，不一定对个体劳动者的权益造成实际的侵害（如果用人单位按口头约定履行了劳动合同约定和法定的各项义务的话），国外许多国家的劳动法也并不是都要求一定得签订书面劳动合同，否则就一律视为违法并予以惩罚。《劳动合同法》采用用人单位若未劳动者签订书面劳动合同，劳动者就有权主张二倍工资赔偿的"私人执法"设计，会诱发劳动者故意拒绝或者拖延签订劳动合同，也有的劳动者制造未签订书面劳动合同的假象，如故意让他人代签后否定签订了有效的书面劳动合同。劳动者如此就已经悖反了诚实信用原则。这也导致劳资矛盾进一步激化，用人单位随后会加大人力资源管理力度，在签订劳动合同的现场增设监控录像等，防范劳动者不诚信签约行为。于构建和谐劳动关系而言，此乃大忌。《中共中央、国务院关于构建和谐劳动关系的意见》就"加强对职工的教育引导"明确指出：引导职工培养良好的职业道德，增强对企业的责任感、认同感和归属感，爱岗敬业、遵守纪律、诚实守信，自觉履行劳动义务。引导职工以理性合法形式表达利益诉求、解决利益矛盾、维护自身权益。

---

〔1〕 参见赵红梅：《〈劳动合同法〉之错的社会法学解析——个别劳动法的局限与集体劳动法的倚重》，载《阅江学刊》2011 年第 3 期。

因而，劳动合同法的法律责任制度应适当限缩二倍工资和二倍经济补偿金法律责任的适用——对于劳动者主观故意明显，不遵守劳动纪律、不诚实守信、不自觉履行劳动义务的，限制适用。为应对劳动者恶意碰瓷索要二倍工资，《劳动合同法实施条例》第 6 条规定，劳动者不与用人单位订立书面劳动合同的，用人单位应当书面通知劳动者终止劳动关系。由此赋予用人单位终止劳动关系这一救济手段。有些地方基于和谐劳动关系的构建，在司法实践中采取了灵活的策略，将劳动者是否存在过错作为二倍工资罚则的构成要件，如果劳动者拒签存在过错则不支持二倍工资请求。这种区别对待有利于劳资双方的利益平衡。

当然，理想的状态是逐步回归到补偿性赔偿制度的轨道上（国外的立法例均如此），通过劳动争议处理实现劳动者个体权益保护，不借助"私人执法"，而通过行政执法维护公共利益和通过工会等的社会监督维护劳动者集体权益。《劳动合同法》的立法者当初设计二倍工资和二倍经济补偿金法律责任时，给出的一个主要理由就是借助"私人执法"维护公共利益和劳动者集体权益，现在是应该在构建和谐劳动关系的视野下，对这一立法思路予以深刻反思了。当然，鉴于劳动者的整体上的弱者地位，我们可以采用一些特殊的机制来促进劳动者个体权益的充分实现。例如，劳动者在个体维权胜诉时，其诉讼费和合理的律师费由用人单位承担，或者也可以考虑更便利劳动者获取精神损害赔偿的方式。

就此，值得进一步探讨的问题包括但不限于：其一，二倍工资和二倍经济补偿金法律责任制度在实践中有哪些负面的效应？其二，二倍工资和二倍经济补偿金法律责任制度的法理依据是否存在可被质疑性？其三，应以什么方式限缩适用二倍工资和二倍经济补偿金法律责任制度？司法实践中已经就此进行了哪些限缩？这种限缩是否合理？

六、劳务派遣

（一）劳务派遣

劳动派遣，是指劳务派遣单位与被派遣劳动者建立劳动关系，并将劳动者派遣到用工单位，被派遣劳动者在用工单位的指挥监督下从事劳动的特殊用工形式。由于劳务派遣中雇用与使用劳动者的主体相分离，因此在劳务派遣关系中存在三个主体：劳务派遣单位、被派遣劳动者（可简称劳动者）、用工单位，形成了复杂的三方关系。与传统的用工方式相比，劳务派遣能够满足用人单位灵活用工的需求，得到了广泛的应用，但是，劳务派遣特殊的三方关系构造也容易被一些用人单位利用来逃避法律义务，损害劳动者的权益。

目前我国劳动法关于劳务派遣规定尚存在一个令人困惑的问题：劳务派遣法律关系性质如何认定？换言之，劳务派遣构成一重劳动关系还是双重劳动关系。由于《劳动合同法》已明确规定劳务派遣单位与被派遣劳动者之间需订立劳动合同，问题的焦点就在于：劳动者和用工单位之间是否构成劳动关系？在这一点上，我国目前的《劳动合同法》等立法尚存在一些不尽完善之处。

（二）我国法律关于劳务派遣法律关系性质的规定

我国2008年生效的《劳动合同法》在确认劳务派遣合法性的同时，规定了劳务派遣关系三个主体间各自的权利和义务，明确要求劳务派遣单位与被派遣劳动者之间订立劳动合同，劳务派遣单位与用工单位之间订立劳务派遣协议，但对劳动者和用工单位之间的关系是何性质未作规定，一般均解读为不是劳动关系，而是劳务关系。劳动和社会保障部组织编写的《中华人民共和国劳动合同法讲座》中明确指出："劳务派遣单位与劳动者建立劳动关系，但是不用工，即不直接管理和指挥劳动者从事劳动；用工单位直接管理和指挥劳动者从事劳动，但是与劳动者之间不建立劳动关系。"[1] 因此，可以认为《劳动合同法》将劳务派遣法律关系的性质认定为一重劳动关系。

《劳动合同法》明确认定劳务派遣单位与劳动者建立劳动关系。《劳动合同法》第 58 条规定：劳务派遣单位是本法所称用人单位，应当履行用人单位对劳动者的义务。劳务派遣单位与被派遣劳动者订立的劳动合同，除应当载明《劳动合同法》第 17 条规定的事项外，还应当载明被派遣劳动者的用工单位以及派遣期限、工作岗位等情况。劳务派遣单位应当与被派遣劳动者订立 2 年以上的固定期限劳动合同，按月支付劳动报酬；被派遣劳动者在无工作期间，劳务派遣单位应当按照所在地人民政府规定的最低工资标准，向其按月支付报酬。该条明确了劳务派遣单位是劳动法上的用人单位，必须与被派遣劳动者签订劳动合同，并对劳务派遣劳动合同的内容特别是期限作出了特别规定。

《劳动合同法》实际上认定劳务派遣单位与用工单位之间建立合同关系。《劳动合同法》第 59 条规定：劳务派遣单位派遣劳动者应当与接受以劳务派遣形式用工的单位（以下简称"用工单位"）订立劳务派遣协议。劳务派遣协议应当约定派遣岗位和人员数量、派遣期限、劳动报酬和社会保险费的数额与支付方式以及违反协议的责任。用工单位应当根据工作岗位的实际需要与劳务派遣单位确定派遣期限，不得将连续用工期限分割订立数个短期劳务派遣协议。有学者认为劳务派遣协议的性质为民事合同，但我们认为，劳务派遣协议不同于一般的民事合同，其受到劳动法的特别限制，性质应为劳动法上劳动合同之外的一种特别合同。劳务派遣单位向用工单位提供人才派遣服务而收取服务费尽管具有市场交易行为的性质，但与商品买卖等普通民事合同不同，涉及劳动者权益保护问

---

[1] 劳动和社会保障部组织编写：《中华人民共和国劳动合同法讲座》，中国劳动社会保障出版社 2007 年版，第 147 页。

题，因此该协议不能完全遵循民法上的意思自治原则，而要受到劳动法的诸多限制。

《劳动合同法》未明确劳动者与用工单位之间建立何种关系，但明确规定了用工单位对劳动者应当履行的劳动法律方面的法定义务。《劳动合同法》第 62 条规定：用工单位应当履行下列义务：①执行国家劳动标准，提供相应的劳动条件和劳动保护；②告知被派遣劳动者的工作要求和劳动报酬；③支付加班费、绩效奖金，提供与工作岗位相关的福利待遇；④对在岗被派遣劳动者进行工作岗位所必需的培训；⑤连续用工的，实行正常的工资调整机制。用工单位不得将被派遣劳动者再派遣到其他用人单位。正是由于《劳动合同法》没有十分明确地对用工单位与劳动者之间的关系进行定性，未明确把用工单位也列为用人单位，不要求用工单位与劳动者订立劳动合同，一般认为劳动者与用工单位之间构成劳务关系。我们认为：用工单位对劳动者的义务的性质其实都是劳动法上的义务，和劳动合同中用人单位对劳动者所应履行的义务并无二致。劳动者与用工单位之间的关系与民法上一般的劳务关系有很大差别。实际上，用工单位像真正的用人单位一样对被派遣劳动者进行监督、指挥和管理，其关系符合劳动关系的本质特征。同时，用工单位与劳动者之间的关系受到《劳动合同法》等劳动法律规范的规制，用工单位须向被派遣劳动者履行一定的劳动法上的义务，而劳务关系受民法调整，当事人之间并不履行劳动法上的义务。因此，用工单位与被派遣劳动者之间的关系虽然不同于标准的劳动关系，但不能说是民法上的劳务关系，而是一种劳动法上的非标准劳动关系。当然，这一结论还需要有更深入的学理论证才具有说服力。

（三）劳务派遣法律关系性质的学理争论

世界各国和地区对劳务派遣法律关系的性质都存在不同认识，争议的焦点在于劳务派遣是一重劳动关系还是双重劳动关系。

一重劳动关系论认为，在劳务派遣中只存在劳务派遣机构和劳动者之间一个劳动关系,德国、日本等国的立法采纳了这种观点,[1] 我国《劳动合同法》也采纳了这种观点。

此外,王全兴教授等提出了一重劳动关系双层运行论,认为劳务派遣是一重劳动关系的双层运行,而不是双重劳动关系。在劳动派遣过程中,用工单位进行劳动过程的组织和管理并负担工资、福利、社会保险费等项费用,其他劳动管理实务诸如劳动合同的签订、社会保险手续的办理则委托给劳务派遣机构代为实施,劳务派遣机构只是用工单位劳动管理事务的代理主体。因此,用工单位和劳务派遣机构之间是委托代理关系,即劳务派遣机构仅是用工单位的代理机构,其本身并非用人单位。[2] 这种观点其实是认为劳务派遣中仅存在用工单位和劳动者之间的一重劳动关系,不同于前述劳务派遣中只存在劳务派遣机构和劳动者之间一个劳动关系的一重劳动关系论。

双重劳动关系论认为,劳动者与劳务派遣机构和用工单位都存在劳动关系,劳务派遣机构和用工单位是劳动者的共同雇主。美国法采纳了这种观点,即所谓的"共同雇主"(joint employer)概念。[3] 董保华教授则提出了"双重特殊劳动关系说",认为劳动者与劳务派遣机构和用工单位之间都是特殊劳动关系,这是介于"标准劳动关系"和"民事劳务关系"之间的过渡状态。[4]

结合上述观点,根据劳动关系的本质特征,我们认为,劳务派遣中存在两个非标准劳动关系:劳务派遣单位和劳动者之间的非标

---

〔1〕 参见黄程贯:《德国劳工派遣关系之法律结构》,载《政大法学评论》1998 年总第 60 期。

〔2〕 参见王全兴、侯玲玲:《劳动关系双层运行的法律思考——以我国的劳动派遣实践为例》,载《中国劳动》2004 年第 4 期。

〔3〕 参见谢增毅:《美国劳务派遣的法律规制及对我国立法的启示———兼评我国〈劳动合同法〉的相关规定》,载《比较法研究》2007 年第 6 期。

〔4〕 参见董保华:《劳务派遣的法学思考》,载《中国劳动》2005 年第 6 期。对以上关于劳务派遣法律关系性质不同认识的评述参见李海明:《劳动派遣法原论》,清华大学出版社 2011 年版,第 125~137 页。

准劳动关系、用工单位和劳动者之间的非标准劳动关系。这两个非标准劳动关系的结合构成了一个完整的劳动关系。这种观点可以为劳务派遣单位和用工单位对劳动者的连带责任提供理论依据。

劳务派遣是一种特殊的用工形式,特殊在于劳动者的雇用和使用发生了分离,这是劳务派遣的最本质特征。在标准劳动关系中,用人单位直接雇用和使用劳动者,并支付劳动者工资报酬,而在劳务派遣中,劳动者虽然与劳务派遣单位订立劳动合同,这符合了标准劳动关系的形式特征,但劳动者与劳务派遣单位并不存在实际的劳动给付,实际使用劳动者的却是用工单位,即标准劳动关系的本质特征——劳动者在用工单位的管理、指挥、监督下从事劳动,即实际上劳动力与生产资料的结合只发生在劳动者与用工单位之间。换言之,劳务派遣单位和劳动者之间的非标准劳动关系符合标准劳动关系的表面特征,而用工单位和劳动者之间的非标准劳动关系符合标准劳动关系的本质特征。与标准劳动关系相比,两个非标准劳动关系都是有瑕疵的,不完全符合劳动关系的构成要件。只有将这两个非标准劳动关系结合起来,才构成了一个完整的劳动关系。基于此,不少国家的劳动法都规定劳务派遣单位与用工单位对劳动者连带承担标准劳动关系中的雇主责任,相当于劳务派遣单位与用工单位履行义务的总和相当于标准劳动关系中的雇主义务。

如果没有书面劳动合同,认定劳动关系主要依据劳动关系的本质特征——从属性,即劳动者在用人单位的管理、指挥、监督下从事劳动,认定劳务派遣中的劳动关系也不应当有例外。我国《劳动和社会保障部关于确立劳动关系有关事项的通知》(劳社部发[2005] 12 号)中规定:用人单位招用劳动者未订立书面劳动合同,但同时具备下列情形的,劳动关系成立:①用人单位和劳动者符合法律、法规规定的主体资格;②用人单位依法制定的各项劳动规章制度适用于劳动者,劳动者受用人单位的劳动管理,从事用人单位安排的有报酬的劳动;③劳动者提供的劳动是用人单位业务的组成部分。在同时具备上述三种情形即三个构成要件时，即使没有劳动合同，也可以确认劳动关系的存在，而劳务派遣中用工单位与劳动者之间的关系也完全符合上述三个构成要件。在劳务派遣中，劳动者在用工单位的管理、指挥、监督下从事劳动，劳动者与用工单位之间存在管理和被管理的从属性关系，而且劳动者的劳动力还要与用工单位的生产资料相结合，从而实现劳动过程，这正是劳动关系的核心和根本目的所在。因此，应当认定劳动者与用工单位两者之间构成劳动关系。《中华人民共和国侵权责任法》第34条即明确规定："用人单位的工作人员因执行工作任务造成他人损害的，由用人单位承担侵权责任。劳务派遣期间，被派遣的工作人员因执行工作任务造成他人损害的，由接受劳务派遣的用工单位承担侵权责任；劳务派遣单位有过错的，承担相应的补充责任。"从法律责任的承担角度来看，这里实际上是将接受劳务派遣的用工单位视同真正的用人单位。

（四）结论

我国现行劳动法律对劳务派遣法律关系性质的认定还存在一些不完善的地方，这导致实践中出现一些用人单位为节约成本、逃避法律义务、逃避法律责任而大量运用劳务派遣这种用工形式，侵害了劳动者的合法权益。尽管在个案中法官可能适用保护劳动者合法权益这一劳动法的立法目的和基本原则来进行裁判，能达到保护被派遣劳动者的目的，但我国是成文法主导的国家，法律要求依法裁判，要有效地解决这一问题，还需要及时指定或修改法律，明确劳务派遣中劳务派遣单位和劳动者之间、用工单位和劳动者之间均构成劳动关系，劳务派遣单位和用工单位均为劳动法上的用人单位，在程序法上应列为共同被告，在实体法上应当对劳动者承担连带责任。这样，既有利于劳动者合法权益的保护，也可以减少用人单位滥用劳务派遣以转嫁责任的情况。

第四节 集体劳动法

集体劳动法即调整集体劳动关系调整的法律，包括工会法、集体合同法、职工参与民主管理法等。我国已颁布的调整集体劳动关系的单行法律主要有《工会法》等。

一、集体劳动权

（一）集体劳动权的概念

集体劳动权包括组织和参加工会权（或称团结权、结社权）、集体谈判权、罢工权。这些集体劳动权是劳动者权益实现的重要保障。《日本宪法》第 28 条规定，劳动者享有团结权、团体交涉权以及其他团体行动权，这三权通常被称为"劳动三权"。[1] 侵害劳动者这些集体劳动权的行为则是"不当劳动行为"。[2] 目前我国宪法缺少集体劳动权的规定，使得我国的集体合同的法律制度缺乏充足的宪法依据。

目前，多数发达国家同时采用个体自治、团体自治和国家强制三种调整劳动关系的方法，相应建立了劳动合同、集体合同和劳动基准三大制度，共同发挥作用。个体自治是指劳动者个体和用人单位订立劳动合同，国家强制是指国家设定最低劳动标准限制个体的意思自治，由于劳动者个体维权的成本很高，国家机关存在不作为现象，个体自治和国家强制不足以保护劳动者的权益。团体自治，是指劳动者团结起来组成工会与雇主或雇主团体进行集体谈判，通

---

〔1〕 相关研究参见［日］芦部信喜著、高桥和之增订:《宪法》（第 3 版），林来梵、凌维慈、龙绚丽译，北京大学出版社 2006 年版，第 241 页。

〔2〕 参见常凯:《论不当劳动行为立法》，载《中国社会科学》2000 年第 5 期；张颖慧:《不当劳动行为禁止制度的内涵解析及本土化》，载《学术交流》2015 年第 11 期；田思路、贾秀芬:《论日本"不当劳动行为"的法律构成》，载《金陵法律评论》2012 年第 1 期。

过团体力量为劳动者争取更有利的劳动条件。经过百余年的实践，团体自治已被历史证明是比较有效的调整现代工业社会劳动关系的方法，劳动者的团结权、团体交涉权和团体行动权也成为世界公认的三项基本性集体劳动权利。

目前中国调整劳动关系主要依靠个体自治和国家强制，虽然法律上承认了劳动者的团结权和团体交涉权，但工会的作用未能充分发挥，集体谈判和集体合同基本上流于形式，团体行动权的法律地位还不明确，这为劳动者的权益保障带来了很多困难。劳动关系问题在本质上是集体问题而不是个人问题，我国未来还要从集体劳动权利角度思考调整劳动关系的方法，完善与团体自治相关的法律制度，从而实现劳动关系的和谐稳定。

（二）团结权

团结权即组织和参加工会权，是结社自由的一种表现形式。国际公约普遍把劳动者的结社自由视为一项劳动者的基本权利。有的国家如日本在宪法上明确规定了团结权，有的国家则将其视为宪法上结社权（或称结社自由）的应有之义。1935 年《美国国家劳工关系法》确认了工人建立、参加工会的权利，雇主不能以参加工会为理由解雇工人。但是，纸面上的权利不会自动成为劳动者实际享有的权利，在实践中，资方会用各种办法阻止工会的成立，美国 NBA 球员工会就是通过一次罢赛（实际上就是罢工）和谈判才获得资方认可的。

劳动者成立工会的根本原因在于劳动者的从属性导致个体劳动者相对于用人单位处于结构性的弱势地位，劳动者个人的力量过于薄弱，只有团结起来，借助于团体的力量与用人单位进行集体谈判，才能为劳动者争取更有利的劳动条件，提高劳动者的经济地位，获得较大的利益。劳动者个体即使再强，面对企业这一组织时仍是相对弱势的，分散的个体又容易被各个击破，因此才需要成立工会这一组织，以实现劳动者的连带依存和团结互助，有效维护自己的权益。

在中国法律上，团结权被称作"参加和组织工会的权利"，《劳动法》《工会法》均对这一权利作了明确规定，如我国《工会法》规定，在中国境内的企业、事业单位、机关中以工资收入为主要生活来源的体力劳动者和脑力劳动者，不分民族、种族、性别、职业、宗教信仰、教育程度，都有依法参加和组织工会的权利。据此，劳动者有权组织和加入工会，参加工会所组织的各项活动。但中国实行一元化工会体制，只允许存在中华全国总工会及其各工会组织，民主集中制原则要求下级工会组织的建立必须报上一级工会批准。目前，中国工会尚未充分发挥其作用，工会身份模糊，代表性不强，表现为国有企业工会行政化，非国有企业工会老板化，相当一部分用人单位如私营企业、外资企业甚至没有成立工会，职业运动员工会也未见诸报端，可以想见要么是未成立，要么是流于形式。其结果是，中国劳动者大多只能依靠个体的力量来维护自己的合法权益，集体维权的方法严重缺失。有学者提出，工会体制的失效、工会维权能力的缺乏不仅是我国劳动法的一大软肋，也是制约我国集体协商（谈判）制度发挥作用的重大障碍，重构工会体制势在必行。[1]

（三）团体交涉权

团体交涉权，即所谓集体谈判权，是指工会或职工一方与用人单位一方通过平等协商，就劳动报酬、工作时间、休息休假、劳动安全卫生、保险福利等事项订立集体合同的权利。集体谈判权是现代民主社会中劳动者应当享有的劳动基本权，有的国家如日本在宪法上明确规定了这一权利，称之为团体交涉权，有的国家则在法律上进行详细规定，如1935年《美国国家劳工关系法》赋予工会代表工人进行集体谈判的权利，雇主不能拒绝与工会谈判，这正是企

---

〔1〕 参见丁建安：《劳工集体维权机制探析》，载《当代法学》2011年第4期。

业劳资谈判的法律依据。

这里的集体谈判，是一种劳资双方代表通过谈判缔结集体合同来决定劳动条件的方法，一种劳资双方利益冲突的解决途径，一种劳资双方矛盾目标的平衡机制，一项使劳资冲突规范化的伟大发明。集体谈判的结果是订立集体谈判协议（Collective Bargaining Agreement，CBA），又可翻译为"劳资协议"，我国称为"集体合同"，其中我国台湾地区称为"团体协约"，是指工会与雇主或雇主团体为调整劳动关系而订立的书面协议，其效力高于个体劳动者与雇主订立的劳动合同。如我国《劳动合同法》第 55 条规定："集体合同中劳动报酬和劳动条件等标准不得低于当地人民政府规定的最低标准；用人单位与劳动者订立的劳动合同中劳动报酬和劳动条件等标准不得低于集体合同规定的标准。"[1]

在中国法律上，团体交涉权一般被称作"平等协商"或"集体协商"的权利。《劳动法》《劳动合同法》中均规定了"集体合同"制度，依据我国《工会法》的相关规定，工会代表职工与企业以及实行企业化管理的事业单位进行平等协商，签订集体合同。集体合同草案应当提交职工代表大会或者全体职工讨论通过。劳动和社会保障部于 2000 年颁布了《工资集体协商试行办法》，但是，目前中国的集体谈判和集体合同制度基本上流于形式，真正依法进

---

〔1〕 关于集体合同的效力的研究参见冯彦君：《集体合同效力的生成与实现——以营造"和谐劳动"为目标》，载《南京师大学报（社会科学版）》2016 年第 2 期；王天玉：《集体合同立法模式的悖论与出路》，载《社会科学战线》2017 年第 12 期；吴文芳：《德国集体合同"法规性效力"与"债权性效力"之研究》，载《法商研究》2010 年第 2 期；沈建峰：《论集体合同对劳动者和用人单位的效力》，载《西南民族大学学报（人文社会科学版）》2012 年第 9 期。

行集体谈判的并不多。[1] 一般的劳动者是如此，许多专业劳动者也是如此。有学者在关于职业运动员的劳动者性质及其法律保障的研究报告中指出，在中国很多体育法专家看来，建立运动员工会，由运动员工会代表和俱乐部平等协商，是解决很多劳资纠纷的最合理的办法，也是许多国家体育界的通常做法，但由于中国职业运动员工会制度在短期内不可能出现，集体谈判只是理想化的模式。[2] 有学者指出，目前我国集体协商主要有两种方式，一是自上而下由政府主导劳动关系双方协商、签订集体合同的行为；二是自下而上劳动者采取罢工等集体行动，从而推动双方集体协商谈判的行为。前者属于"强制型制度变迁"方式，即由政府出台相关法规强制推动的制度变革，后者属于"诱型制度变迁"方式，即个人、群体根据理性谋求利益最大化而推动的制度变革。这两种制度要么缺乏制度实施的原动力，要么缺乏制度实施的正当性，目前集体协商普遍陷入制度性和结构性的难题。要推进劳资社会协商法治化，应着力于以下几方面：其一，进一步明确协商主体的法律地位，解决主体的独立性和 代表产生的合法性问题。代表劳方参与社会协商的主体主要是工会或职工代表；其二，将劳资社会协商的必要手段法定化；其三，构建劳动合同履行抗辩权制度；其四，通过法律机制推动劳资社会协商制度的落实；其五，建立实现劳资社会协商的法律救济制度。[3] 有学者提出，我国应借鉴发达国家的经验，进行产

---

〔1〕 参见刘诚：《集体谈判与工会代表权》，载《社会科学战线》2012 年第 4 期；王国金：《集体劳动权若干法律问题探析》，载《学习与探索》2006 年第 5 期；程延园：《集体谈判制度在我国面临的问题及其解决》，载《中国人民大学学报》2004 年第 2 期；常凯：《外资企业集体谈判和集体合同制度的几个法律问题》，载《中国法学》1995 年第 1 期。

〔2〕 参见田思路：《职业运动员的劳动者性质及其法律保障》，载国家体育总局网站，http：//www. sport. gov. cn/n16/n1152/n2523/n377568/n377613/n377703/1662066. html，最后访问时间：2019 年 4 月 10 日。

〔3〕 参见林嘉：《劳动法视野下社会协商制度的构建》，载《法学家》2016 年第 3 期。

业级集体谈判立法。[1]

(四) 团体行动权

劳动者通过工会组织罢工的权利是团体行动权的主要形式。罢工权是指以改善劳动条件和劳动待遇为目的的集体停止工作的权利。罢工权以缔结集体合同为目的，是促使集体合同成立的压力手段，是劳动者对抗雇主以维护切身利益的主要武器。合法的罢工受到法律的保护，包括免除民事责任和刑事责任。

与劳动者享有团结权、团体交涉权和团体行动权相对应，雇主享有结社权、集体谈判权等，有的国家也赋予雇主团体行动权——停业权（lockout，旧译"闭厂"，又译"停摆"），为劳资双方提供对等的武器装备。

中国1975年、1978年《宪法》曾规定公民有罢工自由，1982年《宪法》取消了这一规定，法律上也没有明确规定罢工权，但《工会法》中规定的"停工、怠工"也是劳动者行使团体行动权的形式，有的实际上就是罢工。我国宪法和法律中没有规定罢工权，这使得劳动者团体对于在用人单位与劳动者之间形成谈判地位的对等缺乏自力救济的保障。近年来，中国集体性的劳动争议事件增多，如2010年广东佛山南海本田汽车零部件有限公司停工事件，引起了很大的社会反响，最终劳资双方通过谈判签订了提高工人工资待遇的集体合同。为了社会的稳定和长治久安，应赋予劳动者罢

---

〔1〕 参见刘诚：《发达国家工会代表权立法及其借鉴》，载《学术界》2016年第5期。

工权，并用法律对其进行规范和保障，[1] 这可以避免罢工的自发性和无序性，是解决中国集体劳动争议的关键所在，也是构建和谐劳动关系的必经之路。

在三项集体劳动基本权中，团结权是前提，团体交涉权是核心，而罢工权是保障。罢工权的确立可以体现劳资双方权利的对等。劳动关系的整个过程，是劳资双方博弈的过程。在双方经济力量差异巨大的情况下，劳动者的权益能否得到切实保障，关键在于它是否拥有可资对抗资方经济上强大压制力量的有效手段。工会的目的在于限制劳动力供给而使雇主无法利用劳动者之间的竞争来控制劳动力价格，劳动者拥有罢工权也可以有效降低雇主对劳动力市场的"买方垄断力"，从而有效地保障劳动权的实现。因此，在我国宪法和法律上确认罢工权值得深入研究，并在时机成熟时予以规定。

值得注意的是，我国已经批准加入了 1966 年联合国大会通过的《经济、社会及文化权利国际公约》(the International Convention on Economic, Social and Cultural Rights)[2]，该公约第 8 条规定：①本公约缔约各国承担保证：（甲）人人有权组织工会和参加他所

---

〔1〕 有学者提出，应当根治权利争议罢工，仅允许利益争议罢工。参见王全兴、倪雄飞：《论我国罢工立法与罢工转型的关系》，载《现代法学》2012 年第 4 期。有学者提出，对罢工行为应根据其性质，分类加以规范，即对权利争议罢工，不应赋予其合法性，应采"禁止"规范思路；对劳动者集体行使劳动抗辩权，应赋予其合法性，并采"允许+衡平"规范思路；对利益争议罢工，作为保障集体谈判的手段，原则上具有正当性，可赋予其合法性，并采"赋权+限制"规范思路，从主体、目的、程序、手段等方面对罢工权的行使规定具体要件。参见田思路、孔令明：《权利争议罢工：正当性否定论》，载《当代法学》2017 年第 4 期。有学者提出，我国在进行罢工权立法时，应当将合法罢工的目的限制为经济罢工和不当劳动行为罢工，雇主拒绝与工会进行谈判而引起的罢工是合法受到保护的，但在集体谈判期间或劳资纠纷的调解、仲裁、诉讼期间不得举行罢工。参见苏苗罕、姚宏敏、郑磊：《法律对罢工权的确认及规范》，载《法学》2001 年第 5 期。

〔2〕 我国政府已于 1997 年 10 月 27 日签署了该公约，2001 年九届全国人大常委会第二十次会议上正式批准了该公约。

选择的工会，以促进和保护他的经济和社会利益；这个权利只受有关工会的规章的限制。对这一权利的行使，不得加以除法律所规定及在民主社会中为了国家安全或公共秩序的利益或为保护他人的权利和自由所需要的限制以外的任何限制。（乙）工会有权建立全国性的协会或联合会，有权组织或参加国际工会组织。（丙）工会有权自由地进行工作，不受除法律所规定及在民主社会中为了国家安全或公共秩序的利益或为保护他人的权利和自由所需要的限制以外的任何限制。（丁）有权罢工，但应按照各个国家的法律行使此项权利。②本条不应禁止对军队或警察或国家行政机关成员的行使这些权利，加以合法的限制。③本条并不授权参加 1948 年关于结社自由及保护组织权国际劳工公约的缔约国采取足以损害该公约中所规定的保证的立法措施，或在应用法律时损害这种保证。中国政府仅对该公约第 8 条第 1 款（甲）项有保留，而未对（丁）项罢工权提出保留，这是耐人寻味的。

二、职工参与民主管理

（一）职工参与民主管理制度的概念

参与民主管理权亦是一种集体劳动权，是指劳动者通过职工代表大会或其他形式，参加管理企业事务并对企业经营管理实行民主监督的制度。劳动者依照我国法律规定，通过职工大会、职工代表大会或者其他形式参与民主管理。

职工参与民主管理，简称"职工民主管理"或"企业民主管理"，在西方国家又称"职工参与"（workers' participation）或"产业民主"（industrial democracy），德国称"共同决定"（Mitbestimmung，英译 Co-determination），是指职工直接或间接参与管理所在企业内部事务。德国是最早进行职工参与立法的国家，1919 年《魏玛宪法》第 165 条规定："工人与职员有资格与责任平等地与企业家一起参与工资与劳动条件的规范以及（推动）生产力的整体经济发展。"并规定了企业工人委员会这一组织参与形式。[1] 1920年《企业代表会法》（Betriebsrätegesetz，或译为"企业委员会法"）出台。此后，挪威、瑞典、丹麦等国家和地区也陆续实行了职工参与制度。第二次世界大战后，职工参与制度在许多欧洲大陆国家盛行，其典型代表德国除了立法确立企业代表会制度外，又立法确立了职工代表参加监事会的共决制度。[2]

我国职工参与民主管理具有宪法基础，《宪法》第 16 条规定："国有企业在法律规定的范围内有权自主经营。国有企业依照法律规定，通过职工代表大会和其他形式，实行民主管理。"第 17 条规定："集体经济组织在遵守有关法律的前提下，有独立进行经济活动的自主权。集体经济组织实行民主管理，依照法律规定选举和罢免管理人员，决定经营管理的重大问题。"1986 年 9 月 15 日，中共中央、国务院颁发了《全民所有制工业企业职工代表大会条例》，明确规定了职工代表大会（以下简称"职代会"）制度。

职工参与民主管理最重要的理论基础是社会主义运动提出的"经济民主"思想，即在经济领域反对单纯的资本决定原则，提出工人在企业层面参与管理，对经济领导权进行民主化的改造。经济领域的民主化甚至进一步扩展到社会领域，就出现了学校的职工参与民主管理制度。国外亦有相关的高校教职工参与学校管理制度，如美国大学有大学理事会、教师评议会、监察委员会等机构；法国

---

〔1〕 参见孟钟捷：《德国 1920 年〈企业代表会法〉发生史》，社会科学文献出版社 2008 年版，第 184 页。

〔2〕 确立企业代表会制度的法律是 1972 年《企业组织法》（Betriebsverfassungsgesetz），确立职工代表参加监事会的共决制度的法律是 1951 年《煤钢共同决定法》（Montan- Mitbestimmungsgesetz）、1976 年《共同决定法》（Mitbestimmungsgesetz）、2004 年《三分之一参与法》（Drittelbeteiligungsgesetz）。参见［德］沃尔夫冈·多伊普勒：《德国雇员权益的维护》，唐伦亿、谢立斌译，中国工人出版社 2009 年版，第 58~128 页；孟钟捷：《寻求黄金分割点：联邦德国社会伙伴关系研究》，上海辞书出版社 2010 年版，第 80~141 页。

大学有大学理事会、校务委员会等机构。[1] 德国 1971 年还通过了《大学共同决定法》。[2] 我国教代会制度理论基础亦是社会领域的民主化，我国《宪法》第 2 条第 3 款规定："人民依照法律规定，通过各种途径和形式，管理国家事务、管理经济和文化事业、管理社会事务。"这里的管理国家事务是指政治参与，主要是指参与选举和立法；管理经济事务主要就是指职工参与企业民主管理，其组织形式主要是职代会；管理文化事业主要就是指职工对学校等教育事业的管理，其组织形式主要是教代会。教代会制度，是民主的一种形式，既是保障教职工依法行使宪法规定的民主权利的需要，也是加强和推进基层单位民主建设的需要。

（二）职工参与民主管理制度的完善

1. 我国企业职代会的职权

依据我国《全民所有制工业企业职工代表大会条例》第 7 条的规定，企业职代会的职权包括：

（1）审议建议权。职代会定期听取厂长的工作报告，审议企业的经营方针、长远和年度计划、重大技术改造和技术引进计划、职工培训计划、财务预决算、自有资金分配和使用方案，提出意见和建议，并就上述方案的实施作出决议。概括来说，就是职代会有权对属于企业生产经营的全局性重大事项进行审议并提出意见和建议。

（2）审议通过权。职代会审议通过厂长提出的企业的经济责任制方案、工资调整计划、奖金分配方案、劳动保护措施方案、奖惩办法及其他重要的规章制度。概括来说，就是职代会有权对涉及职工利益事项和规章制度进行审议并通过。

---

〔1〕 参见黄明东：《中、美、法高校教师法律地位比较研究》，武汉大学出版社 2011 年版，第 288~305 页。

〔2〕 参见韩大元、莫纪宏主编：《外国宪法判例》，中国人民大学出版社 2005 年版，第 256~260 页。

（3）审议决定权。职代会审议决定职工福利基金使用方案、职工住宅分配方案和其他有关职工生活福利的重大事项。概括来说，就是职代会有权对非生产经营且涉及职工切身利益的福利事项有权审议并决定。

（4）评议监督权。职代会评议、监督企业各级领导干部，并提出奖惩和任免的建议。对工作卓有成绩的干部，可以建议给予奖励，包括晋级、提职。对不称职的干部，可以建议免职或降职。对工作不负责任或者以权谋私，造成严重后果的干部，可以建议给予处分，直至撤职。概括来说，职代会有权评议监督企业领导和管理人员并提出奖惩和任免建议。

（5）推荐选举权。主管机关任命或者免除企业行政领导人员的职务时，必须充分考虑职代会的意见。职代会根据主管机关的部署，可以民主推荐厂长人选，也可以民主选举厂长，报主管机关审批。

应当说，我国现行职代会制度的法律规定还处于比较原则性的阶段，有待在实践中进一步完善。在这一进程中，可以考虑借鉴德国职工参与制度的一些成熟制度。

德国的职工参与权可分为普通参与权和共决权。概括地说，普通参与权不触及用人单位的最后决定权，而共决权则反之。普通参与权分为知情权、意见权、共议权和异议权，这些权利的强度逐步加大。共决权则是指企业职工委员会具有的和雇主对企业事务共同作出决定的权利。雇主无视企业职工委员会共决权作出的单方决定没有法律效力。[1]

2. 职工参与民主管理制度的完善

我国职代会的职权有必要借鉴德国等国外经验再予以细化，以合理区分对不同事物的管理深度。职工参与民主管理的深度，即职

―――――――――

〔1〕 关于德国职工参与制度的具体情况，参见［德］沃尔夫冈·多伊普勒：《德国劳动法》（第11版），王倩译，上海人民出版社2016年版，第85~120页。

工对其所参与的管理事务的介入和影响程度，有待细化分层。依其影响力度之不同，职工参与民主管理的深度由浅至深大致可分为下述几个层次：

（1）知情。即职工对该类管理事务仅限于了解或过问，管理者对职工只负报告、公布、说明、咨询之义务，无须征求职工意见。知情权是职工参与的前提和基础，为了切实保障知情权的实现，立法应规定侵犯职工知情权的法律责任。

（2）参考性意见（和建议）。即职工对其所参与的管理事务有权以一定方式表示可供管理者参考的意见，如参加讨论、提出建议、作出评价、发表看法等；管理者对此意见虽然应当征求和听取，但无必须采纳之义务。

（3）质询或检查（调查），即职工有权就特定事务对管理者提出质询，或者以一定方式进行或参加检查（调查），管理者对此有答复或受查的义务。

（4）约束性意见。即职工对特定管理事务有权向管理者提出有一定约束力的意见，管理者对此意见一般应当接受，除非因此意见不正确而提出异议。

（5）同意或否决。即职工对管理者提交审议的方案或决定草案，有权表示同意或否决，如经同意即获通过，如被否决则不能生效。

（6）决定或批准。即职工对特定范围内的事项，有权以一定方式进行审议决定或审查批准。[1]

在职工民主管理的事项方面，应着重考虑民主管理事务与职工利益的联系，凡是涉及职工切身利益的事项，以及为职工和企业管理层所共同关心的事项，都有必要纳入职工参与的范围，职工对具体事项参与的深度，应当同该事项与职工切身利益联系的紧密程度

―――――――――

〔1〕　参见王全兴主编：《劳动法学》，人民法院出版社 2005 年版，第 275 页。

成正比。

为了切实保障职工参与民主管理的实现，切实履行职代会的职能，还应该明确单位相关的保障义务，包括物质保障、时间保障、经费保障、技术培训保障、职工免于报复性降职和解雇的保护等。

关于职代会和工会的关系，有学者提出，我国集体劳动关系法应当将工业民主确立为价值目标，为这一目标建立坚实的宪法和法律依据。除加强劳动三权的保护外，我国还需重构工会、职代会和劳动者个人之间的关系，解决工会过度集权问题。为了实现工会与职代会关系的重构，我国首先需要改变职代会被工会控制的局面。[1] 职代会要真正发挥作用，需要在职代会和工会的关系方面进行新的制度建构。

第五节　劳动基准法

劳动基准法，是规范劳动条件的最低标准的法律。其内容包括工资法、工作时间和休息休假法、职业安全卫生法、女职工和未成年工特殊保护法等。目前我国劳动基准尚无统一立法，散见于劳动法律、行政法规、部门规章中，法律主要有《劳动法》第四章"工作时间和休息休假"、第五章"工资"、第六章"劳动安全卫生"、第七章"女职工和未成年工特殊保护"30 个条文的规定，单行立法主要有《安全生产法》《职业病防治法》等，行政法规和部门规章主要有《国务院关于职工工作时间的规定》《国务院关于职工探亲待遇的规定》《职工带薪年休假条例》《全国年节及纪念日放假办法》《劳动部关于企业实行不定时工作制和综合计算工时工作制的审批办法》《企业职工带薪年休假实施办法》《最低工资规定》等。

---

〔1〕 参见阎天：《参见美国集体劳动关系法的兴衰——以工业民主为中心》，载《清华法学》2016 年第 2 期。

一、劳动基准法的概念

劳动基准一词源于英文中的"Labor Standard"（一般又译作"劳动标准"），以其作为立法名称最早可见于 1938 年通过的《美国公平劳动基准法》（Fair Labor Standard Act，FLSA，一般译作"公平劳动标准法"）。日本于 1947 年出台《劳动基准法》，此后，劳动基准这一概念在韩国、我国台湾地区的立法和学理上被广泛使用。

劳动基准，是指关于劳动条件的最低标准。劳动基准的含义可以从两方面来理解[1]：

第一，劳动基准所规范的对象是劳动条件。劳动条件又可称为工作条件，是指雇主雇佣劳动者从事工作时，双方有关工资、工作时间、休息休假等事项的约定。《日本劳动基准法》从劳动条件与劳动者生存之间的关系角度来界定，第 1 条第 1 款明确规定"劳动条件必须符合劳动者作为人在生活上应有的需要"。[2]

劳动条件与劳动基准密切联系，但各国对劳动条件范围的认定并不完全一致，有广义和狭义之分。广义上的劳动条件包括所有与劳动者有直接或间接关系的事项，工资、工时、休息休假、女工和未成年工、学徒、劳动安全卫生、劳动合同、工伤、劳动检查、福利待遇、社会保险等内容都包括在内，日本、韩国、我国台湾地区在"劳动基准法"中对劳动条件的规定采用的即是广义理解。广义的劳动条件范围很广，几乎涵盖了劳动法领域调整个别劳动关系的全部事项。国际劳工组织在第 111 号建议书中指出，劳动条件含工作时间、休息时间、带薪年休假、职工安全和卫生措施，以及与就业相关的社会保障措施、各种福利和津贴。国家协调劳动关系三方

---

〔1〕 参见邓娟：《我国劳动基准法研究》，中国人民大学 2010 年博士学位论文。

〔2〕 参见田思路、贾秀芬：《日本劳动法研究》，中国社会科学出版社 2013 年版，第 332 页。

会议将劳动条件概括为劳动报酬、工作时间、休息与休假、保险待遇、生活福利、职业培训、劳动纪律、劳动保护等内容。

狭义上的劳动条件主要是与劳动者直接相关的事项，但哪些事项属于劳动条件，在范围上也并非一致。如《美国公平劳动基准法》中所规定的劳动条件主要包括工资、工时。我国台湾地区学者黄越钦教授将工资、工时、休息休假、工作地点作为劳动条件法的内容。[1] 我国台湾地区学者谢徵孚认为劳动条件主要包括：一是工资，二是工作时间、休息及休假，三是童工、女工、学徒，四是安全卫生及劳动检查，五是灾害赔偿，六是工作规则，其中第一至三项特别重要，是劳动基准立法中的基本标准，必须予以规定。[2]

第二，劳动基准是关于劳动条件的最低标准。《日本劳动基准法》第1条第2款规定"鉴于本法规定的劳动条件为最低标准，劳动关系中的当事人不仅不得以此标准为借口降低劳动条件，而应必须力求高于本标准"。[3] 我国台湾地区"劳动基准法"第1条也作了类似的规定。[4] 劳动者和雇主在缔结劳动关系时可以对工时、工资等劳动条件进行自由约定，但劳动条件关乎劳动者的基本生活需要，而劳动者因经济弱势地位与雇主形成实质上的不平等关系，如果任由双方自由约定，雇主必然可以利用其经济上的优位，任意降低劳动条件，因此国家有必要通过国家强制方式为雇主设定劳动法上的法定义务，规定劳动条件的最低标准，避免因雇主随意降低

---

〔1〕 黄越钦：《劳动法新论》（修订3版），翰芦图书出版有限公司2006年版，第四章"劳动条件法各论"的内容。

〔2〕 参见陈国钧：《现代劳工问题及劳工立法》（下），正光书局有限公司1985年版，第90页。

〔3〕 参见田思路、贾秀芬：《日本劳动法研究》，中国社会科学出版社2013年版，第332页。

〔4〕 其规定：为规定劳动条件最低标准，保障劳工权益，加强劳雇关系，促进社会与经济发展，特制定本法；本法未规定者，适用其他法律之规定。雇主与劳工所订劳动条件，不得低于本法所定之最低标准。参见黄程贯主编：《新学林分科六法——劳动法》，新学林出版股份有限公司2014年版，第A1页。

劳动条件而损害劳动者的合法权益。劳动基准是国家为保障劳动者的基本生活需要而制定的。[1]

二、劳动基准法的性质

有学者指出，从劳动条件基准法定原则出发，可以提炼出劳动基准法所具有的一些性质[2]：

（一）劳动基准的法定性

劳动基准法定，意味着对劳动条件设置最低标准需要由国家有权机关通过立法来明确。[3] 这一性质源于劳动基准法所要实现的保障劳动者基本生活需要的价值目标。

（二）劳动基准的国家强制性

劳动基准的这一性质表现在法律条文中更多是以强制性规范的形式出现。强制性规范分为绝对强制性规范和相对强制性规范，劳动基准法中的强制性规范更多是以相对强制性规范为主，对劳动条件的约定有利于劳动者则约定仍有效。[4]

（三）劳动基准的公法性

劳动基准法是国家对劳动条件进行干预，直接介入，属于公法范畴。在德国，按照三分法理论，劳动法体系分为个别劳动法、集体劳动法和劳动保护法。德国学者 Harald Schliemann 指出，个别劳

---

〔1〕 我国学者对劳动基准的界定亦体现出这一目的。如董保华教授提出，劳动基准是指为了保障劳动者最起码的劳动报酬、劳动条件而规定的最低限度的措施和要求。参见董保华：《劳动法论》，世界图书出版公司 1999 年版，第 133 页。劳动基准是指国家为保护劳动者的利益而制定的有关劳动条件与劳动待遇的最低标准。

〔2〕 参见邓娟：《我国劳动基准法研究》，中国人民大学 2010 年博士学位论文。

〔3〕 大须贺明先生指出，劳动条件基准法定首先是要求其基准不能以法律之外的诸如政令之类的法的形式来规定，这尤其意味着禁止行政权来决定劳动条件基准，强调了劳动基准法的法定性。参见［日］大须贺明：《生存权论》，林浩译，法律出版社 2001 年版，第 222 页。

〔4〕 参见董保华：《社会基准法与相对强制性规范——对第三法域的探索》，载《法学》2001 年第 4 期。

动法和集体劳动法属于私法范畴，而关于技术上和社会福利的劳动保护法属于公法范畴，"但这不排除由于不遵守公法的劳动保护法规而对单个劳动者产生私法后果"。[1]

（四）劳动基准的替代性、补充性和最低保障性

个别劳动合同的约定或集体合同的约定所确定的劳动条件低于国家规定的最低标准，则劳动合同和集体合同的约定无效，相关部分直接适用于国家规定的劳动基准，此即劳动基准的替代性。劳动合同和集体合同未就有关事项进行约定或约定不明时，并不意味着相关事项不受约束，此时也需由劳动基准法介入，其内容补到劳动合同和集体合同的框架下，来约束劳动关系当事人，此即劳动基准的补充性。[2] 劳动基准法的最低保障性体现在我国《劳动合同法》第 55 条的规定："集体合同中劳动报酬和劳动条件等标准不得低于当地人民政府规定的最低标准；用人单位与劳动者订立的劳动合同中劳动报酬和劳动条件等标准不得低于集体合同规定的标准。"

三、劳动基准法的效力

林嘉教授指出，关于劳动基准法的效力，学界对此仍有不同观点，争点问题即在于：劳动基准法的规范效力是公法效力，还是私法效力，其是否属于公法范畴内的行政法规范。这是劳动基准法的基本问题，其直接关系到劳动基准法的法律效力类型以及权利义务的设置方式。概括而言，学界主要有两种效力理论，即"反射效力

---

〔1〕 ［德］Harald Schliemann：《中德劳动合同法—劳资协定法之比较》，载中华人民共和国劳动和社会保障部法制司、德国技术合作公司中国法律改革咨询项目编著：《中德劳动与社会保障法：比较法文集》，中信出版社 2003 年版，第 82 页。

〔2〕 替代性和补充性的体现如我国《劳动合同法》第 18 条规定：劳动合同对劳动报酬和劳动条件等标准约定不明确，引发争议的，用人单位与劳动者可以重新协商；协商不成的，适用集体合同规定；没有集体合同或者集体合同未规定劳动报酬的，实行同工同酬；没有集体合同或者集体合同未规定劳动条件等标准的，适用国家有关规定。

说"和"双重效力说"[1]：

（一）公法效力——"反射效力说"

该学说是我国台湾地区的学界通说，认为劳动基准法的保护并非基于劳动契约，而是以整体社会经济和国家公共利益为出发点，所形成的是雇主与国家之间的公法关系。因而，劳动基准法属于公法，仅具有公法效力。典型代表学者是我国台湾地区劳动法学界权威教授陈继盛，他认为劳动基准法在法的规定形态上并非直接规定雇主与劳动者之权利义务关系，而系规定国家与雇主间之权利义务关系。雇主应履行之义务，乃是以国家为权利人，而劳动者仅因为是雇主义务履行之对象而受益。雇主如不以劳动基准法规定履行义务，请求权利人是国家，而非劳动者。这一观点被称为"反射效力说"，对我国台湾地区学界影响颇大，黄越钦、林丰宾等学者均采取该说。

（二）公、私法双重效力——"双重效力说"

此学说为德国劳动法界的通说。该学说认为劳动保护法对雇主规定的命令与禁止义务，会内容一致地形成雇主对劳动者具有强行法性质的契约义务。此项契约义务内容形成效果，源于雇主所负之抽象契约上的利益维护义务，而劳动保护法规定正是以最低保护基准的形式予以具体化。根据民法中关于雇主对劳工所负之保护义务的概括条款或雇佣契约章节中之相关规定，劳工因被纳入雇主之指挥、管领范围提供劳务，故雇主对劳工因而所可能产生之各种危害负有一种强化的利益维护义务，此义务乃是由诚信原则所导出，原则上系契约附随义务，但若劳动保护法内容有涉及，则转化为雇主的主给付义务。依据该说，劳工在雇主违反基准法律时，可以主张

---

[1] 参见林嘉、陈文涛：《论劳动基准法的法律效力》，载《清华法学》2014年第4期。关于劳动基准法的效力研究，还可以参见邓娟：《我国劳动基准法研究》，中国人民大学2010年博士学位论文；陈文涛：《劳动基准法的强制性调整机制研究》，中国人民大学2014年博士学位论文。

契约义务的履行请求权，请求雇主做出合乎基准规范的行为。我国台湾地区学者黄程贯教授主张此说，[1] 林嘉教授亦认为"双重效力说"更具有合理性，劳动基准法在公、私领域中具有双重的法律效力，应当区分公法效力和私法效力。劳动基准法所调整的是两种性质不同的法律关系，即劳动行政关系与劳动关系。这构成了"双重效力"的法理基础。[2]

四、劳动基准法的立法模式

（一）国外及我国台湾地区劳动基准法的立法模式

1. 分散立法模式

早期的劳动基准法是采用分散立法模式。作为规范政府干预劳动条件、限制个体意思自治的法律，规范工作时间、休息休假和工资等实质意义上的"劳动基准法"由来已久。最早的劳动法即英国1802年《学徒健康与道德法》就是最早有关工时、劳动年龄等劳动基准的立法。新西兰于1894年制定了世界上第一部最低工资法。目前德国、瑞典等国家的劳动基准立法也是采取分散立法模式，由不同的法律对对工作时间、休息休假、最低工资等劳动标准分别进行规定。原因在于这些国家的劳动者团体和雇员团体的力量相对比较强大，社会自治（团体自治）的空间较大，国家的干预相对有限。

2. 统一立法模式

以"劳动基准法"命名统一立法的主要有美国、加拿大、日本、韩国和我国台湾地区。

美国规范工作条件的法律主要是1938年《美国公平劳动基准

---

〔1〕 关于本学说的讨论参见黄程贯：《劳动基准法之公法性质与私法转化》，载周永坤主编：《东吴法学》（2006年秋季卷），法律出版社2007年版，第1~15页。

〔2〕 参见林嘉、陈文涛：《论劳动基准法的法律效力》，载《清华法学》2014年第4期。

法》，主要规定工资、工时，范围狭窄，后来于 1970 年制定《职业安全及卫生法》对劳动保护作出规定。1965 年《加拿大劳工（标准）法》规定了工作时间、最低工资、年休假、通例假日等内容。

日本于 1947 年制定了《日本劳动基准法》，共十三章，包括总则，劳动契约，工资，劳动时间、休息、休息日以及年度带薪休假，安全与卫生，年少者、孕妇产妇等，技工培养，灾害补偿，就业规则，宿舍，监督机构，杂则，罚则等内容。[1]《日本劳动基准法》对亚洲的劳动立法产生了重要影响我国台湾地区制定的"劳动基准法"便参考了《日本劳动基准法》。1953 年颁布的《韩国劳动基准法》包括总则、劳动合同、工资、工作时间和休息、女性和未成年人、安全与健康、学徒、事故赔偿、雇佣规则、宿舍、劳动监察、罚则等内容。我国台湾地区 1984 年制定的"劳动基准法"，包括劳动契约、工资、工作时间、休息休假、童工女工、职业灾害补偿、退休、工作规则、技术生、监督与罚则等内容。

3. 纳入法典模式

这一种模式是将劳动基准法的内容纳入综合性的劳动法典中，如《法国劳动法典》、1988 年《俄罗斯联邦劳动法典》、1994 年《越南劳动法典》等。《法国劳动法典》第一卷"有关劳动的规定"包括学徒合同、劳动合同、集体合同、工资和罚则部分；第二卷"劳动规章"下分劳动条件（包括录用年龄、劳动时间、夜班），休息与休假，卫生、安全及劳动条件，劳保医生，劳动社会性服务，罚则；第三卷是有关职业介绍和就业部分；第四卷包括是行业团体、雇员代表事宜、雇员参与及分红制度等。《俄罗斯联邦劳动法典》共 18 章 255 条，在总则之下规定了就业保障、集体合同、劳动合同、工作时间、休息时间、工资、劳动定额和计件单价、保障和补偿、劳动纪律、劳动保护、妇女劳动、青年劳动、职业培

〔1〕 该法中文译本参见田思路、贾秀芬:《日本劳动法研究》，中国社会科学出版社 2013 年版，第 331~361 页。

训、劳动争议、工会、社会保险、对劳动法执行情况的监督检查等内容，涵盖了劳动法领域下的所有内容。1994 年《越南劳动法典》共 17 章，包括总则、就业、职业训练、劳动合同、集体合同、工资、工作时间和休息时间、劳动纪律和责任、职业安全卫生、关于女工的特殊规定、关于未成年工等特定群体的特殊规定、社会保障、工会、劳资争议处理、劳动行政、国家劳动监察和处罚等内容。

在上述立法模式中，分散立法模式针对某项内容制定立法，比较具体、细致，但体系化方面有所欠缺，立法的时间先后也容易导致各部分之间缺乏逻辑联系性。统一立法模式将各项劳动基准制度规定在同一法律中，具有体系化之优势，可以对各具体劳动基准制度概括出共同原则予以规定，也容易在各部分之间建立起逻辑联系性；但由于劳动基准制度各部分的较大差异性以及内容的庞杂性，统一立法模式易出现的问题是只能对各项劳动基准制度作出原则规定，可操作性上有所欠缺，在具体适用上可能还需配套以单行法来细化规定。纳入法典模式则需要进行更高程度的体系化立法，需要劳动法各个部分均已经比较成熟，否则只能制定原则性的法典，仍需制定单行法来进行具体化，出现和前述统一立法模式相同的问题。这三种立法模式各有优劣，采取何种模式还应当考虑各国的具体情况。

（二）我国劳动基准法的立法模式

我国 1994 年《劳动法》关于劳动基准方面的规定包括了工作时间和休息休假、工资、劳动安全卫生、女职工和未成年工特殊保护、监督检查、法律责任等方面，建立了劳动基准法大部分的内容框架。在《就业促进法》《劳动合同法》《劳动争议调解仲裁法》单独立法之后，劳动基准法是否也应当单独立法，学术界有不同观点。

1. 分散立法模式

有学者反对单独制定一部《劳动基准法》，应当采用分散立法的模式。反对理由主要有：在我国《劳动合同法》首先成熟起来的情况下，我国很难形成一个如与日本立法范围相一致的"劳动基准"术语，将来徒增理论上的烦恼；劳动基准立法虽然是劳动立法的重要趋向，但是劳动基准立法法典化却并非潮流。从我国劳动基准立法的现状出发，不宜亦不易制定一部名为"劳动基准法"的法律，但是应该契合健全劳动标准体系的政策，一方面全面推行各领域、各行业的劳动基准立法，另一方面应以工资工时基准立法为抓手，尽快出台《工时法》《工资法》。[1] 有学者还指出，我国的劳动基准立法研究起步较晚，对于劳动基准体系的边界以及劳动基准的概念、性质等劳动基准法自身的原理研究尚不透彻，理论研究不够充分，缺乏整体性和系统性，制定一部综合性的劳动基准法对立法技术的要求很高，而我国缺乏相关的立法经验，综合立法的难度将非常之大。[2]

2. 统一立法模式：制定单独的劳动基准法

有学者认为，我国目前虽有劳动基准性法律规范，但是存在规定分散、内容缺失、法律位阶低、地区差异大等问题，解决这些问题的最理想方案就是由中央立法机关制定一部统一的《劳动基准法》。[3] 有学者认为，这样的立法体例将各项劳动基准制度规定在同一法律中，具有系统、体系化之优势，可以对各具体劳动基准制度概括出共同原则予以规定，作为指引。[4]

在立法路径上，有学者认为即便一部统一的《劳动基准法》具

---

〔1〕 参见涂永前：《我国劳动基准立法的现状与进路》，载《社会科学》2014 年第 3 期；类似观点可参见江峰、刘文华：《劳动关系法治化治理专题劳动基准法律规制研究》，载《中国劳动》2017 年第 4 期。

〔2〕 参见刘汉伟、刘金祥：《我国劳动基准立法体例探究》，载《华东理工大学学报（社会科学版）》2017 年第 1 期。

〔3〕 参见王文珍、黄昆：《劳动基准立法面临的任务和对策》，载《中国劳动》2012 年第 5 期。

〔4〕 参见邓娟：《"放松管制"趋势下我国劳动基准立法的思考》，载《探求》2015 年第 1 期。

有重要意义，但考虑到我国目前劳动基准立法较为落后的现状，一步到位地制定《劳动基准法》的时机尚未成熟，建议根据我国劳动关系发展的需要，对劳动基准仍应采用分散立法和机动立法的方法，在不断积累劳动基准立法和实践的基础上，再制定单独的劳动基准。〔1〕分散立法同时也要存在重点立法，例如王全兴教授指出："在现行劳动基准立法中，以生命健康为中心的劳动基准立法多于以劳动收入为中心的劳动基准立法，故今后应当将以劳动收入为中心的劳动基准立法作为重点"〔2〕。

我们认为：我国应该尽快制定一部统一的《劳动基准法》，这既是劳动基准法在劳动法体系中的重要地位决定的，也是由我国目前劳动基准现行立法存在的诸多问题决定的。总体来看，我国劳动基准的现行立法的主要问题是：其一，层级低且过于分散，与劳动合同、就业促进、劳动安全卫生、职业培训和社会保险立法相比严重滞后，关于工作时间、休息休假等基本劳动标准的规定极其分散，地区间、行业间、不同劳动者群体间的差距巨大，迫切需要制定一部综合的基本劳动标准法，解决基本劳动标准适用各环节存在的问题。其二，内容简略且不够完善，法规规章的内容仍有相当空白和模糊之处，可操作性不强。其三，法律调整方式单纯依赖行政强制，法律的实施机制不完善，导致保护劳动者劳动权和休息权的目的难以充分实现。解决这些问题，有必要制定一部统一的《劳动基准法》。

---

〔1〕 参见王全兴等：《专家谈：劳动基准法问题》，载《中国劳动》2011 年第 5 期。文中引用的是沈同仙教授的观点。

〔2〕 王全兴等：《专家谈：劳动基准法问题》，载《中国劳动》2011 年第 5 期。

第六节　劳动行政法与劳动争议处理法

一、劳动行政法

（一）劳动监察

1. 现行劳动监察中存在的理论和实践问题

（1）我国现行劳动监察适用情形过于宽泛。首先，我国现行劳动行政法十分倚重劳动监察。《劳动法》《劳动合同法》《安全生产法》《职业病防治法》中凡是涉及劳动行政法的法律规范，几乎规定的都是劳动监察及其与此相关的行政处罚的内容。只有《就业促进法》中出现了少量具体规定行政激励的内容。

其次，我国现行劳动行政法所规定的劳动监察其适用情形过于宽泛。《劳动法》第 85 条规定："县级以上各级人民政府劳动行政部门依法对用人单位遵守劳动法律、法规的情况进行监督检查，对违反劳动法律、法规的行为有权制止，并责令改正。"第 87 条规定："县级以上各级人民政府有关部门在各自职责范围内，对用人单位遵守劳动法律、法规的情况进行监督。"可见，我国劳动监察适用情形是对用人单位遵守劳动法律、法规的情况进行全面监督。同时，依据《劳动合同法》第 74 条的规定，我国劳动监察适用情形包括对用人单位实施劳动合同制度的情况进行全面监督。此外，依据《劳动法》第 91 条和《劳动合同法》第 85 条的规定，用人单位有下列侵害劳动者合法权益情形之一的，由劳动行政部门责令支付劳动者工资报酬、经济补偿；逾期不支付的，责令用人单位按应付金额 50%以上 100%以下的标准向劳动者加付赔偿金：①克扣或者无故拖欠劳动者工资的；②拒不支付劳动者延长工作时间工资报酬的；③低于当地最低工资标准支付劳动者工资的；④解除劳动合同后，未依照法律规定给予劳动者经济补偿的。将克扣或者无故

拖欠劳动者工资、拒不支付劳动者加班工资和经济补偿金这些或许
存在劳动者和用人单位个体劳动争议应该经过劳动争议的途径进行
解决的内容，全部纳入劳动监察的范畴，这是我国所独有的。因
此，可以毫不夸张地说，我国前述劳动立法所规定的劳动监察是世
界上适用范围最为宽泛的劳动监察——世界上大多数国家的劳动监
察仅仅局限于执行劳动基准法。

　　我国现行劳动监察适用情形过于宽泛，我们认为原因主要在
于：其一，我国的主流劳动法学理论相信甚至有些误读了一种劳动
监察有效理论。在许多劳动法学者看来，劳动监察其重要性正如前
国际劳工局局长索马维亚（Somavia）所说："没有监察，劳动立法
只是一种道德运用，而不是有约束力的社会纪律"；"一个国家的劳
动法无论多么先进，如果没有使之强制执行的劳动监察制度，都将
成为一纸空文。"这两段话被普遍认为清楚地阐述了劳动监察在劳
动法制建设中的地位。[1] 在运用国家权力促进劳动保障法律准确
有效实施中，劳动监察起着至关重要的作用。在劳动法发展的历程
中，就是因为其他社会监督力度欠缺，才由国家行政机关构建了专
门的劳动监察制度。[2] 其二，我国的主流劳动立法理论认为，将
劳动者个体维权和劳动监察叠加在一起，实行对劳动者权益的"双
重（双保险）保护"是必要且合理可行的法律设计，可以有效弥
补我国集体劳动法弱化的缺陷，因而，在前述劳动监察有效理论基
础上形成了劳动监察万能理论。这正体现出对劳动监察有效理论的
误读，因为在该理论中，劳动监察的有效性是建基于劳动监察仅限
于执行劳动基准性之上的。劳动监察若如我国劳动立法规定的这样
泛化到执行几乎所有劳动法，包括个体劳动法规范的内容（如用人
单位拖欠个别劳动者工资、拒不支付个别劳动者加班工资和经济补

---

〔1〕 参见陈玉萍：《国外的劳动监察制度》，载《中国劳动保障》2007 年第 9 期。
〔2〕 参见黎建飞：《强化劳动监察的意识与职能》，载《中国劳动保障》2005 年第
12 期。

偿金、与个别劳动者产生劳动争议）和集体劳动法规范的内容（如用人单位制定内部劳动保障规章制度的情况），那其有效性就根本无从谈起了。清楚地界分个体劳动法、集体劳动法和劳动行政法三者之间的界限，是本子课题研究所要攻克的一大难关。

以下主要针对我国《劳动法》第 91 条和《劳动合同法》第 85 条有关由劳动行政部门责令用人单位支付劳动者的工资报酬、经济补偿，并可以责令支付加倍赔偿金规定的可能存在的问题，给出我们的分析论证：

依据国际通行立法例，劳动监察产生和存在的必要合理性在于执行劳动基准法，劳动监察旨在实现为劳动基准法所规定的劳动者基本利益，个体劳动法、集体劳动法与劳动行政法三者之间的界限应较为清晰。反观我国前述劳动立法，如此适用情形广泛的劳动监察与个体劳动法规范的内容和集体劳动法规范的内容肯定多有重叠甚至纠缠不清。

我们认为：无论是《劳动法》《劳动合同法》，还是《劳动争议调解仲裁法》，其中的相关规定，都没有提及是否只有在不存在劳动争议的情形下，才适用责令限期支付制度，反之，则不适用该制度。《劳动保障监察条例》第 21 条就此虽有提及且具有特殊意义，但不甚明确，在实践中各方就此的理解颇生歧义，值得深入分析探讨。某些劳动争议，法律规定了劳动者既可以寻求劳动仲裁，又可以通过劳动监察进行解决，两种手段的混合运用导致了实践中法律适用的混乱，这就模糊了个体劳动关系（劳动争议处理）与劳动行政关系（劳动行政监察）的界限，甚至导致二者之间混淆不清。以至于劳动行政部门常常对是否实施责令限期支付左右为难、举棋不定，有时成为其不履行责令限期支付职责（行政不作为）的挡箭牌；或者造成劳动行政监察越俎代庖处理了本该由劳动争议处理解决的事项，因此否定了劳动仲裁和民事诉讼的处理结果践踏了其权威。翟玉娟教授解析道：虽然通过劳动监察解决劳动争议程序少、时间快，但加大了国家的执法成本，将当事人本应通过一般劳动争议救济途径解决的问题，通过行政救济途径加以解决也加大了劳动行政部门的执法风险。将个体应承担的经济成本由全社会加以支付，既与劳动法制的发展趋势相违背，又与法理不符。通过行政手段解决劳动关系领域的一切争议，也与现代社会的发展不符。无论怎样强化突出劳动监察，都不能将劳动监察作为万能的方式来解决劳资关系中的一切问题。在一个充满不确定性，多元利益关系冲突频繁的现代社会，过多依赖强制性手段来解决劳动关系领域的一切问题，使得劳动监察力不从心。[1]

（2）我国现行劳动监察执行并不十分有力，是显而易见的事实。翟玉娟教授解析道：在劳动法中，有一些属于劳动基准法性质的规定，如工资、工时、社会保险等，用人单位违反这些劳动基准，本应是劳动监察的重点，但实践中劳动监察没有严格按照法律规定的标准对用人单位进行处罚，而是往往轻描淡地写进行处理。在具体分析的案件中，有 15 件劳动行政部门发现用人单位有违法现象，对用人单位按照法律标准实施行政处罚的只有 1 件，其他的仅对用人单位通过发出限期整改通知书，还有 2 件劳动者投诉不仅反映个人问题也反映用人单位对其他劳动者违法，劳动监察在受理劳动者投诉后，仅对涉及投诉的劳动者本人问题进行调查，对违法企业的其他严重违法行为即使发现了也不做处理。[2]

从近 5 年人力资源和社会保障部发布的统计公报数据中可得到印证，近 5 年劳动争议案件数量仍然是稳步持续上升，劳动仲裁压力较大，而劳动监察所查处的违法案件近 5 年来数量却在持续下降。《中共中央、国务院关于构建和谐劳动关系的意见》中也明确

---

〔1〕 参见翟玉娟：《中国劳动监察的困境与挑战——以劳动行政部门的屡屡败诉为例》，载《行政与法》2008 年第 8 期。

〔2〕 参见翟玉娟：《中国劳动监察的困境与挑战——以劳动行政部门的屡屡败诉为例》，载《行政与法》2008 年第 8 期。

指出，我国劳动关系矛盾已进入凸显期和多发期，劳动争议案件居高不下，有的地方拖欠农民工工资等损害职工利益的现象仍较突出，构建和谐劳动关系的任务艰巨繁重。前文论及，我国的主流劳动立法理论将劳动者个体维权和劳动监察叠加在一起，实行对劳动者权益的"双重（双保险）保护"，劳动监察已被我国劳动立法泛化，包括个体劳动法规范的内容，如在用人单位拖欠劳动者工资、拒不支付劳动者加班工资和经济补偿金、与劳动者产生劳动争议的情形下也没有排除实施劳动监察。既然如此，若劳动监察执行有力，那应该就不会出现如此多的劳动争议案件，因为劳动争议案件的解决于当事人和裁判者而言既费力又费时，远没有劳动监察有效率。劳动争议案件居高不下，其正好佐证了我国现行劳动监察执行十分不力。

既往的研究中认为我国现行劳动监察执行十分不力的主要原因在于：其一，劳动监察执法人员少、执法力量薄弱；其二，地方政府片面强调经济发展，限制劳动监察执法力度发挥。针对第一方面原因，翟玉娟教授解析道：无论我国还是其他国家，都会面临日益增长的公共需求与有限的公共人员的矛盾，不但我国缺少劳动监察人员，同样其他国家也面临执法人员短缺的困难。问题的关键不是增加多少监察人员，而是要加大执法力度，对那些违反劳动法的企业严格按照法定标准进行执法。我国的劳动监察不能单纯地依靠增加执法人员、壮大执法力量解决执法不力问题。[1] 我们在研究中检索到的文献资料也证明了：执法人员少、执法力量薄弱并非劳动监察不可克服的障碍。依据 1995 年发布的《劳动监察员管理办法》，兼职劳动监察员（有的地方叫"劳动监察协管员"）就开始普遍设置。2006 年成都市已经推出劳动保障监察新举措，在全市实行劳动保障监察网络化管理。在 2006 年以前，成都市有劳动保障监察员 108 人，监管着全市近 20 万家用人单位（不含个体户）、

---

〔1〕 参见翟玉娟：《中国劳动监察的困境与挑战——以劳动行政部门的屡屡败诉为例》，载《行政与法》2008 年第 8 期。

550 余万劳动者是否遵守劳动保障法律法规的情况，劳动保障监察人员严重不足。成都市实行的劳动保障监察网格化管理，是以街道（乡镇）为单位，分片划分成若干个区域，在每个网格区域内，配置相应的劳动保障专兼职监察人员和劳动保障协管员，调查掌握用人单位依法与劳动者签订劳动合同、参加社会保险、工资支付和遵守劳动保障法律法规情况，对网格内用人单位的劳动用工情况进行动态监督监控，形成全覆盖、全方位、全动态、全过程监督检查的劳动保障监察机制，切实维护劳动者和用人单位的合法权益。按照实施方案，成都市劳动保障监察网格化管理原则上按照一个街道（乡镇）划为一个网格，也可根据街道（乡镇）地域内用人单位数量的实际划分网格。每个网格配置不少于 2 名劳动保障专兼职监察员，并根据网格内用人单位数量的实际，在街道（乡镇）配置劳动保障兼职监察员，在社区（村）配置劳动保障监察协管员和法律监督员。通过逐一对网格地域内全部用人单位的基本信息采集，建立用人单位遵守劳动保障法律法规的劳动用工电子信息档案，并在此基础上，建立全市用人单位劳动用工基本信息数据库，实现劳动保障监察的全面覆盖、动态管理、有效监督。[1] 我们认为：劳动监察的真正难题是其适用情形到底是什么和即使执法人员增多、执法力量壮大了也可能同样存在执法不力的问题。

我们认为我国现行劳动监察执行十分不力的原因主要在于：其一，我国现行劳动监察适用情形过于宽泛，且合理、可行性方面存在可被质疑性，劳动监察人员自身对此执法往往充满矛盾困惑，对该不该执法显得底气不足。其二，劳动监察依附于行政公权力体制，若无强有力的党和国家监督与社会监督制衡，本来就存在着一些较难克服（并非无法克服）的负面的可能性：执法者通常没有被违法行为所侵害的切肤之痛，缺乏积极勤勉执法的内在动力；执法

---

[1] 参见赵虹：《成都市实行劳动保障监察网络化管理 全面覆盖 动态管理 有效监督》，载《四川劳动保障》2006 年第 5 期。

容易流于形式、惯于惰性，认为多一事不如少一事，往往出现选择性行政执法或行政不作为；执法者容易被违法者所"俘获"，滋生权钱交易；执法者容易趋向于实现某一方面的国家利益（如多处以罚款然后上缴国库）或顾及地方经济发展的局部利益（前述既往的研究认为的我国现行劳动监察执行不力的第二方面原因）。

毋庸置疑，我国的劳动监察从无到有，从小到大，对保障劳动法的贯彻执行、保障劳动者的合法权益起到了积极的作用。但我们认为，不应片面夸大劳动监察的功能作用，鼓吹劳动监察万能论更不可取。如果继续维持劳动监察的超宽范围，觉得只要劳动监察执法人员增多、执法队伍扩大，劳动领域的一切问题都会得到解决，劳动关系就会和谐，也有失偏颇。我国现行劳动监察的范围如此广泛，实际又难以落实执行，这其实非常不利于构建和谐劳动关系。试想，当劳动者依据我国《劳动法》第91条和《劳动合同法》第85条，要求劳动监察部门责令用人单位向其支付工资报酬、经济补偿、赔偿金，而劳动监察部门拒绝履行职责（行政不作为）时，劳动者和用人单位怎会继续足够相信政府具有公信力和劳动法具有权威性？用人单位很可能会继续违反劳动法侵害劳动者合法权益；劳动者或许会另行通过劳动争议方式维权，但也可能采取非常规的方式维权，或者选择心存不满但隐忍不发（在未与用人单位解除劳动关系的情形下最有可能如此）。

2. 构建和谐劳动关系如何完善劳动监察制度

（1）限缩劳动监察的适用情形，并基本理顺劳动监察与个体劳动法和集体劳动法的关系。在我国现行劳动立法中，由劳动监察越俎代庖，调整本该由个体劳动法、集体劳动法调整的劳动关系，造成了劳动监察法律制度适用的混乱和障碍。因此，完善与创新劳动监察制度首先必须限缩劳动监察的适用情形，将劳动监察的适用情形削减为劳动基准法执法，基本理顺劳动监察与个体劳动法和集体劳动法的关系。但新的问题又出现了：我国是需要制定一部名为

"劳动基准法"的法律吗？我们主张：其一，不论我国是否制定出一部名为"劳动基准法"的法律，都有必要在劳动法理论和实践层面，清晰界定出一个"劳动基准法"的概念和制度体系，如此方能实现将劳动监察的适用情形削减为劳动基准法执法的设想。《中共中央、国务院关于构建和谐劳动关系的意见》就"加强构建和谐劳动关系的法治保障"明确指出："进一步完善劳动法……等法律的配套法规、规章和政策，加快完善基本劳动标准……"这实际肯定了劳动基准法的价值。至于劳动基准法与我国现行《劳动法》的关系，当然是后者包含前者的关系。其二，将劳动监察的适用情形限缩为劳动基准法执法，但这并不一定意味着劳动监察处理各种行政事务的范围明显变小了，而只是其适用情形大为限缩了。这种限缩本身就可以使劳动监察部门从以劳动监察手段处理各种个体或集体劳动争议中解脱出来，基本理顺劳动监察与个体劳动法和集体劳动法的关系。

《中共中央、国务院关于构建和谐劳动关系的意见》就以劳动监察手段"切实保障职工取得劳动报酬的权利""切实保障职工休息休假的权利""切实保障职工获得劳动安全卫生保护的权利"提出了具体要求。将劳动监察的适用情形削减为劳动基准法执法，有助于促进劳动监察的实现和落实。因为这将更有利于劳动监察这种刚性的行政执法找准靶向，将有限的最强势行政执法资源用于预防和纠正用人单位拒不执行劳动相关立法的规定，严重侵害广大劳动者合法权益的违法行为，真正保护广大劳动者的合法权益，而不是保护个别劳动者的合法权益。

（2）保障限缩后的劳动监察切实得以实现。《中共中央、国务院关于构建和谐劳动关系的意见》就"加强构建和谐劳动关系的法治保障"明确指出：进一步完善劳动法、职业病防治法等法律的配套法规、规章和政策，加快完善基本劳动标准、企业工资、劳动保障监察等方面的制度，加强行政执法和法律监督，促进各项劳动保障法律法规贯彻实施。就"健全劳动保障监察制度"明确指出：全面推进劳动保障监察网格化、网络化管理，实现监察执法向主动预防和统筹城乡转变。创新监察执法方式，规范执法行为，进一步畅通举报投诉渠道，扩大日常巡视检查和书面审查覆盖范围，强化对突出问题的专项整治等。

将劳动监察的适用情形削减为劳动基准法执法，有助于促进劳动监察的实现和落实。但是，仅仅将劳动监察的适用情形削减为劳动基准法执法，仍不足以保障劳动监察劳动基准法执法的实现和落实。因为即便属于传统的以政府行政权力实现与维护真正的社会公共利益的领域，执法者惰于执法、疏于执法、选择性执法、行政不作为情况也依然存在。因此，如何通过劳动监察主体自觉依法行政和对其实施国家和社会监督，保障其劳动监察职责的实现和落实，是本子课题研究的艰巨任务之一。

对行政执法的监督分为党和国家监督（含新设监察委实施监督）与社会监督，社会监督包括特定行政相对人监督、公众监督、社会组织监督、独立第三方评价机构监督、新闻媒体监督等。对包括劳动监察在内的行政执法的前述各种监督都非常重要，各自充分发挥作用又相互配合，总体上一定能起到良好的监督功效。我们主张强化对劳动监察的社会监督，具体应进一步发挥工会、劳动者和用人单位、独立第三方评价机构对劳动监察的监督作用。

依据《劳动法》第88条第2款的规定，任何组织和个人对于违反劳动法律、法规的行为有权检举和控告。依据这一笼统抽象的规定，实施对劳动监察的社会监督，肯定是不太现实的。近些年，各级工会纷纷作出各种探索，改进工会工作方式。如2016年4月，厦门市首批兼职劳动保障监察员队伍在厦门市总工会诞生，50名工会专干获聘为兼职劳动保障监察员。[1] 我们认为：工会专干获

---

〔1〕 参见吴林增：《厦门全省首创工会专干兼职劳动保障监察员》，载 http：//www.taihainet.com/news/xmnews/szjj/2016-04-17/1711197.html，最后访问时间：2019年4月25日。

聘为兼职劳动保障监察员，其意义不仅在于充实了劳动监察队伍和破解了当前工会刚性执法权缺失的难题，更为重要的是，还可能利用这一途径推进工会对劳动监察工作的社会监督。

近十几年来很多地方都在利用互联网这一重要的资源平台推进劳动监察工作的落实，并取得了成效。如《山西省劳动保障监察网络化管理实施意见》中指出：劳动保障监察网络化管理是在劳动保障监察网格化管理的基础上，利用金保工程构建的网络平台，采集劳动保障系统内各部门获取的用人单位劳动用工信息，建立统一的劳动保障监察信息数据库，提高执法效能和科学化监管水平。劳动保障监察网格化管理是各级劳动保障行政部门按照省、市人民政府确定的劳动保障监察管辖范围，将管理对象纳入网络系统依一定的标准按地域划分成网格，确定监管责任区，明确责任人，通过采集用人单位劳动用工信息，综合评价其守法情况，对监管对象实施分类管理，指导和督促用人单位遵守劳动保障法律、法规、规章，依法维护劳动者的合法权益。劳动保障监察网格化管理是实现网络化管理的重要基础，是对用人单位劳动用工实现日常执法监督的重要管理手段，是实现劳动保障监察全覆盖的重要措施。通过网格化管理的建设，形成省、市、县、乡四级网格，实现责任明确，分级负责、部门联动、全面覆盖的劳动保障监察网络化管理新格局，切实维护劳动者的合法权益。[1]

就此我们认为，值得进一步探讨的问题包括但不限于：其一，如何促使劳动监察主体自觉依法行政？其二，如何推进对劳动监察工作的党和国家监督与社会监督，特别是应如何强化对劳动监察的社会监督？其三，如何利用互联网这一重要的资源平台推进劳动监察工作以及对劳动监察工作的党和国家监督与社会监督？

---

〔1〕 晋劳社厅发〔2007〕110 号。

（二）其他劳动行政制度创新

1. 劳动行政法单纯依赖劳动监察，其他行政手段虚置不用

前文论及，我国现行劳动立法十分倚重劳动监察，《劳动法》《劳动合同法》《安全生产法》《职业病防治法》中凡是涉及劳动行政法的法律规范，几乎规定的都是劳动监察及其与此相关的行政处罚的内容。而其他重要的行政手段，如劳动行政指导、劳动行政激励等很少依法适用甚至被虚置不用（只有《就业促进法》中出现了少量劳动行政激励的法律规范内容），即使被适用，也大多不是依法而是依政策适用。

（1）劳动行政指导、劳动服务制度及其适用。行政指导是指拥有具体行政职权的行政主体，主动与其行政职权范围所涉及或针对的行政相对方之间，通过组织学习政策法规、相互谈话沟通分析利害与讲评方略方式，对后者运行中存在的问题予以纠正并对其行为予以规范的准具体行政行为。日本行政法之"行政指导"，其原理是国家（政府）有时避免从法律的强制力上来约束人民的行为，而以非权力性领导来实际达成规制的目的。行政指导惯用的手段有劝告、指示和计划等。[1] 在现代行政法理论中，行政指导不同于行政监察和行政处罚：后两者具有强制性，属于高权行政或曰刚性行政，而前者不具有强制性，属于低权行政或曰柔性行政。

行政帮助并不是现代行政法理论中的一个常用概念，我们大致可以对其作出如下解释：是指拥有具体行政职权的行政主体，以行政资源为行政相对方提供某种合法的便利，惯用的手段有登记备案、信息查询等。

在我国的劳动法实践中，劳动行政部门还惯于采取劳动监察手段实施劳动行政执法，行政指导和行政服务则极少被运用。我们在检索中，仅检索到一个适用实例：陕西省略阳县劳动监察大队积极

---

〔1〕 参见［日］金泽良雄：《经济法概论》，满达人译，甘肃人民出版社 1985 年版，第 61～62 页。

探索构建和谐劳动关系新模式，建立用人单位负责人"约谈"机制，实行柔性执法。2016 年以来，略阳县劳动监察大队结合当前经济下行引发的劳资矛盾纠纷多发形势，综合分析研判近几年劳动监察执法中发现的各类问题，打破常规执法，开展有针对性的集中执法。对劳动者投诉的用人单位违法行为和各类执法检查中发现的突出问题，在向违法单位下达限期责令改正书的同时，通知用人单位负责人到监察大队进行行政约谈，在"约谈"中，严厉指出用人单位存在的主要违法行为，并就相关劳动保障法律法规进行宣传讲解，运用鲜活事例，以案说法，融会贯通、深入浅出地上好法制课，责令被约谈单位限期改正违法行为。经约谈，用人单位对自身存在的违法行为从思想深处有了深刻认识，诚恳表示立即整改到位，并加强日常用工管理。据悉，该大队实施行政约谈制度以来，有效化解了劳资纠纷 16 件，为农民工追讨工资 51 289 元，妥善纠正了违法事项 438 项。行政约谈制度的建立实施，有效促进了劳动保障法律法规的贯彻落实，杜绝了用人单位违法行为的重复发生，使劳资纠纷化解在萌芽、消灭在基层；对于加强与用人单位的沟通联系、提高其遵纪守法的自觉性、贯彻"教育为主，处罚为辅"的行政执法原则有深远的现实意义。[1]

（2）劳动行政激励及其适用。在现代行政法理论中，行政激励与行政约谈（指导）相同，不属于高权行政或曰刚性行政，而属于低权行政或曰柔性行政，它与行政约谈（指导）的区别在于带有明显的激励和诱引行政相对人的意图。行政激励的原理是：政府或者其他公共组织通过减免或增加税收和行政性收费、购买公共服务或者给予国家财政或者专项基金补贴以及合理配置其他公共资源等低权行政手段，激励和诱引行政相对人积极实现行政目的。

有学者曾深刻阐述道：我们现今建设和谐社会（包括构建和谐

---

〔1〕　参见徐静：《略阳劳动监察巧用"约谈"机制提升执法效能》，载 http：//sx-lydj. gov. cn/info/1494/12258. htm，最后访问时间：2019 年 4 月 25 日。

劳动关系），也就是要建设充满活力的社会，建设生机勃勃、持续发展的社会。事实上，如果我们不去妄想社会秩序的维系可以仅仅依赖于强权或严刑峻法，那么我们就一定会承认法治社会中的法律只能诱导而不可能强制人们选择社会所希望的行动。也就是说，法律的首要目的是通过提供一种激励机制，诱导当事人采取从社会角度看最优的行动。而法律对个体行为的激励功能，就是通过法律激发个体合法行为的发生，使个体受到鼓励去作出法律所要求和期望的行为，最终实现法律所设定的整个社会关系的模式系统的要求，取得预期的法律效果，造成理想的法律秩序。[1]

劳动行政激励基本可以依循前述行政激励的一般原理，但仍应突出自身的显著特色，如在税收或社保缴费的减免或增加以及促进就业获得国家财政或者社保基金补贴等方面。

在我国，劳动行政激励有一定的基础，但依然基本属于政策调整的领域，其作为法律制度如何进一步加以完善并实现创新，是一个亟待解决的难题。

就以政府财政资金或公共基金的补贴促进就业来看，国外有一些有价值的制度经验可供我国学习借鉴。比如在德国，依据其《社会法典Ⅲ》第 218 条，如果雇主雇佣一个难以找到工作的失业者，则利用公共资金给予所谓的雇佣补贴。补贴最高不超过劳动报酬的 50%，为期最长 12 个月。[2] 据王天玉副研究员的研究考证，意大利对于因雇主原因造成的停工适用民法中有关合同中止或终止的规则，但是经济波动对企业所造成的风险已经不仅仅由雇主承担，而是上升到社会层面，借由具有特殊公共基金性质的"补贴基金"来保障因企业停工而中止劳动或减少工时的劳动者的最低收入。依据意

---

〔1〕 参见丰霏、王天玉：《法律制度激励功能的理论解说》，载《法制与社会发展》2010 年第 1 期。

〔2〕 参见［德］沃尔夫冈·多伊普勒：《德国雇员权益的维护》，唐伦亿、谢立斌译，中国工人出版社 2009 年版，第 143 页。

大利 1947 年的第 869 号法案，企业因经营困难在短期内缩短工时或裁员时，该基金可经雇主请求支付给劳动者为期 3 个月占基本工资 25% 的生活补助。1991 年的第 223 号法案对该基金的适用范围作了大幅修订，扩大适用到白领劳动者，使之成为周期性经济危机中保障劳动者工资的主要公力救济手段。在 2008 年国际金融危机的冲击下，意大利补助基金管理局 2009 年的补助工时数比 2008 年增长了 311%，对帮助劳动者克服危机和防止企业大规模解雇发挥了很大作用。[1]

我们在检索中检索到几部以政府给予用人单位财政补贴助推构建新时代和谐劳动关系的地方性政策文件。如天津市人力资源和社会保障局 2013 年采取多项措施，援企稳岗、促进就业，具体的措施如下：对符合国家和本市产业政策，在产业结构调整中生产经营出现暂时性困难且恢复有望，通过调整工时或班次、组织职工开展岗位培训等措施，不裁员、不减薪的用人单位，按照稳岗人数，给予每人每月 600 元，最多 6 个月的稳岗补贴，补贴人数不超过用人单位申请补贴年度在岗职工总数的 50%。对依法与大龄职工（男年满 50 周岁、女年满 40 周岁）签订或续订长期劳动合同的用人单位，给予社会保险补贴。其中：签订或续订 5 年以上（含 5 年），10 年以下期限劳动合同的，给予一年期限补贴；签订或续订 10 年期限或无固定期限劳动合同的，给予二年期限的补贴。对职工开展针对性或普及性培训的用人单位，实际发生的培训费超过本单位按照工资总额 1% 列支的教育经费部分，给予培训费补贴，补贴额不超过申请补贴年度失业保险单位缴费额的三分之一。降低了原政策的门槛，将教育经费由原来超过工资总额 1.5% 减少到 1%。同时补贴额由原来不超过单位缴纳失业保险的四分之一提高到三分之一。[2]

---

〔1〕　参见王天玉：《无薪休假视角下"员工与企业共度难关"的法律反思》，载《法学》2015 年第 6 期。

〔2〕　参见廖晨霞：《天津多措施稳岗促就业：稳岗补贴每人每月 600 元》，载《天津日报》2013 年 4 月 26 日。

我们检索到一些以政府合理调配其他公共资源的方式助推构建新时代和谐劳动关系的全国性或地方性政策文件或实例。如2017年北京市人力资源和社会保障局宣布，为了提高技能人才的地位将对第四十四届世界技能大赛获奖选手、技术指导专家和北京市培养出获奖选手的国家实训基地给予各种特殊待遇：对世赛获奖选手颁发高级技师职业资格证书，毕业后进入北京市企业的，可被破格评为高级工程师，并享受相关待遇；对获奖项目专家和教练组长颁发高级技师职业资格证书，其中前三名获奖项目专家和教练组长可破格晋升正高级职称；获奖选手以及获奖项目中贡献突出的专家、教练凡被北京市相关单位所接收，签订劳动（聘用）合同的，可作为优秀高技能或专业技术人才，由市人力资源和社会保障局直接办理引进落户。[1]

2. 构建和谐劳动关系如何创新其他劳动行政制度

（1）创新劳动行政指导、服务制度。《中共中央、国务院关于构建和谐劳动关系的意见》就"优化企业发展环境"明确指出：加强和改进政府的管理服务，减少和规范涉企行政审批事项，提高审批事项的工作效率，激发市场主体创造活力。就"全面实行劳动合同制度"明确指出：贯彻落实好劳动合同法等法律法规，加强对企业实行劳动合同制度的监督、指导和服务，在用工季节性强、职工流动性大的行业推广简易劳动合同示范文本。指导企业建立健全劳动规章制度，提升劳动用工管理水平。全面推进劳动用工信息申报备案制度建设，加强对企业劳动用工的动态管理。

这为我国的劳动行政执法工作提出新的工作理念并指明了新的工作方式思路。

首先，劳动行政主管部门不但要加强对用人单位实施执法监督，还要树立"管理服务"理念，减少和规范涉企行政审批事项，提高审批事项的工作效率，激发市场主体创造活力。不要让行政权

---

〔1〕 参见解丽：《"北京工匠"可引进落户 技能人才评高级职称成为可能》，载《北京青年报》2017年11月23日。

力过于膨胀，以至于成为企业发展和构建和谐劳动关系的绊脚石。

其次，劳动行政主管部门要加强对用人单位与劳动者之间构建和谐劳动关系给予行政指导。在用工季节性强、职工流动性大的行业推广简易劳动合同示范文本，就是一个好的做法。政府制定和推行法定示范合同文本，在我国很多经济领域，如商品房预售、房屋中介，都长期实行，并且取得了很好的实施效果，既规范了企业的经营行为，又保护了消费者的合法权益。在我国的劳动法实践中，行政约谈这种行政指导极少被运用，而该项制度措施在我国反垄断法、反不正当竞争法、消费者权益保护法、价格法等领域，经常被相关的行政主管部门广泛运用，并取得了非常不错的效果，因此，属于可供劳动行政法效仿并推广的我国其他法律领域的良好做法，如果企业不遵守劳动法的工时限制规定，安排职工超时加班，或者安排加班不依法支付加班工资，违法不严重的，劳动行政主管部门就可以先约谈该企业，规劝其自觉纠正违法行为，如果其不听劝阻继续实施违反行为，再对其作出行政处罚也不迟。指导一些存在劳动规章制度混乱问题企业、新设企业建立健全劳动规章制度，提升其劳动用工管理水平，也是一种值得推广的劳动行政指导方式。

最后，劳动行政主管部门还要加强对用人单位与劳动者之间构建和谐劳动关系给予行政帮助。全面推进劳动用工信息申报备案制度建设，加强对企业劳动用工的动态管理，就是一个好的做法。这对解决竞业禁止协议履行中，用人单位难以获取劳动者离职后的就业是否违反禁止协议约定的相关证据——因不知其就业去向，会有所帮助，也有利于提升劳动者的就业诚信水平。

（2）创新劳动行政激励制度。《中共中央、国务院关于构建和谐劳动关系的意见》就"优化企业发展环境"明确指出：加强和改进政府的管理服务，减少和规范涉企行政审批事项，提高审批事项的工作效率，激发市场主体创造活力。加大对中小企业政策扶持力度，特别是推进扶持小微企业发展的各项政策落实落地，进一步减轻企业负担。加强技术支持，引导企业主动转型升级，紧紧依靠科技进步、职工素质提升和管理创新，不断提升竞争力。通过促进企业发展，为构建和谐劳动关系创造物质条件。

欲构建新时代和谐劳动关系，仅仅处理好用人单位与劳动者之间的双边关系是不够的。只有至少处理好政府、用人单位、劳动者之间的三边关系，这一目标才更有可能实现。而政府与用人单位、劳动者之间的三边关系，不能仅仅以政府对用人单位施加劳动监察或劳动行政约谈的方式予以实现，还应通过政府对用人单位减免税收、社保费[1]和/或给予用人单位财政补贴的方式诱使用人单位及劳动者共同向有利于构建新时代和谐劳动关系的方向努力。

政府如何通过对用人单位减免税收、社保费和/或给予财政补贴构建新时代和谐劳动关系？我们认为，有必要由政府对不同类型的用人单位，采取差异化的行政激励措施。对小微企业，推进扶持其发展的各项政策落实落地，进一步减轻企业负担。政府对用人单位给予财政补贴，实践中还存在着少数用人单位、社会中介组织、政府官员恶意骗取国家财政补贴套利的违法犯罪现象，如何进一步实现劳动财政补贴实体和程序制度规范化、合理化，节约和有效利用国家财政补贴，营造更加公平的获取国家财政补贴的竞争环境，引入更强的党和国家监督与社会监督遏制骗取国家财政补贴套利的违法犯罪，也将是今后值得研究的问题。

欲构建新时代和谐劳动关系，仅仅处理好用人单位与劳动者之间的双边关系（特别是其中的工资待遇等经济利益关系）是远远不

---

[1] 为减轻企业负担、优化营商环境、完善社会保险制度，2019年4月1日，国务院办公厅印发《降低社会保险费率综合方案》。财政部部长刘昆于4月24日在中国发展高层论坛2019年年会上表示，我国将从5月1日起下调城镇职工基本养老保险单位缴费比例，各地可从20%降到16%，切实减轻企业社保缴费比例。专家预计，下调社保费率，可以为企业降费8000亿元。参见《社保费率5月1日起下调 专家预计降费规模将达8000亿元》，载 http://finance.china.com.cn/news/20190326/4933625.shtml，最后访问时间：2019年4月25日。

够的，通过政府对用人单位减免税或社保缴费和给予用人单位财政补贴的方式诱使用人单位及劳动者共同向有利于构建新时代和谐劳动关系的方向努力，有时也会遇到激励失效的问题。这是因为，我国的国情比较特殊，一个通过劳动付出来维持生计的人，是否能做到体面劳动并有尊严地生活，是否感觉"有奔头"，不只取决于用人单位向其给付的薪酬的高低和安排休假时间的多少以及工作环境的好坏等，还取决于其他一些重要的因素，这主要指其通过为用人单位提供劳动给付，是否有获取特定城市户籍的资格、购买城市保障性住房及子女入学的资格、职业资格证书和职称、荣誉称号等机会的可能，假设有这种可能，他对为用人单位工作的一切感觉都可能是良好的。众所周知，这些要素大部分属于公共资源，通常控制在政府和其他公共组织手中。因此，在完善与创新劳动行政激励制度的研究中，就需要着力探索如何将这些公共资源要素加以合理有效配置，向有助于构建新时代和谐劳动关系的方向推进。

二、劳动争议处理法

目前我国的劳动争议处理机制主要包括和解、调解、仲裁、诉讼四种机制，[1] 协商和解遵循意思自治原则，和解协议其实就是一种合同，而我国的劳动争议诉讼属于民事诉讼，完全适用《民事诉讼法》，因此国家仅仅专门制定了《劳动争议调解仲裁法》，而调解、仲裁和诉讼三种机制中也体现出一般民事争议处理的原理，

---

[1] 《劳动法》第十章"劳动争议"第77条规定：用人单位与劳动者发生劳动争议，当事人可以依法申请调解、仲裁、提起诉讼，也可以协商解决。调解原则适用于仲裁和诉讼程序。《劳动争议调解仲裁法》第4条规定：发生劳动争议，劳动者可以与用人单位协商，也可以请工会或者第三方共同与用人单位协商，达成和解协议。《劳动争议调解仲裁法》第5条规定：发生劳动争议，当事人不愿协商、协商不成或者达成和解协议后不履行的，可以向调解组织申请调解；不愿调解、调解不成或者达成调解协议后不履行的，可以向劳动争议仲裁委员会申请仲裁；对仲裁裁决不服的，除本法另有规定的外，可以向人民法院提起诉讼。

基本遵循私主体对私人权利和利益争议处理的一般原则。我们认为，劳动争议处理法中比较具有社会法特色的制度是劳动公益诉讼制度，本部分对此进行重点研究。

在实践中，中国现行的公法途径（行政执法和行政诉讼）和私法途径（劳动争议调解仲裁和民事诉讼）对劳动者权益的保护都存在不足之处。[1] 就公法途经而言，作为行政执法机关的劳动监察部门存在大量的行政不作为现象，其行政执法呈现出"选择性执法"[2]和"运动式执法"[3]两大特点。就私法途径而言，由于劳动者相对于用人单位来说处于弱势地位，作为个体的劳动者通过劳动争议调解仲裁和民事诉讼途径来维权，只是一种事后的救济，而且是一种极其消耗时间、精力以及金钱的争议解决方式，这一缺乏效率的途径对于作为个体的劳动者是极为不利的。[4]

针对公法途径和私法途径对劳动者权益保护的不足之处，除了强化和完善公法途经外，要探索突破公法、私法二元并立的传统理论，在用人单位与劳动者之间建构起社会法关系，明确承认部分劳动权利的性质为社会法权利，并确立社会法性质的法律责任（行为履行令、惩罚性责任等）和诉讼途径（集团公益诉讼）来保障劳动权益，以提高劳动法律制度的运行效率。这就需要突破社会法是公法和私法混合法的观念，通过建立一套完整的社会法独特的法律

---

〔1〕 赵红梅教授概括为行政执法机制具有片面性和不确定性，并指出民事维权机制具有偶发性或片面性、不确定性甚至负面性。参见赵红梅：《私法与社会法——第三法域之社会法基本理论范式》，中国政法大学出版社 2009 年版，第 267~270 页。

〔2〕 所谓选择性执法，是指执法主体对不同的管辖对象，根据自己的判断甚至好恶刻意采取区别对待的一种执法方式。

〔3〕 所谓运动式执法，是指行政机关集中优势人力物力，在限定的时期内对违法现象进行执法，以取得突破性成果，但此后往往疏于执法致使问题依然存在甚至反弹。

〔4〕 赵红梅教授认为，私法权利中心的模式使得集体性轻微损害权利机制难以启动、弱势者受损害机制不启动或很少启动、集体性重大损害权利机制晚启动。参见赵红梅：《私法与社会法——第三法域之社会法基本理论范式》，中国政法大学出版社 2009 年版，第 250~253 页。

技术，建立真正与公法、私法分立的社会法理论。

赵红梅教授认为社会法在法律技术上的独立性是成立的，社会法是独立于公法与私法外的第三法域，而非公法与私法的混合（综合）法领域。在私法与社会法中，"人"是两种完全不同的类型，"人与人之间的法律关系"也具有完全不同的性质，法律关系主体之权利、义务与责任及诉讼程序均有本质性区别；据此，才形成两个相互独立的法域，需要确立两套不同的基本理论范式，以具体指导人们的法律实践。[1] 这一理论为劳动公益诉讼制度的建立奠定了理论基础。

根据赵红梅教授关于社会法的理论，与私人为实现主观私权利而进行的民事诉讼不同，集体为实现社会法权利或法益而进行的诉讼是集团公益诉讼。集团公益诉讼应当与民事诉讼分立，其实其法基础应当为社会法而非民法，其所欲保护的实体权利为社会法权利或法益而非民事权利。集团公益诉讼的主要诉讼形态包括以下三类：

（一）集体诉讼

集体诉讼是指众多的受害者（如劳动者）因被告（如用人单位）实施的同一个违法行为（如就业歧视、违反劳动安全卫生保护标准等）而受到损害，将众多的小额诉讼请求合并在一起，允许一个或数个原告代表所有的受害者提起诉讼的一种诉讼模式。此即美国的集团诉讼（class action）。

（二）团体直接诉讼

团体直接诉讼是指团体（如工会）以自己的名义，直接依据法律规定（基于法律的授权），就组织（如用人单位）侵害集体公益行为（如违反劳动安全卫生保护标准等）请求法院判令该违法者履行法定保护义务、甚至处以惩罚型赔偿金（性质为公益罚金）的特

---

[1]　全面系统的论述参见赵红梅：《私法与社会法——第三法域之社会法基本理论范式》，中国政法大学出版社 2009 年版。

别诉讼制度。

以维护劳动者安全卫生的团体直接诉讼为例，在中国，工会是法定的代表劳动者群体利益的社团。[1] 工会代表职工与企业以及实行企业化管理的事业单位进行平等协商，签订集体合同。[2] 集体合同包括劳动安全卫生等事项，也可以订立劳动安全卫生专项集体合同。[3] 依据我国《劳动法》第 3 条的规定，劳动安全卫生保护权属于劳动者享有的劳动权利，当然属于"职工劳动权益"。企业违反集体合同，因违反劳动安全卫生保护义务而侵犯职工劳动安全卫生保护权利时，工会可以作为劳动者（职工）集体利益的代表直接作为当事人提请仲裁和提起诉讼，这种诉讼显然是团体直接诉讼，其性质属于集团公益诉讼。其法律依据是我国《工会法》第 20 条的规定，企业违反集体合同，侵犯职工劳动权益的，工会可以依法要求企业承担责任；因履行集体合同发生争议，经协商解决不成的，工会可以向劳动争议仲裁机构提请仲裁，仲裁机构不予受理或者对仲裁裁决不服的，可以向人民法院提起诉讼。

（三）示范诉讼

示范诉讼又称典型诉讼，是指法院从存在共同原告（如劳动者）或共同被告且事实和证据相同，所要解决的法律问题也相同（用人单位违反法定的劳动安全卫生保护义务）的数量众多的同类案件中选出一个典型案件作为示范案件，对该案件首先进行审理并作出裁判，其他案件当事人均受该裁判约束的诉讼形式。英、美、德等国家均存在这种诉讼形式，值得借鉴。我国的就业歧视、安全

---

〔1〕 参见《中华人民共和国工会法》第 2 条规定：工会是职工自愿结合的工人阶级的群众组织。中华全国总工会及其各工会组织代表职工的利益，依法维护职工的合法权益。第 6 条规定：维护职工合法权益是工会的基本职责。工会在维护全国人民总体利益的同时，代表和维护职工的合法权益。

〔2〕 参见《中华人民共和国工会法》第 20 条第 2 款。

〔3〕 参见《中华人民共和国劳动法》第 33 条，《中华人民共和国劳动合同法》第 51、52 条。

生产事故和职业病往往损害数量众多的同类劳动者，运用这一诉讼形式无疑符合诉讼的效率原则。

目前我国有学者已对劳动公益诉讼进行了初步研究。如有学者提出，公益诉讼制度作为维护社会公共利益以及保护弱势群体的有效工具，理应成为社会法传统程序救济的有益补充。应该通过完善公益诉讼相关制度，保障社会公益诉权的有效行使，充分发挥公益诉讼在强化社会权救济上的制度功能。[1] 有学者认为，我国应当建立劳动公益诉讼制度，授予工会组织和检察机关行使劳动公益诉讼起诉权；在用人单位违反劳动保护最低标准的领域中引入劳动公益诉讼；向劳动保障行政部门提出意见或发出检察建议是劳动公益诉讼的前置程序，而劳动争议仲裁并非劳动公益诉讼的必经程序。[2] 有学者提出，劳动公益诉讼主要涉及劳动用工中的性别歧视、地区歧视、年龄歧视、身体状况歧视等各类歧视行为以及涉及劳动者集体安全卫生、工资福利待遇等纠纷，此类案件带有公共性、普遍性特点。构建劳动公益诉讼制度的主要瓶颈是诉讼主体问题。诉讼主体按序排列应为：检察机关、工会、劳动公益性组织、劳动者。这里的劳动公益性组织包括专门的公益团体如劳动公益团体、劳动公益律师事务所，也包括一般的公益组织如妇联、残联、行会组织等。[3]

未来还需要在劳动公益诉讼制度的建构上进行更深入的研究，如在诉讼主体上，检察机关能否成为劳动公益诉讼的主体？劳动公益性组织的范围包括哪些？劳动者个人在什么条件下可以成为劳动公益诉讼的主体？

---

〔1〕 参见冯彦君、汤闳淼：《社会法领域适用公益诉讼之证成》，载《社会科学战线》2016 年第 7 期。

〔2〕 参见青格勒图：《劳动公益诉讼若干问题探讨》，载《内蒙古大学学报（人文社会科学版）》2005 年第 2 期。

〔3〕 参见费长山：《我国劳动争议处理模式辨析及完善》，载《上海师范大学学报（哲学社会科学版）》2009 年第 1 期。

第三章 社会保障法

第一节 社会保障法总论

一、社会保障与社会保障法

社会保障法系指一切以社会保障为内容的法律规范的总称。"社会保障"一词源自英文"social security"，也可直译成"社会安全"。1944 年在美国召开的第二十六届国际劳工大会上通过的《费城宣言》（Declaration of Philadelphia）第一次使用了"社会保障"这个概念，1935 年美国罗斯福政府颁布的《社会保障法案》（Social Security Act）被认为是人类历史上的第一部社会保障立法。与社会保障法相近的概念是社会法，通说认为，社会保障法是一个英美法上的概念，欧陆国家尤其是德国使用的社会法的概念。由于内涵与外延比较特殊，因此，不能完全将社会保障法等同于社会法。

（一）社会保障

1. 社会保障的概念界定

"社会保障"一概念之所指对于确定社会保障法的调整范围至关重要。各国学界与实务界对社会保障的定义纷繁复杂，即使在一国之内，不同的历史时期国民与执政者价值取向和认知视角不同也导致了社会保障这一概念存在巨大的差异。因此，没有全球统一的社会保障理论界定，也没有全球统一的社会保障制度。

根据现有的文献资料，我们可以将有代表性的关于社会保障概念的界定列举如下：

国际劳工组织在 1942 年出版的文献中认为，社会保障的内容是"通过一定的组织对这个组织的成员面临的某种风险提供保障，为公民提供保险金、预防或者治疗疾病，失业时资助并帮助他重新找到工作"。

作为世界上第一个建立社会保险制度的国家，德国将社会保障理解为社会市场经济制度中的社会公平和社会安全，社会保障是对竞争中不幸失败的那些人提供有尊严的基本的生活保障。作为社会保障"莱茵模式"的代表国家，社会保险制度在德国社会保障体系中占有非常重要的地位。自 19 世纪 70 年代德国俾斯麦政府通过立法建立了世界上最早的社会保险制度以来，这种以社会保险为主体的社会保障模式被大多数国家所接受，各国纷纷仿照德国的制度模式建立了自己的社会保障体系。

英国在 1601 年颁布了世界上第一部济贫法——《伊丽莎白济贫法》（The Elizabeth Poor Law，以下简称《济贫法》）。进入到 20 世纪之后，贝弗里奇爵士（Sir W. Beveridge）主持起草了一部十分翔实的关于建立福利国家社会保障制度的研究报告——《社会保险及相关服务》（Social Insurance and Allied Services），勾勒出一副较为完整的福利国家的蓝图。社会保障在英国首次被赋予了普遍性原则和类别原则，被认为是社会进步政策的一个重要组成部分，目标是消除贫困，为国民在失业、疾病、伤害、年老以及家庭收入锐减、生活贫困时予以生活保障。近年来，这种过于慷慨的福利国家模式受到了越来越多的批评与质疑，英国也对原有的社会保障制度进行了重大改革。

美国是世界上第一个提出社会保障概念的国家，由于奉行自由主义下国家对经济不干预的理念，其对社会保障的理解起初仅限于对老年、残疾和遗属的生活保障，后来逐步扩展到各类社会保险和家庭津贴等。根据美国社会保障总署出版的《全球社会保障》一书的界定，社会保障"系指根据政府法规建立的项目，给个人谋生能力中断或者丧失以保险，还为结婚、生育或死亡而需要某些特殊开支时提供保障。为抚养子女而发给的家庭津贴也包含其中"。随着2010年奥巴马政府医改法案的推进，美国的社会保障制度越来越向欧洲模式靠拢，政府的作用越来越明显。

作为亚洲第一个建立现代社会保障制度的国家，日本对社会保障的界定是"对疾病、负伤、分娩、残疾、死亡、失业、多子女以及其他原因造成的贫困，依据保险的方法和国家的直接责任负担，寻求经济保障途径。对陷入生活困境者，通过国家援助，保障其最低限度的生活，同时谋求公共卫生和社会福利的提高，一边使所有国民都能过上真正有文化的成员的生活"。

我国政府发布的官方文件中肯定了社会保障是国家和社会对全体社会成员的社会生活提供基本保障的制度安排，但是在具体制度设计方面，如社会保障体系是否包含教育福利，商业保险在社会保险体系中的地位和作用，等等，在官方文献中没有达成统一。我国学界对社会保障的认知存在共识的一面，但在概念定义和具体制度内容上亦存在较大的差异。郑功成教授在综合考察了现代社会保障制度在世界各国的发展实践以及国际组织、部分国家政府和有关学者对社会保障定义之后，提出了对社会保障的定义，即社会保障是国家或社会依法建立的、具有经济福利性质的、社会化的国民生活保障系统。其包括各种社会保险、社会救助、社会福利、军人福利、医疗保障、福利服务以及各种政府或者企业补助、社会互助等社会措施的总称。[1] 本书采用这一界定。

2. 社会保障的特征

社会保障是一国的经济制度安排，在现代社会中，各国一般都采用立法的方式将其上升到国家公权力保障实施的规范。我们认为，与其他经济制度相比，社会保障制度具有以下鲜明的特征：

（1）强制性特征。社会保障由国家立法强制规定并由公权力保障其实施，法律的硬约束和政府的强势干预是社会保障制度强制性的体现，因此，也有学者把这一特征总结为社会保障的法制规范性特征。

这一特征体现在以下几个方面：其一，公民通过具体的社会保障法律规范获得了在必要情况下向国家和社会要求物质给付的权利，即所谓社会保障法上的给付请求权。在社保行政机关未满足这种请求权的情况下，公民有权寻求司法途径的保护。其二，国家对公民的社会保障权利所负有的保护照顾义务是具有强制性的，国家必须为公民建立相应社会保障制度，并且根据经济发展状况，为符合条件的公民提供必要的社会保障待遇。其三，社会保障待遇的支付条件具有法律强制性，社会保障的权利人必须满足一定的程序性条件和实体性条件才能享受社会保障待遇，这主要是为了维护社会保障的财政安全。其四，政府只能依据法律规范（即"法律优先"原则）和法律授权（即"法律保留"原则），在法律允许的范围内对社会保障制度的运行进行干预，参与社会保障事务的民间组织和非政府组织也必须在法律允许的范围内活动。在20世纪70年代以来欧美国家掀起的新公共管理运动的浪潮中，社会保障的政府强制性在逐渐减弱，民间组织越来越多地参与其中，但是社会保障的法制规范性特征不会改变。

（2）公平性特征。社会保障制度旨在实现社会公平和社会正

---

[1]　参见郑功成主编：《社会保障学》，中国劳动社会保障出版社2005年版，第5页。

义，其目的是缩小社会贫富差距、创造并维护社会公平，这应当作为社会保障制度的基本出发点和政策实践的最终归宿。

社会保障实质上是借助国家力量对国民收入进行再分配，从经济学角度来看，属于公共产品、公共资源在公共领域中的分配。社会保障制度实施分配的手段是使国民收入在各类不同的社会群体之间转移，这其中既包括横向转移，如在富裕群体和贫困群体之间的转移、健康者与患疾病者之间的转移、在职者和退休者以及失业者之间的转移等；也包括纵向的转移，如现收现付型养老保险制度下，后代人为前代人提供的养老金等。社会保障通过财务转移实现了社会成员之间的互助，实现和维护了一种公平的状态。因此，社会保障的制度设计必须打破各种身份限制，公平地对待每个国民并确保其享受到相应的社保权益，在具体实践中，应当更多地维护弱势群体的利益，以此达到缩小贫富差距，促进整个社会健康、和谐发展的目标。

当然，实现公平原则不可能一蹴而就。在社会物质财富尚未达到较高水平时，社会保障的公平原则只能表现为项目建设日益健全、覆盖范围持续扩大、保障水平逐步提高。只有当全体国民普遍享受到较高给付水平的社会保障，并通过社会保障制度实现生活质量的明显改善和提升时，社会保障的公平性才能够真正实现。

（3）社会化特征。顾名思义，社会保障与政府保障和家庭保障的重要区别即在于其通过社会化机制面向整个社会广泛开放。社会保障的社会化特征可以从以下四个方面进行理解：其一，制度开放性。所有社会保障项目应当向公众开放，具备资格的公民都可以申领社保给付，社会保障制度的运营也应当接受公民的评价与监督。其二，筹资社会化。如前所述，社会保障是一种以财政支付来维持运营的制度。从世界各国社会保障制度时间来看，一般由企业雇主、雇员缴费，国家财政补贴以及向社会募捐等方式筹集资金，财政来源的社会化特色明显。其三，服务社会化。社会保障制度需要在政府主导下充分发挥各类社会组织的作用，这在社会救助和社会福利项目中体现得尤为明显。一个国家社会保障事业越发达，社会化服务的特色就越明显。其四，管理与监督社会化。管理与监督的社会化源自现代社会中社会保障内容的不断扩张和非政府组织参与社会保障建设的程度越来越高。除了政府组织执行行政监督和司法监督外，大量的社会组织作为独立的法人团体也实施着自觉或自发的监督。而且，随着社会保障公共事务私营化的趋势，如20世纪在拉美国家开展的养老金私营化经办，也体现了社会保障事务社会化运营的特点。

（4）保基本与多层次性特征。社会保障制度以满足公民的基本生活需要为主，但是就具体社会保障项目而言，保障水平也有不同。社会救助处于最低层次，以满足受救助的城乡居民最基本的衣、食、住、行的需要为目标，社会保险的保障水平居中，主要为劳动者（某些制度也覆盖全体公民）抵御现代社会中的年老、疾病、工伤、失业和生育等风险，保障原有的生活水平，社会福利的给付水平最高，是满足公民较高的社会需求、教育需求和健康需求的国民制度。

（5）多样化特征。世界各国经济发展水平不同、文化传统各异、制度演进的路径也大相径庭，因此不存在放之四海而皆准的社会保障制度。社会保险模式和福利国家模式曾经一度风行世界，但是这已经成为历史，当今各国一般都在充分考虑本国国情和所处历史阶段的前提下，借鉴他国较为成功的社会保障模式。因此，从国际比较的角度来看，各国的社保制度已经在若干具有代表性的模式下呈现出多样化发展的趋势。

基于当今各国社会保障制度的筹集模式、保障范围与项目等因素，社会保障制度可以分为以德国和美国为代表的社会保险模式、以英国与北欧为代表的福利国家模式、以新加坡和智利为代表的个人账户积累模式三种。[1]

社会保险模式是最早出现的社会保障模式，这种模式以社会保险为核心，社会保障费用由雇员、雇主和国家三方负担，主要以雇员和雇主承担为主，社会保障的给付与雇员的收入和社会保险缴费相联系。德国社会保险制度的特点是雇主与劳动者高度自治、经办机构作为独立的公法法人自我管理，国家仅承担监管职能；美国社会保险制度的突出特点是私人保险地位突出，商业保险公司在寿险、医疗保险领域提供的保障服务发挥了较多的社会保障的作用。

福利国家模式在社会保障领域是全民福利的象征，主要盛行于英联邦国家和北欧国家。主要特征包括建立累进税制，通过高税收维持国家的高福利水平，社会保障项目覆盖全民，政府作为当然的责任主体应承担财政责任以及实施、管理和监督社会保障的责任，社会保障项目众多、给付标准较高满足每个社会成员"从摇篮到坟墓"的一切需求等。由于保障待遇过于优厚，福利国家模式社保支出增长过快、财政压力越来越大，部分人过于依赖社会和国家，各界对这种模式多有诟病。自 20 世纪 80 年代以来，英国、北欧、加拿大、澳大利亚等国都在原有的框架下对福利国家制度进行了一些改革。

个人账户积累模式，又称强制储蓄模式。世界上采用这种社会保障模式的国家不多，以新加坡的公积金制度和智利的强制储蓄养老金制度为代表。这种模式的特点是强调劳动者自力更生，采用个人账户和完全积累式的社保基金筹资模式，优点是对个人的激励作用较强，能够更好地促进经济增长，但缺点是再分配和互助调解能

---

[1] 此外，还应当包括由苏联在 20 世纪中期建立的以公有制为基础、与高度集中的计划经济制度相匹配的国家保险模式，这种模式由政府统一包揽社会保障项目的运营，支出由政府和企业共同承担，个人不缴费，将全体公民纳入保障范围。从 20 世纪中期开始，东欧和亚洲很多社会主义国家都纷纷效仿这种模式，但是随着苏联的解体和东欧国家的巨变，这种模式已经被逐渐摒弃，取而代之的是适应市场经济发展的社会保险模式和个人账户积累模式。

力较差，公平性不强。

应当指出的是，经过多年的发展与改造，仅仅采用一种社会保障模式的国家是很少见的，即使在一个国家内部，不同的社保项目采用的模式也不尽相同，很多项目采用的都是福利保障与保险保障乃至储蓄保障并存、现收现付与部分积累乃至完全积累并存的混合模式。

（二）社会保障法

在厘清社会保障这一概念之后，社会保障法的概念也就清晰了。本书认为，社会保障法是指调整一个国家或者地区的社会保障关系的法律规范的总和，系以国家、社会和全体社会成员为主体，以保障社会成员的基本生活需要并不断提高其生活水平，解决某些特殊社会群体的生活困难为主要目标的法律部门。社会保障法是社会保障事务制度化、法律化的具体体现。

二、社会保障法的历史

从某种程度上说，法律研究也是对法律史的研究，社会保障法亦不例外。社会保障法的历史与社会保障制度的演进是密不可分的，如前所述，现代国家通常都通过颁布法律的方式建立社会保障制度，因此从某种意义上说，社会保障制度的发展史也就是社会保障法的发展史。

（一）西方国家社会保障法的历史演进

1. 最早的社会保障立法

我国理论界一般认为作为实体法的社会保障法最早源于英国中世纪的济贫立法，在欧洲的前工业社会，以济贫为主要内容的社会保障职能一般由宗教组织实施。从 1531 年到 16 世纪末，英国国王颁布了一系列的单行法令，规定教区要对没有亲属供养的区内贫民负责，健壮贫民被强制劳动，无劳动能力的老弱病残者以收容和救助两种方式保障其生活，孤儿以收养、家庭辅助和寄养予以抚养。

1601 年，伊丽莎白女王将之前颁布的所有法令汇总编纂成为《济贫法》，这就是历史上赫赫有名的《伊丽莎白济贫法》。社会保障制度第一次披上了法制的外衣，与中世纪救助济贫主要依靠教会和封建君主的仁慈和良心相比，这的确是一项历史性的进步。

但是，英国的《济贫法》与现代社会保障法相比，存在着本质的区别。英国政府颁布《济贫法》旨在摆脱社会动荡、缓解社会危机。15 世纪、16 世纪，随着英国工商业的兴起，农民对封建主的人身依附关系逐步瓦解，成千上万的农民被剥夺了生产资料，同时也失去了基本的生产和生活来源，他们只能离开土地涌向城市，许多人在没有工作的情况下沦为城镇游民和乞讨人群，引发了严重的社会矛盾和冲突。《济贫法》采用的救济措施是一方面强迫劳动，另一方面施行慈善救济，以前者为主，后者为辅，大量贫民被强制以接受奴役和丧失尊严为代价换取救济。应当说，这部法律不仅没有体现现代社会保障法律遵循的人权保障原则和公平原则，而且甚至直接充当着强化英国新兴的王权政府统治秩序的工具。

2. 现代意义上的社会保障立法

通说认为，现代意义上的社会保障立法始于 19 世纪的工业化运动，德国俾斯麦政府在 19 世纪末颁布的一系列社会保险法律是现代社会保障法的最早渊源。19 世纪中期，德国开始了轰轰烈烈的工业革命进程，借助先天的煤炭、铁矿资源，德国很快在采矿、冶金、化工等工业部门取得了突飞猛进的发展。由此带来的是工人阶级力量的壮大以及在工资待遇、安全生产条件等方面与资本家之间形成的矛盾与对抗。在当时德国社会政策学者和历史学派学者的影响下，统治者认为工人阶级与资本家之间的矛盾是可以调和的，可以通过制定社会政策和社会立法来安抚劳动者，缓解劳资冲突。刚刚完成国家统一的俾斯麦政府在 1883 年、1884 年和 1889 年先后颁布了三部社会保险法律——《疾病保险法》《工伤事故保险法》《老年残疾保险法》，这三部法律确立了社会保险法的理念和基本原则，开创了社会保障立法之先河。

这之后，德国又不断地颁布新的社会保险法律扩大社会保险的适用范围，如 1911 年颁布了《孤儿寡妇保险法》，将疾病保险、工伤保险和养老保险合并为统一的社会保险项目；1927 年颁布了《职业介绍和失业保险法》，逐步建立起市场经济条件下全面保障劳动者的社会保障项目；1994 年颁布了《护理保险法》，建立了长期护理保险制度以应对老龄化危机。从 20 世纪中后期开始，德国还秉承着潘德克顿法学对概念分析和法律结构体系构造的一贯逻辑，以其深厚的法学资源作为背景，将各类社会保障法律汇编成社会法典（Sozialgesetzbuch），共分十编，全面涵盖了各类社会保障项目立法和社会保障行政程序、个人信息保护立法等内容。

有学者指出，德国的社会保障立法虽然一开始带有"怀柔"的色彩，被称为"俾斯麦先生的社会主义"，严格地说并不完全以承认和尊重国民的基本生存权利为导向，但是客观上确立了国家在保障国民生存权益方面的责任，确立了社会共同责任机制的形成。尤其是二战以后的社会保障立法，德国政府全面反思在国家社会主义时期犯下的错误，将基本法中确立的保护"人格尊严"（Menschenwürde）作为立法导向，在保障项目上将"基本的有尊严的生存"作为重点，重在解决劳动者的后顾之忧，将社会成员的生存保障确立为合法权利。因此，"社会保险立法的出现，才真正意味着现代社会保障立法的产生"。[1]

3. 世界上第一部社会保障法

一直以来，美国都是自由市场经济的代表，自由主义者的主张深刻地影响了美国经济政策和法律的制定。他们反对以平等和社会福利为目的的收入再分配措施，极力维护个人自由和市场自由。美国早期的社会保障制度遵循传统的价值观，以家庭自我保障为主，

---

〔1〕　参见郑功成：《社会保障学——理念、制度、实践与思辨》，商务印书馆 2000 年版，第 228 页。

以私营机构经办、个人自愿捐款的慈善事业为补充，仅通过市场自身的调解就可以保障社会成员的基本生存权。1929 年至 1933 年的经济大萧条使众多美国人一夜之间失去了工作、毕生的积蓄和养老金，流离失所、混迹街头，中产阶级的生活也收到极大的影响，决策者们逐步认识到造成贫困的原因并非只有个人懒惰，在工业社会中，需要通过国家干预克服自由经济制度的弱点，增进公民的安全保障。1934 年，罗斯福成立了"美国经济保障委员会"，提出了社会保障法案，并在 1935 年 8 月 14 日签发了第一部《社会保障法案》。

这部法律的主要内容包括建立独立的社会保障署，负责实施全联邦的社会保障计划；建立由雇主和雇员缴纳的养老保险税为主要基金来源的养老保险制度；实施失业保险计划，强制雇员人数在 8 人以上的雇主缴纳失业保险税；由州政府实施老年人和儿童福利、社会救助和公共卫生措施，联邦政府予以资助。

美国的《社会保障法案》第一次使用了"社会保障"的概念，并首次在一部法典中全面规定了社会保险、社会救助、社会福利和社会救助等社会保障项目，确立了社会保障的普遍性原则和社会性原则，因此在世界社会保障立法史上具有十分重要的意义。值得指出的是，我国"社会保障法"的概念也来自于美国，近年来虽然中国法学界对"社会法"这一概念的内涵和外延存在诸多争议，但是对"社会保障法"这一法律部门所涵盖的领域还是较为一致的，即包括社会保险、社会救助、社会优抚、社会福利在内的社会保障性质的立法，而这一涵盖范围最早来源于美国 1935 年颁布的《社会保障法案》。

4. 英国"贝弗里奇报告"——二战后的"福利国家"立法

1929—1933 年的世界经济危机给英国社会造成了巨大的动荡，失业和贫困成为政府不得不面对的严峻问题。在凯恩斯主义的影响下，英国的决策者逐渐认识到经济危机中出现的各类问题是传统的保守主义经济政策难以解决的，资本主义不存在自动达成充分就业均衡的机制，因此政府必须积极干预经济，通过积极的财政政策实现充分就业。1942 年，在凯恩斯主义的福利政策主张下，时任英国社会保险和联合事业部委员会主席的贝弗里奇爵士主持撰写了《社会保险及相关服务》的报告，即著名的"贝弗里奇报告"，1945 年英国工党上台后开始实施"贝弗里奇报告"的内容，制定了一系列的社会保障立法，包括 1945 年《家庭补助法》，1946 年《国民保险法》《工业伤害保险法》《国民健康服务法》，1948 年《国民救济法》，这五部法律于 1948 年 7 月 5 日同时生效，英国就此建立了包括失业、疾病、伤残、养老、死亡和家庭补贴等内容在内的福利国家模式下的社会保障体系，英国政府就此宣布建成了世界上第一个"福利国家"。这之后，北欧诸国陆续仿效英国模式建立了社会保障制度。

（二）我国社会保障法的历史演进

我国的社会保障立法是与国家的基本经济制度和经济政策密切联系在一起的。概括来看，可分为五个阶段，即中华人民共和国成立初期的社会保障初建时期、"文革"中的社会保障停滞时期、改革开放初期的社会保障恢复时期、社会主义市场经济体制下的社会保障全面发展时期以及新时期下社会保障全面深化时期。

1. 中华人民共和国成立初期的社会保障初建时期

与现代社会保障制度类似的济贫、赈灾、抚恤、慈善行为在中国古代即已有之，然而 1949 年以来逐步建立起来的社会保障制度虽然与历史上的社会保障实践有着千丝万缕的联系，而且中国传统文化中"注重亲情、注重家族、注重孝道"的理念对建立现代社会保障制度也有着潜移默化的影响，但是前者与后者之间并无直接的继承关系。

1949 年颁布的、充当临时宪法的《中国人民政治协商会议共同纲领》就对社会优抚问题有所规定，对于战争中牺牲的革命军烈属和参加革命战争的残疾、退伍军人，由人民政府给予安置，并逐步实行劳动保险制度。1951年，当时的政务院颁布了《中华人民共和国劳动保险条例》，为城镇机关、事业单位以外的企业职工确立了劳动保险制度；1952年政务院颁布了《关于全国各级人民政府、党派、团体及所属事业单位的国家工作人员实行公费医疗预防的指示》，延续至今的公费医疗制度从此建立；1955年国务院通过并颁布了《国家机关工作人员退休处理暂行办法》等四部行政法规，确立了国家机关、事业单位职工退休、退职制度；1956年，第一届全国人大第三次会议通过了《高级农业生产合作社示范章程》，建立了面向农村残老残幼的"五保"制度。至1956年，中国已经初步建成以政府为主要责任主体、城乡单位负担共同责任并一起组织实施的比较完整的社会保障体系。

自1957年起，随着"三大改造"任务的完成，国家又颁布了一系列的行政法规和部门规章对原有的社会保障内容进行了一些改革，如城镇职工的退休制度从劳动保险制度中独立出来，运作更加规范化和正常化，扩大了社会保险的覆盖范围，农村五保制度和合作医疗制度得到了一定程度的完善，等等。概括而言，我国政府在第一个阶段建立了与计划经济相配套的典型的国家—单位保障制度。

2."文革"中的社会保障停滞时期

在此时期，国家—集体—个人利益进入高度"一致"的时期，国家和单位对社会成员提供保障被视为社会主义制度的当然内容和优越性的表现，劳动部门被削弱，社会保障与各个单位的生产活动和劳动分配混同在一起。1969年，财政部发布了《关于国营企业财务工作中的几项制度的改革意见（草案）》，国营企业一律停止提取劳动保险费，所需费用在企业营业外列支，职工待遇按照国家的政策规定执行，同时异地支付社会保险待遇的办法也被停止，原有的以社会统筹为主要特征的劳动保险模式演变成为企业实报实销的"企业保险"或单位保险模式。社会保障实际上由各个单位组织来维持和延续，很大程度上走向自我封闭的单位化。

在农村，该时期合作医疗出现了超常规的发展态势。至 1977 年底，合作医疗覆盖农村人口达 80% 以上。这项制度不仅在国内受到农民群众的欢迎，而且在国际上也得到了好评。世界银行和世界卫生组织曾把中国农村合作医疗称为"发展中国家解决卫生经费的唯一典范"。联合国妇女儿童基金会在 1980—1981 年年报中称："中国的赤脚医生制度在落后的农村地区提供了初级护理，为不发达国家提高医疗卫生水平提供了样板。"当然，总体来看，这一时期的农村医疗保障体系框架脆弱，脱离农村生产力水平，在很大程度上处于畸形发展状态。从立法形式来看，政策是建立和调整合作医疗的主要方式，法律规范仅发挥了辅助作用，这无疑削弱了合作医疗制度的稳定性与可持续性。[1]

3. 改革开放初期的社会保障恢复时期

1978 年对于中国社会保障制度变迁来说，是非常重要的一年，中国共产党第十一届三中全会的召开为扭转以往的较混乱状态，为建立新形势下的社会保障制度创造了良好的政治和社会条件。同年通过的《中华人民共和国宪法》在第 48、49、50 条中对劳动者的福利、养老、疾病医疗以及劳动者丧失劳动能力的物质帮助和对残疾军人、烈士家属等的生活保障问题进行了原则性的规定；国家重新设置了民政部，劳动部门的工作也开始恢复正常。国务院通过颁布《国务院关于安置老弱病残干部的暂行办法》《国务院关于工人退休、退职的暂行办法》《国务院关于老干部离职休养的暂行规定》，一定程度上恢复了退休养老制度，同时建立起一种待遇独特的退休制度——离休制度，退休与离休共同构成了目前中国的退休养老制度体系。

---

〔1〕　参见孙淑云、柴志凯等：《新型农村合作医疗制度的规范化与立法研究》，法律出版社 2009 年版，第 137 页。

值得一提的是，1982 年 12 月 4 日第五届全国人大第五次会议通过的《中华人民共和国宪法》对公民社会权益的规定是十分全面的，该法第 43 条规定了国家发展劳动者休息与修养的设施和休假问题，第 44 条规定了国家机关、事业单位职工的退休保障，第 45 条规定了公民从国家和社会获得物质帮助的权利，第 46 条规定了公民受教育的权利，第 48、49 条规定了妇女、儿童权益保障问题。

总体而言，这一阶段的社会保障立法仍然集中在解决历史遗留问题和恢复被破坏的退休制度方面，虽然某些地区也在劳保医疗、退休费用统筹方面进行了一定的试验，但是仍然没有触动国家—单位保障制度的根本。

4. 社会主义市场经济体制下的社会保障全面发展时期

学界认为，1986 年 4 月 12 日第六届全国人大第四次会议通过的《中华人民共和国国民经济和社会发展第七个五年计划》是社会保障发展史和社会保障立法史上的一件大事。这部文件首次提出了"社会保障"的概念，而且单独设置一章阐述了社会保障的改革和社会化问题，社会保障被明确为与计划经济时代国家负责、单位包办保障制度的对立物被正式载入国家发展计划之中。同年 7 月，国务院颁布了两项行政法规——《国营企业实行劳动合同制暂行规定》和《国营企业职工待业保险暂行规定》，用国营企业职工劳动合同制取代了计划经济时代的"铁饭碗"制度，同时规定职工的退休养老保险实行社会统筹并由企业和个人分缴保险费，这标志着新时期的社会保障立法开始消除单位化的烙印，社会保障制度进入制度重构时期。

新时期社会保障立法另一标志性事件是 1993 年 11 月 14 日党的第十四届三中全会通过的《中共中央关于建立社会主义市场经济体制若干问题的决定》中将社会保障制度确认为市场经济正常运行的维系机制，并将其作为市场经济体系的五大支柱之一。这部文件中明确要求"建立多层次的社会保障体系"，并确认了"社会保障体系包括社会保险、社会救济、社会福利、优抚安置和社会互助、个人储蓄积累保障"以及"城镇职工养老和医疗保险金由单位和个人共同分担，实行社会统筹和个人帐户相结合"等具体制度内容。1994 年，国务院颁布《农村五保供养工作条例》，五保工作实现了规范化，此后，国务院以及劳动部、民政部先后颁布了一系列的行政法规和部门规章推进各项社会保障制度改革，其中重要的包括《国务院关于深化企业职工养老保险制度改革的通知》（1995）、《国务院关于建立统一的企业职工基本养老保险制度的决定》（1997）、《国务院关于在全国建立城市居民最低生活保障制度的通知》（1997）、《中共中央、国务院关于卫生改革与发展的决定》（1997）等。这一阶段的社会保障立法随着经济体制改革步伐加快而加快，体现了为社会主义市场经济服务的特征。

值得一提的是，1994 年 7 月 5 日第八届全国人大常委会第八次会议通过了《中华人民共和国劳动法》，该法单列第九章规定了劳动者的社会保险和社会福利，第一次以法律的形式明确了社会保险和社会福利在劳资关系和社会保障体系中的重要地位。

当然，这一阶段的社会保障立法亦存在缺陷——社保工作的重点放在城镇，农村的养老保障和医疗保障制度始终没有建立起来，之前的合作医疗在整个 20 世纪八九十年代日益萎缩。据统计，至 1997 年合作医疗覆盖率仅为全国行政村的 17%，参保农民仅为 9.6%。从国务院颁布的为数不多的政策性文件来看，政府并未被要求在合作医疗制度构建中承担组织管理的角色，与之前高度集权、全能型的"人民公社"推行的制度相比，这个时期的合作医疗将"农民"作为主体，集体经济只承担"支持"作用，抑制了地方政府的积极性。[1]

---

〔1〕 如 1991 年《国务院批转卫生部等部门关于发展和完善农村合作医疗若干意见的通知》、1997 年《中共中央、国务院关于卫生改革与发展的决定》等。

5. 新时期下社会保障全面深化时期

在 20 世纪末，社会保障逐渐成为中国基本的一项社会制度。1998 年以来，先后发布了《国务院关于实行企业职工基本养老保险省级统筹和行业统筹移交地方管理有关问题的通知》（1998）、《国务院关于建立城镇职工基本医疗保险制度的决定》（1998）、《失业保险条例》（1999）、《社会保险费征缴暂行条例》（1999）、《住房公积金管理条例》（1999）、《城市居民最低生活保障条例》（1999）、《工伤保险条例》（2003）等一系列行政规范和法规性文件，这些文件规范并指导着社会保障制度向国家主导、社会成员人均共同分担的方向发展。社会保障不再是促进经济体制改革和经济发展的工具，而是为了整个社会经济协调稳定发展服务。

农村社会保障制度建设方面，2002 年 10 月颁布并实施的《中共中央、国务院关于进一步加强农村卫生工作的决定》中明确指出要逐步"建立以大病统筹为主的新型农村合作医疗制度"，中央财政与地方财政要为参保农民安排医疗补助资金，这是我国政府历史上第一次为解决农民的基本医疗卫生问题进行大规模的投入。2009 年颁布的《国务院关于开展新型农村社会养老保险试点的指导意见》中将农民养老待遇由社会统筹与个人账户相结合，与家庭养老、土地保障、社会救助等其他社会保障政策措施相配套，作为由政府组织实施的一项社会养老保险制度。

2004 年 3 月，第十届全国人大二次会议通过了宪法修正案，将"国家尊重和保障人权"写入了宪法，揭示了国民的社会保障权益正在得到确立，预示着中国的社会保障立法迈向一个全新的以权利为导向的新时期。2010 年 10 月 28 日是中国社保立法史上值得纪念的一天，第十一届全国人大常委会第十七次会议通过了《中华人民共和国社会保险法》（以下简称《社会保险法》）。从 1994 年《劳动法》规定了社会保险制度之后，社会保险法就列入了国家立法规划，时隔 16 年，历经四次审议，该法最终于 2011 年 7 月 1 日起正式实施，这标志着中国社会保障改革开始从长期试验性状态走向了定型、稳定、可持续发展的新阶段。尽管这部社会保险法中的若干规定过于原则化，授权性条款过多，但是现阶段中国急需一部综合性的法律，把社会保险的一些基本原则确定下来，使之纳入法制化轨道，发挥法律对实践活动的推动作用。从这个意义上说，这部法律的积极作用是非常明显的。

社会保险法实施后，一大批配套的法律法规陆续出台，我国社会保险法律体系日趋完善。2010 年国务院修订了《工伤保险条例》，人力资源和社会保障部修订了《非法用工单位伤亡人员一次性赔偿办法》等三项部门规章，并于 2011 年 1 月 1 日起实施。2011 年发布了《国务院关于开展城镇居民社会养老保险试点的指导意见》；人力资源和社会保障部公布了《实施〈中华人民共和国社会保险法〉若干规定》《社会保险个人权益记录管理办法》《社会保险基金先行支付暂行办法》等文件，于 2011 年 7 月 1 日起施行。2012 年 4 月，第十一届全国人大常委会二十六次会议通过了《中华人民共和国军人保险法》（以下简称《军人保险法》），弥补了军人社保事务缺乏规范的不足。

新时期中国社会保障立法的主要特点是将社会保障上升为国家立法规范的层次，进一步明晰了政府在社会保障制度中的主导责任，并根据责任分担的原则明晰了中央政府、地方政府、企业、社会、个人的社会保障责任，发挥多元主体的积极性，逐步建立起一套健全完善的社会保障法律体系。未来社会保障立法的方向应当是提高立法层次，摆脱各级政府颁布的社会保障"软法"和政策调整与规制，克服地方立法带来的"碎片化"现象与地方行政权限过大带来的"监督不足"的缺陷，同时将以公民权利保障作为立法的主线，实现公民社会保障权利的可诉化，寻求多元的纠纷解决机制。

三、社会保障法的渊源

法律渊源系指法的"来源"或"源泉"。我国社会保障法渊源应当包括制定法（包括宪法、法律、行政法规、部门规章、地方性法规和地方政府规章）、最高人民法院制定的司法解释、较低行政层次的机关出台的规范性文件、国际条约等，此外，最高人民法院公布的相关案例指导也可以作为社会保障法的非正式渊源。

（一）社会保障法的正式渊源

制定法是我国社会保障法重要的渊源。从广义上说，制定法应当包括国家立法机关通过立法程序制定出来的法律，也包括立法机关遵循《中华人民共和国立法法》（以下简称《立法法》）关于立法程序或者规范性文件名称的规定制定的规范性文件，还包括各级行政机关在职权范围内制定的规范性文件、最高人民法院的司法解释、国际条约等。制定法渊源也被称为法律的正式渊源，主要包括：

1. 宪法

作为国家最高权力机关按照最严格的程序制定和修改的最具有权威性的国家根本大法，宪法也是社会保障法效力最高的渊源。我国宪法在其条文中一方面赋予了公民作为基本权利的社会保障权，各类社会保障类法律法规都是具体落实这些权利的表现。这些条款包括《宪法》第33条规定的平等权和人权保障，第42、43条规定的公民劳动权，以及第44、45条规定的公民社会保障权和物质帮助权等；另一方面将建立健全同经济发展水平相适应的社会保障制度作为国家的基本义务，为公民社会保障权的实现提供保障。这些条款包括《宪法》第14条第4款"国家建立健全同经济发展水平相适应的社会保障制度"，第45条"国家发展为公民享受这些权利所需要的社会保险、社会救济和医疗卫生事业""国家和社会保障残废军人的生活，抚恤烈士家属，优待军人家属""国家和社会帮助安排盲、聋、哑和其他有残疾的公民的劳动、生活和教育"，等等。

当然，如前所述，宪法意义上的社会保障权并不具备实质的教义学内容，即使在已经建立完善的违宪审查机制的西方宪政国家，公民也不能将宪法中规定的社会权作为请求权依据，要求国家承担相关义务，只有落实在具体法律中的社会保障权才具有司法实践上的意义。

2. 法律

全国人大及其常委会按照一般立法程序制定或修改的规范性法律文件是社会保障法的渊源之一。我国作为社会保障法渊源的法律包括：其一，社会保障单行法，如《社会保险法》、《军人保险法》、《中华人民共和国老年人权益保障法》（以下简称《老年人权益保障法》）等。我国目前尚没有《德国社会法典》或者《美国社会保障法案》那样的社会保障法典。其二，其他法律中与社会保障相关的条款，如《劳动法》及《劳动合同法》中对社会保险和社会福利的规定，《中华人民共和国行政诉讼法》（以下简称《行政诉讼法》）对社会保障行政行为复议和诉讼的规定，等等。

3. 行政法规

行政法规指最高国家行政机关——国务院制定的规范性法律文件。根据《立法法》的规定，基本经济制度以及财政、税收、金融基本制度属于法律保留的范围，但是在全国人大及其常委会尚未制定法律时，可授权国务院根据实际需要，先行制定行政法规。行政法规在实践中一般被称为"条例""规定""决定""办法""意见""公报""指导纲要"等，暂时性的规范性文件还以"暂行规定""暂行办法"的名称出现。国务院根据全国人大及其常委会的授权制定的行政法规经过实践的检验，待立法时机成熟时，由全国人大及其常委会及时制定法律。

长期以来，我国社会保障领域的事务多由国务院制定的行政法规规范，而且规范的等级也不高，能够达到条例级别的仅有《工伤保险条例》《失业保险条例》《城市居民最低生活保障条例》等少数几部，绝大多数规范都以规定、决定、办法、意见等形式颁布，如《国务院关于实行企业职工基本养老保险省级统筹和行业统筹移交地方管理有关问题的通知》《国务院关于建立城镇职工基本医疗保险制度的决定》《国务院关于解决农民工问题的若干意见》等。提高立法层次，将已经成熟的制度设计、模式选择法制化和规范化应当是我国未来一段时期社会保障立法的重点工作之一。

4. 部门规章

部门规章是指国务院各部、委员会、中国人民银行、审计署和具有行政管理职能的直属机构根据法律和国务院颁布的法规和命令，在不同宪法、法律等上位法相冲突的前提下发布的规范性文件。部门规章在实践中一般采用"规定""决定""意见""通知"等名称。人力资源和社会保障部（原人事部、劳动和社会保障部）、财政部、保监会等国务院部委出台的部门规章中很多都可以作为社会保障法的渊源，例如人力资源和社会保障部为了执行《社会保险法》的相关规定，于 2011 年 6 月颁布的《实施〈中华人民共和国社会保险法〉若干规定》、2011 年 2 月与银监会、证监会及保监会联合发布的《企业年金基金管理办法》，等等。

5. 地方性法规

地方性法规是省、自治区、直辖市以及经国务院批准的较大的市的人民代表大会及其常委会，根据本行政辖区的具体情况和实际需要，在遵守宪法、法律和行政法规的前提下制定的适用于本地区的规范性文件。地方性法规需报全国人民代表大会常务委员会和国务院备案。在社会保障立法领域，地方性法规大多是地方立法部门为执行劳动和社会保障的法律法规，根据本辖区的实际情况和需要作出的具体规定。如北京市人大常委会为执行《老年人权益保障法》，在 1995 年制定了《北京市老年人权益保障条例》。安徽省人大常委会为执行《残疾人保障法》，在 2011 年通过了《安徽省残疾人保障条例》等。

6. 地方性政府规章

省、自治区、直辖市和较大的市的人民政府根据法律、行政法规和地方性法规制定的规范性法律文件被称为地方性政府规章。作为社会保障法的法律渊源，地方性政府规章主要是为了落实执行上位阶的劳动和社会保障法律法规，执行本行政辖区内具体的社会保障行政管理事项而制定的。由于我国的社会保障制度，尤其是社会保险制度在建立初期大多通过试点方式推行，因此地方性政府规章在社会保障法律渊源中占有很大的比重，如北京市人民政府 2001年颁布的《北京市基本医疗保险规定》、1999 年颁布的《北京市失业保险规定》，等等。

7. 司法解释

我国最高人民法院对于司法审判中的法律法规的理解和适用作出的具有约束和指导性的阐释和说明被称为司法解释。由于我国目前的社会保障法律数量不多，能够进入司法途径解决的社会保障类纠纷也属少数，因此相关的司法解释也较少。目前被较多提及的是2001 年制定的《最高人民法院关于审理劳动争议案件适用法律若干问题的解释》（法释〔2001〕14 号）和 2006 年制定的《最高人民法院关于审理劳动争议案件适用法律若干问题的解释（二）》（法释〔2006〕6 号）中对于社会保险金纠纷是否属于劳动争议的规定。当然，与社会保障行政纠纷有关的一般行政纠纷的司法解释也应当被作为社会保障的司法解释，例如《最高人民法院关于适用〈中华人民共和国行政诉讼法〉的解释》对于终结行政程序若干情况的规定，等等。

8. 其他规范性文件

其他规范性文件主要包括两类：一类是立法机关为执行《立法法》对于立法程序或者规范性文件名称的规定做出的答复、批复等说明；另一类是较低行政级别的人民政府和劳动保障行政部门为履行行政管理的要求，颁布的具有规范性特征的一些文件。这类文件数量繁多、浩瀚如海，在地方政府执行社会保障行政职能时发挥着非常具体的作用，虽然学界对于这些规范性文件是否能够算作法律的渊源存在争议，但是不可否认的是这些文件对于该政府所在辖区内社会保障纠纷的处理和法律关系的调整发挥着实质性的作用。本书还是倾向于将这些规范性文件也视为社会保障法的渊源之一。

9. 国际公约

与社会保障事务相关的国际法渊源包括双边协定和国际公约。前者主要是中国政府为加强与其他国家的社会保障合作而签订的协定，如 2001 年 7 月中德两国政府签订的《中华人民共和国与德意志联邦共和国社会保险协定》，为中、德两国雇员在另一国参加社会保险和要求行政协助提供了方便；后者主要是我国政府批准签署，并转化为国内法，如我国作为国际劳工组织的成员先后批准了二十多项公约，其中关于社会保障方面的公约在提高我国劳动者保障待遇、促进社会保障立法方面发挥了非常积极的作用。

（二）社会保障法的非正式渊源

除了上述制定法渊源外，我国社会保障法还应当包括以下非正式渊源：

1. 《中华人民共和国最高人民法院公报》中发布的指导案例

我国不是判例法国家，不承认司法机关先前的判例具有普遍的适用效力。但是，最高人民法院将各地具有示范性的劳动和社会保障争议案例和判决作为指导案例发布在《中华人民共和国最高人民法院公报》上，这些指导案例对于法官审理相关案件时的法律适用和判决理由出具具有一定的参考作用。因此，指导案例可以作为我国社会保障法的一种非正式渊源。例如《中华人民共和国最高人民法院公报》2008 年第 1 期刊载的"杨庆峰诉无锡市劳动和社会保障局工伤认定行政纠纷案"对于《工伤保险条例》中工伤认定申请时效起算办法的意见即可归于此列。

2. 学理解释

学理解释是指社会组织、国家宣传机构、教学科研单位或学者、专家、法律工作者等非官方主体对法律规范所作的阐明与解释。学理解释不具有法律强制力与约束力，但是可以作为法官审判时的参考，故可被视为法律的非正式渊源之一。在社会保障法领域，相关的学理解释包括国家行政机关组织编写的法律释义，如全国人大常委会法工委、国务院法制办、人力资源和社会保障部组织编写的《中华人民共和国社会保险法释义》等，这种释义有助于社保行政机关开展管理工作，以及专家学者从法学理论角度编写的法律释义，这种释义对于促进社会保障法学科的发展具有重要作用。

3. 习惯法

习惯法作为一类社会规范，系指独立于国家制定法之外，依据某种社会权威确立的、具有强制性和习惯性的行为规范的总和，是一种介于道德与法律之间的准法规范。在我国少数民族地区，存在着大量有关于邻里互助和社会保障的习惯法，这些习惯法规范一般不具备成文法的形式，仅依靠社会成员的认同感和道德伦理的因素维持其存在和适用。

例如广西金秀六巷架梯屯瑶族在生产上帮工就是一种典型的习惯法现象。如果一家接受了另一家若干工日的帮助，那么日后是一定要帮回相应的工日的。如 2000 年冯文华帮赵才福家烧砖窑一天，2001 年冯文华欲盖楼房而自打水泥砖，赵才福家就抽空派一人去帮忙一天。帮工体现着亲情友善、互相互利的纯朴的人际关系，也是原始的团结协作精神的缩影。这一规范虽无明文规定，但在村民中留传已久，约定俗成，深入民心。如果受助一方日后不还工，则受到全村人的唾弃，受到习惯法的处罚。[1]

社会保障方面的习惯法对于解决相关人群在生产、生活中的具体困难，抵御自然灾害有积极意义，在不违背强制性法律规范，同时也不违背公序良俗的情况下，应当将习惯法也确定为社会保障法的非正式渊源之一。

---

〔1〕 参见罗昶、高其才：《市场经济条件下的瑶族互助习惯法——以广西金秀六巷帮家屯互助建房为考察对象》，载《比较法研究》2008 年第 6 期。

另外，能否将用人单位的规章制度与集体合同中与社会保障有关的条款也作为社会保障法的渊源是存在争议的。有学者认为这些条款应当作为社会保障法的渊源，理由是根据《最高人民法院关于审理劳动争议案件适用法律若干问题的解释》第19条的规定，用人单位根据劳动法通过民主程序制定的规章制度，在不违反国家法律、行政法规及政策之规定，并已经向劳动者公示的，可以作为人民法院审理劳动争议案件的依据；另根据《劳动合同法》第54、55条之规定，依法订立的集体合同对用人单位和劳动者具有约束力。但是，本书认为，从法律渊源的通说——法存在形式说出发，社会保障法的法源应当是这类法的表现形式，意即社会保障法的来源和出处，将作为民事主体的单方制定的规则或者仅具有相对效力的劳动合同作为法律的来源似乎存在着合法性上的问题，这等同于将用人单位或者集体合同签订方视为立法者；而最高院的司法解释中将规章制度作为审判的依据并不能够当然地将其认定为法源的理由，因为即使是一般的民事合同也可以被作为审理关于这个合同纠纷的依据。

四、社会保障法的功能

社会保障法的功能与社会保障制度的功能既有联系又有区别，后者通过前者实现的规范化和法制化发挥作用。社会保障法的功能体现在社会功能和经济功能两个方面，社会功能表现在实现社会安全、社会公平和社会稳定方面，经济功能表现在实现国民收入的再分配方面。社会保障法法律关系中既有公法关系又有私法关系，公私法融合是社会法的一个明显的特征，以大陆法系传统的二元划分理论为依据界定社会保障法的地位是不合适的，判断某种社会保障法律关系属于公法关系还是私法关系才是可行的。

（一）社会功能

社会保障法产生与存在的意义与人类生产、生活社会化联系密切。社会保障法的社会功能是指其对稳定社会政治、经济秩序所起的作用。

1. 社会安全

我们知道，社会保障是工业革命带来的社会化大生产发展到一定阶段的产物。在自给自足的前工业社会，个人的人身安全与国家和社会没有必然的联系，因此保障个人的生产和生活主要是个人及其家庭的责任。19 世纪中叶之后，随着工业化的开展，劳动者逐渐丧失了生产资料，进入以机器生产为主要方式的工厂里，工伤、疾病、老年等风险不可能再单纯依靠自己之力来克服，又因为与社会化大生产相联系的市场配置资源的方式具有先天的弱点，"市场失灵"现象无处不在，劳动者时刻面临着失业、公害等诸多社会风险。因此，建立社会保障制度，用国家和社会的力量为社会成员提供必要的生活保障，解决他们的困难是十分必要的。

2. 社会公平

市场经济是通过竞争机制实现的。有竞争就会有分配收入上的差异，单纯的竞争机制的结果是强者恒强、弱者恒弱，极端的、不合理的贫富差距不利于实现社会公平，因此需要借助于国家和社会的力量，在初次分配之后进行再分配。社会保障法律和政策可以通过建立社会保障基金将财富在高收入者和低收入者之间转移，使国民收入再分配向低收入者倾斜，调节社会成员之间的收入差距，维持低收入者的基本生活，保障其生存权，以此实现社会公平。

3. 社会稳定

社会稳定是一个国家生存与发展的基本条件。只有当社会成员被满足了基本的生活需要，消除了后顾之忧之后才可能对未来生活有良好的预期，从而安居乐业，自由快乐地开展生产生活。如前所述，现代社会保障制度在建立之初即旨在缓和阶级矛盾、维持稳定的社会秩序，但是，在生存权保障成为现代社会保障立法的基本指导原则之后，国家不能仅仅从实现社会稳定的角度出发来确定社会保障法的功能，这种功能只能被视作一种工具价值和外在价值。

（二）经济功能

社会保障法通过社会给付实现了货币和劳务的转移，其经济功能体现在三个层次上——公平与效率的调节、国民收入分配与再分配的调节、宏观经济发展的调节。

1. 公平与效率的调节

社会保障法律和政策偏重于实现公平。有学者通过国际比较研究发现，一国的社会保障制度越健全、水平越高、规模越大，意味着该国家在维护社会公平方面的强制力越强；反之，社会保障制度越是残缺不全、水平越低、规模越小，意味着强制力越弱。社会保障制度对公平和效率二者关系的调节是促进一个国家或地区持续、协调和发展的必要举措。[1]

2. 国民收入分配与再分配的调节

社会保障法对国民收入的调节是其经济功能的第二个层次。社会保障资金来源于征税、征费或者"财政转移支付"，进而分配给受保障者或有需求者。国际劳工组织在为发展中国家起草的一份报告中指出，"在现代社会保障的各项项目中，可以看到收入再分配的一些机制……它们按照一定的体制，提取一部分生产成果，为遭受职业损害的人民谋利益；由收入较高的工人分担一部分费用，以保证低收入工人的最低年金收入；通过适当的税收办法，把社会开支分别用于鳏寡、伤残和其他情况；它们呼吁产业部门在整个国家范围内发展基本医疗服务，并且重建经济平衡以利于相对的最下层社会。"[2] 社会保障制度通过筹集资金、发放给付，可以实现社会

----

〔1〕 参见郑功成：《社会保障学——理念、制度、实践与思辨》，商务印书馆2000年版，第16页。

〔2〕 See The Global Economic Crisis and Developing Countries: Transmission Channels, Fiscal and Policy Space and the Design of National Responses, available at https://www. ilo. org/employment/Whatwedo/Publications/working-papers/WCMS_113733/lang--en/index. htm，最后访问日期：2021年7月17日。

成员横向的收入分配调节，也可以实现代与代之间纵向的收入分配调节。

3. 宏观经济的调节

国家可以将社会保障制度用于宏观经济运行的调节，因此，社会保障投资又被称为国家的"福利投资"。其宏观经济调节功能体现在通过总供给和总需求的适度保持克服经济周期的负面效应、优化投资结构和个人储蓄方式以及促进劳动就业。

（1）凯恩斯主义经济学理论认为，由于心理规律的影响，社会总需求和总供给之间会经常出现不相适应的情况。随着利润和收入增加，有效投资和有效需求的边际效应在递减，由此产生了有效投资不足和有效需求不足的后果，而富人的投资倾向和消费倾向都要低于穷人，所以应当通过累进税和社会保障征费将其财富收入转移给穷人，减少其储蓄收入，增加消费支出，实现宏观经济的均衡。社会保障基金可以起到一个"蓄水池"的作用，其资金的"进"与"出"与宏观经济形势相反，在经济繁荣时期，社保基金收入增加，支出减少，在经济萧条时期，社保基金收入减少，支出增加，一进一出之间，可以有效地唤起需求，提高国民的购买力，从而消除经济周期带来的不良影响，从这个意义上说，社会保障是现代经济的"减震器"。

（2）社会保障资金的筹集、储蓄与发放可以调节国家的投资和国民的储蓄。在刺激和促进投资方面，社保资金可以用来购买国债券，支持国家经济建设，可以直接投向国家重点公共服务设施的建设和重点项目，还可以利用社保基金或公积金向社会成员个人融资，促进住宅业的发展，而且积累型社保基金是一笔重要的投资资金，能够为资本市场带来巨大的推动力，成为影响社会总投资的重要手段；在优化个人储蓄方面，个人和用人单位支付社会保障费用会导致个人和企业的收入直接减少，从而影响个人和单位的消费倾向和储蓄倾向，从这个意义上说，社会保障资金的存储过程就是储蓄的过程。社会保障资金的支付必然会减少存储量，同时会增加公民个人的购买能力，从而有助于宏观经济形势的繁荣。

（3）市场经济体制下的劳动力市场同样存在竞争，竞争的不良结果是竞争的失利者被迫退出劳动力市场，而且在经济周期的影响下，经济萧条时期劳动者大量失业会造成劳动者及其家庭陷入生存危机，社会保障法律制度中的养老、失业保险制度可以对劳动力市场产生直接的调节作用，促进劳动力自由流动、优化劳动力资源的配置；同时，社会保障中的职业培训、社会福利、教育福利等制度可以提高劳动者的知识素质和身体素质，可以使劳动力的生产和再生产适应市场变化的需求。

五、社会保障法的基本原则

我国学界对社会保障法的基本原则历来存在较大分歧，尤其是在20世纪90年代社会主义市场经济体制建立伊始，社会保障法律体系尚未形成之时。[1] 本书认为，我国社会保障法的基本原则必须坚持以实定法为标准，以规范法学的研究方法确定之，经济学、管理学、社会学等学科对社会保障的理解仅仅能够作为我们确定法律基本原则的参考。在尚不存在完备的法律规范体系之时，法学研

---

〔1〕 有代表性的观点如下：覃有土教授提出的"三原则说"——"普遍性和区别性相结合原则""权利义务对等原则""保障水平与生产力相适应原则"，史探径教授提出的"四原则说"——"权利保障原则""普遍性原则""平等性原则""基本社会保障与提高生活相结合原则"，方乐华教授提出的"七原则说"——"生存权保障原则""保障水平与经济发展水平相适应原则""社会化原则""公正效率相结合原则""基本生活保障原则""统一化原则""自我保障和群体相结合原则"，林嘉教授提出的"四原则说"——"公正与效率相结合原则""生存保障与发展促进相结合原则""普遍保障与特殊保障相结合原则""社会责任、国家责任与自己责任相结合原则"。参见覃有土、樊启荣编著：《社会保障法》，法律出版社1997版，第96页；史探径主编：《社会保障法研究》，法律出版社2000年版，第12页；方乐华编著：《社会保障法论》，世界图书出版公司1999年版，第36页；林嘉主编：《社会保障法学》，中国人民大学出版社2009年版，第5页。

究停留在立法研究的层次上，来自非法学学科的方法论对社会保障法基本原则的研究自然是具有重大意义的，而在我国业已基本形成以社会保险法、社会救助法、老年人权益保障法、军人保险法以及相关的法律法规、司法解释为组成部分的社会保障法体系的现状下，规范法学的研究方法是值得肯定和尝试的。综合以上考虑，本书将以下原则确定为社会保障法的基本原则：

（一）人权保障原则

人权首先是一个国际法上的概念，是指人所享有或应享有的基本权利。1948 年，联合国大会颁布的《世界人权宣言》中列举了所有人都有权享受的各种基本权利和自由，这部法律文件与其后的两部国际公约——《公民权利和政治权利国际公约》和《经济、社会及文化权利国际公约》共同构成了国际人权宪章法案。许多学者、律师和法庭的判决书也经常引述《世界人权宣言》中的一些条款来佐证自己的立场。这些法案将公民社会保障权规定为"人人有权享受为维持他本人和家属的健康和福利所需的生活水准，包括食物、衣着、住房、医疗和必要的社会服务；在遭到失业、疾病、残废、守寡、衰老或在其他不能控制的情况下丧失谋生能力时，有权享受保障"，此外，与社会福利相关的"基本和初级阶段教育权"和"母亲与儿童的特别照顾与协助权"也被写入了法案中。

2004 年，我国首次将"国家尊重和保障人权"写入了宪法。在现代社会中，最基础的人权就是生存权，国家保障公民生存权的重要手段就是通过立法建立社会保障制度来实现的。法律并非只具备工具理性的特征，其自身所包含的公民权利保障内容应当作为国家存在的目的和法律的内在价值，在此意义上，现代国家建立社会保障制度的首要目的不应当是维护社会稳定，保障公民的社会保障权才是社会保障法立法与实施的起点和最终落脚点。因此，人权保障原则是社会保障法最重要的原则。

各类社会保障立法中对人权保障原则的措辞略有不同，有的是从立法目的角度出发，如《社会保险法》第1条规定，制定该法的目的是"为了规范社会保险关系，维护公民参加社会保险和享受社会保险待遇的合法权益，使公民共享发展成果，促进社会和谐稳定"，有的是直接从权益保障的角度出发，如《老年人权益保障法》第3条第2款规定，"老年人有从国家和社会获得物质帮助的权利，有享受社会服务和社会优待的权利，有参与社会发展和共享发展成果的权利"，有的更加突出了生存权保障的特征，如《中华人民共和国社会救助法（征求意见稿）》〔以下简称《社会救助法（征求意见稿）》〕将立法目的规定为"保障公民的基本生活，促进社会公平与和谐"，但是，社会保障法的人权保障属性是彼此相通的，具有内容上的一致性。

值得指出的是，人权保障原则在宪法和社会保障法中的表现方式和司法实践意义是截然不同的。一般而言，与自由权保护条款相区别，宪法中与社会权相关的条款仅具有宣示意义和佐证其他基本权利（如平等权）的辅助功能。以德国宪法中的社会国原则为例，从联邦宪法法院六十多年的司法实践来看，该原则大多是论证中的套话，对判决结果并不重要，其实现主要依靠具体的社会保障立法。[1] 也就是说，当公民认为自己的社会保障权未能通过国家积极的作为而实现时，只能依据具体的社会保障法律法规寻求司法保护，不能依据宪法，更不能依据国际条约（即使本国已签署的，转化为国内法的条约也不可以）要求国家发放给付。这是因为，其一，社会保障是一类以增加财政预算为前提的具有敏感政治性的公共事务，应当由具有直接民主正当性的议会决定是否进行社保给付，以司法判决代替议会立法将使社会保障丧失政治上的合法性；其二，在现代社会，社会保障事务的专业化程度较高，政策性较

---

〔1〕 对此参见〔德〕V. 诺依曼：《社会国家原则与基本权利教条学》，娄宇译，载《比较法研究》2010年第1期。

强，过度行使司法权将使这项事业丧失决策的科学性和专业性。[1]

我国《宪法》第45、46条规定了公民的社会保障权，与西方宪政国家相比，这样的规定更加明确和具体，但是考虑到此项权利在法理上的不可诉性以及我国宪法基本权利更偏重于宣示性的意义，而且我国尚未建立起严格意义上的违宪审查制度，因此，我国公民社会保障权的人权保障功能只能依靠一般立法和相应的司法途径来实现。

（二）保障水平与社会经济发展水平相适应原则

在社会保障立法实践当中，要考虑到社会发展水平对社会保障水平的客观要求，同时还要正确估量所处历史时期的经济承受能力，将维护社会保障制度的可持续发展作为根本目标，结合各种短期利益和长期利益，体现出社会保障与社会生产力发展水平相适应，与经济、社会相互协调、相互促进的原则。社会保障水平与经济发展水平相适应的原则体现在多部法律法规之中。

在宪法中，2004年3月第十届全国人大二次会议通过的宪法修正案中明确提出将此原则作为社会保障制度的基本原则。根据《宪法》第一章"总纲"第14条第3款和第4款的规定，国家应当合理安排积累和消费，兼顾国家、集体和个人的利益，在发展生产的基础上，逐步改善人民的物质生活和文化生活，并建立健全同经济发展水平相适应的社会保障制度。从系统解释的角度看，宪法在总纲中的确认表明了立法者已经将该原则作为我国基本经济制度中的一部分。此外，《宪法》第二章"公民的基本权利和义务"中对此原则也有若干更加具体的规定，如第42条规定的国家"在发展生产的基础上，提高劳动报酬和福利待遇"等。

在全国人大颁布的各类社会保障类法律中，保障水平与社会经

---

〔1〕 对此参见娄宇：《公民社会保障权利"可诉化"的突破——德国社会法形成请求权制度述评与启示》，载《行政法学研究》2013年第1期。

济发展水平相适应原则一般都会作为基本原则规定在法律的总则中，统领所有条款。例如，《社会保险法》第 3 条规定社会保险水平应当与经济社会发展水平相适应；《军人保险法》第 3 条规定军人保险要与社会保险制度相衔接，与经济社会发展水平相适应；《劳动法》在第九章"社会保险和福利"中单列第 71 条规定"社会保险水平应当与社会经济发展水平和社会承受能力相适应"；《社会救助法（征求意见稿）》第 4 条第 1 项以更加明确的方式将救助与经济社会发展水平相适应的原则确定为该法律的基本原则。

在具体实施社会保障法律的行政法规、部门规章、地方法规与地方规章中，该原则不仅被确定为社会保障制度的基本原则，而且在具体的制度设计中该原则的精神也随处可见。例如，1998 年颁布的《国务院关于建立城镇职工基本医疗保险制度的决定》（国发〔1998〕44 号）第 1 条第 2 款规定，基本医疗保险的水平要与社会主义初级阶段生产力发展水平相适应，在之后的关于医保缴费水平的条文中提出"随着经济发展，用人单位和职工缴费率可作相应调整"。

（三）普遍性为主、特殊性为辅的原则

法律规范是一种普遍性的规范，制定法律应当针对不特定的多数人，将某些特殊群体排除在外的做法不符合法律的精神。社会保障立法更应当考虑到全体社会成员的利益和需要，并应当广泛地适用于全体社会成员，使所有公民都能够分享经济发展和社会进步带来的成果。但是同时，各类社会成员对社会保障的需求是不一样的，再加之在中国这样幅员辽阔、人口众多、地区发展不平衡、阶层结构较为复杂的社会中，也不可能在社会保障待遇方面"一刀切"，因此应当在建立全国范围内各类人群统一的社会保障法律制度的大前提下，充分承认城乡差距、地域差距和各类人群的身份差距，适当兼顾各类特殊情况。

如何确定社会保障立法普遍性的主导地位和特殊性的辅助性地

位，意即如何确定二者之间的界限乃该原则关键之所在。我们认为应当坚持这样的原则，为不同人群设计实质上统一的社保制度是普遍性原则的表现，在同一制度内部按照不同人群的个体差异设计不同的具体制度是特殊性辅助作用的表现。我们反对为不同人群建立实质上完全不同的社会保障制度，这样的制度设计违反了作为公民基本权利的平等权，结果必然是公民不能够平等地享有在其生活困难时从国家和社会获得物质帮助的权利，原本全民共享的成果变成一部分人的特权，另一部分人被不公平地排斥在外。

以我国的基本养老保险为例，《社会保险法》将我国境内所有用人单位和个人都纳入社会保险的覆盖范围内，基本养老保险覆盖了我国城乡全体居民，以实现"老有所养、病有所医"，这是社会保障法律制度普遍性的体现，但是我国城乡发展水平差距较大，不同人群之间的收入也存在差距，不可能完全按照同样的标准缴费，所以必须坚持同一制度内部设计不同具体制度的做法。《社会保险法》分别在第 10 条、第 20 条和第 22 条规定了职工基本养老保险、新型农村社会养老保险和城镇居民社会养老保险三项制度，无雇工的个体工商户、未在用人单位参加基本养老保险的非全日制从业人员以及其他灵活就业人员可以参加基本养老保险，此外，该法第 95 条、第 96 条、第 97 条将农民工（进城务工的农村居民）、被征地农民、在中国境内就业的外国人均纳入社会保险的适用范围。各类人群在缴费方式、给付方式基本统一的养老保险制度下，分别参加具体做法略有差异的险种，由此实现了养老保险的全民覆盖。

但是，《社会保险法》第 10 条第 3 款将公务员和参照公务员法管理的工作人员的养老保险办法授权给国务院另行规定的做法似乎有违社会保障的普遍性原则。由系统解释论角度观之，《社会保险法》中单列一项条款对公务员和参公管理人员的养老办法进行说明，表明了立法者认为这些人群仍需要参加社会保险，仅仅是与一般城乡居民相比，他们的养老保险制度略有不同而已。但是，随着计划经济时代向市场经济的转型，我国养老领域逐步形成了养老金"双轨制"：机关事业单位和企业职工的养老保险在统筹方式、支付渠道、支付标准等核心制度设计上完全不同，这偏离了社会保障普遍性为主、特殊性为辅的原则，主次顺序出现颠倒。随着改革开放的不断深入，这种体制的弊端越来越明显，同等学历、同等职称、同等职务、同等技能、同等贡献的人因退休时的单位性质不同，退休金也存在差距。随着养老"双轨制"的运行，它所造成的社会不公以及对社会就业平衡和人才合理流动的影响逐渐显现，成为一项亟待改革的制度。

（四）公平原则

社会保障作为一种国民收入再分配形式，应当以社会公平为追求目标，失去了公平特征的社会保障就不再是现代意义上的社会保障。因此有学者指出，个人养老储蓄账户也可以防范老年风险，但这绝不是社会保障，因此，完全的个人账户制社保模式并非真正的社会保障。[1]

社会保障立法必须遵循公平原则，只有在坚持了公平原则之后才能考虑效率问题。从立法过程和立法方式来看，社会保障制度可以遵循公平与效率相结合的原则，但是，从法律中反映出来的社会保障制度应当着重考虑社会公平问题，这是现代社会保障制度能够实现社会长期稳定、和谐发展和经济可持续发展的重要保证，是"维系、润滑、保障机制"的根本要求。[2]

与其他原则不同，各类社会保障立法较少地将公平性原则规定在总则之中，这项原则体现在具体的社会保障法律制度之中。一般来说，公平原则主要体现在以非对价给付为主要特征的社会保障制

---

〔1〕 参见郑功成：《社会保障学——理念、制度、实践与思辨》，商务印书馆2000年版，第233页。

〔2〕 参见郑功成：《社会保障学——理念、制度、实践与思辨》，商务印书馆2000年版，第233页。

度中，以对价给付为主要特征的社会保障制度体现得不甚明显。在非对价给付的社会保障制度中，公民只要满足享受待遇的条件即可申请获得给付，无需向国家支付任何对价；对价给付的社会保障则恰好相反。

社会救助是典型的一类以非对价给付为主要特征的社会保障制度，我国《社会救助法（征求意见稿）》第 4 条第 5 项将公平原则确定为该法的基本原则，并在居民最低生活保障、专项救助和自然灾害救助等制度方面有很好的贯彻。社会保险强调劳动者享受社会保险的权利和缴纳社会保险费的义务相联系，需要参保人支付作为对价的保费，如我国的社会保险制度以用人单位、职工个人缴费为主要筹资渠道，国家单方面补贴仅发挥补充性作用。职工享受的社会保险待遇，尤其是养老保险、失业保险待遇要将个人缴费多少和缴费年限挂钩。根据《社会保险法》第 46 条的规定，失业人员失业前用人单位和本人累计缴费满 1 年不足 5 年的，领取失业保险金的期限最长为 12 个月；累计缴费满 5 年不足 10 年的，领取失业保险金的期限最长为 18 个月；累计缴费 10 年以上的，领取失业保险金的期限最长为 24 个月。这些制度中，以效率为导向的制度设计倾向较为明显，公平性原则发挥的作用相对要弱一些。当然，并非所有的社会保险制度都偏重于实现效率，例如职工基本医疗保险制度的给付待遇则明显遵循了公平原则。根据我国《社会保险法》和《国务院关于建立城镇职工基本医疗保险制度的决定》的相关规定，职工工资在当地社会平均工资的 60% 和三倍以下范围内，用人单位要按照工资总额的 6%，职工个人要按照 2% 缴纳基本医疗保险费，用人单位缴纳部分的 70% 左右进入社会统筹，这样，收入较多的职工将会向基本医保基金缴纳较多的保费，而在给付方面，所有的参保人都享受同样的医保待遇。

第二节 社会保障法律关系与给付请求权

社会保障法作为一个年轻的法律部门，其法律关系呈现出公法与私法交融的特征。在上一章中已经提到，大部分社会保障法律关系都是在社会保障行政机关与公民之间开展的，因此可以采用行政法已有的研究方法审视之。我们认为，社会保障法上的请求权主要来源于公权利，即人民根据法律，要求行政机关行为或不行为的权利，请求权作为公权利的一种类型，其权能覆盖整个公权利。近年来，随着《社会保险法》《军人保险法》等一系列法律法规的颁布和实施，我国的社会保障立法已经在宏观层面上构筑起一个基本完整的框架，学界与实务界对公民社会保障权利的探讨也如火如荼地开展起来，以公民要求国家给付为主要内容的社会保障法请求权是作为宪法基本权利的社会保障权的制度保障，对于实现该权利具有非常重要的意义；而且，在目前我国社会保障制度"碎片化"现象较严重、"当事人义务本位和机关权力本位"的背景下，开展以法律关系和请求权为中心的规范法学的研究对拓展公民范围、增强公民的权利意识的作用亦自不待言。

一、社会保障法律关系

（一）社会保障法律关系与社会保险法律关系

社会保障法律关系是指在社会保障活动中，社会保障法调整各类主体的行为而形成的权利义务关系。我国的社会保障制度包括社会保险、社会救助、社会优抚、社会福利等内容，其中社会保险是核心内容，由于其采用保险的原理分散社会成员可能遭受的风险，需要社会成员缴费形成社会保险基金,[1] 因此参保人基于缴费与社会保障行政机关之间产生了一系列特殊的法律关系,这是社会救助等其他社会保障所没有的;又由于社会保险中的医疗保险给付和工伤保险给付无法由社会保障行政机关独立实施,需要借助第三方给付机构,因此在社会保障行政机关与给付机关、参保人与给付机关之间又形成了一系列特殊的法律关系。这些关系错综复杂,公法与私法性质交融,具有较强的代表性与概括性,所以本书将以社会保险法律关系为例,分析探究社会保障法律关系,以期产生举一反三的效果。

有学者指出,社会保险法法律关系可以有广义、狭义之分。广义的社会保险法律关系是指社会保险的主体在社会保险活动中依据社会保险法形成的各类权利义务关系,包括社会保险基础法律关系、社会保险行政法律关系、社会保险监督法律关系;狭义的社会保险法律关系仅指社会保险基础法律关系。[2]

社会保险基础法律关系是指社会保险当事人之间依法形成的收取和缴纳社会保险费、发放和受领社会保险待遇给付的相互权利义务关系,也就是社会保险费征缴主体、参保人之间的社会保险费征缴法律关系,以及给付主体、给付提供机构和参保人之间的社会保险待遇给付法律关系,其中给付法律关系是社会保险法律中的基础,其他关系都是围绕着这种法律关系开展的。[3]

社会保险行政管理法律关系是社会保险法在调整社会保险行政管理机关进行行政管理的过程中与行政相对人之间形成的法律关

---

〔1〕 社会保险主要依靠缴费形成基金,被称为缴费型社会保障制度,社会救助、社会福利、社会优抚等项目依靠财政转移支付,被称为非缴费型社会保障制度。参见林嘉:《社会保障法的理念、实践与创新》,中国人民大学出版社2002年版,第9、12页。

〔2〕 详见种明钊主编:《社会保障法律制度研究》,法律出版社2000年版,第121页。

〔3〕 参见方乐华编著:《社会保障法论》,世界图书出版公司1999年版,第200页。

系。社会保险行政管理法律关系的内容主要包括，社会保险行政管理部门与社会保险经办机构之间的行政管理法律关系，社会保险经办机构与给付提供机构之间由于购买公共服务之间产生的行政合同关系等。社会保险行政管理部门和社会保险经办机构与用人单位、参保人之间的行政管理法律关系按照其性质也应当归属于社会保险行政关系，但是这种关系的主要内容是参保人的个人信息登记和缴费，因此我们可以把它归入社会保险基础法律关系。

社会保险监督法律关系是社会保险监督机构按照社会保险法的规定对社会保险法律、法规、政策的执行情况和社会保险基金进行监督的过程中，与被监督人之间形式的法律关系。

当然，如上一章中所述，社会保险制度中的各类法律关系由社会保障行政机关在履行社会福利政策的过程中与其他主体之间产生，因此均带有不同程度的公法属性，或者更确切地说是行政法属性，我们只是为了界定方便，才将其进行了如上的分类。

（二）社会保险法律关系

与其他法律关系一样，社会保险法律关系也由主体、客体和内容三类要素构成。

1. 社会保险法律关系主体

（1）参保人。社会保险的参保人是指对社会保险标的具有保险利益并享有社会保险给付请求权的主体。有的教科书中将其称为投保人或被保险人，但是本书认为，这样的提法是存在一些问题的。投保人是商业保险上的概念，由于商业保险制度建立在一般民事合同的基础上，奉行私人自治原则，当事人是否购买一份保险合同完全取决于个人的意愿，因此是"主动地"成为商业保险法律关系的一方主体，而社会保险一般是强制保险，符合条件的公民无论个人意愿如何，都必须成为社会保险法律关系的主体，因此使用被动性较强的参保人概念似乎更加合适；被保险人也是一个来源于商业保险法的概念，商业保险的合同自由原则体现在购买保险合同的投保人、保险合同指向的被保险人和领受保险给付的受益人可以相互分离，而社会保险是一项建立在参保人身份基础之上的福利制度，参保人、被保险人和受益人一般情况下都是同一个主体，只有在特殊的情况下，才会出现三个主体分离的情况，例如我国职工基本医疗保险制度设置了个人账户，个人账户的资金在性质上属于私人财产，可以发生继承和转移，受益人就可能不再是参保职工，又例如在我国的失业保险制度中，失业人员在领取失业金期间死亡的，向其遗属发给一次性丧葬补助金和抚恤金，受益人变成了参保人的遗属。在国外某些社保制度设计中也存在这种情况，例如在德国的家庭保险制度（Familienversicherung）中，参保人缴纳保费后，其配偶、未成年子女都可以免费获得医疗保险给付，在这种制度中，参保人与被保险人也不再是同一个人。

（2）征缴机构。社会保险的征缴机构是负责征收社会保险费或者社会保险税的机构。我国《社会保险法》第59条将确定社会保险费征收机构、制定具体实施步骤和办法的职能授权给国务院，而根据1999年的《社会保险费征缴暂行条例》，社会保险费的征收机构由省、自治区、直辖市人民政府规定，可以由税务机关征收，也可以由劳动保障行政部门按照国务院规定设立的社会保险经办机构征收，因此在国务院的配套规定出台之前，社会保险经办机构和税务机关都可以作为征缴机构。

社会保险费征缴机构在性质上属于履行行政职权的公法法人，我国大多数统筹地区的社会保险经办机构都是参照公务员管理的纯公益性事业单位，具有一定的执法权。

（3）给付机构。社会保险的给付机构是负责发放社会保险待遇的机构。"给付"这个概念源于德国社会保障法中普遍使用的"Leistung"一词，意为作为社保债权人的公民要求作为债务人的国家所应实行的行为，由于社保给付关系建立在公法之债的基础上，因此给付一般是国家的作为义务。"给付"在我国社会保障法领域使用还较少，尽管理论界已经开始接受这一概念，但是 2011 年实施的《社会保险法》中仍沿用之前的"待遇"一词。有学者指出，"待遇"一般不具有普惠的可能，总与"享受"联系在一起，往往是单向发放的，不能形成请求权，劳动者缴纳了社会保险费，履行了法定义务，依法享有的正当权利，并非什么待遇的发放，这里使用趋于中性的"给付"一词更合适。事实上，我国台湾地区的"劳工保险条例"等文件中都是使用给付这个概念的。[1]

根据我国《社会保险法》第 73、74 条的规定，社会保险经办机构应当按时足额支付社会保险待遇，另外还提供社会保险登记、个人权益记录等其他服务。因此社会保险经办机构是社会保险的给付机构。

另外根据《社会保险法》第 72 条的规定，社会保险经办机构的人员经费和经办社会保险发生的基本运行费用、管理费用，由同级财政按照国家规定予以保障，不得在缴纳的保费中提取。

（4）给付提供机构。由于社会保险经办机构不具备某些给付提供职能，因此在基本医疗保险制度和工伤保险制度中，需要借助其他机构完成给付，例如定点医院和定点药店就是这类机构，它们与社保经办机构之间是行政法律关系，二者之间产生的争议需采用公法上的救济方式。

2. 社会保险法律关系客体

法律关系客体是指法律关系主体之间的权利和义务所指向的对象，它是构成法律关系的要素之一，法律客体是法律关系发生和存在的前提。社会保险法律关系客体是社会保险关系主体的权利与义务所指的对象，可以是实物、劳务，也可以是金钱，与之对应的给付被称为实物给付、劳务给付和金钱给付。

我国的社会保险制度中一般将前二种给付称为费用直接结算，

---

[1] 参见郑尚元：《企业员工退休金请求权及权利塑造》，载《清华法学》2009 年第 6 期。

后一种称为费用事后报销。例如，《社会保险法》第 29 条规定基本医疗保险参保人员由医保基金支付的医疗费用采用直接支付的方式就是一种劳务、实物给付的方式，而该法第 30 条规定的医保基金先行支付制度则属于金钱给付。社会保险法律关系的客体这种区分的意义在于在带有人身救助职能的基本医保与工伤保险项目中应当尽可能采取前二者给付方式，以减轻给付接收方的先行自付的资金压力。出于同样的考虑，即便是必须采用金钱给付的项目，如低保救济金、丧葬补助金与抚恤金的发放在特殊情况下也应当采用先行支付的方式。劳务、实务给付则不存在这样的问题。另外，从一般法理角度观之，金钱给付可以设置继承、抵押、扣押等制度，而前二者具有人身依附性，不能脱离给付接收人独立存在或转让。

应当指出的是，我国社会保障法学界对社会保险法律关系客体类型化的研究还处于起步阶段，立法上也大多缺乏相关的理论作为支撑。例如实物给付理论认为，为及时保障参保人生命、健康权益，社保项目应当采用基金先行支付制度，我国的基本医保和工伤保险对第三方责任造成的人身伤害也规定了基金先行支付方法，但是根据《社会保险基金先行支付暂行办法》第 10 条，个人申请社保基金先行支付医疗待遇的，需提供各类票据作为证据。这意味着，基金先行支付制度仍需个人垫付，社保机构而后金钱给付，这与基本医保的实物给付存在着根本差别，受害的参保人仍然要先行负担高额医疗费用的压力，基金垫付的人身权益保障功能没有得到实现。又例如金钱给付类的社会保障项目一般需要较长时间的审批，因此在带有紧迫性救助功能的社会保障项目中也应当规定先行支付制度，而我国的社会保障立法中却鲜见类似规定。

3. 社会保险法律关系内容

社会保险法律关系主体之间的权利、义务以及责任的分配是社会保险法律关系的内容。以法律关系主体为标准，社会保险法律关系的内容包括：

（1）国家管理机构的职权和义务。第一，社会保险资金的征收权。一般认为，社会保障是一项准公共产品，单纯依靠市场机制来实施必然会产生巨大的交易成本。通过法律法规形式，运用国家强制力对社会保障资金进行征收、管理、运营、给付，可以以较低的成本获得较高的经济效率。从实质来看，社会保险费的征收是借助公权力参与国民经济的初次分配，因此，社会保险费的征收无须征得法定义务人的同意。从实施情况来看，我国社会保障资金的征收程序还有待于法律法规的完善，例如，很多地区地方不同险种的社会保险费征收机构不统一，影响了征缴效率，增加了征收成本，同时也不方便单位和个人缴费。从发展的趋势来看，未来各类社会保险费的征缴机构应当统一为社会保险经办机构。

第二，社会保险资金的管理权。社会保险中基金数额比较大的项目，如养老社会保险，在我国实行社会统筹和个人账户相结合的模式，在养老金给付上实行现收现付和积累相结合的方式，必然会涉及大量的资金流转，这种资金流转具体表现为养老基金的筹集、运营和发放，也就必然要求社会保障管理机构对征收的保障资金进行有效的管理，确保基金安全化解社保基金风险的考验。

第三，社会保险基金的运营权。社保基金是国家重要的财力储备，其安全性极为重要。为保证社会保障制度的长期持续性的运作，社会保障基金必须科学确定投资组合和策略，建立规范化、科学化的长效保值增值机制，通过有效运营提高基金投资收益率，确保其保值、增值。可以通过直接投资收益稳定、盈利性高的基础设施和固定资产，或进入不动产抵押二级市场等多种方式，拓展适合社会保障基金安全性、盈利性、流动性特点的投资渠道。为此，法律必须对该基金的运营权、保值增值的途径有严格的限制。否则，在强大的利益驱动下，某些机构或个人就不可避免地把这部分资金投入股票、期货等高风险行业进行运作，若出现亏损后果将不堪设想。

根据《社会保险法》第 19 条规定，社会保险基金在保证安全的前提下，按照国务院规定投资运营实现保值增值。按照现行文件精神，基本养老保险基金在留存一定数额的基金后，可以用来存银行或者购买国债。基金结余额除预留相当于 2 个月的支付费用外，应全部购买国家债券和存入专户，严格禁止投入其他金融和经营性事业。但除养老保险基金之外的其他险种的基金，并没有规定相应的运营管理办法。同时，在实际运营中，基本养老保险基金结存部分通常只能是一年期存款，购买国债难以兑现。从长期来看，基本养老金要想免受通胀侵袭实现保值增值，管理运营应更加市场化，有必要尽快入市。未来应当以贯彻执行《社会保险法》为契机，在社会保险基金运营主体、运营办法、运营效果评价方面作出具体规定，以便确保社会保险基金安全增值。

第四，社会保险金的给付权和义务。社会保险经办机构的保险金给付权是与符合法定条件的全体社会成员领取社会保险金权利相对应的概念，从这个意义上说，社会保险金给付的权利同时又是社会保障机构的义务。因此，社会保险金给付权是一种法定的职权，相对方必须为或不为一定行为。但在社会保险金给付时，经办机构并不是消极被动地履行其支付义务，而是对受领者拥有资格审查权或确认权。如领取失业保险金之前，失业人员须提供失业证明、缴纳失业费期限等证明材料，失业保险管理机构依法予以审查其是否符合条件，并有权决定给予失业人员多长的保障时间、多少保障待遇等。此外，国家社会保障管理机构还有接受监督等义务，如《社会保险法》第 71 条规定，全国社会保障基金应当定期向社会公布收支、管理和投资运营的情况。[1]

第五，社会保险金给付的信息附随义务。公民不可能人人都是社保专家，在纷繁复杂的社会保障法规面前，如果不能得到国家社

---

〔1〕 以上内容详见赵秀敏：《社会保障法律关系三要素新探》，载《行政与法》2010 年第 3 期。

会保障机关充分的信息和建议，往往无所适从，从而可能在事实上无法行使给付请求权。因此，《社会保险法》《社会保险经办机构内部控制暂行办法》《实施〈中华人民共和国社会保险法〉若干规定》中都对社会保险经办机构的信息保管和提供义务以及给参保人的咨询义务作了规定。例如根据《实施〈中华人民共和国社会保险法〉若干规定》第 3 条第 2 款，参加职工基本养老保险的个人达到法定退休年龄后，累计缴费不足 15 年（含依照第 2 条规定延长缴费），且未转入新型农村社会养老保险或者城镇居民社会养老保险的，个人可以书面申请终止职工基本养老保险关系。社会保险经办机构收到申请后，应当书面告知其转入新型农村社会养老保险或者城镇居民社会养老保险的权利以及终止职工基本养老保险关系的后果，经本人书面确认后，终止其职工基本养老保险关系，并将个人账户储存额一次性支付给本人。

从实践看，近年来在基本养老保险和医疗保险关系接续转移和主体身份变更引发的保险给付发放领域，单位与个人就社保经办机构拒绝答复、未予告知以及错误告知造成的权利损害产生的争议已经初露端倪。我们断言，随着社会保障事业的深入开展与公民权利意识的觉醒，此类纠纷将会层出不穷，然而我国现有法律法规并没有对违反信息附随义务的法律后果作具体的规定，未来有必要将社保机构对瑕疵咨询的后果进行补偿确定为一项独立的责任制度。

（2）公民的权利和义务。社会保障归根结底是围绕社会成员的生存和发展而进行的制度安排，因此社会成员享有社会保障权是整个社会保障制度的核心。在以对价给付为主要特征的社会保险项目中，参保人领取保险金给付需要以履行缴费义务为前提；在以非对价给付为前提的社会保障项目，如社会救助、社会福利等项目中，受保障者不需要履行缴纳义务，政府与社会用一种净投入实现受益者单方面的权利，保障全体社会成员共享社会发展的成果。公民在社会保障方面具体权利和义务主要包括：

第一，社会保障待遇的给付请求权。当发生法律规定的保障利益事项时，社会成员有请求给付保障待遇的权利，若社会成员不提出请求，则不能享受这项权利。从这一层面上看，社会保障待遇请求权是一种债权，社会成员当然也可以自愿放弃这一权利。社会保障待遇的给付请求权还表现为社会保障待遇给付受领权，即接受社会保障待遇的权利，如接受培训、领取退休金等。而参加新型农村社会养老保险的农村居民，符合国家规定条件的，则有按月领取养老保险金的权利。

第二，社会保障待遇的法律救济权。即当社会保障权不能正常实现时，社会成员有请求有关国家机关或仲裁机构依法给予保护的权利。

第三，协助义务。如社会成员在提出给付社会救济金申请时，负有协助社会保障管理机构进行调查的义务。

第四，缴纳社会保险金的义务。社会成员应承担缴纳社会保险金的义务，附随的权利是可以查询个人缴费记录、监督本单位为其缴费情况等。

此外，按照主体标准，社会保险法律关系的内容还应当包括给付提供机构的权利和义务。在政府公共服务提供机制创新背景下，越来越多的私法主体和非营利组织承担起社会保险、社会救助、社会慈善给付的职能，如民营养老院参与政府提供的基本养老保障，商业保险公司参与城乡居民基本医保体系建设，等等。私人履行社会保障给付任务的法律地位应当如何界定？其与政府之间权利义务应当划分？这些问题尚在持续探讨之中，亦无定论。教材应当对已成定论的问题进行重点阐述，鉴于此，本书不进行深入研究。

二、社会保障法给付请求权

目前，我国已经搭建起社会保障制度的法律框架，但是立法主要以宣誓性言辞为主，难以解读出来权利、义务、责任的内容，尚难以作为保障公民社会权利的依据。

以公民要求国家社会保障给付为核心内容的社会保障法请求权源于社保行政机关和公民之间的、构成和客体与民法债权关系近似的公法债权关系，其涉及了社保关系中各类不同的主体，具有不同的构成要件，依据不同的请求权基础。社会保障法请求权具有独立于实体权利的各类要素，明确的立法确认与积极的"法律续造"是实现公民社会保障法给付请求权的法制保障，对保护和实现该权利具有十分重要的现实意义。

一般认为，请求权概念最初系德国学者温特沙伊德（Windscheid）从罗马法和普通法中诉的概念发展而来，目的是将程序上的诉权实体化，赋予诉讼中原告以阐明诉讼请求具备理由的权利，增强法律适用的"合理性"与"客观性"。社会保障法的公法性质决定了该法域的请求权以公民要求国家给付为核心内容。与私法请求权的实例构造相对应，我们可以将社会保障法给付请求权定义为"作为社会保障给付受领方的公民向国家公权力机关，依何种法律规范主张给付或其他权利的主张"。

（一）类型

社会保障法给付请求权可以按照各自不同的内容、约束力的等级和论证的理由划分为不同的类型。

1. 劳务给付请求权、实物给付请求权和金钱给付请求权

按照给付内容的不同，社会保障给付可以分为劳务给付、实物给付和金钱给付，就此可以把给付请求权划分为劳务请求权、实物请求权和金钱请求权。我国社会保障制度中一般将前二种给付称为费用直接结算，后一种称为费用事后报销。例如，《社会保险法》第 29 条规定基本医疗保险参保人员由医保基金支付的医疗费用采用直接支付的方式就是一种劳务、实物给付的方式，而该法第 30

条规定的医保基金先行支付制度则属于金钱给付。[1] 将给付请求权作这种区分的意义在于在带有人身救助职能的基本医保与工伤保险项目中应当尽可能采取前二者给付方式，以减轻给付接收方的先行自付的资金压力。出于同样的考虑，即便是必须采用金钱给付的项目，如低保救济金、丧葬补助金与抚恤金的发放在特殊情况下也应当采用先行支付的方式。而劳务、实务给付则不存在这样的问题。另外，从法理角度观之，金钱给付可以设置继承、抵押、扣押等制度，而前二者具有人身依附性，不能脱离给付接收人独立存在或转让，例如《德国社会法典》第一编第 53 条规定，金钱给付可以转让、继承，甚至作为借贷的担保。我国目前的法律法规尚无类似规定。

2. 义务给付请求权与裁量给付请求权

按照给付机关对社会保障法律法规的适用有灵活性可以把给付分为羁束给付与裁量给付。前者指行政主体对规范的适用没有灵活性的给付，即必须给付，后者反之。一般认为，社会保障给付原则上为羁束给付，除非法律法规中出现"可以""应当"等表述。分羁束给付与裁量给付的目的在于正确分析与认定社保给付行为的合法性与合理性：在法律适用上，前者只存在是否合法的问题，而后者除合法性问题外，还存在合理性的问题。而值得提出的是，依据法律保留原则，社会给付方面的权利和义务只能在狭义的法律规定与允许的情况下才能予以设定、决定、变更以及取消，因此无论是义务给付，还是裁量给付都应当具备法律依据，社保机构不能够自行设定给付项目。这是因为社会保障给付以增加公共财政预算为前提，而财政预算属于国家的立法权，如果允许行政机关自行决定给付项目和给付数额将使社会保障事业丧失政治上的合法性，公民的

---

[1] 根据《社会保险基金先行支付暂行办法》第 10 条的规定，个人申请社保基金先行支付医疗待遇的，需提供各类票据作为证据。这意味着，基金先行支付制度仍需个人垫付，社保机构而后金钱给付，这与基本医保的实物给付存在根本差别。

请求权也丧失了约束力与可预测性。当然，这也对立法者提出了较高的要求：突发情况下如何及时通过立法和授权赋予行政裁量权限，及时弥补法律缺位时公民社保权利的实现是一个棘手的问题。学者认为，这里应当把行政给付的法定性理解为广义上的法律，即包括法规、规章乃至政策都可以规定社会保障给付，在我国法制尚不健全的情况下，合理地利用政策，有利于给付的实施，不应当机械地强调严格意义上的"法律"。[1] 我们以为言之有理。

3. 原因给付请求权与目的给付请求权

按照给付请求权的时间指向可将给付分为原因给付与目的给付。前者基于过去已经发生的事件而发放，后者为实现未来的目标而发放。社会保险与社会优抚给付属于前者，因为这些给付基于之前已经部署的预防措施（如缴纳社会保险保费）或者之前已经承受的不幸（如军人因公残障）而发放。而社会救助与以助学金、特殊人群就业促进等制度为代表的社会促进给付则属于后者，这些给付面向未来，为实现未来的目标（如将来的受教育机会、进入或重新进入职业生涯、脱离贫困、融入社会等）而发放。这两种给付发放的理由导向不同：在前一种给付请求权中，社保行政机关的审查侧重于该请求权人是否满足了相关的法定前提要件，包括是否履行了相关的义务（如是否投保并及时足额缴纳保费）以及是否遭遇了某种不利益（如疾病、工伤），对后一种请求权的审查侧重于申请人是否具有真实的需求，是否必须借助目的给付才能实现既定目标。

4. 作为原权的给付请求权、给付受领权与给付保护请求权

从债权的基本功能出发，社会保障法给付请求权可以分为作为原权的给付请求权、给付受领权与给付保护请求权。前二者可视为公法债权的第一次请求权，即原权请求权，基于此，公民拥有程序上的原权给付请求权与实体上的给付受领权。当作为公法债务人的

---

〔1〕 Einchenhofer, Sozialrecht, Tübingen, 2007, S. 97.

社保机关不履行债务时，法律赋予了公民二次请求权，即请求国家机关予以保护，强制债务人履行债务的请求权。与民法债权请求权一样，社会保障法保护请求权除了可以要求法院保护自己的给付债权，强制社保机关给付之外，还可以要求社保机关承担违反公法之债的国家责任。

社会保障法给付请求权就是公民要求社保行政机关给付的请求权，但是在权利受到侵害或者有侵害的可能时，有给付权的保护请求权的存在，可以保护本权请求权不受侵害，或者受到侵害之后，能够迅速获得救济，实现恢复。

另外，从行政法对给付行政行为的类型划分来看，社会保障法给付还可被定性为依申请的给付、附款给付、要式给付、独立给付等。当然，这样的划分对实践的意义有限，本书不做探讨。

（二）性质与意义

社会保障法请求权具备两种"身份"：公法受益权与作为宪法基本权利的社会权的实现方式。一方面，具备公法请求权性质的社会法请求权对保护公民获得社会保障给付的功能无须赘述；另一方面，在宪法社会国原则无实质的教义学内容，各国法院一般不承认宪法和国际条约中规定的社会基本权的前提下，公民不可以直接主张自己作为基本权利的社会保障给付请求权，而只能依赖具体的社保立法要求行政机构发放给付，并在权利受到干扰时寻求司法救济。

（三）法律构造

1. 请求权的基础

请求权解题方法亦被称为归入法、涵摄法，其实质是通过寻找各类实定法上的"请求权基础"，将小前提归入大前提，从而确定请求权是否能够获得支持的实例分析方法。

运用请求权方法处理社保给付案关键的一步，在于寻找请求权基础，这个过程被称为法之发现的过程。王泽鉴教授指出，分析案件就在于寻找请求权基础，这是每一个法律人必须"彻底了解，确实掌握的基本概念与思考方法"。在实践中，社保机关与法院判断一项给付是否需要发放时，首先必须考察申请人是否具有请求权。

发现社会法给付请求权基础的步骤依次如下：①检索社会保障立法中的请求权。例如，《社会保险法》第 16 条职工养老金领取及第 38、39 条工伤待遇发放，《老年人权益保障法》第 21 条养老金发放均可作为给付请求权基础。作为高位阶的法律文件，这些规范确定了一般的给付原则，会对其他类型的请求权规范产生影响。②检索行政法规中的请求权。《社会保险法》中饱受诟病的法律保留与"授权条款"造成了我国社保领域的事务多由国务院行政立法规定的现状。[1] 与社保立法"缺位"相比，各类行政法规中包含了大量的请求权基础。例如，《工伤保险条例》第 30 条工伤医疗待遇发放，《国务院关于建立城镇职工基本医疗保险制度的决定》第三项统筹资金的支付，等等。③检索部门规章中的请求权。作为社会保障事务的主管部门，人力资源和社会保障部、卫生部、民政部等国务院部委颁布了大量的行政规章。其中某些条款具有外部效力，为行政机关设置了给付义务，公民可以援引这些条款作为请求权基础。④检索地方法规与规章中的请求权。我国社保政策与改革措施大多由中央政府提出，在试点地区逐步开展，而后由国务院颁布相关文件在全国范围内推行。在社保制度"碎片化"的特定时期，地方立法中包含的给付请求权基础更加具体，同时也更加具有可操作性，另外试点地区的社保制度可能与法律法规中规定的全国统一的制度有所差异，例如上海市职工病假工资计算办法与江苏省、北京市的规定不尽相同，参保职工的请求权内容也不会相同。又如，陕西省神木市的全民免费医保体系将职工与城乡居民的基本

---

〔1〕 参见滕兴才：《社保专家：〈社会保险法〉不应"绕着困难走"》，载《中国青年报》2009 年 3 月 31 日。

医保合并执行，给付发放水平与费用结算办法统一，该地区公民享有的请求权基础自然与其他地区不同。⑤最后，司法解释中也可能包含社会保障的给付请求权基础。如《最高人民法院关于审理劳动争议案件适用法律若干问题的解释》中对人民法院可以纠正养老金、医疗费、工伤待遇数额给付不当的规定可作为原给付权保护的请求权基础，使公民的公法债权瑕疵状态迅速得到救济。

总之，如何推动社保行政机关和司法机关在确认公民自然状态下生存发展权利的基础上，提供合法义务下"应然"状态的保护是我国现阶段社会法理论研究的热点问题之一。在当代中国社保制度"碎片化"、"当事人义务本位和机关权力本位"的背景下，开展以给付请求权为中心的社会保障法学研究对拓展公民权利范围、增强公民权利意识显得尤为重要。

2. 请求权的成立

依行政法法理，羁束给付的实施更依赖于立法，裁量给付的实施对行政机关的依赖性更强，因此两种给付方式请求权的成立条件也应当有所差别。我国社会法领域尚没有形成相关的法律原则，也鲜见将二者区分对待的立法例，而区分二者对社保给付的发放期限以及纠纷解决的诉讼时效意义重大。

我们认为，《德国社会法典》中的规定与相关的学理解释值得借鉴。依据该法第一编第40条的规定，对羁束给付的请求权产生于法定前提条件实现之时，对裁量给付的请求权产生于给付机关作出给付决定之时。对于羁束给付而言，公民何时提出申请并不重要，也就是说，一旦各类实体前提条件具备，请求权即产生。作为形式要件的公民申请只对裁量给付的请求权产生影响。这样的做法符合社会保障给付的目的，即保障公民在"无形的困境"（abstrakte not）下能够提起请求权。

3. 请求权的消灭与转移

依据各类单行社会保障法律法规的规定，给付请求权一般在给付支付（金钱给付）或提供（实物给付）、抵消或结算清偿、在诉讼期间内提起诉讼或者请求权人死亡的情况下归于消灭。与债法上的债务关系消灭理论相同，社会法上的给付请求权也因债务人向权利人履行给付而归于消灭。另外，从债法对债务履行有利于债权人的原则以及社会保障中给付受领人的弱势地位出发，法律应当将金钱给付的风险转移给债务人，即采取社保机关风险承担原则。据此，在失业保险金、低保金等金钱给付中应当尽量采取社保机关向权利人的账户转账的方式，而我国失业保险条例中关于失业人员自行领取失业金的规定显然不利于受领方的利益保护，因此值得商榷。

正如债法原理允许在特定情况下向第三人作出类似给付，为便于金钱给付请求权的实现，受领人以外的第三人也可以享有非独立的社会保障给付请求权。该原则主要体现在社会救助金的发放中，例如根据重庆市低保政策规定，行动不便的老人、残疾人，无行为能力的精神病人、儿童申请享受低保待遇，有监护人、代理人的，由监护人、代理人以户主的名义申请；无监护人、代理人的，由社区居委会、村委会以户主的名义代为申请。

另外，鉴于社会保障给付具有私法上的财产属性，为鼓励交易与提高效率，法律亦应当使其能够通过法律行为实现转让、抵押或者继承，当然，具有强烈人身依附性的实物给付不在此列。我国目前仅以法律的形式确定了基本养老保险个人账户的可继承性，尚缺乏下位法与法规规章对具体操作办法以及如何与民法、继承法的相关内容衔接进行细化规定；至于转让和抵押，我国更是缺乏立法的支持与确认，虽然官方借贷机构不承认社会保障给付具有财产职能，但是在京沪等城市已有民间机构试水社保卡抵押放款。可以预见，随着社保资金规模的扩大与商品经济的发展，此类需求会越来越多，相关法律法规的建设需要进一步加强。

第三节　社会保障纠纷的解决途径

"有权利则有救济，无救济则无权利"，随着近年来人权保障意识的强化，社会保障事务越来越呈现出权利化的趋势。我们认为，社会保障纠纷是产生于公民（参保人）和社会保障机构之间的公法性质的纠纷。公民、法人或者其他组织认为自己的社会保障合法权益受到来自国家公权力的侵害或者没有得到国家公权力足够的保护和实现，依据法定程序向司法机关或者行政机关诉求，以解决社会保障争议的活动被称为社会保障法律救济。[1]

按照目前我国法律法规的规定，社会保障纠纷的解决方式包括：

一、行政复议

行政复议是指公民、法人或者其他组织不服行政主体作出的具体行政行为，认为行政主体的具体行政行为侵犯了其合法权益，依法向法定的行政复议机关提出复议申请，行政复议机关依法对该具体行政行为进行合法性、适当性审查，并作出行政复议决定的行政行为，是公民、法人或其他组织通过行政救济途径解决行政争议的一种方法。

社会保障行政机关依法发放抚恤金、社会保险金或者最低生活保障费的行政行为属于具体行政行为，按照《中华人民共和国行政复议法》第6条的规定，公民、法人或者其他组织可以依法对这类争议申请行政复议。根据国务院2007年5月29日颁布的《中华人民共和国行政复议法实施条例》（中华人民共和国国务院令第499号）、人力资源和社会保障部2010年3月16日颁布的《人力资源

---

〔1〕　参见林嘉主编：《社会保障法学》，中国人民大学出版社2009年，第276页。

社会保障行政复议办法》（中华人民共和国人力资源和社会保障部令第 6 号）等法规规章，社会保障行政复议具有以下特点：

（一）行政复议主体

1. 申请人

申请行政复议的公民、法人或者其他组织为人力资源和社会保障行政复议申请人。同一行政复议案件申请人超过 5 人的，推选 1 名至 5 名代表参加行政复议，并提交全体行政复议申请人签字的授权委托书以及全体行政复议申请人的身份证复印件。

2. 参加人

依照《中华人民共和国行政复议法实施条例》第 9 条的规定，公民、法人或者其他组织申请可以作为第三人参加行政复议。作为第三人参加复议的应当提交《第三人参加行政复议申请书》，该申请书应当列明其参加行政复议的事实和理由，并且应当对其与被审查的具体行政行为有利害关系负举证责任。行政复议机构通知或者同意第三人参加行政复议的，应当制作《第三人参加行政复议通知书》，送达第三人，并注明第三人参加行政复议的日期。申请人、第三人可以通过提交授权委托书委托 1 名至 2 名代理人参加行政复议。

3. 被申请人

根据《人力资源社会保障行政复议办法》第 13、14 条的规定，公民、法人或者其他组织对人力资源和社会保障部门作出的具体行政行为不服，依照本办法规定申请行政复议的，作出该具体行政行为的人力资源和社会保障部门为被申请人。作出复议决定的是上一级人力资源和社会保障行政部门或者该人力资源和社会保障行政部门的本级人民政府。对人力资源和社会保障部作出的具体行政行为不服的，向人力资源和社会保障部申请行政复议。申请人提出行政复议申请时错列被申请人的，行政复议机构应当告知申请人变更被申请人。申请人变更被申请人的期间，不计入行政复议审理期限。

（二）行政复议范围

第一，根据《社会保险法》第 63 条的规定，社会保险费用征收机构可以向用人单位征收社会保险费，并可以实施罚款、责令补缴社会保险费、加收滞纳金、申请人民法院扣押、查封、拍卖其价值相当于应当缴纳社会保险费的财产，以拍卖所得抵缴社会保险费等行政行为。用人单位可就此类行政行为提起复议。

第二，用人单位和个人可以就社会保险经办机构不依法把社会保险登记、核定社会保险费、支付社会保险待遇、办理社会保险转移接续手续或者侵害其他社会保障权益的行政活动提起复议。

第三，已复议、已诉讼事项不接受复议。根据《人力资源社会保障行政复议办法》第 8 条的规定，公民、法人或者其他组织对同一事项向其他有权受理的行政机关申请复议，或者向人民法院提起行政诉讼并且人民法院已经依法受理的，行政相对人不能申请复议。

（三）行政复议申请

1. 申请期限

公民、法人或者其他组织认为人力资源和社会保障部门作出的具体行政行为侵犯其合法权益的，可以自知道该具体行政行为之日起 60 日内提出行政复议申请，并可以一并提出行政赔偿请求。人力资源和社会保障部门作出具体行政行为，依法应当向有关公民、法人或者其他组织送达法律文书而未送达的，视为该公民、法人或者其他组织不知道该具体行政行为。申请人因不可抗力或者其他正当理由耽误法定申请期限的，申请期限自原因消除之日起继续计算。人力资源和社会保障部门对公民、法人或者其他组织作出具体行政行为，应当告知其申请行政复议的权利、行政复议机关和行政复议申请期限。

2. 申请形式

申请人书面申请行政复议的，可以采取当面递交、邮寄或者传真等方式递交行政复议申请书。有条件的行政复议机构可以接受以电子邮件形式提出的行政复议申请。对采取传真、电子邮件方式提出的行政复议申请，行政复议机构应当告知申请人补充提交证明其身份以及确认申请书真实性的相关书面材料。

（四）行政复议受理

1. 受理期限与处理

行政复议机构收到行政复议申请后，应当在5日内进行审查，按照下列情况分别作出处理：①对符合《中华人民共和国行政复议法实施条例》第28条规定的条件的，依法予以受理，制作《行政复议受理通知书》和《行政复议提出答复通知书》，送达申请人和被申请人。②对符合行政复议范围，但不属于本机关受理范围的，应当书面告知申请人向有关行政复议机关提出。③对不符合法定受理条件的，应当作出不予受理决定，制作《行政复议不予受理决定书》，送达申请人，该决定书中应当说明不予受理的理由和依据。④对不符合前款规定的行政复议申请，行政复议机构应当将有关处理情况告知申请人。

2. 受理监督

申请人依法提出行政复议申请，行政复议机关无正当理由不予受理的，上一级人力资源和社会保障行政部门可以根据申请人的申请或者依职权先行督促其受理；经督促仍不受理的，应当责令其限期受理，并且制作《责令受理行政复议申请通知书》；必要时，上一级人力资源和社会保障行政部门也可以直接受理。上一级人力资源和社会保障行政部门经审查认为行政复议申请不符合法定受理条件的，应当告知申请人。另外，劳动者与用人单位因工伤保险待遇发生争议，向劳动人事争议仲裁委员会申请仲裁期间，又对人力资源和社会保障行政部门作出的工伤认定结论不服向行政复议机关申请行政复议的，如果符合法定条件，应当予以受理。

（五）行政复议审查

行政复议原则上采取书面审查的办法，但是申请人提出要求或者行政复议机构认为有必要的，可以依职权调查主义，听取申请人、被申请人和第三人的意见。另外，根据《人力资源社会保障行政复议办法》第 33 条的规定，有下列情形之一的，行政复议机构可以实地调查核实证据：①申请人或者被申请人对于案件事实的陈述有争议的；②被申请人提供的证据材料之间相互矛盾的；③第三人提出新的证据材料，足以推翻被申请人认定的事实的；④行政复议机构认为确有必要的其他情形。另外，对重大、复杂的案件，申请人提出要求或者行政复议机构认为必要时，可以采取听证的方式审理。

（六）行政复议决定

1. 审查

行政复议机关负责法制工作的机构应当自受理之日起 60 日内对被申请人作出的具体行政行为进行审查，提出意见，经行政复议机关的负责人同意或者集体讨论通过后作出行政复议决定。情况复杂的，经过复议机关批准可延长至 90 日。

2. 决定

行政复议决定的内容可以有以下几种：①具体行政行为认定事实清楚，证据确凿，适用依据正确，程序合法，内容适当的，决定维持。②被申请人不履行法定职责的，决定其在一定期限内履行。③具体行政行为有下列情形之一的，决定撤销、变更或者确认该具体行政行为违法；决定撤销或者确认该具体行政行为违法的，可以责令被申请人在一定期限内重新作出具体行政行为：主要事实不清、证据不足的；适用依据错误的；违反法定程序的；超越或者滥用职权的；具体行政行为明显不当的。

二、行政诉讼

公民、法人和其他相关组织认为社会保障行政机关的具体行政行为侵犯自己社会保障合法权益时可以提起行政诉讼，请求司法机关保障自己的权益。通过行政诉讼保障主张社会保障权益可以表现在以下几个方面：

（一）参与人

1. 原告

按照我国《行政诉讼法》第 25 条的规定，公民、法人或者其他组织是行政诉讼的原告。有权提起诉讼的公民死亡，其近亲属可以提起诉讼。有权提起诉讼的法人或者其他组织终止，承受其权利的法人或者其他组织可以提起诉讼。

2. 被告

作出具体行政行为的社会保障机关是行政诉讼中的被告。经复议的案件，复议机关决定维持原具体行政行为的，作出原具体行政行为的行政机关是被告；复议机关改变原具体行政行为的，复议机关是被告。

3. 第三人

同提起诉讼的社会保障具体行政行为有利害关系的其他公民、法人或者其他组织，可以作为第三人申请参加诉讼，或者由人民法院通知参加诉讼。另外，原告、被告、第三人委托代为诉讼的或者由法律规定的可以代为参加诉讼的人可以作为诉讼代理人。

（二）受案范围

根据《行政诉讼法》第 12 条和现行司法解释第 1 条，人民法院受理公民、法人和其他组织对具有国家行政职权的机关和组织以及其工作人员作出的具体行政行为不服提起的诉讼。从《社会保险法》和《社会保险费征缴暂行条例》等法律法规的规定来看，社会保险征收机构罚款、责令补缴社会保险费、征收社会保险费、加收滞纳金、社会保险行政部门罚款、吊销执业资格、没收违法所得、责令追回社会保险费，社会保险经办机构不依法办理社会保险登记、核定社会保险费、支付社会保险待遇、办理社会保险转移接续手续、不予以认定社会保障资格或者侵害其他社会保障权益等都属于行政诉讼的受案范围。

（三）起诉与处理

1. 起诉方式

社会保障类争议不属于行政复议前置事项，因此可以不经复议直接提起行政诉讼。

2. 诉讼时效

根据《行政诉讼法》第45、46条的规定，申请人不服复议决定的，可以在收到复议决定书之日起15日内向人民法院提起诉讼。复议机关逾期不作决定的，申请人可以在复议期满之日起15日内向人民法院提起诉讼。公民、法人或者其他组织直接向人民法院提起诉讼的，应当在知道作出具体行政行为之日起3个月内提出。

3. 起诉条件

根据《行政诉讼法》第49条的规定，提起诉讼应当符合下列条件：原告是认为具体行政行为侵犯其合法权益的公民、法人或者其他组织；有明确的被告；有具体的诉讼请求和事实根据；属于人民法院受案范围和受诉人民法院管辖。

4. 立案

受理人民法院接到起诉状，经审查，应当在7日内立案或者作出裁定不予受理。原告对裁定不服的，可以提起上诉。

（四）审理与判决

由于社会保障类行政纠纷较少涉及国家机密和个人隐私，因此人民法院一般应当公开审理。

1. 合议庭组成

人民法院由审判员组成合议庭，或者由审判员、陪审员组成合议庭。合议庭的成员，应当是3人以上的单数。由于社会保障类纠纷涉及较多专业性知识，因此应当充分吸纳来自实务领域的陪审员。

2. 审理期限

人民法院应当在立案之日起6个月内作出第一审判决。有特殊情况需要延长的，由高级人民法院批准，高级人民法院审理第一审案件需要延长的，由最高人民法院批准。

3. 上诉

当事人不服人民法院第一审判决的，有权在判决书送达之日起15 日内向上一级人民法院提起上诉。当事人不服人民法院第一审裁定的，有权在裁定书送达之日起 10 日内向上一级人民法院提起上诉。逾期不提起上诉的，人民法院的第一审判决或者裁定发生法律效力。人民法院审理上诉案件，一般在收到上诉状之日起 3 个月内作出终审判决。

第四章 慈善法*

第一节 慈善法总论

《中华人民共和国慈善法》（以下简称《慈善法》）的出台除了发展慈善事业，弘扬慈善文化，规范慈善活动，保护慈善组织、捐赠人、志愿者、受益人等慈善活动参与者的合法权益，促进社会进步，共享发展成果等特殊意义之外，更是推动慈善组织这一特殊社会组织规范发展的重要法律依据。《慈善法》规定了规范化社会组织形态中最重要的两种——慈善组织和慈善信托，规定了社会组织取得财产的重要的手段——募捐，可以算得上是社会组织立法推进面临困境之际的一种局部突破，并在未来一段时间内起到社会组织法的替代作用，同时也为社会组织改革预留了新空间。因此《慈善法》是社会组织法发展的里程碑，也是社会组织法的核心内容。深入研究《慈善法》，既能够对占很大比重并被作为典型社会组织的慈善组织加以规制，又能从中不断发现问题得出一般性结论，从

---

* 本部分由中国政法大学社会法学专业研究生于慧颖、余抒蕾、宋琳收集资料并提供初稿，由赵廉慧定稿并承担文责。

而推动社会组织基本法的立法。[1]

一、我国慈善法的体系和研究综述

(一)我国的慈善法体系

2016 年颁布的《慈善法》作为我国慈善事业的基本法,开启了中国依法治国框架下以法治"善"新时代。以此为标志,我国的慈善立法经历了从分散立法到集中立法的转变,《慈善法》制定之前,我国的慈善立法属于典型的分散立法模式,并形成了以 1999 年《中华人民共和国公益事业捐赠法》(以下简称《公益事业捐赠法》)为核心,以慈善组织立法和慈善活动立法为主要内容的慈善立法体系。慈善组织立法方面,我国 1998 年出台的《民办非企业单位登记管理暂行条例》《社会团体登记管理条例》和 2004 年出台的《基金会管理条例》等分别对民办非企业单位、公益性社会团体和基金会三类公益慈善活动主要组织的设立、变更和终止等内容予以规定。慈善活动方面,以《公益事业捐赠法》作为调整慈善捐赠活动的核心,而就公益(慈善)信托来说,则在《中华人民共和国信托法》(以下简称《信托法》)中对设立、变更、财产、监督、终止等予以规定。

《慈善法》制定之后,我国的慈善立法在形式上转变为集中立法模式,以《慈善法》取代《公益事业捐赠法》作为慈善基本法加以实施运用,自上而下形成以全国人大基本法为核心,其他法规规范为配套的凝聚态势。其中,《慈善法》对慈善概念、慈善组织、慈善活动及慈善监督等内容形成配套法律法规并作出了较为全面的规定。除了对上述内容作出规定,《慈善法》在慈善活动的界定、慈善募捐的开展以及慈善信托的设立等方面还进行了相应的修改。

---

[1] 参见谈志林:《理性看待慈善法对社会组织发展的政策效应》,载《中国社会组织》2016 年第 11 期。

就慈善组织而言，形成了以《慈善法》为核心的法律规范群。具体还有《中华人民共和国民法总则》（2017）、《中华人民共和国民法通则》（2009）、《基金会管理条例》（2004）、《中华人民共和国红十字会法》（2017）、《社会团体登记管理条例》（2016）、《民办非企业单位登记管理暂行条例》（1998）、《中华人民共和国境外非政府组织境内活动管理法》（2017）、《慈善组织保值增值投资活动管理暂行办法》（2018）、《关于慈善组织开展慈善活动年度支出和管理费用的规定》（2016）、《基金会名称管理规定》（2004）、《民间非营利组织会计制度》（2004）、《慈善组织公开募捐管理办法》（2016）、《慈善组织认定办法》（2016）、《慈善组织信息公开办法》（2018）、《基金会信息公布办法》（2006）、《基金会年度检查办法》（2006）及《民政部关于社会组织成立登记时同步开展党建工作有关问题的通知》（2016）等。

在慈善捐赠领域，主要有《慈善法》《合同法》《红十字会法》《公益事业捐赠法》和《公开募捐平台服务管理办法》等规制。

在慈善信托方面，形成以《慈善法》《信托法》为主要核心，其他配套法律法规如《慈善信托管理办法》《北京市慈善信托管理办法》《民政部、中国银行业监督管理委员会关于做好慈善信托备案有关工作的通知》《中国银监会办公厅关于鼓励信托公司开展公益信托业务支持灾后重建工作的通知》等加以调整的局面。

此外，慈善的实施方式还散见于各类有关公益、扶贫济困及科教文体卫或公共应急事件等法律规范中，例如《中华人民共和国教育法》《中华人民共和国献血法》《中华人民共和国突发事件应对法》《突发公共卫生事件应急条例》等。关于慈善税收的规定散见各种税收的法律规范。

（二）我国的慈善法研究综述

1. 慈善法实施前的研究

慈善法实施前，金锦萍等以"社会组织法"为关键词，对慈善法进行了系统性和基础性的研究，在我国社会组织法和慈善法的法观念形成的早期，起到了重要的理论准备和立法准备作用[1]。李芳、齐红等对慈善法人和非营利组织进行了较为深入和系统的理论研究[2]。褚蓥关于美国慈善组织的研究和引介具有重要参考价值[3]。

在慈善信托方面，信托法研究者何宝玉、周小明和赵廉慧都在其信托法著作中对公益信托进行了比较系统的研究。专门研究方面，解锟对英国的慈善信托进行了最为全面的介绍，赵磊对公益信托的中国化进行了当时最为全面的尝试。[4]

需要特别提出的是，资中筠教授的著作虽然并非法学著作，但是书中对财富观、慈善观以及美国和我国的公益慈善事业进行了深入研究和介绍，是这个领域不可忽视的参考著作。另外，美国学者亨利·汉斯曼的名著《企业所有权论》[5]提出了"无所有人企业"的一般理论，可谓研究非营利组织的基础性理论著作。

---

〔1〕 参见金锦萍：《中国非营利组织法前沿问题》，社会科学文献出版社2014年版；金锦萍：《非营利法人治理结构研究》，北京大学出版社2005年版；金锦萍、葛云松主编：《外国非营利组织法译汇》，北京大学出版社2006年版；金锦萍：《公益信托法律制度研究》，2006年博士后报告；〔美〕贝希·布查尔特·艾德勒等：《通行规则：美国慈善法指南》（2007年第2版），金锦萍等译，中国社会出版社2007年版；金锦萍等译：《外国非营利组织法译汇》（二），中国社科文献出版社2010年版；陈金罗、葛云松、刘培峰、金锦萍、齐红：《中国非营利组织法的基本问题》，方正出版社2006年版；等等。

〔2〕 参见齐红：《单位体制下的民办非营利法人——兼谈我国法人分类》，中国政法大学2003年博士学位论文；李芳：《慈善性公益法人研究》，法律出版社2008年版。

〔3〕 参见褚蓥：《美国公共慈善组织法律规则》，知识产权出版社2015年版；褚蓥：《美国私有慈善基金会法律制度》，知识产权出版社2012年版。

〔4〕 参见解锟：《英国慈善信托制度研究》，法律出版社2011年版；赵磊：《公益信托法律制度研究》，法律出版社2008年版；周小明：《信托制度：法理与实务》，中国法制出版社2012年版；何宝玉：《信托法原理与判例》，中国法制出版社2013年版；何宝玉：《信托法原理研究》，中国政法大学出版社2005年版；赵廉慧：《信托法解释论》，中国法制出版社2015年版。

〔5〕 〔美〕亨利·汉斯曼：《企业所有权论》，于静译，中国政法大学出版社2001年版。

在学术论文方面，关于非营利组织和慈善法人的研究比较多[1]，关于公益慈善信托的研究比较少[2]。因慈善法未出台，当时的研

---

[1] 参见金锦萍：《论非营利法人从事商事活动的现实及其特殊规则》，载《法律科学》2007年第5期；金锦萍：《社会企业的兴起及其法律规制》，载《经济社会体制比较》2009年第4期；刘培峰：《社团管理的许可与放任》，载《法学研究》2004年第4期；刘培峰：《非营利组织管理模式的思考》，载《北京师范大学学报（社会科学版）》2012年第2期；刘培峰：《NGO社会责任的几个基本问题的思考》，载《浙江学刊》2008年第3期；刘培峰：《非营利组织的几个相关概念的思考》，载《中国行政管理》2004年第10期；韩君玲：《中国慈善组织参与社会救助的立法考察与进路分析》，载《江淮论坛》2016年第4期；李德健：《公共利益与法人自治的平衡——中国慈善法人制度变革的进路选择》，载《法学论坛》2016年第1期；王雪琴：《论我国慈善组织法人治理机制的重构》，载《法商研究》2015年第2期；王雪琴：《论慈善法人的法律属性——以公、私法人区分为视角》，载《武汉大学学报（哲学社会科学版）》2010年第4期；杨珊：《论慈善公益组织的法律地位》，载《西南交通大学学报（社会科学版）》2013年第6期；史际春、张扬：《非营利组织的法学概念与法治化规范》，载《学术月刊》2006年第9期；吕来明、刘娜：《非营利组织经营活动的法律调整》，载《环球法律评论》2005年第6期；罗昆：《我国基金会立法的理论辩正与制度完善——兼评〈基金会管理条例〉及其〈修订征求意见稿〉》，载《法学评论》2016年第5期；邹津宁：《论非营利性组织的法律界定》，载《学术论坛》2011年第10期；伍治良：《我国非营利组织立法的原则、模式及结构》，载《经济社会体制比较》2014年第6期；伍治良：《我国非营利组织内涵及分类之民法定位》，载《法学评论》2014年第6期；丁晶晶、李勇、王名：《美国非营利组织及其法律规制的发展》，载《国外理论动态》2013年第7期；陶冶、陈斌：《美国家族慈善基金会的发展及启示》，载《新视野》2016年第4期。陈瑜：《香港慈善监督管理机制及其启示》，载《求索》2012年第5期；刘太刚：《我国非营利组织基本法的立法模式探讨》，载《江苏行政学院学报》2011年第2期；税兵：《非营利法人概念疏议》，载《安徽大学学报（哲学社会科学版）》2010年第2期；杨道波：《公益募捐法律规制论纲》，载《法学论坛》2009年第4期；谢海定：《中国民间组织的合法性困境》，载《法学研究》2004年第2期。

[2] 参见金锦萍：《论公益信托制度与两大法系》，载《中外法学》2008年第6期；金锦萍：《论公益信托之界定及其规范意义》，载《华东政法大学学报》2015年第6期；徐孟洲：《论我国公益信托的设立》，载《广东社会科学》2012年第5期；倪受彬：《现代慈善信托的组织法特征及其功能优势——与慈善基金会法人的比较》，载《学术月刊》2014年第7期；王建军、燕翀、张时飞：《慈善信托法律制度运行机理及其在我国发展的障碍》，载《环球法律评论》2011年第4期；王金东：《衡平法慈善信托有效性的适用法分析》，载《社会科学辑刊》2009年第4期；刘迎霜：《我国公益信托法律移植及其本土化：一种正本清源与直面当下的思考》，载《中外法学》2015年第1期。李喜燕：《慈善信托近似原则在美国立法中的发展及其启示》，载《比较法研究》2016年第3期；胡卫萍、杨海林：《我国公益信托法律制度的完善》，载《江西社会科学》2012年第7期；朱志峰：《公益信托的法律特征及我国模式的探索》，载《当代法学》2008年第6期；赵磊、崔利宏：《基金会与公益信托关系探析——兼论公益事业组织形式的选择》，载《西南民族大学学报（人文社科版）》2008年第9期。

究主要侧重立法论和境外法律的引介，很少有解释论和法教义学的研究。

2. 慈善法实施后的研究

著作方面，除了大量的释义性质的基础性研究[1]之外，多数著作仍然偏重于对国外制度的研究。慈善法实施后，国内出版了不少英美慈善法方面的经典译著，对于提升慈善法的研究品味起到了重要的作用。[2] 值得提及的是，吕鑫所著《当代中国慈善法制研究：困境与反思》一书，对中国慈善法的基本概念和理论基础进行了分析，值得参考[3]。但是，仍然欠缺全面和体系化的慈善法著作。

学术论文方面。关于慈善和非营利组织的研究，近年来发表的论文分别集中在对慈善和慈善法概念、慈善组织的法律性质、慈善财产的性质、慈善组织的运作规则。另外还有从立法论上探讨慈善

---

〔1〕 参见郑功成主编：《〈中华人民共和国慈善法〉解读与应用》，人民出版社2016年版；阚珂主编：《中华人民共和国慈善法释义》，法律出版社2016年版；王振耀主编：《中华人民共和国慈善法评述与慈善政策展望》，法律出版社2016年版。

〔2〕 参见李德健：《英国慈善法研究》，法律出版社2017年版；[美] 玛丽思·R.弗莱蒙特-史密斯：《非营利组织的治理：联邦与州的法律与规制》，金锦萍译，社会科学文献出版社2016年版；金锦萍译：《非营利组织法译汇（三）：英国慈善法》，社会科学文献出版社2017年版；[美] 加雷思·琼斯，《慈善法史1532—1827》，吕鑫译，社会科学文献出版社2017年版；[美] 罗伯特·H.伯姆纳：《捐赠：西方慈善公益文明史》，褚蓥译，社会科学文献出版社2017年版；[英] 慈善委员会：《英国慈善委员会指引》，林少伟译，法律出版社2017年版。

〔3〕 参见吕鑫：《当代中国慈善法制研究：困境与反思》，中国社会科学出版社2018年版。

法立法完善和社会组织立法的论文。[1] 无论是研究的广度还是深度，都有较大的提升。

关于慈善信托的研究仍然较少[2]，主题主要集中在对慈善信托制度的解读和完善方面。

关于慈善事业税收的研究中，主要集中在对非营利组织和慈善

---

　[1] 参见马剑银：《"慈善"的法律界定》，载《学术交流》2016年第7期；吕鑫：《分配正义：慈善法的基本价值》，载《浙江社会科学》2018年第5期；吕鑫：《法律中的慈善》，载《清华法学》2016年第6期；王涌：《法人应如何分类——评〈民法总则〉的选择》，载《中外法学》2017年第3期；金锦萍：《论基本公共服务提供的组织形式选择——兼论营利法人与非营利法人分类的规范意义》，载《当代法学》2018年第4期；解锟：《以基金会为主导模式的慈善组织法律架构》，载《华东政法大学学报》2017年第6期；杨思斌、李佩瑶：《慈善组织的概念界定、制度创新与实施前瞻》，载《河北大学学报（哲学社会科学版）》2016年第5期；赵廉慧：《慈善财产的性质和社会法法理》，载《国家行政学院学报》2016年第6期；杨思斌：《慈善组织财产的法律定性及立法规范》，载《华东理工大学学报（社会科学版）》2016年第5期；褚莹：《慈善组织间接商业行为之法律规制——对〈慈善法〉之回应》，载《山东警察学院学报》2016年第4期；何华兵：《〈慈善法〉背景下慈善组织信息公开的立法现状及其问题研究》，载《中国行政管理》2017年第1期；金锦萍：《〈慈善法〉实施后网络募捐的法律规制》，载《复旦学报（社会科学版）》2017年第4期；马金芳：《我国社会组织立法的困境与出路》，载《法商研究》2016年第6期；马金芳：《社会组织立法的开放性及其限度》，载《上海师范大学学报（哲学社会科学版）》2018年第1期；王涛：《〈慈善法〉的立法理念、制度创新和完善路径》，载《法学论坛》2018年第1期；王作全：《解读〈慈善法〉：过程、内容、亮点与问题》，载《中国农业大学学报（社会科学版）》2016年第6期；胡小军：《〈慈善法〉实施后慈善组织监管机制构建的挑战与因应》，载《学术探索》2018年第4期。

　[2] 参见王涌：《为什么中国富人会喜欢慈善信托？》，载《中国社会组织》2016年第13期；赵廉慧：《"后〈慈善法〉时代"慈善信托制度的理论与实践》，载《中国非营利评论》2017年第1期；闫海：《慈善信托监察人：法制发展、法律定位与规范重构》，载《学术探索》2018年第5期；李文华：《完善我国慈善信托制度若干问题的思考》，载《法学杂志》2017年第7期；周贤日：《慈善信托：英美法例与中国探索》，载《华南师范大学学报（社会科学版）》2017年第2期；栗燕杰：《我国慈善信托法律规制的变迁与完善》，载《河北大学学报（哲学社会科学版）》2016年第5期。

组织的税收法律完善方面[1]，关于慈善信托的税收法律制度的研究较少。[2]

二、慈善的概念和特征

（一）"慈善"的语义[3]

汉语环境下，慈善是充满道德伦理色彩的一个词语。《新华字典》中对于"慈善"的定义是"仁慈善良"，对"慈善事业"的定义是"私人或社团基于人道主义精神或宗教观念，对贫困者或灾民进行金钱、实物捐助的社会救济活动"。许慎的《说文解字》中也有解释道："慈，爱也"。它尤指长辈对晚辈的爱抚，即所谓"上爱下曰慈"。《国语·吴语》中"老其老，慈其幼，长其孤"的"慈"即为此意。"善"的本义是"吉祥，美好"，即《说文解字》中所解释的"善，吉"，后引申为和善、亲善、友好，如《管子·心术下》中所说的"善气"二字合用，则是"仁善""善良""富于同情心"的意思，如《北史·崔光传》中所讲："光宽和慈善"。中

---

[1] 参见金锦萍：《论我国非营利组织所得税优惠政策及其法理基础》，载《求是学刊》2009年第1期；孟庆瑜、师璇：《慈善捐赠中的税收立法问题研究》，载《河北学刊》2008年第6期；刘继虎：《非营利组织所得税优惠制度比较与借鉴》，载《河北法学》2008年第4期；王玉华：《论我国慈善组织税治环境的改善》，载《学术论坛》2013年第12期；张思强、朱学义、李欣：《营利性行为分类与民间非营利组织税收优惠制度设计》，载《税务与经济》2016年第3期；张晓婷、杜源：《非营利组织税收减免制度建构的基本导向》，载《学术交流》2016年第5期；李政辉：《论非营利组织免税资格的法律正当性——以美国学说为借鉴对象》，载《上海财经大学学报》2015年第2期；刘蓉、游振宇：《非营利组织税法规制的法理分析与完善》，载《税务研究》2010年第5期；荣建华：《非营利组织税法主体地位探析》，载《烟台大学学报（哲学社会科学版）》2010年第1期。

[2] 参见赵廉慧：《慈善信托税收政策的基本理论问题》，载《税务研究》2016年第8期；郑亦清、王建文：《论我国慈善信托税收优惠制度的完善》，载《财会月刊》2018年第11期；孙洁丽：《慈善信托税收优惠国际比较与借鉴》，载《财会通讯》2017年第32期；杨娟：《我国慈善信托所得税优惠制度探析》，载《财经问题研究》2017年第8期。

[3] 参见马剑银：《"慈善"的法律界定》，载《学术交流》2016年第7期。

国的慈善思想源远流长，先秦时期的诸子百家对此都曾有过精辟的论述。譬如，老子在《道德经》中说："上善若水，水利万物而不争"。孟子也曾说道："老者安之，朋友信之，少者怀之；老吾老以及人之老，幼吾幼以及人之幼；出入为友，守望相助，疾病相扶"。[1]

从以上诸多解释中，可以得出汉语语境中的慈善，更多表达的是施予性质的，施予的一方是有资源的个人或者团体，由于内心的善意将自己所拥有的资源单方面流向弱势群体的一方。提供资源者将占据主导地位，与受助一方在心理上和经济地位上都处于不平等的状态。

（二）"慈善"的基本目的与公益原则

单从日常社会实践考虑，慈善行为主要体现出爱心和善意：为需要援助的群体解决困难危机，是社会善意的播撒和传递；体现了施助群体助人为乐的高贵品质和关心公益事业、勇于承担社会责任、为社会无私奉献的精神风貌；其既是经济事业发展的晴雨表，也是调节贫富差别的平衡器；通过资源的流动共享，最终增加人类福利。

法律范畴内的"慈善"更多着眼于社会性和公益性，《慈善法》总则中阐述本法目的是为了发展慈善事业，弘扬慈善文化，规范慈善活动，保护慈善组织、捐赠人、志愿者、受益人等慈善活动参与者的合法权益，促进社会进步，共享发展成果。在确定慈善的内涵之时，可以参照英国慈善法确立的"公益原则"（public interest），根据该原则，慈善事业需要具备基本的两个内涵，即公共性与有益性。首先是公共性，区别于私人慈善直接针对特定个体作出捐赠，公共慈善的最终受益者是社会全体或者部分公众，而非特定个别人。其次是有益性，也即慈善目的所能产生的利益必须是客观

---

〔1〕　参见金锦萍：《中国非营利组织法前沿问题》，社会科学文献出版社 2014 年版，第 146 页。

可得的，不可是主观意义上的东西，需受助者切实感受到所能带来的利益。

（三）法律意义上的"慈善"

就法律中的"慈善"而言，其含义显然指的是某种客观活动，而非主观道义美德，后者不属于法律调整的范畴。然而，慈善的外延宽泛，边界难以确定。日常用语中的慈善以及日常生活中类似慈善的行为究竟哪些可以被纳入"法律慈善"的范畴，需要相对清晰的标准予以识别和确认。

《慈善法》一方面采用"慈善"一词的常规含义：即通过慈善组织进行的具有公益性的慈善行为，这是现代"慈善"界定；另一方面又试图回应"慈善"的传统含义，将"利他"的直接捐赠行为也纳入慈善法调整范围以示鼓励。在日常语词的表达上，汉语"慈善"确实包含这种直接赠与的现象，也确实值得进行道德褒扬，但在法律上，这种直接赠与现象无法在权利义务上予以确定。但直接赠与的行为，单单从"赠与"这一外观上无法识别"公益性"，因为"利他"只是表面的，无法在客观上排除双方的共谋行为。因此，作为慈善事业的基本法，《慈善法》界定"慈善"概念须将自然人对自然人的"直接赠与"行为排除出"慈善"的法定范围，交由一般私法予以调整。

《公益事业捐赠法》中第3条对于慈善的界定为，是指非营利的下列事项：①救助灾害、救济贫困、扶助残疾人等困难的社会群体和个人的活动；②教育、科学、文化、卫生、体育事业；③环境保护、社会公共设施建设；④促进社会发展和进步的其他社会公共和福利事业。目前《慈善法》第3条对于"慈善活动"的解释为，自然人、法人和其他组织以捐赠财产或者提供服务等方式，自愿开展的下列公益活动：①扶贫、济困；②扶老、救孤、恤病、助残、优抚；③救助自然灾害、事故灾难和公共卫生事件等突发事件造成的损害；④促进教育、科学、文化、卫生、体育等事业的发展；

⑤防治污染和其他公害，保护和改善生态环境；⑥符合本法规定的其他公益活动。可以看出，《慈善法》所列举的慈善目的实际上并未对以往的规定有实质性的突破。其中"其他公益活动"这一兜底条款也还存在相当的解释空间。

（四）慈善行为模式和《慈善法》上的慈善行为

现代社会，慈善行为由原来偶发的、个体的行为，转变成有组织的或中介的、规范的、科学的行为，这种转变决定了慈善法的调整范围有所转变。广义的慈善行为有以下几种模式：

第一，一对一的捐赠、赠与行为。捐赠人基于善念把自己的财产无偿地送给特定的受赠人（这里的"捐赠人"和"受赠人"排除社会组织、政府部门和事业单位等），受赠人同意接受。即便具有扶贫济困救灾等慈善目的，也只归民法中的赠与合同调整，不归慈善法调整。

第二，一对多的捐赠。如个人向一些灾民发钱的行为，因其只具备一定的社会性，因此仍主要适用民法上的赠与合同。对此行为无从监管也无须监管。

第三，多对一的捐赠。此时，中介行为出现使得捐赠行为的社会性更大，例如网上求助行为，法律上仍适用民法赠与合同。但因网络中介和中介技术的存在，涉及捐赠民众利益保护，需要慈善法的介入。

第四，多对多的捐赠。此时，如果没有中介即慈善组织和慈善信托行为的存在，此种模式几乎是无法实现的。

普通的慈善行为转变成需要慈善法调整的慈善行为，首先是由于中介组织体的出现，需要解决"代理人问题"以及中介组织本身的运作机制问题；其次由于慈善事业事关不特定人的社会公共利益，事关税收待遇等公共政策，法律的介入甚为必要。可以说，有中介的、组织化的和正式的慈善行为乃《慈善法》调整的重点。

三、慈善法的社会法属性

慈善法不同于私法（民商法）、公法（行政法）而属于社会法领域。主要包括非政府性、非私法性和非营利性三个基本特征。

（一）非政府性[1]

根据《慈善法》的规定，政府可以通过税费优待、用地支持、金融服务支持等鼓励慈善事业的开展，还可以直接购买慈善服务。政府对慈善的支持和管理是慈善事业发展的必要条件。但是，慈善事业的发展是独立于政府的行为的，某种意义上可以说，政府主导的社会福利、社会救助、社会保障都不是慈善，不属于慈善法调整的范围。强调慈善的民间性是基于以下几个方面的考量：其一，民间组织出身于草根，更能了解社会基层的需求，做出的慈善行为更有效率；其二，政府自上而下的行政体制层级复杂，决策程序复杂，不够灵活；其三，民间组织从事慈善行为能和民众的自助行为结合起来，而非事事依靠政府，从而减轻政府责任。

目前普遍存在的官办或者半官办慈善的机制，还可能存在将营利与非营利混淆之弊端。就政府和慈善的关系而言，民间的慈善力量为政府分忧，部分分担政府的公共产品提供职能；政府在通过税法对慈善组织进行监管以保证其合法运行的同时，亦要对民间慈善提供必要支持。慈善是民间行为，社会救助和社会福利是政府主导的行为。不能仅仅把慈善行为理解为是对政府所提供的社会福利的有益补充，而应把它理解为民间力量自我强化、自我组织，构建有机组织之社会共同体的重要社会力量的努力。[2] 慈善事业的发展是独立于政府的行为的，某种意义上可以说，政府主导的社会福利、社会救助、社会保障都不是慈善，不属于慈善法调整的范围。

---

[1] 参见赵廉慧：《慈善法的性质及其基本教学范畴》，载《中国法学教育研究》2016 年第 2 期。

[2] 慈善事业的民间属性已逐渐获得官方承认。

随着中国公民社会的不断壮大以及构建和谐社会的强烈需求，慈善才有了自己的空间，才有可能有自己的作为，这是慈善立法不能忽略的重要背景。强调慈善的非政府性，要区分政府主导的社会福利、社会救助和社会保险制度和民间自发从事的社会慈善，凡是政府主导的，均非慈善，而是政府职责；只有民间所实施的行为，方能称之为慈善。

（二）非私法性

慈善行为和私人行为，虽然都是个体自愿、鼓励自发的行为，但慈善法和私法有着很大的区别。

首先慈善法无法直接适用私权模式，慈善行为形成三方主体，一是捐赠财产的人即捐出人，二是慈善组织即管理人，三是受益人。其中，受益人对慈善财产没有请求权，对慈善管理人和捐出人均没有请求权。慈善信托的"受益人"不能强制执行该信托；慈善财产管理人的管理义务不是针对受领人的义务，也不完全是对于财产捐出者的义务，其主要义务是对于社会公众的义务。在环境保护等慈善事业中，最终取得利益的甚至不是具体的人，而是社会整体；即便出现受领人的时候，这些人也不是真正的权利主体，按照传统的表述，这些受领人所取得的利益"只是社会公共利益的一种反射"。原则上，受领人对慈善财产并没有强制执行的权利。虽然对"社会权"的特征还缺乏具有一致性的权威理论，但是可以肯定的是，依照民法的一般权利义务理论对此无法提供有力的解释。

慈善行为不同于民法赠与合同中私人之间的赠与和接受，尽管《慈善法》第35条规定了捐赠人可以通过慈善组织捐赠，也可以直接向受益人捐赠，但这种"一对一"的募捐与个人的赠与是有区别的，在《慈善法》第40条即规定了捐赠人与慈善组织约定捐赠财产的用途和受益人时，不得指定捐赠人的利害关系人作为受益人，没有特定的受益人，才是慈善行为的常态。

社会法的社会连带理论对公益慈善制度产生了深远的影响，并为其奠定了理论基础。社会法的一个主要的调整目的应是锻造社会力量的团结。这种社会力量的团结至少可以包括农村村民的团结、城镇居民的团结、产业工人的团结、消费者的团结，行业的团结等，其主要目的是达成基层的团结。这种团结有不同于通过行政机制联合的一面，正是在这种意义上，村民组织法、居民组织法、工会法、消费者保护法、行业自治法和慈善（组织）法等在应然定位上就既不是纯粹的私法，也不是纯粹公法，而具有社会法的属性；社会法进而也不能被理解为公法和私法的简单相加和混合。社会法的价值目标应是强化各种非政府社会组织的自治和组织，形成独立于私人和政府之外的第三领域，这样才能填补政府行政力量对社会管制的缺陷；这样能克服私人"原子化"带来的不足，让私人共同处理公共事务，使组织起来的个人一方面有能力对抗强大的私主体——商业企业，另外一方面有能力对抗公权力的不当行使和滥用。

（三）非营利性

非营利性指的是企业或组织的控制人员——成员、董事或其他高级职员等，不得参与企业利润的分配。但这并未禁止该非营利性企业从事营利性活动取得利润。

非营利性应当说是慈善法的核心特点。慈善组织和慈善信托作为从事慈善事业的重要机制，如果是以营利为目的，追求出资者或者管理者的利益最大化，即无法实现其存在的目的，更可能会侵蚀国家利益和社会公共利益。慈善法调整的主要行为主体除了实现慈善目的之外，不得有自己的利益，这是慈善事业得以存在的根本点。

当然，为了促进慈善事业可持续、高效的发展，慈善事业引入商业机制是非常必要的。对慈善财产进行投资运用，管理慈善事业的时候向社会公众收取合理费用（博物馆、美术馆等收费）是目前的正常的做法。只需要确保慈善事业运作中产生收益不向慈善事业的管理者和构成者分配利润即可。为此，应当防止通过薪酬激励侵蚀慈善财产的做法，防止变相向利害关系人输送利益的做法。

今天，世界上产生了公益机制的创新形态，具体有创投公益（venture philanthropy）、社会企业、影响力投资和福利企业等，我国近年来也有对这些新概念、新趋势的应用。概括起来看，这些都是以追求影响力和效率为目标，混合营利与非营利的公益模式。从法律结构上如何解读这些创新，是摆在法学者面前的艰巨课题。

四、慈善法的基本原则

（一）自愿性原则

所谓自愿性原则意指在捐赠者、募捐者和受赠者这三种主体之间，其主观上开展慈善捐赠、慈善募捐和慈善结社应是处于自愿，在客观上开展上述活动也应具有自由性，既应当在肯定意义上保护公民及其成立的法人开展上述慈善活动之自由，还应当在否定意义上保护公民及其成立的法人免于强迫开展上述慈善活动。自愿性原则是以民法为基础形成的慈善法原则，也是慈善法的首要原则，其具有判定慈善行为、便利组织管理的意义，体现出慈善法的社会法属性。具体应表现为以下几点：

第一，捐赠行为的自愿性。捐赠行为，以民法的赠与合同（双方法律行为，《慈善法》第四章）、遗赠行为（单方法律行为）和捐赠设立行为（共同行为）为基础，体现了民法中的意思自治原则，《慈善法》中第四章关于慈善捐赠的规则都是以合同法的相关规则和原理作为基础而构建的。强调慈善捐赠行为的自愿性，是为了反对慈善捐赠行为中的逼捐、索捐、摊派和运动式募捐行为（《慈善法》第 32 条）。[1]

第二，慈善活动的受领人自愿受领和人格尊严保护。在民法

---

〔1〕 参见吕鑫：《当代中国慈善法制研究：困境与反思》，中国社会科学出版社 2018 年版，第 177~183 页。

上，即使是受赠也不能被强迫。《慈善法》第 15 条规定，慈善组织不得从事、资助危害国家安全和社会公共利益的活动，不得接受附加违反法律法规和违背社会公德条件的捐赠，不得对受益人附加违反法律法规和违背社会公德的条件。该条保护受益人的人格尊严不受侵犯。过度把受益人暴露在媒体和公众面前，强迫受益人感恩、感谢，很明显违背了受益人的自由意愿。

第三，慈善组织和慈善受托人对慈善事务的管理和实施是独立进行的，只受法律法规、慈善组织管理规范、信托文件、捐赠协议等的限制，不受其他任何第三人甚至是监管机关的任意干涉。

第四，慈善法虽然主要调整有组织的、正式的、规范化的慈善活动，但是，并不排除当事人面对面的自愿捐赠行为。

此外，自愿原则根据捐赠者、募捐者和受赠者三方的关系，还应包括三部分内容，即捐赠自由、募捐自由和结社自由。

第一，捐赠自由，是指捐赠者可基于自身主观意愿自由地处分财产，对受赠者和募捐人展开捐助。包括对象、内容和形式等方面。即捐赠人可以自主选择捐赠的对象（特定人或不特定人）；内容上，可自主确定以实物或货币进行捐助；形式上，捐赠人可采取书面形式或非书面形式。

第二，募捐自由，是指公民基于慈善目的，可以自由地通过募捐方式募捐慈善财产，以便进一步开展慈善捐赠活动。目前的慈善事业主要通过间接捐赠的模式完成，即捐赠者通过募捐者来给予受赠者捐助。募捐者在其中扮演"中介"的角色，为捐赠人和受赠者搭建桥梁。在开展形式上，募捐者还可以采用现场募捐、网络募捐、公开义卖等形式。

第三，结社自由，是指公民为了开展慈善活动，可以自由结成慈善组织，并给予慈善组织的身份开展包括捐赠和募捐在内的慈善活动。结社自由是宪法所保护的公民基本政治自由权，其对慈善事业方面的意义在于，慈善事业需要专业化、团队化的管理协作。政府在公民成立慈善组织的时候，应当设置合理的条件，采取备案制，不得采取严格的限制手段侵犯公民的结社自由。

（二）激励性原则

所谓激励原则是指，政府通过赋予特权、税收减免和其他激励机制等具体方式，以此鼓励捐赠者积极开展捐赠、设立信托等，募集更多的捐助物资。

从慈善史的角度来说，政府要激励公民开展慈善相赠，其存在过两种截然不同的方式：其一，政府直接开展慈善，亦即政府直接担任募捐者，要求公民捐赠；其二，政府间接调整慈善，亦即政府采取各种激励措施，如赋予特权、减免税收等方式，间接鼓励公民慈善捐赠。目前多数国家主要采取第二种方式。

首先，在赋予特权方面。降低慈善募捐和慈善信托的门槛，采用备案制，以促进捐赠的开展。同时，慈善信托在无法实现或者终止的情况下，利用近似原则使之存续，以继续发挥慈善作用。

其次，在税收减免方面。在税收上，通过一定的优惠政策促进捐赠者和募捐者参与慈善活动。我国《慈善法》在这一方面表现突出。一是对慈善组织的税收优惠。《慈善法》第 79 条规定："慈善组织及其取得的收入依法享受税收优惠。"二是对捐赠财产的税收优惠。《慈善法》第 80 条规定："自然人、法人和其他组织捐赠财产用于慈善活动的，依法享受税收优惠。企业慈善捐赠支出超过法律规定的准予在计算企业所得税应纳税所得额时当年扣除的部分，允许结转以后 3 年内在计算应纳税所得额时扣除。境外捐赠用于慈善活动的物资，依法减征或者免征进口关税和进口环节增值税。"明确了无论是境内捐赠还是境外捐赠，都依法享有税收优惠。并且，准予在 3 年内结转税收优惠额度，是《慈善法》在税收优惠政策上的重大突破和亮点，是国家鼓励和引导企业进行慈善捐赠的有力措施。三是对受益人的税收优惠。《慈善法》第 81 条规定："受益人接受慈善捐赠，依法享受税收优惠。"

另外，还可以适当地以嘉奖荣誉的形式给予更多的鼓励和关怀。

（三）公开原则

公开原则是指政府、捐赠者和募捐者三方主体之间，为了提高慈善捐赠使用的效益，一方面通过赋予公开义务，要求募捐者应当对募捐所得的慈善捐赠及其使用情况予以公开，受赠者皆应当对捐赠所得及其使用情况予以公开，政府则可以通过立法的方式，对公开的形式、内容、时间等予以规定；另一方面通过赋予监察职权，要求政府在必要时强制募捐者和受赠者公开捐赠及其使用情况，并对使用情况予以检查和审计，对存在违反规定之情况则予以处罚，以此提高捐赠使用效益。其主要包括募捐者和受赠者的公开义务，以及政府的检查职权。慈善事业缺乏直接的私人利害关系人进行监督，公开原则就显得尤为重要。

首先是募捐者的公开义务，其内容应当包括募捐前和募捐后。其一，募捐前的公开，主要依据立法要求，对将要开展的募捐活动进行事先公开，并以此督促募捐合法、合理地开展。其二，募捐后的公开，通常包括募捐收入情况、使用明细、余额详情等，有些国家还配以"项目报告"和"年度报告"两种。

其次是受赠者的公开义务，受赠者在接受捐赠之后，其所接受捐赠本身符合捐赠目的的使用义务，从而使得捐赠目的得以真正实现。如依据合同规定的方式和内容公开使用情况、后续改善情况等。

最后是政府的监察职权，内容大致包括：其一，调查权，即赋予监督者查明募捐结果和使用情况的权利。其二，处罚权，即授予政府依法对募捐者和受赠者在募捐开展和使用公开中，对其存在违法问题进行处罚的权力。

五、慈善事业的管理体制

《慈善法》第 10 条规定，设立慈善组织，应当向县级以上人民政府民政部门申请登记，民政部门应当自受理申请之日起 30 日内作出决定。符合本法规定条件的，准予登记并向社会公告；不符合本法规定条件的，不予登记并书面说明理由。本法公布前已经设立的基金会、社会团体、社会服务机构等非营利性组织，可以向其登记的民政部门申请认定为慈善组织，民政部门应当自受理申请之日起 20 日内作出决定。符合慈善组织条件的，予以认定并向社会公告；不符合慈善组织条件的，不予认定并书面说明理由。有特殊情况需要延长登记或者认定期限的，报经国务院民政部门批准，可以适当延长，但延长的期限不得超过 60 日。这就表明，我国在慈善组织的管理方面以民政部门为业务主管和登记管理机构。

在慈善信托监管方面，银保监部门也担负起对信托公司受托人的监管职责。

另外，《慈善法》第 92 条规定："县级以上人民政府民政部门应当依法履行职责，对慈善活动进行监督检查，对慈善行业组织进行指导。"第 95 条规定："县级以上人民政府民政部门应当建立慈善组织及其负责人信用记录制度，并向社会公布。民政部门应当建立慈善组织评估制度，鼓励和支持第三方机构对慈善组织进行评估，并向社会公布评估结果。"由此可见，在监督机制方面，我国建立了第三方慈善组织的评估机制，力求对慈善组织的运行管理达到有效的监督约束和评估。此外，民政部门还建立了资金反馈、追踪、公示制度。

六、慈善税收激励政策

用税收政策的激励机制来促进慈善公益的发展，是世界上多数国家采取的普遍做法。我国《慈善法》第九章规定，慈善组织及其取得的收入依法享受税收优惠。自然人、法人和其他组织捐赠财产用于慈善活动的，依法享受税收优惠。企业慈善捐赠支出超过法律规定的准予在计算企业所得税应纳税所得额时当年扣除的部分，允许结转以后 3 年内在计算应纳税所得额时扣除。境外捐赠用于慈善活动的物资，依法减征或者免征进口关税和进口环节增值税。受益人接受慈善捐赠，依法享受税收优惠。慈善组织、捐赠人、受益人依法享受税收优惠的，有关部门应当及时办理相关手续。

可见，按照不同的对象，可以把对慈善组织的税收优惠分为三类：对慈善组织捐赠者的税收优惠、对慈善组织本身的税收优惠、对慈善捐赠受益者的税收优惠。

（一）对慈善组织捐赠者的税收优惠

对于慈善组织的捐赠者（法人或者自然人），合条件的捐赠支出可以从税基中扣除。

1. 企业所得税

《中华人民共和国企业所得税法》（以下简称《企业所得税法》）规定，企业发生的公益性捐赠支出，在年度利润总额 12% 以内的部分，准予在计算应纳税所得额时扣除，超过部分允许结转以后 3 年内在计算应纳税所得额时扣除。年度利润总额是指企业依照国家统一会计制度的规定计算的年度会计利润。公益捐赠支出是指企业通过公益性社会团体或者县级以上人民政府部门，用于《慈善法》规定的公益事业的捐赠。

2. 个人所得税

《中华人民共和国个人所得税法》（以下简称《个人所得税法》）规定，个人将其所得对教育事业和其他公益事业捐赠的部分，按照国务院有关规定从应纳税所得中扣除。《中华人民共和国个人所得税法实施条例》规定，个人将其所得对教育事业和其他公益事业的捐赠，是指个人将其所得通过中国境内的社会团体，国家机关向教育和其他社会公益事业以及遭受严重自然灾害地区、贫困地区的捐赠。捐赠额未超过纳税义务人申报的应纳税所得额 30% 的部分，可以从其应纳税所得额中扣除。

3. 土地增值税

房产所有人、土地使用权所有人通过中国境内非营利的社会团体、国家机关将房屋产权、土地使用权赠与教育、民政和其他社会福利、公益事业的，不征收土地增值税。

4. 印花税

财产所有人将财产捐赠给政府、社会福利单位、学校所立的书据，免征印花税。

（二）对慈善组织本身的税收优惠

对慈善组织本身的税收优惠涉及的税种也比较广泛，主要包括所得税、关税、增值税。具体优惠内容如下：

1. 所得税

按照《企业所得税法》及其相关实施细则的规定，对于符合条件的非营利组织的收入免税。之后，财政部、国家税务总局颁布的规范性文件则明确，基金会等慈善组织的捐赠收入、财政拨款以外的政府补助收入（政府购买服务取得的收入除外）、银行利息收入免征企业所得税。但是，基金会等慈善组织的营利性收入（如投资收入）则要征税，除非是国务院财政、税务主管部门另有规定的。

2. 关税和增值税

《扶贫、慈善性捐赠物资免征进口税收暂行办法》也规定，对境外捐赠人无偿向受赠人捐赠的直接用于扶贫、慈善事业的物资，免征进口关税和进口环节增值税。《中华人民共和国海关法》和《中华人民共和国进出口关税条例》规定，外国政府、国际组织无偿赠送的物资，免征关税。《中华人民共和国增值税暂行条例》规定，外国政府、国际组织无偿援助的进口物资和设备，免征增值税。

需要注意的是，获得上述税收优惠的慈善组织需要具备免税资格，为确保体系的一致性，关于慈善组织的免税资格问题将在后文详细论述，此处不再展开。

（三）对慈善捐赠受益者的税收优惠

《个人所得税法》及其实施条例规定，福利费、抚恤金、救济金属于个人所得税的免税项目。因此，慈善组织的受益者接受资助时，可以免征个人所得税。但受益者在接受来自基金会的因评奖产生的奖金时，则要具体辨明评奖是否具有公益性质，属于公益性质的，奖金免征个人所得税，其他性质的则照常征收。

第二节　慈善组织

一、慈善组织的含义和特征

慈善组织是慈善事业发展的载体和具体实施者，是现代慈善活动中最重要的主体。对于什么是慈善组织，各国在相关法律中的规定不尽相同。根据 2006 年《英国慈善法》第 1 条的规定，慈善组织是指仅为慈善目的而设立，并且属于英国高等法院司法管辖范围之内的组织，2011 年《英国慈善法》延续了这一定义。[1] 在美国，慈善组织的界定和税法密切相关，根据《美国国内税收法典》第 501（c）（3）条的规定，慈善组织可以界定为专为宗教、慈善、科学、公共安全实验、文学或教育等目的设立，其任何净收益都不得使股东或者个人受惠，所从事活动不得是政治宣传、试图影响立法（符合规定情况除外）或者参与、插手代表任何政治候选人的竞选活动的组织，可分为私有基金会和公共慈善组织两大类。[2] 在日本，法律上并没有慈善组织这一概念，与之最相近的概念是公益法人和认定特定非营利活动法人（暂认定特定非营利活动法人），以及学校法人、社会福利法人、更生保护法人、其他公益法人。[3]

---

〔1〕　参见金锦萍译：《非营利组织法译汇（三）：英国慈善法》，社会科学文献出版社 2017 年版，第 111、221 页。

〔2〕　参见褚蓥：《美国公共慈善组织法律规制》，知识产权出版社 2015 年版，第 3~4 页。

〔3〕　参见王振耀主编：《日本公益法律制度概览》，法律出版社 2016 年版，第 67 页。

公益法人与公益认定制紧密相关，根据《日本公益社团法人及公益财团法人认定法》第 4 条的规定，从事公益目的事业的一般社团法人或一般财团法人可以向主管部门申请认定为公益社团法人和公益财团法人。[1]

在我国《慈善法》颁布实施前，地方性法规中已有关于慈善组织的规定，如《江苏省慈善事业促进条例》第 2 条的规定，慈善组织是指依法登记成立，以慈善为唯一宗旨的非营利性社会组织。《慈善法》从国家立法层面对慈善组织的定义进行了统一，根据第 8 条的规定，慈善组织是指在民政部门依法登记，符合慈善法规定，以面向社会开展慈善活动为宗旨的非营利性组织，慈善组织可以采取基金会、社会团体、社会服务机构等组织形式。

一般认为，和慈善法的性质相一致，慈善组织具有以下主要特征：公益性、非营利性、财产独立性和公共性、自治性、民间性或非政府性、非政治性等。[2] 作为慈善法的重要调整主体和慈善活动的开展主体，慈善组织的上述特征本质上也正是慈善法非私法性、非公法性、非营利性的体现。

二、慈善组织的类型

关于慈善组织的类型，现有研究尝试根据不同的标准进行了以

---

〔1〕　参见王振耀主编：《日本公益法律制度概览》，法律出版社 2016 年版，第 164 页。

〔2〕　如有学者将慈善组织的特征归纳为公益性、非营利性、财产独立性和公共性、自治性，参见阙珂主编：《中华人民共和国慈善法释义》，法律出版社 2016 年版，第 23 页。又韩丽欣认为，慈善组织具有基于慈善目的的公益性、非营利性、民间性或政府性、显著程度的自愿性特征，参见韩丽欣：《中国慈善组织治理法治化研究》，法律出版社 2015 年版，第 72~74 页。再如李芳认为，慈善性公益法人具备自愿性、民间性、非营利性、公益性、非政治性等特征，参见李芳：《慈善性公益法人研究》，法律出版社 2008 年版，第 94~100 页。

下分类。[1] 根据慈善组织的性质不同，可分为官方、半官半民、民间慈善组织；根据慈善组织的治理结构不同，可以分为慈善法人和非法人慈善组织；根据慈善组织的范围不同，可分为全国性慈善组织和地方性慈善组织；根据慈善组织的运作模式的不同，可分为资助型、运作型和混合型慈善组织；根据慈善组织的规模不同，可分为大型、中小型慈善组织。

本教材与《慈善法》第 8 条第 2 款的规定保持一致，将慈善组织主要分为基金会、社会团体、社会服务机构，需要指出的一点是慈善组织本身并不是一种新的组织形式，而是对非营利组织慈善属性的认定。

第一，基金会。基金会是指利用自然人、法人或者其他组织捐赠的财产，以从事公益事业为目的，依法成立的非营利法人，基金会应当在县级以上人民政府民政部门进行登记，是一类重要的财团法人。根据现行《基金会管理条例》的规定，以是否能够面向公众募集慈善资源为划分标准，我国基金会分为具有公开募捐资格的基金会（以下简称"公募基金会"）和不具有公开募捐资格的基金会（以下简称"非公募基金会"），公募基金会按照募捐的地域范围，分为全国性公募基金会和地方性公募基金会，两类基金会在原始基金、治理结构、财产使用、信息披露等方面有不同的要求，且非公募基金会一般不得转变为公募基金会。《慈善法》对基金会管理方式作出了适当调整，非公募基金会符合慈善法规定的条件，也可以申请募捐资格，开展公开募捐活动。

第二，社会团体。社会团体是由公民自愿组成，为实现会员共同意愿，按照其章程开展活动的非营利性社会组织，社会团体具备法人资格。根据现行《社会团体登记管理条例》的规定，社会团体

---

〔1〕 参见韩丽欣：《中国慈善组织治理法治化研究》，法律出版社 2015 年版，第 74~87 页。

按照活动地域范围，分为全国性社会团体、地区性社会团体、跨行政区域的社会团体。以社会团体的性质和任务为标准，又可分为学术性、联合性、专业性、行业性社会团体，其主要类型有协会、学会、研究会、促进会、联合会、慈善会等。社会团体中符合慈善组织条件的，可以申请认定或登记为慈善组织。

第三，社会服务机构。社会服务机构的称谓取代了我国社会组织制度中的"民办非企业单位"，是指企业事业单位和其他社会力量以及公民个人利用非国有资产举办的，从事非营利性社会服务活动的社会组织。根据《民办非企业单位登记管理暂行条例》的规定，社会服务机构（民办非企业单位）可以采取法人组织形式，也可以采取合伙、个体工商户非法人组织形式。目前，社会服务机构的主要类型包括非营利性的民办教育机构、民办医疗机构、民办养老机构、社工服务机构等。社会服务机构中符合慈善组织条件的，可以申请或登记为慈善组织。

除了上述法定的组织形式外，实践中存在的社会慈善企业也是慈善事业的重要实施主体，其发挥的作用也越来越被认可和重视，如《宁夏回族自治区慈善事业促进条例》第四章专章规定了鼓励发展符合条件的社会慈善企业。随着慈善领域的不断创新和发展，未来不分配利润而将利润用于慈善事业的企业也有可能被纳入慈善组织的范围。

另外，慈善信托是不是慈善组织？从慈善法整体体系上看，似乎很难将慈善信托理解为慈善组织。例如，《慈善法》第二章"慈善组织"主要是针对法人型的基金会、社会团体和社会服务机构的规定，"慈善信托"的规定被单独列在第五章，在"慈善募捐"（第三章）和"慈善捐赠"（第四章）之后，在"慈善财产"（第六章）之前，如此观之，《慈善法》更倾向于将慈善信托设立行为作为和慈善募捐和捐赠类似的取得慈善财产的方式，且在慈善财产一章也几乎没有讨论慈善信托财产的法律地位，因此，《慈善法》

似乎是不认可慈善信托作为慈善组织的地位的。

不过,组织这一概念似乎应包括信托、合伙等法律形式,对法人及自然人的二元划分之外的组织形式更为包容。而且,如果能承认慈善信托的慈善组织地位的话,关于慈善组织的税收等法律规则就能适用于慈善信托,这对于完善慈善信托税制是非常重要的。

三、慈善组织的设立

并非任何组织都具有慈善组织资格,因此,设立慈善组织需要满足法律规定的要件。《慈善法》第 9 条规定,慈善组织的成立应当符合以下条件:①以开展慈善活动为宗旨;②不以营利为目的;③有自己的名称和住所;④有组织章程;⑤有必要的财产;⑥有符合条件的组织机构和负责人;⑦法律、行政法规规定的其他条件。上述规定是慈善组织的实质要件,其中最能体现慈善组织的本质和特点且比较不容易判断的应属"以开展慈善活动为宗旨"这一要件。对此,《慈善法》第 3 条以概括加列举的方式对慈善活动的内涵进行了规定,即是指自然人、法人和其他组织以捐赠财产或者提供服务等方式,自愿开展的扶贫、济困,扶老、救孤、恤病、助残、优抚,救助自然灾害、事故灾难和公共卫生事件等突发事件造成的损害,促进教育、科学、文化、卫生、体育等事业的发展,防治污染和其他公害,保护和改善生态环境,和符合慈善法规定的其他公益活动。

符合上述条件的组织,可以申请登记或认定为慈善组织,因此登记或认定成为取得慈善组织资格的必经程序。

(一)新设组织登记制

在《慈善法》颁布实施前,我国在非营利性组织立法方面有三部重要的行政法规,即《社会团体登记管理条例》(1998 年 10 月 25 日实施、2016 年修订)、《民办非企业单位登记管理暂行条例》(1998 年 10 月 25 日实施)、《基金会管理条例》(2004 年 6 月 1 日实施）。根据上述相关规定，基金会、社会团体、社会服务机构在向民政部门申请设立登记前，应当经过业务主管单位的审查同意，这实际上确立了慈善组织设立的双重许可制。但是由业务主管单位或目的事业主管机关进行前置审查的机制遭到了学者的批评，这种机制存在以下缺陷：①不同的业务主管单位或目的事业主管机关有着不同的审核标准，宽严不一，给不同申请者带来不公平的后果；②因为审核责任分散于许多部门，没有一个部门可能发展出慈善组织业务的专长；③一些慈善团体可能因为找不到相关的业务主管机关而无从建立，不利于慈善事业的发展。[1] 因此，为了促进慈善事业的发展，保障公民结社权和慈善权的实现，一些学者比较早的指出我国应改变慈善组织设立的双重许可制，由综合统一的管理机关根据认证主义原则（小型慈善法人采取准则主义）对慈善组织进行登记。[2] 自 2013 年以来，国务院有关部门积极开展社会组织登记制度改革，稳妥推进公益慈善类等社会组织直接登记，在这样的背景下，《慈善法》第 10 条第 1 款确定了慈善组织设立直接登记制度。基金会、社会团体、社会服务机构根据其规模大小，可直接向不同层级的县级以上人民政府民政部门申请设立登记，民政部门自受理申请之日起 30 日内审查完毕，特殊情况需要延长期限的须报国务院民政部门批准，且最长不超过 60 日。对于符合规定条件的，准予登记并向社会公告，对于不符合规定条件的，不予登记并书面说明理由。《慈善法》对慈善组织直接登记制度的确立，突破了业务主管单位前置审查与民政部门登记的双重许可制度的束缚，并且明确了登记的机构、程序、条件、时限和不予登记的书面说明理由制度，为慈善组织登记提供了便利和法律保障，尤其是为实践中大量存在的未经登记但已经开展慈善活动的草根组织提供了获得合法地位的渠道，一定程度上消除了束缚慈善事业发展的组织登记环节

〔1〕 参见李芳：《慈善性公益法人研究》，法律出版社 2008 年版，第 127 页。
〔2〕 参见李芳：《慈善性公益法人研究》，法律出版社 2008 年版，第 144 页。

存在的制度障碍。

不过需要说明的是，虽然绝大部分慈善组织可以向民政部门直接申请登记，不过实践中仍有部分慈善组织由于存在专业性较强、活动范围比较特殊等情况，民政部门作为登记管理机关，还不具备对其专业和活动范围进行审查的条件，对于这一小部分慈善组织，仍然实行双重管理。[1]

（二）已设组织认定制

慈善组织认定制是对慈善组织的认定主体、认定标准和认定程序等进行规范的一系列制度的总称，与慈善组织登记制并行。这里所指的慈善组织认定是狭义上的，即由认定机关对申请人的"慈善属性"加以判断，并确认慈善组织特定法律地位的一项独立的行政确认行为。[2] 新设慈善组织和经认定的慈善组织在"慈善属性"确认方面采用相同的标准，两者拥有同样的法律地位。根据《慈善法》《慈善组织认定办法》的相关规定，已经成立的基金会、社会团体和社会服务机构，可以到原登记的民政部门提出认定为慈善组织的申请，原登记民政部门自受理申请之日起 20 日内审查完毕，特殊情况需要延长期限的须报国务院民政部门批准，且最长不超过 60 日。对于符合规定的慈善组织条件的，予以认定并向社会公告，对于不符合规定的慈善组织条件的，不予认定并书面说明理由。

慈善组织认定制的确立对于改革我国慈善组织管理体制、促进

---

〔1〕 按照中共中央办公厅、国务院办公厅 2016 年 8 月发布的《关于改革社会组织管理制度促进社会组织健康有序发展的意见》中的相关规定，做好社会组织登记审查，既要推进直接登记，也要完善业务主管单位前置审查。对于提供扶贫、济困、扶老、救孤、恤病、助残、救灾、助医、助学服务的公益慈善类社会组织等，直接向民政部门依法申请登记，对直接登记范围之外的其他社会组织，继续实行登记管理机关和业务主管单位双重负责的管理体制。上述文件规定的直接登记类慈善组织的范围实际上是小于《慈善法》第 3 条所规定的慈善活动的范围的，在一定程度上也说明了目前实践中，双重管理制度对于一些慈善组织仍然是适用的。

〔2〕 参见王振耀主编：《中华人民共和国慈善法评述与慈善政策展望》，法律出版社 2016 年版，第 4 页。

我国慈善事业的发展具有重要意义。有助于划分慈善组织与其他组织的边界，厘清慈善组织和非慈善组织之间的关系，明确被认定的慈善组织与新设慈善组织享有同等法律地位；有助于确认并保障慈善组织的实体权利（如公募权和免税权），实现对慈善组织的分类管理；有助于推进事业单位的社会化改革，实现民间慈善组织和政府设立的慈善组织在统一的制度平台上运作，从而有助于公益慈善行业的统一管理。[1]

慈善组织的直接登记制和认定制的确立，体现了我国的法规、政策对于慈善组织的管理从重视"入口"管理转向重视"过程"监督的重要转变，这对于促进我国慈善事业的发展大有裨益。不过不可否认的是，当前的制度设计仍然存在一些缺陷和不足，如慈善组织非营利性判断的具体标准缺失，慈善活动的判断标准亦需要进一步细化和完善。此外，我国现行制度下民政部门实际上承担起慈善目的的实质性认定和程序审查，还是有一定的自由裁量权的。目前我国的慈善事业目的比较单一、清晰且主要集中在扶贫、济困和教育等领域，但是将来民间的慈善事业可能有更加复杂和综合的目的，为了维护公共利益，防止民政部门自由裁量权的滥用和扩张，我们建议由民政部门负责设立慈善事业认定审查委员会，聘任专业能力强、品格端正、有公信力的专业人士等为委员，对慈善组织是否具有公益性进行判断，避免行政机构的行政工作人员恣意专断。[2]

（三）各国慈善组织认定制度与实践[3]

广义上的慈善组织认定，除了狭义上独立的行政确认行为外，

---

〔1〕 参见王振耀主编：《中华人民共和国慈善法评述与慈善政策展望》，法律出版社 2016 年版，第 6~10 页。

〔2〕 参见赵廉慧：《慈善信托税收政策的基本理论问题》，载《税务研究》2016 年第 8 期，第 111~112 页。

〔3〕 参见王振耀主编：《中华人民共和国慈善法评述与慈善政策展望》，法律出版社 2016 年版，第 11~12 页，李芳撰写。引用表述有调整。

还包括对组织"慈善属性"的事实判断。从这种意义上讲，各国的慈善组织"慈善属性"认定可以概括为以下三种基本模式：

第一，"慈善属性"的认定和主体资格取得相结合。在这种模式下，"慈善属性"的认定只是慈善组织获得主体资格的前提条件之一，并没有形成独立的行政行为。在主体地位需要业务主管部门许可和登记部门登记的双重许可制度下，"慈善属性"的认定由目的事业主管部门进行，根据原《日本民法典》[1] 设立的公益法人即采取此种模式。在主体地位的取得不需要目的事业主管部门许可的直接登记制度下，"慈善属性"审查由登记部门进行。

第二，"慈善属性"的认定和主体资格的取得相分离。在这种模式下，慈善组织依据其他法律取得主体资格，之后再进行"慈善属性"认定，认定机关或者由税务部门担任，或者由税务部门以外的其他政府机构担任。此时，"慈善属性"的认定已成为一项独立的行政确认行为。美国和日本是采取这种模式的典型国家。

在美国，慈善组织的法律地位由联邦税务局通过《美国国内税收法典》确立，其慈善地位和免税资格是合二为一的。非营利组织通常会按照州的法律向州首席检察官提出登记申请，再向联邦税务局提出免税资格的申请，根据《美国国内税收法典》第 501（c）（3）条获得免税资格的非营利组织同时被认定为慈善组织。

在日本，依照 2006 年颁布的《日本公益社团法人及公益财团法人认定法》和《日本一般社团法人和一般财团法人法》的规定，一个组织按照《日本一般法人法》登记为一般非营利法人，一般法人可以向行政厅（内阁大臣或都道府县知事）申请被认定为公益法人，具体的认定工作由公益认定委员会（内阁府设置）或合议制机关（都道府县设置）实施。

---

〔1〕 日本在平成 18 年（2006 年）制订了《一般社团法人及一般财团法人相关法律》（俗称"一般法人法"）及《公益社团法人及公益财团法人认定法》，相应删除了《民法典》中关于公益法人的规定。

第三，"结合式"和"分离式"共存的混合模式。在该种模式下，一个组织可以直接申请登记为慈善组织，也可以先按照其他法律取得民事主体资格，然后再申请慈善组织认定。英国是采取混合模式的典型国家。《英国慈善法》规定，已经取得民事主体资格的组织可以在慈善委员会登记为慈善组织，对于这些组织而言，慈善委员会的登记相当于双重登记。2006 年，《英国慈善法》引入慈善法人的法律形式，一个组织可以选择法人资格取得与"慈善属性"认定相结合的模式，直接在慈善委员会登记为慈善法人。

我国实际上采取了慈善组织认定的混合模式，允许"结合式"和"分离式"并存，这为民事主体提供了多种选择，有益于我国慈善事业的发展。

四、慈善组织的税收优惠地位[1]

慈善组织投身于慈善公益事业，在一定程度上分担了政府的公共服务职能，弥补了政府力量的不足，客观上节省了国家的财政投入，并促进了整个社会公益的增加，因此以减税、免税等税收优惠措施促进慈善组织的发展成为国际惯例，美国的基金会迅速发展除了物质财富的极大积累外，最主要的原因就在于税法赋予捐赠人、慈善组织一系列的税收优惠。由于税收优惠地位的取得与慈善组织本身的慈善性质密不可分，通常认为只有依法成立的慈善组织才享有税收优惠资格和权利。

《慈善法》第 79 条的规定，慈善组织及其取得的收入依法享受税收优惠。因此，慈善组织的税收优惠地位可以从两个方面进行理解。

一方面，慈善组织自身的税收优惠。根据我国现行税收法律制度，慈善组织并非一经成立即享有税收优惠，而是要以另行获得免

---

〔1〕 参见王振耀主编：《中华人民共和国慈善法评述与慈善政策展望》，法律出版社 2016 年版，第 170~173 页，李芳撰写。引用表述有调整。

税资格为前提。《企业所得税法》第 26 条及《中华人民共和国企业所得税法实施条例》（以下简称《企业所得税法实施条例》）第 84 条对免税资格的认定条件进行规定。2018 年 2 月 7 日发布的《财政部、税务总局关于非营利组织免税资格认定管理有关问题的通知》中对相关问题进行了进一步明确。根据该通知的规定，符合免税资格认定的非营利组织必须同时满足以下条件：①依照国家有关法律法规设立或登记的事业单位、社会团体、基金会、社会服务机构、宗教活动场所、宗教院校以及财政部、税务总局认定的其他非营利组织；②从事公益性或者非营利性活动；③取得的收入除用于与该组织有关的、合理的支出外，全部用于登记核定或者章程规定的公益性或者非营利性事业；④财产及其孳息不用于分配，但不包括合理的工资薪金支出；⑤按照登记核定或者章程规定，该组织注销后的剩余财产用于公益性或者非营利性目的，或者由登记管理机关采取转赠给与该组织性质、宗旨相同的组织等处置方式，并向社会公告；⑥投入人对投入该组织的财产不保留或者享有任何财产权利，本款所称投入人是指除各级人民政府及其部门外的法人、自然人和其他组织；⑦工作人员工资福利开支控制在规定的比例内，不变相分配该组织的财产，其中：工作人员平均工资薪金水平不得超过税务登记所在地的地市级（含地市级）以上地区的同行业同类组织平均工资水平的两倍，工作人员福利按照国家有关规定执行；⑧对取得的应纳税收入及其有关的成本、费用、损失应与免税收入及其有关的成本、费用、损失分别核算。

另一方面，慈善组织收入的税收优惠。慈善组织的收入一般包括捐赠收入、政府补助收入、会费收入、慈善财产孳息收入（如银行存款利息）等。根据 2018 年修订的《企业所得税优惠政策事项办理办法》及其附件《企业所得税优惠事项管理目录（2017 年版）》的规定，免税收入包括符合条件的非营利组织取得的捐赠收入、不征税收入以外的政府补助收入（但不包括政府购买服务取得的收入）、会费收入、不征税收入和免税收入孳生的银行存款利息收入等。非营利组织从事营利性活动取得的收入不属于免税收入。因此，从现行规定来看，捐赠收入作为慈善组织的主要收入来源，是能够获得税收优惠的。慈善捐赠的税收优惠得以落实离不开慈善组织公益性捐赠税前扣除资格的认定。《财政部、税务总局、民政部关于公益性捐赠税前扣除有关事项的公告》第4条规定，在民政部门依法登记的慈善组织和其他社会组织（以下统称"社会组织"），取得公益性捐赠税前扣除资格应当同时符合以下条件：①符合《企业所得税法实施条例》第52条第1项到第8项规定的条件。②每年应当在3月31日前按要求向登记管理机关报送经审计的上年度专项信息报告。报告应当包括财务收支和资产负债总体情况、开展募捐和接受捐赠情况、公益慈善事业支出及管理费用情况（包括本条第3项、第4项规定的比例情况）等内容。首次确认公益性捐赠税前扣除资格的，应当报送经审计的前两个年度的专项信息报告。③具有公开募捐资格的社会组织，前两年度每年用于公益慈善事业的支出占上年总收入的比例均不得低于70%。计算该支出比例时，可以用前三年收入平均数代替上年总收入。不具有公开募捐资格的社会组织，前两年度每年用于公益慈善事业的支出占上年末净资产的比例均不得低于8%。计算该比例时，可以用前三年年末净资产平均数代替上年末净资产。④具有公开募捐资格的社会组织，前两年度每年支出的管理费用占当年总支出的比例均不得高于10%。不具有公开募捐资格的社会组织，前两年每年支出的管理费用占当年总支出的比例均不得高于12%。⑤具有非营利组织免税资格，且免税资格在有效期内。⑥前两年度未受到登记管理机关行政处罚（警告除外）。⑦前两年度未被登记管理机关列入严重违法失信名单。⑧社会组织评估等级为3A以上（含3A）且该评估结果在确认公益性捐赠税前扣除资格时仍在有效期内。公益慈善事业支出、管理费用和总收入的标准和范围，按照《民政部、财政部、国家税务总局关于印发〈关于慈善组织开展慈善活动年度支出和管理费用的规定〉的通知》（民发［2016］189号）关于慈善活动支出、管理费用和上年总收入的有关规定执行。按照《慈善法》新设立或新认定的慈善组织，在其取得非营利组织免税资格的当年，只需要符合上述条款第1项、第6项、第7项条件即可。可以看出，与慈善组织自身免税资格认定的条件相比，公益性捐赠税前扣除资格认定的条件要更加严格。

　　按照我国现行法律法规等的相关规定，并非慈善组织所有的收入都能够获得税收优惠，其从事营利性活动取得的收入是不能够获得税收优惠的。而关于慈善组织从事营利性活动获得的收入不能够获得税收优惠，学界对此有不同的观点。事实上，根据《企业所得税法实施条例》第85条以及《企业所得税法》第26条第4项的规定，并非非营利组织所有从事营利性活动取得的收入都不属于免税收入，国务院财政、税务主管部门可对此进行额外规定。但是由于有关部门并未就可以纳入税收优惠范畴的"符合条件的非营利组织的"从事营利性活动收入出台配套规定，致使慈善组织按照慈善法规定合法、安全、有效对于资产进行增值保值所获得的收入部分也成为企业所有税的纳税范围，非常不利于慈善组织的可持续发展。

　　就国外的经验来看，慈善组织从事营利性活动获得的收益也并非一律纳入征税范围。一般而言，慈善组织获得的如股息、红利、利息等消极收入，因其收入并非来源于慈善组织自身积极的经营活动，不会与其他营利组织之间产生市场竞争关系，因而这些收入一般都被纳入免税范围。对于慈善组织的积极经营活动，要考察该项经营活动与慈善组织的宗旨是否相关，与慈善组织宗旨相关的经营活动获得的收入一般会纳入免税范围；对于与慈善组织宗旨无关的经营活动收入，则需要按照相关法律的规定缴纳所得税，不过对于慈善组织从事与宗旨无关经营活动获得的收入如果也被用于公益事业，则可以将其视为捐赠，从而予以扣除。[1]

我们认为：慈善组织从事一些营利性活动以实现慈善财产的保值增值和促进慈善事业的长期可持续发展是必要的，这一点，在民政部 2018 年 10 月 30 日公布的《慈善组织保值增值投资活动管理暂行办法》[2]相关规定中已有体现。未来的税收制度有必要进一步对符合税收优惠条件的慈善组织的营利性收入进行细化规定，对慈善组织对外投资在一些特殊情况下给予具体减税措施，以进一步释放慈善活力，促进慈善组织的生存和发展。

五、慈善组织的内部治理

"治理"一词源于拉丁文和古希腊语，本意是控制、引导和操纵，治理的核心问题在于如何有效而适当地分配权力以及责任如何承担。[3] 广义上的治理既包括内部治理，也包括来自外部的监督管理等外部治理，这里将要讨论的慈善组织的治理仅指内部治理。从一个宽泛的意义上理解，慈善组织的治理可以被界定为，为实现该慈善组织的慈善目的与公共利益而对其利益相关者的权利义务与责任进行分配的机制，其中尤其以慈善组织治理机关的权利义务关系为核心。[4] 慈善组织的内部治理要通过一定的治理结构发挥作用，慈善组织的内部治理结构体现的是组织内部各要素之间的相互作用、相互联系的构成，尤其是组织层次之间的权限配置和管理幅度、方式及信息沟通等方面。内部治理结构是实现慈善组织自治的基本载体。

---

〔1〕 参见王振耀主编：《中华人民共和国慈善法评述与慈善政策展望》，法律出版社 2016 年版，第 178 页，黄浠鸣撰写。引用时表述略有调整。

〔2〕 比如该《暂行办法》第 3 条第 1 款规定，慈善组织应当以面向社会开展慈善活动为宗旨，充分、高效运用慈善财产，在确保年度慈善活动支出符合法定要求和捐赠财产及时足额拨付的前提下，可以开展投资活动。

〔3〕 参见李芳：《慈善性公益法人研究》，法律出版社 2008 年版，第 147 页。

〔4〕 参见李德健：《英国慈善法研究》，法律出版社 2017 年版，第 88 页。

　　事实上，无论是对慈善组织这类非营利组织还是营利组织，内部治理结构问题都很重要，不过与后者相比，强调慈善组织的治理结构更为必要。一方面，因为慈善组织缺乏与经济利益相关的机制，市场机制与竞争机制的缺位使得慈善组织更依赖于构建完善的治理结构来保证其平稳、健康运转；另一方面，慈善组织担负着更重的社会职能，如果治理不善，它所辜负的不仅仅是捐赠人，还有社会公众的信任和支持，而信任可以说是慈善事业长久发展的根本。[1] 因此，国内外都开始并逐渐重视慈善组织的治理问题。

　　在《慈善法》颁布实施以前，我国已有相关行政法规对不同形态的非营利组织治理结构进行了规定：《基金会管理条例》第三章对基金会的组织机构作了专门的规定，包括理事会的设立、职能以及理事和监事的人选等；《社会团体登记管理条例》（1998）第14条规定了社会团体应当由会员大会或会员代表大会产生执行机构、负责人和法定代表人；《民办非企业单位登记管理暂行条例》要求民办非企业单位有必要的组织机构、法定代表人或负责人等。但是一直以来，由于对慈善组织的内部治理问题重视不够，慈善组织的内部治理存在较大问题，如内部治理主体结构设置不合理、各机构的权利制约机制不完善、存在行政化色彩，内部财务制度、审计制度不完善，财产收入支出涉嫌虚假募捐、被挤占挪用等，这些问题严重损害了慈善组织的公信力和其形象，阻碍了慈善事业的发展。为了规范慈善组织的内部治理，《慈善法》第12条第1款规定，慈善组织应当根据法律法规以及章程的规定，建立健全内部治理结构，明确决策、执行、监督等方面的职责权限，从法律层面上肯定并强化了慈善组织内部治理结构要求，此外，该条第2款还规定了慈善组织要健全会计监督制度，这也有助于慈善组织内部各机构、各环节相互牵制、相互监督，确保慈善财产的规范、有效使用。

---

　　〔1〕　参见金锦萍：《非营利法人治理结构研究》，北京大学出版社2005年版，第40~42页。

六、慈善组织的外部监督[1]

慈善组织和慈善信托是现代慈善事业的核心，其规范运作事关慈善事业的良好运行，特别是在设立环节放松限制的情况下，慈善组织的管理运作有必要接受外部的严格监管。结合我国《慈善法》第十章以及相关行政法规、部门规章的规定，我国已基本建立起的包括行政监督、行业监督、社会监督在内的监督管理体系。

第一，行政监督。《慈善法》的颁布和实施改变了对慈善组织实施的业务主管部门和民政部门双重管理体制，民政部门成为最重要的行政监督部门，其对慈善组织的监督贯穿了设立、运营和退出的全过程。具体而言，民政部门是指国务院民政部、省级人民政府所设的民政厅（局）、市级人民政府与县级人民政府所设的民政局。民政部设有社会福利与慈善事业促进司，负责全国慈善事业的政策制定与业务监督；同时，民政部民间组织管理局负责全国性慈善组织的登记；省级以下民政部门依此设置。此外，税务部门、财政部门、审计部门、海关等根据法定职责分别参与监督管理。

第二，行业监督。行业监督主要是指行业协会、行业联合会、公益机构等保护组织等对其成员或被保护组织实施的自律监督和约束。《慈善法》第19条、第96条的规定比较全面地反映了我国慈善行业组织的职责，即慈善组织应当建立健全行业规范，加强行业自律，同时应当反映行业诉求，推动行业交流，提高慈善行业公信力，促进慈善事业发展。在国际上，高度重视行业自律是普遍经验，美国的慈善协会、法国的慈善宪章委员会、英国不同慈善领域行业组织等对其慈善事业的健康发展起到了十分重要的作用。

第三，社会监督。社会监督是指媒体、公众等对慈善组织的监

---

〔1〕 参见王振耀主编：《中华人民共和国慈善法评述与慈善政策展望》，法律出版社2016年版，第192~208页，李芳撰写。

督。根据《慈善法》第 97 条的规定，社会监督的方式有投诉、举报违法行为、媒体报道违法行为等。此外，要求慈善组织向公众公开信息也是一种社会监督方式，并且是最为有效的社会监督方式。关于慈善组织的信息公开义务，我国《慈善法》第 69 条第 3 款规定，慈善组织和慈善信托的受托人应当在人民政府指定的信息平台发布慈善信息，当然除了在法律规定的信息平台公开慈善信息外，慈善组织也可以在自己的官方网站或其他网络平台公开慈善信息。慈善组织应当主动公开的信息包括：章程、内部治理机构的成员信息、年度工作报告和财务会计报告，举行公募的慈善组织还应在捐赠前、捐赠中和捐赠后公开募捐信息和项目实施信息。公开募捐周期和项目实施周期超过 6 个月的，至少每 3 个月公开一次募捐情况和实施情况。一定程度上，社会监督能够促进慈善组织行为透明化，引导慈善组织自律。

第四，利益相关者的监督。利益相关者的监督是指与慈善组织有直接法律关系或主要利益关系的慈善活动的主体，出于对慈善目的的关心而对慈善组织的运作进行监督。这里的利益相关者包括：①慈善组织的管理者与职工；②慈善组织的捐赠者，包括慈善组织的初始捐赠者（设立者）和慈善组织设立后对慈善组织捐赠的一般捐赠者；③慈善组织的志愿者；④慈善组织的受益者。不过，因利益关系者并非立场中立者，法律应在利益相关者的权利行使与慈善组织的独立运作之间加以平衡。

第三节　慈善募捐和捐赠

一、慈善募捐

（一）定义和特征

募捐是指符合条件的主体为了一定的目的主动地以某种方式募

集钱财的行为。在性质上，具有积极主动性，是主体发起的积极行为。方式上既可以是现场实施，也可以通过网络等媒介实现。募捐者可以向特定或者不特定的人捐出资金或者财物。它不同于私法中赠与的概念，表现为：其一，在法律关系主体上，募捐涉及募捐者、捐赠者以及受益人多方主体；而赠与只涉及赠与人和受赠人两方主体。其二，从行为主体上看，募捐者针对的主体往往是不特定的，其所作的更多是一种倡议和宣发；赠与人所针对的主体则往往是特定的，其标的和对象一般是确定的。并且募捐受到的行政性约束较强，而赠与则一般只受到合同法的私法约束。

慈善募捐是指，为了特定的公益目的，募捐者主动以某种方式向社会公众募集资产的行为。与前述一般募捐不同，慈善募捐还具有以下特点：

1. 慈善募捐的目的在于公共利益

慈善募捐的目的为处于危难境地或者其他需要帮助、救济处境的不特定人的利益。这是慈善募捐有别于一般募捐的最主要地方。

2. 慈善募捐的主体具有相对广泛性

就一般募捐看，其主体主要限于一般主体，而从各国立法看，公益募捐者主体具有相对广泛性。既可以是依法设立并取得公益募捐资格的公益性社会组织（在我国包括社会团体、基金会、民办非企业单位等），也可以是公共利益的重要代表者之政府部门（我国公《益事业捐赠法》规定了人民政府及其工作部门），也可以是公益性非营利的事业单位（依法成立的，从事公益事业的不以营利为目的的教育机构、科学研究机构、医疗卫生机构、社会公共文化机构、社会公共体育机构和社会福利机构等）。不仅如此，在公益市场发达的英美法系国家，不仅上述主体具有相应的募捐资格，而且还出现了一大批专门从事劝募的机构或组织，这些机构或组织专门进行资金募集，并提供给需要资金的其他公益机构。这些公益劝募机构有的属于公益性社会组织，有的则属于营利性组织，这在《美国公益基金募捐示范法》上被称为"领薪募捐人",它们是接受公益机构的委托,为公益机构募集资金并领取相应报酬的一类特殊主体。

3. 慈善募捐的受益对象具有不特定性

受益对象的不特定性是公益区别于非公益的核心要素,也是公益募捐区别于其他募捐活动的关键。但是,根据公益募捐活动之受益对象的不特定性,又存在直接受益和间接受益之分。直接以某种公益资助为目的的募捐活动是公益募捐活动,已是众所周知。那些为了公益组织之利益而实施的公益募捐以及联合劝募组织的劝募活动,尽管其直接受益者为公益组织,但最终受益者却仍为不特定多数人。因而,这类募捐活动当然属于公益募捐的重要组成部分。

4. 慈善募捐财产的使用受到较为严格的监管

正是基于慈善募捐的目的、财产使用方面的公共性特点,慈善募捐所得到的财产在使用目的、使用方向、使用比例等方面都受到严格的监督和管理。其中,除了涉及税务部门的监督管理,还有可能涉及财政部门、专门公益监管部门甚至审计、监察等部门的监管。因此,慈善募捐处于严格的监督管理体系之下。

(二) 方式 (类型)

《慈善法》第 21 条规定,慈善募捐,包括面向社会公众的公开募捐和面向特定对象的定向募捐。

1. 公开募捐

《慈善法》第 23 条规定了公开募捐的方式有:①在公共场所设置募捐箱;②举办面向社会公众的义演、义赛、义卖、义展、义拍、慈善晚会等;③通过广播、电视、报刊、互联网等媒体发布募捐信息;④其他公开募捐方式。

此外,对于公开募捐的准入,慈善法规定了相应资格。即依法登记满 2 年的慈善组织,可以向其登记的民政部门申请公开募捐资格。慈善组织通过互联网开展公开募捐的,应当在国务院民政部门统一或者指定的慈善信息平台发布募捐信息，并可以同时在其网站发布募捐信息。

2. 定向募捐

《慈善法》第 28 条规定，慈善组织自登记之日起可以开展定向募捐。慈善组织开展定向募捐，应当在发起人、理事会成员和会员等特定对象的范围内进行，并向募捐对象说明募捐目的、募得款物用途等事项。第 29 条规定，开展定向募捐，不得采取或者变相采取《慈善法》第 23 条规定的的方式。

定向募捐是向特定对象筹集款物的行为，其募捐范围有限，募捐方式也往往是半公开甚至不公开的。如慈善组织向当地知名企业家或在某单位内部进行募捐的行为。因此，未取得公开募捐资格的公益组织，可以采取以下方式进行慈善募捐：可以开展定向募捐；可以与具有公开募捐资格的慈善组织合作；通过有特定受众范围的网络（如微信朋友圈）等进行募捐。

3. 公开募捐与定向募捐的区别

（1）募集对象不同。公开募捐的募集对象是社会公众，即社会不特定的捐赠人；而定向募捐的募集对象则是少数的特定主体即发起人、理事会成员和会员等特定对象。

（2）募集方式不同。公开募捐是通过公开的活动、以公开的形式在公开的平台上进行的；而定向募捐则是通过非公开的方式在非公开的平台上进行的，这也是二者的主要区别。

（3）募集要求不同。公开募捐有严格的资格限制和过程要求，并且对信息披露也有所要求；而定向募捐在募捐资格、募捐过程上都比较灵活，对信息披露的要求也比较低，具有较强的保密性。

（4）募集目的不同。公开募捐往往是慈善组织为了开展慈善活动而进行的；而定向募捐则更多的是慈善组织在筹备设立时进行的原始资金积累，以及尚不具有公开募捐资格的慈善组织的主要募捐渠道。

（5）适用主体不同。只有依法登记并取得公开募捐资格的慈善组织才能开展公开募捐；慈善组织自依法登记之日起即可以开展定向募捐。

4. 禁止行为

开展募捐活动，应当尊重和维护募捐对象的合法权益，保障募捐对象的知情权，不得通过虚构事实等方式欺骗、诱导募捐对象实施捐赠。

开展募捐活动，不得摊派或者变相摊派，不得妨碍公共秩序、企业生产经营和居民生活。

禁止任何组织或者个人假借慈善名义或者假冒慈善组织开展募捐活动，骗取财产。

二、慈善捐赠

（一）定义和类型

慈善捐赠，是指出于人道主义动机，捐赠或资助慈善事业的社会活动。公共关系的慈善捐赠工作除了捐赠现款与实物外，还常常借助传播媒介如广播、电视、报刊等宣传慈善事业，引起社会公众对慈善事业的关心与支持，普及人道主义及社会公益思想、从而改善慈善机构的物质条件，创造良好的社会环境，弘扬正义与爱心。其主要包括以下类型：

1. 一般目的的捐赠和特定目的的捐赠

当捐赠人捐赠时，没有提出具体明确的捐赠目的，这就是一般目的的捐赠，之后捐赠人可以将其捐赠的财产用于非指定的公益目的。而特定目的的捐赠，是指捐赠人在捐赠时限定了捐赠的范围和使用目的，那么只能将捐赠财产使用于捐赠人指定的公益目的。

2. 附条件的捐赠和无条件的捐赠

从捐赠的内容与表现方式还可以这样划分：附条件的捐赠是指通过约定，捐赠人设定使用条件，对赠与财产适用什么对象、适用的范围等，受赠人需要受到制约。在附条件捐赠合同的履行过程中，捐赠人也有权力监督赠与财产的使用情况，如果受赠人没按照约定使用，捐赠人可以行使撤销权。所以，针对附条件的捐赠，因为捐赠标的的归属情形不一样，受赠人、受益人将会受到更为严格的法律监督。无条件捐赠意味着受赠人可以自由支配被赠予的财产，相对于附条件捐赠，在参与人订立赠与合同时并没有附加设立任何条件。这与一般的赠与合同相似，可以用一般赠与合同的法律规则进行规范。

3. 直接捐赠和间接捐赠

直接捐赠是指捐赠人将款物直接捐赠给受益人，受益人和受赠人相同，优点是效率较高，行为透明，不足之处是缺少专业化和职业化，覆盖范围不广。间接捐赠则比较符合公益慈善捐赠的基本特征，捐赠人首先将捐赠的款物先捐赠给公益组织，然后该组织机构按照公益目的再分给各受益人。这种资助比较具有普遍性，不仅仅局限在小范围内的有限的特定人群。《公益事业捐赠法》中调整的公益慈善捐赠即为间接捐赠。

（二）捐赠财产

捐赠人捐赠的财产应当是其有权处分的合法财产。捐赠财产包括货币、实物、房屋、有价证券、股权、知识产权等有形和无形财产。但法律并未解释如何对非货币财产的价值进行认定，需要民政部和财政部出台并完善相关的机制。

捐赠人捐赠的实物应当具有使用价值，符合安全、卫生、环保等标准。

捐赠人捐赠本企业产品的，应当依法承担产品质量的责任和义务。

（三）禁止行为

捐赠人与慈善组织约定捐赠财产的用途和受益人时，不得指定捐赠人的利害关系人作为受益人。

任何组织和个人不得利用慈善捐赠违反法律规定宣传烟草制品，不得利用慈善捐赠以任何方式宣传法律禁止宣传的产品和事项。

第四节　慈善财产及其管理运用

《慈善法》关于"慈善财产"的主要规范内容是"慈善组织的财产"（第51条），而慈善信托[1]的受托人所管理的信托财产也属于慈善财产，并无异议。慈善财产是属于捐赠人、慈善组织（或慈善信托受托人）还是受益人，是属于私人财产、公共财产、公有财产还是社会财产，法律并无明确规定。本节以慈善信托财产的法律地位为核心进行探讨，探讨的结论大致能适用于全部慈善财产。

一、慈善财产的性质

（一）慈善财产性质的规范基础

《公益事业捐赠法》第7条规定，"公益性社会团体受赠的财产及其增值为社会公共财产，受国家法律保护，任何单位和个人不得侵占、挪用和损毁。"这里出现了"社会公共财产"的概念，但该概念具体的法律性质也不明确。实际上，在《宪法》中就出现了与此类似的"社会主义公共财产"的概念，该法第12条第1款、第2款前段规定："社会主义的公共财产神圣不可侵犯。国家保护社会主义的公共财产"。然后在第12条第2款后段继续规定："禁止任何组织或者个人用任何手段侵占或者破坏国家的和集体的财产"，在逻辑上似乎可以认为"社会主义的公共财产"即为国家和集体（公有）的财产。

《中华人民共和国刑法》（以下简称《刑法》）中对"公共财

---

[1] "慈善"和"公益"在词义上是有区别的，不过根据《慈善法》第3条的规定，"慈善"大致等同于"公益"，这里不区分慈善和公益。

产"的概念作出了进一步的解释。根据《刑法》第 91 条的规定，刑法上的公共财产是指下列财产：①国有财产；②劳动群众集体所有的财产；③用于扶贫和其他公益事业的社会捐助或者专项基金的财产。在国家机关、国有公司、企业、集体企业和人民团体管理、使用或者运输中的私人财产，以公共财产论。与《刑法》第 92 条规定的私人财产相对应。这里确立的逻辑是，不是私人财产，就是公共财产，强化了社会公共财产等同于公有财产的观念，按此逻辑，慈善财产理所应当属于公有财产。但是，即使从刑法的条文上，至少可以看出，"社会公共财产"是比"公有财产"更为宽泛的概念，社会公共财产除了包括国有财产、集体财产这些"公有财产"之外，还包括（Ⅰ）"用于扶贫和其他公益事业的社会捐助或者专项基金的财产"以及（Ⅱ）"在国家机关、国有公司、企业、集体企业和人民团体管理、使用或者运输中的私人财产"，其中关于（Ⅱ），刑法并不否认其本质上的私人财产属性，只是从强化刑法保护的角度出发[1]，把私人财产视为公共财产（"以公共财产论"），对此并无争议；而对于（Ⅰ），正是本书所关注的，即"用于扶贫和其他公益事业的社会捐助或者专项基金的财产"，直接被包括在社会公共财产的范围之内，但《刑法》并没有直接把这些财产等同于公有财产。那么，"用于扶贫和其他公益事业的社会捐助或者专项基金的财产"的性质，进一步说，用于慈善事业的财产之性质该如何理解呢？

（二）慈善财产针对捐赠人财产的独立性

第一，在捐出财产设立慈善基金会等公益法人的场合，捐出的

---

[1] 不考虑正当性的问题，在我国刑法上，对社会公共财产的保护力度的确要比对私人财产的保护力度大。

财产成为法人财产[1]，这些财产不再是捐出者的财产。设立基金会等慈善组织之时，捐出的财产成为基金会的初始财产（《慈善法》第51条第1项）。

第二，在把财产捐给已经设立的慈善组织（《慈善法》第51条第2项），或者设立慈善信托计划（项目）、加入已设立的慈善信托计划的场合，这些财产不属于捐出人是显而易见的。

第三，在慈善组织和公益信托的目的达到或者不能达到，且慈善财产没有权利归属人的时候，这些财产会根据近似原则（Cypres Doctrine）[2]，用于其他的慈善组织或者慈善信托的最近似的公益目的，除非捐赠人有约定，也不允许产生返还捐出者的情形。

（三）慈善财产针对受益人财产的独立性

根据慈善法原理，慈善财产的受益人一般没有强制执行慈善财产的权利，即，慈善财产在具体分配到受益人之前也不是受益人的财产。纵观慈善法的条文，都没有授予受益人可以强制执行慈善财产的权利。

根据通说，在慈善（公益）信托中不存在受益人；即使站在受益人存在的立场，由于受益人也是不特定的多数人，所以为了确保信托机制的平衡和公平性，才需要设置信托监察人。因此，从慈善财产受领利益的人，并非慈善财产的财产权人，他们取得的利益，被认为是公共利益的反射（reflection），并不是说他们就是受益人。真正的"受益人"是社会整体。

但是，目前美国有这样的迹象，能确证其享受公益慈善信托利

---

〔1〕 值得注意的是，虽然这里使用的"法人财产"和"信托财产"在文字结构上是一致的，但是，二者的含义是不一样的。"法人财产"指的是"法人"的财产，由于法人有法人人格，法人称为财产权的归属人自无问题。但是，"信托财产"并不能解释为"信托"的财产，原因在于，信托本身没有法律人格，而只是一种法律结构和法律关系。

〔2〕《慈善法》第57条、《信托法》第72条、《基金会管理条例》第33条。可以看出，近似原则为整个公益慈善法律领域通用的基本法理，而并非局限于信托法。

益之资格者，逐渐可以为了强制执行慈善信托而提起诉讼。例如，以某大学的利益而设定的公益信托，该大学就可以强制执行。法院的倾向是，朝着缓和受益人自己强制所需的要件的方向解释。也就是说，对公益信托的成果享有特别权益的人，可以被视为受益人。其结果是，以设置市政公园为目的把土地设定信托的场合，能够证明自己会利用该公园娱乐的人，可以强制执行该信托。

虽然现代信托法在沿着承认慈善信托中潜在的受益人（更准确地称呼应是"受领人"）强制执行信托的权利的方向前进，但是，目前仍然不能认为慈善财产是这些潜在的受益人的财产。

（四）慈善财产针对受托人固有财产的独立性

信托法确立了信托财产是独立于受托人个人之固有财产的特殊财产的法律地位（特别是《信托法》第三章）。慈善信托的信托财产也不是受托人的固有财产，这一点不需要再次详尽论证。这里需要简单说明的是：在慈善基金会中，慈善财产也是独立于慈善组织自己固有财产的信托财产。把财产附有目的捐给慈善组织的场合，和设立公益信托的情形相同，所捐出的财产成为独立于慈善组织自己固有财产的财产，慈善组织自身成为慈善财产的"受托人"。这一点经常被人忽视。《慈善法》第 53 条第 1 款也规定，"慈善组织对募集的财产，应当登记造册，严格管理，专款专用"，明确规定了慈善组织募集所得的慈善财产具有独立性。在这种意义上，慈善组织成为这些慈善基金的受托人，应承担类似信托法上的受托人的义务和责任。所以，信托法理在法人法理中有所渗透[1]。

（五）慈善财产不是公有财产、更不是政府财产

民众捐出的善款属于社会而非政府，社会和政府是两个不同的概念。在没有合适主体的情况下，政府可以成为这些善款的受托人，但是不得利用手中的行政权力强制使政府或者政府指定的机构

---

〔1〕 Scoles, Halbach, Roberts, Begleiter, *Problems and Materialson Decedents' Estates and Trusts*, 17th ed., Apsen Publishers, 2006, p. 661.

成为唯一的受托人。而且，慈善机构收到善款之后就成为善款的受托人，并没有权力（也没有义务根据谁的指令或者命令）去把自己管理的财产"汇缴"给政府，这样做构成了对其受托义务的违反。

在解释上，不能认为公益基金、公益法人乃至公益信托中的财产是公有财产，否则，作为公共事务受托人的政府可以自己决定资金的使用方式和用途等，这是严重违背慈善法理和信托法理的。

二、慈善财产的一般使用管理规则

前文提到，我国的社会组织当中，占很大比重的是慈善组织，慈善组织财产的法律性质、管理和运用方式具有典型性。社会组织财产以慈善财产为核心。在慈善财产的运用和管理上，慈善法作出了详尽的罗列。

《慈善法》第 52 条规定，慈善组织的财产应当根据章程和捐赠协议的规定全部用于慈善目的，不得在发起人、捐赠人以及慈善组织成员中分配。任何组织和个人不得私分、挪用、截留或者侵占慈善财产。《慈善法》第 53 条规定，慈善组织对募集的财产，应当登记造册，严格管理，专款专用。

《慈善法》第 56 条规定，慈善组织应当合理设计慈善项目，优化实施流程，降低运行成本，提高慈善财产使用效益。慈善组织应当建立项目管理制度，对项目实施情况进行跟踪监督。

此外，《慈善法》第 54 条规定，慈善组织为实现财产保值、增值进行投资的，应当遵循合法、安全、有效的原则，投资取得的收益应当全部用于慈善目的。慈善组织的重大投资方案应当经决策机构组成人员三分之二以上同意。此条适用于慈善组织所取得捐赠财产的投资运用。而 2018 年颁布的《慈善组织保值增值投资活动管理暂行办法》通过对投资活动、禁止事项、管理制度的细化进一步地规范了慈善组织的投资活动，以防范慈善财产运用风险，促进慈善组织继续健康发展。

三、慈善信托中的财产运用管理规则

慈善财产的运用还集中体现在慈善信托方面。《慈善信托管理办法》中对于信托财产的管理和处分作了专章予以明确，《中国银监会办公厅关于鼓励信托公司开展公益信托业务支持灾后重建工作的通知》规定信托公司管理的公益信托财产及其收益，"只能投资于流动性好、变现能力强的国债、政策性金融债及中国银监会允许投资的其他低风险金融产品。"不过，《北京市慈善信托管理办法》在第13条中规定，"除合同另有特别约定之外，慈善信托财产及其收益应当运用于银行存款、政府债券、中央银行票据、金融债券和货币市场基金等"，虽然仍然坚持投资于风险较低安全性高的金融产品，但是相比之前仍然进行了一定程度的扩张。因此，慈善信托和商事信托在投资权方面的区别在于备用性规则：慈善信托的备用性规则是若无法律的授权、信托文件的同意或者委托人的同意，原则上受托人只能进行安全和低风险的投资；而商事信托的备用性规则是若无法律的限制、信托文件的限制或者委托人的限制，原则上受托人可以进行几乎任何其认为合适的投资。

但无论如何，慈善信托财产及其收益，必须全部用于慈善目的，而不能用于非慈善目的，支出信托财产的时候受托人不得为自己或利害关系人谋取其他私人利益。并且对于社会组织领域的财产管理和运用都应当遵循类似的原理，其管理和投资要更多受其组织章程所规定的社会目的以及基本规则的限制。组织管理者与政府主管部门均不得任意超越章程的限制对社会组织财产的管理和投资规则进行改变。

第五节　慈善信托

一、慈善信托的含义和特征

　　一般认为现代信托制度起源于英国的用益制度（Use），用益制度是英国 13 世纪后出现的一种土地利用方式。英国用益制度的出现具有深刻的历史和社会原因，其中封建领主与教会之间的矛盾是重要原因之一。11 世纪的英国教会势力和影响力不断扩大，教徒将自己全部或者部分土地捐赠给教会逐渐成为习惯，而由于教会的特殊地位，这种向教会捐赠土地的做法直接危及封建领主的利益。为了保护封建领主的利益，阻止向教会捐赠土地，并防止教会永久占有大量土地，国王亨利三世在 12 世纪末专门制定《没收法》，禁止向教会捐赠土地，未经国王特许，任何人向教会捐赠的土地，一律收归国王所有。为了规避《没收法》的规定，教徒创造出 Use 的方法，即教徒不直接把土地捐给教会，而是先将土地转让给他人，要求接受转让的人为教会管理土地，并将土地的收益全部交给教会。[1] 在英国，由于宗教属于慈善目的之一，这种慈善用益制度也就成为慈善信托的雏形。随着 1601 年《慈善用益法》的颁布，慈善用益制度正式获得成文法的认可，这也被视为慈善信托制度发展的起点。此后，慈善信托在英美等普通法系国家经历了长期的发展，并成为常见的慈善组织形式。

　　受英美法系的影响，日本和我国台湾地区在 20 世纪引入慈善信托制度（charitable trust），不过并未直接使用"慈善信托"的术语，而是将"charitable trust"翻译为"公益信托"。在日本，公益信托是旨在广泛追求整个社会的利益或不特定多数人的利益的信

---

　　〔1〕　参见何宝玉：《信托法原理与判例》，中国法制出版社 2013 年版，第 14～16 页。

托，具体而言意味着"学术、技艺、慈善、祭祀、宗教以及其他以公益为目的的信托"。需要强调的是，从规范含义上讲，日本公益信托中慈善目的内涵是远远小于英美法慈善信托中慈善内涵的，日本的"公益"基本上等同于英美法的"慈善"。

受日本和我国台湾地区公益信托制度的影响，我国2001年颁布的《信托法》第六章规定了公益信托制度。《信托法》下的公益信托是指为了公共利益目的而设立的信托，《信托法》第60条以概括加列举的方式对公共利益目的的范围进行了规定。2016年颁布的《慈善法》没有直接使用"公益信托"的概念，而是在第五章规定了"慈善信托"。根据《慈善法》第44条的规定，慈善信托属于公益信托，是指委托人基于慈善目的，依法将其财产委托给受托人，由受托人按照委托人意愿以受托人名义进行管理和处分，开展慈善活动的行为，《慈善法》第3条也以概括加列举的方式对慈善活动的范围进行规定。需要指出的是，我国《慈善法》中的"慈善"并非是通常狭义上的扶贫济困救灾，其内涵要更广。

慈善信托与一般的私益信托相比具有以下特征：

第一，慈善信托信托目的公益性。慈善信托以促进社会公益事业为目的，向社会公众或者社会公众中某一部分人提供社会利益，在这一过程中，虽然某些特定的个人可能会从该信托中取得现实的财产利益，但是慈善信托的真正目的并非是为了增加这些具体个人的财富，而是为了推进大众的福利，也正是因为公益性的特征，意味着慈善信托中并不存在特定的受益人。一般的私益信托以增加特定人的利益为目的，为的是增加特定人的私人财富，因此在一般的私益信托中受益人存在是必要的，即使信托在设立时不存在特定受益人，将来也必定出现，否则会被认定为无效。公益目的是慈善信托与一般私益信托相区分的最本质特征。

第二，慈善信托受到相关主管机关的更多监督。相比于一般的私益信托，主管机关对慈善信托（公益信托）施加更多的监督，这不仅仅体现在慈善信托设立时要经过慈善目的审查和认定，获得相关主管机关的许可，在慈善信托设立后的运作过程中，也要服从主管机关的监督。对于一般的私益信托而言，除了某些特殊的营业信托业务，并不以主管机构的许可为前提，在其运作过程中更多地遵从私法自治原则，不会受到如慈善信托那样广泛而严格的监管。

第三，慈善信托的变更和终止有其特殊性。在信托的变更方面，在慈善信托中也允许信托条款的变更。而一般的私益信托中因情势变更而做出的信托变更，被限定在信托财产的管理方法的变更。

在信托的终止方面，由于慈善信托的继续存在对于社会整体而言是有益的，因此慈善信托通常可以不考虑一般私益信托中要考虑的"反永久权规则"，在理论上慈善信托可以永久存续。即便由于法定和约定的原因慈善信托终止，当信托有剩余财产时，这部财产应当"用于与原慈善目的相近似的目的，或者将信托财产转移给具有近似目的的其他慈善信托或者慈善组织"，即适用近似原则。一般的私益信托终止时，剩余的信托财产归属于信托文件所规定的人，在没有约定归属权利人的时候则归属于受益人或者受益人的继承人，之后是委托人或者委托人的继承人，并不受近似原则的约束。

第四，慈善信托享有税收减免的优惠地位。慈善信托的主要目的是利用民间力量去促进公益慈善事业的发展，这一过程减少了政府的财政投入和支出，因此对于经过备案和审查符合慈善目的的慈善信托，往往在其设立阶段可以减免信托财产相关的赠与税和遗产税，在管理阶段可以减免信托财产的相关所得税、增值税、印花税等，所以慈善信托是享有税收减免的优惠地位的。对于一般的私益信托，通常没有上述的税收优惠措施。税收优惠地位的不同成为慈善信托与私益信托的极其重要的差别。

二、慈善信托的优势

慈善信托与作为慈善组织的慈善法人具有几乎相同的慈善公益功能，但是与后者相比，慈善信托具有成立门槛低、营运灵活、更便利、更透明等优势，下面将对此具体分析：

（一）法人人格和设立成本

基金会等慈善组织作为慈善法人具有独立的法人人格，具有法人所应具备的组织（代表人、理事和雇员等），为了维持这一组织的持续正常运转，需要花费成本（办公场所和从业人员的费用等）；而在慈善信托中，信托（财产）自身不具备法人人格，不需要成立相关的组织机构，可利用受托人（信托公司、慈善组织等）的办公场所以及从业人员，由受托人对信托财产进行管理和运用，即使需要向受托人支付信托报酬，和慈善法人的情形相比其成本仍然较低。也正是由于慈善信托的委托人不需要费心考虑机构和组织的设置，其成立也较为迅捷。

（二）设立门槛

根据《基金会管理条例》第8条的规定，设定公益目的基金会，全国性公募基金会的原始基金不低于800万元人民币，地方性公募基金会的原始基金不低于400万元人民币，非公募基金会的原始基金不低于200万元人民币；原始基金必须为到账货币资金。这为成立公益基金会设置了很高的门槛。而慈善信托则不存在这种对出资财产数额和财产形态的要求，理论上1元钱就可以设立慈善信托。

（三）财产运用限制

基金会所募集资金的支出和运用受到很多限制。《基金会管理条例》第29条规定，公募基金会每年用于从事章程规定的公益事业支出，不得低于上一年总收入的70%；非公募基金会每年用于从事章程规定的公益事业支出，不得低于上一年基金余额的8%。虽然《慈善法》第 60 条把公募基金会开展慈善活动的年度支出规定为"不得低于上一年总收入的 70% 或者前三年收入平均数额的 70%";而且特殊情况下,"年度管理费用难以符合前述规定的,应当报告其登记的民政部门并向社会公开说明情况",相比过去有一定程度的放宽,但特别是对公募基金会而言,70% 的使用率可能导致基金捐助者对资金使用的特定目的和特定要求无法实现,也无助于公益基金的长期和可持续的发展,很难实现对信托财产增值保值的功能,降低了公益财产的使用效率。而且,在比较法上,基金会等财团法人所受到一个重要的限制是一般不得动用本金,即不得任意动用基金会(财团法人)自身的基本财产,如果基金规模过小,收益太少,法人几乎无法运转。公益信托则没有这样的要求,例如,英美法上就把慈善信托分为"维持基本财产的慈善信托"和"动用基本财产的慈善信托",在后者可以将捐款全部用尽,特别在财产规模较小,没有较充裕的财产来负担组织运用成本的时候,利用慈善信托是一个好的选择;慈善信托也可以把慈善财产做长期的可持续的安排。这里又一次体现了慈善信托的灵活性——既可以动用本金,又可以不动用本金。

(四)管理人责任

慈善信托中的受托人以及慈善法人的管理人(理事、秘书长等)笼统上都可以被称为慈善事业的管理人,都受信义义务(fiduciary duty)的约束。但是,根据信托法原理,信托的受托人在管理信托事务过程中对外承担义务/责任(通常所说的"信托债务")的,受托人要承担个人责任而非有限责任(《信托法》第 37 条);而以基金会等慈善法人从事慈善活动的,其管理人除非有过错,不对外承担责任,所以,若创设人可能参与管理,在选择慈善组织形态的时候,二者的以上区分就显得十分重要。

(五)设立人的控制力

根据《基金会管理条例》第 20 条的规定,用私人财产设立的非公募基金会，相互间有近亲属关系的基金会理事，总数不得超过理事总人数的 1/3；其他基金会，具有近亲属关系的不得同时在理事会任职。基金会的设立人可以通过成为基金会理事甚至是理事长来保持对基金会的影响力。而在慈善信托中，设立慈善信托的委托人在信托设立之后，除非保留一定的权利，原则上不能对信托事务进行干涉，其控制力相对较弱。

（六）解散

慈善法人成立之后不得任意解散，维持其永续性，慈善法人不适合那些不需要永续性的慈善事业。相比之下，信托则较为灵活，慈善信托既可以永续存在，也可以约定终止的条件和存续的期间。

（七）其他

从制度优势来看，在持有资产和接受捐赠方面，信托以其非纳税的独立实体特征，在解决利益冲突和申办免税资格方面有着独特的制度优势。全球资产规模最大的慈善组织——盖茨基金会即采用了双重信托的机制，其中，比尔和梅琳达·盖茨基金会资产信托（Bill & Melinda Gates Foundation Assets Trust）负责接收、持有和管理捐赠资产，而比尔和梅琳达·盖茨基金会（Bill & Melinda Gates Foundation）则负责资金的运用和分配。

三、慈善信托的分类[1]

根据信托目的的不同，慈善信托可以分为一般目的慈善信托和特定目的慈善信托。一般目的慈善信托是指信托目的是一般性的公益目的，并未限定某项或者某些具体的公益项目，比如为了促进公益事业的发展。特定目的慈善信托是指信托目的被限定在某项或者某些具体的公益项目，如救助某个特定地区的贫困人口。一般目的慈善信托相对于特定目的慈善信托，赋予委托人更多的自由裁量

---

〔1〕 参见何宝玉：《信托法原理研究》（第 2 版），中国法制出版社 2015 年版，第 465~469 页。

权，可以将慈善财产用于更为广泛的慈善目的。

根据出资人的多少不同，慈善信托可以分为独立出资的慈善信托和共同出资的慈善信托。独立出资的慈善信托是指由某个人、某个家庭、某个组织作为委托人而单独出资设立的慈善信托。共同出资的慈善信托是指由一个组织或者一群人发起或组织，有数量较多的不特定社会公众参与，共同出资而设立的慈善信托。在英美法上，这种区分的主要意义在于，单独出资的慈善信托享受税收优惠的要求比共同出资的慈善信托更加严格。

根据慈善信托为实现慈善目的而采取的运作方式的不同，可以分为捐赠型慈善信托和运营型慈善信托。捐赠型慈善信托，是指信托以向受领人或者其他与信托目的具有一致性的慈善组织直接捐赠慈善财产以实现慈善目的的信托。运营型慈善信托，是指通过信托受托人自身的行为来实现慈善目的的信托，受托人要具体负责慈善项目的执行，比如由受托人设立图书馆以实现教育目的的信托。目前我国存在的慈善信托大多属于捐赠型的慈善信托。不过，两种信托的界限并不十分清晰，特别是慈善信托的受托人为基金会等慈善组织时，其往往既进行直接捐赠，也具体运营和执行慈善项目。

四、慈善信托的设立及其备案

在《慈善法》出台前，我国《信托法》第 62 条的规定，公益信托的设立应当经有关公益事业的管理机构批准，未经公益事业管理机构的批准，不得以公益信托的名义进行活动，据此确定了公益信托设立的批准制。对公益信托的设立采取批准制模式是对委托人意思自由的限制，不过这种限制具有一定的正当性。由于公益信托能够享有税收优惠或者其他优惠措施，公益信托的设立经过相关主管机关批准可以防止委托人以假慈善之名行真避税之实，此外也有利于规范民间慈善行为，保障社会稳定。

但是由于我国《信托法》对公益事业管理机构的规定十分模

糊，使得信托当事人在设立公益信托时甚至找不到享有审批权限的公益事业管理机构，即使有审批机构，可是由于公益信托审批过程缺乏相关的规范和统一的流程，给公益信托的设立增加了不确定性和难度。

在简政放权与行政审批制度改革的背景下，为了进一步发挥慈善信托灵活简便的优势，降低慈善信托设立门槛，激发公众的公益热情，我国《慈善法》确立慈善信托设立采取备案制，"受托人应当在慈善信托文件签订之日起7日内，将相关文件向受托人所在地县级以上人民政府民政部门备案"。

（一）慈善信托的主管机关

慈善信托本身构成慈善事业运行的重要方式，理应与慈善组织、慈善活动设置统一的监督管理部门，因此《慈善法》明确了慈善信托的主管部门是民政部门。当然慈善信托从事特定业务领域的慈善活动时，民政部门可以与相关专业领域的主管部门开展合作，银监部门作为信托业的监督管理部门也对信托公司担任受托人的慈善信托中信托财产的运行等情况进行全方位的监督管理，不过在管理权限上，无论从事何类慈善活动的慈善信托均应由民政部门统一监管，以充分发挥民政部门在慈善领域的专业优势，并避免政出多门、相互推诿等弊病。[1]

《慈善法》未对慈善信托主管机关职权范围做出说明，不过总体上坚持了扩大委托人权利、减轻主管部门监管义务的思路。与《信托法》的相关规定进行比较，慈善信托的主管部门不再需要负责信托的设立审批、受托人审批、年度报告的检查核准、受托人的变更和解任等，信托文件条款的变更、清算报告以及剩余财产的去

---

〔1〕　参见郑功成主编：《〈中华人民共和国慈善法〉解读与应用》，人民出版社2016年版，第143页。

向等事宜与慈善信托的设立一样，应报民政部门备案。[1]

（二）慈善信托备案的效力

备案是否是慈善信托的生效要件，这是一个值得探讨的问题。《慈善法》第45条规定，设立慈善信托、确定受托人和监察人，应当采取书面形式。受托人应在慈善信托文件签订之日起7日内，将相关文件向受托人所在地县级以上人民政府民政部门备案。未按照前款规定将相关文件报民政部门备案的，不享有税收优惠。从《慈善法》上述规定来看，并没有明确慈善信托未经备案能否生效。虽然根据第45条第1款的规定，对慈善信托进行备案是受托人的强制性义务，但是第2款只是强调备案是慈善信托取得税收优惠资格的必要条件，在这种情况下第1款中的"应当"到底是效力性强制性规范还是管理性强制性规范，是留有疑问的，实际上无法说明备案是否是慈善信托的生效要件。

关于备案对于慈善信托效力的判断，我们认为可以尝试从两种进路来理解。第一种进路是跳出"要件论"的进路。其实，在某种意义上，"要件论"是一种过时的理论，论辩双方很容易陷入语言游戏，所以跳出"要件论"的范畴似乎更能应对备案效力的问题。实际上，无论是慈善信托设立的备案制还是公益信托设立的批准制，只要在信托设立的各个阶段的法律效果是明确的，我们不用费劲去论证这个信托是否已经生效以及这个生效的信托是不是叫作慈善信托，因此在这种进路下讨论"备案"的效力并不十分必要。第二种进路是坚持"要件论"的进路。虽然现行法律并没有规定"备案"是慈善信托的生效要件，我们仍然倾向于认为"备案"应当是慈善信托设立的生效要件。从慈善信托备案所需要向民政部门提交的材料来看，这里的"备案"可能并不能单单解释为一种程序

---

〔1〕 参见王振耀主编：《中华人民共和国慈善法评述与慈善政策展望》，法律出版社2016年版，第102页，黎颖露撰写。

性要件，其中还包含着对"公益性"的实质性认定，也正是如此，《慈善信托管理办法》第 52 条规定，除依法设立的信托公司或依法予以登记或认定的慈善组织外，任何单位和个人不得以"慈善信托"等名义开展活动。因此，慈善信托如果未经备案，意味着其不得以"慈善信托"的名义开展活动，也不享有税收优惠，实际上也并不接受民政部门及其他相关部门的监督，在这种情况下很难认为该慈善信托已经成立，因此，将"备案"理解为慈善信托设立的生效要件可能是更加合理的。

五、慈善信托的治理结构

慈善信托的治理结构通常用于描述信托当事人及参与者在控制和管理方面的职能，慈善信托当事人和参与人之间的权利义务构成了复杂的、类似法人的内部结构。并且与一般信托相比，慈善信托的治理结构也有其特殊性。

（一）慈善信托的委托人

一般而言，慈善信托的委托人是信托财产的提供者、信托目的的设定者和信托结构的发起者。作为慈善信托的委托人，其必须是具有完全民事行为能力的自然人、法人或者依法成立的其他组织（非法人组织）。除此以外，由于慈善信托不同于营业信托，《慈善法》对于委托人的资质并无特殊要求，特别是对委托人的数量及交付信托的财产金额未设定特殊限制，也即慈善信托的委托人可以是单一委托人，也可以是多个委托人，并且无论是单一还是多个委托人，其都不需要具备合格投资者的资格。这是信托灵活性特点的体现，也是为了更好的鼓励社会资金参与到慈善事业中来。

关于委托人的法律地位，在传统英美信托法理论上，信托财产交予受托人后，委托人即退出，不再享有普通法上承认的任何权利，衡平法院也不能否认这一点，也正因如此，传统英美信托法理论并不过分强调委托人的地位和作用。不过我国《信托法》赋予了委托人较为详尽的权利，更加重视其作为受托人监督人的法律地位。强调委托人的监督权能是必要的，在慈善信托中尤其如此。原因在于，慈善信托中不存在特定受益人，因此缺乏来自最有动力的受益人的监督制衡，加之《慈善法》下信托监察人采取任意设置机制，使得慈善信托的结构有过度失衡的嫌疑，因此为了避免慈善信托结构过度失衡对慈善目的的实现可能带来的负面影响，赋予慈善信托委托人比较大的法定权限是有一定必要性的。不过需要强调的是，委托人的权利主要是消极性、防御性和监督性的，在慈善信托设立后，委托人如果仍然把信托财产当作自己的财产去干涉慈善信托的运作，也是不恰当的，应当在委托人的权限中排除这种行为。

我国《信托法》和《慈善法》赋予了委托人较为广泛的权利，包括对强制执行信托财产的异议权（《信托法》第 17 条）、对信托财产管理运用等的知情权（《信托法》第 20 条、《慈善法》第 48 条）、信托财产管理方法变更请求权（《信托法》第 21 条）、对受托人不当处分行为的撤销等救济权（《信托法》第 22 条）、对受托人的选任和解任权（《信托法》第 40 条、第 23 条）、关联交易同意权（《信托法》第 28 条）、信托监察人的确定权（《慈善法》第 49 条）等，除此以外《慈善信托管理办法》中很多条款亦赋予和细化了委托人重要职权。不过现行法律法规对于委托人的权利行使机制的规定并不充分，尤其是在多个委托人的慈善信托涉及信托财产管理方法变更、受托人解任和重新选任等重大问题上，是需要委托人内部权利决定机制的，对此，信托法和慈善法并无规定。因此，我们建议在设立慈善信托时应确立委托人行使权利的机制，例如可以建立委托人大会或者类似机构确保委托人的权利行使。在永续存在的慈善信托的场合，还应该有委托人地位承继的约定。

（二）慈善信托的受托人

在信托的制度框架中，信托的功能和目的的实现几乎完全依赖于受托人的行为，受托人无疑居于核心地位。

与慈善信托委托人的资格几乎不受法律限制相比，我国《慈善法》对受托人的条件进行了一定的限制。根据《慈善法》第 46 条的规定，受托人为基于委托人的信赖而选任确定的、为实现慈善目的而管理慈善信托财产的信托公司和慈善组织。相比于《信托法》的相关规定，《慈善法》的上述规定具有两方面的重大变化。一方面，取消受托人批准制。《信托法》第 62 条的规定确定了公益信托受托人的选任需要经过公益事业主管机构的批准，《慈善法》的上述规定更加尊重委托人的意愿，不再要求受托人的确定经过严格的审批，因而有助于提高慈善信托的设立效率。另一方面，明确了慈善信托的两类受托人——信托公司和慈善组织。信托公司是依法设立的主要经营信托业务的专业金融机构，属于典型的营利法人，以追求股东和受益人的利益最大化为目的。客观来说，信托公司担任慈善信托受托人并不能为其自身带来明显的商业利益，但是却是履行社会责任的重要方式，同时可以充分发挥其在资金的管理和风险隔离、资金的保值增值、期限匹配和流动性安排等方面的优势，实现慈善财产的专业高效管理。慈善组织是开展慈善事业的主导力量，是重要的非营利组织，具有广泛的慈善捐赠资源和丰富的公益慈善项目运作经验。慈善组织担任慈善信托的受托人可以广泛运用其在慈善项目资源、项目实施以及社会影响力等方面的优势，促进慈善目的更好的实现。规定慈善信托的两类受托人为委托人选任受托人提供了相对明确的范围，也有助于充分发挥信托公司和慈善组织的各自优势，推动慈善事业与信托制度的相互结合。

在信托结构中，为了使参与人之间的法律关系实现基本平衡，受托人的义务从来都是需要关注的重点问题，在慈善信托中更是如此。《慈善法》第 48 条第 1 款规定，"慈善信托的受托人管理和处分信托财产，应当按照信托目的，恪尽职守，履行诚信、谨慎管理的义务"，该款没有采用比较法上通常采取的区分忠实义务和谨慎义务等具体义务的做法，而是对慈善信托受托人的义务进行了笼统的规定。不过，为了更加便于理解受托人的义务，我们仍选择在区分忠实义务和谨慎义务的基础上对现有慈善信托受托人的义务进行整合。

忠实义务，易言之，即受托人要忠实于受益人的利益，不能做与受益人利益相冲突的行为。概括而言，受托人的忠实义务主要体现在五个方面：一是受托人不得享有信托利益；二是受托人不得利用信托谋取私利；三是受托人不得以固有财产与信托财产进行交易；四是受托人不宜购买受益人的信托利益；五是受托人不得以个人偏好影响信托利益。[1] 忠实义务是法定义务，且其主要体现为一种消极义务。结合我国《信托法》《慈善法》等法律法规的规定，慈善信托受托人需要承担以下主要忠实义务：禁止自我交易和双方代理，即受托人不得将信托财产和自身的固有财产进行交易，也不得将其管理的不同信托财产进行交易（《信托法》第 28 条）；禁止从信托财产中取得利益，即除了根据约定从信托财产中取得信托报酬外，受托人不得从信托财产中取得其他利益（《信托法》第 26 条）；禁止将信托财产转为固有财产（《信托法》第 27 条）等。另外，从法理上讲，忠实义务还要求信托受托人禁止从事关联交易行为。违反忠实义务所产生的责任是一种无过错责任，这意味着即使受托人是诚实、善意的，受托人仍不会因此被免除责任，并且即使受托人没有给信托财产造成损失，其仍应承担相应责任。

谨慎义务，是对受托人的另一项原则性基本要求，也称为善管注意义务。英美信托法主要通过判例确立了受托人的谨慎义务，要求受托人管理信托事务必须采取合理的谨慎。[2] 在《美国第三次信托法重述》中，规定谨慎投资人规则的第 227 条把注意义务的内

---

〔1〕 参见何宝玉：《信托法原理研究》（第 2 版），中国法制出版社 2015 年版，第 292~302 页。

〔2〕 参见何宝玉：《信托法原理研究》（第 2 版），中国法制出版社 2015 年版，第 287 页。

容从注意、技能、谨慎三个方面进行说明。其中，注意是指在管理信托的失衡中，勤勉地、积极地尽到合理的努力，为此，有时需要请外部的专家；技能是指全部尽到这种受托人所要求的能力水平；谨慎是指需要不仅要注意信托财产的安全性，还有必要注意信托财产的合理收益。[1] 大陆法系信托法对于受托人谨慎义务的要求并没有具体规定，我国《信托法》《慈善法》对于受托人谨慎义务的规定也比较原则，没有明确谨慎义务的具体标准。不过从信托法理上讲，谨慎义务是受托人一种法定义务，是基于信赖关系的特点而产生，在信托关系中，委托人和受托人的地位不平等，受托人在专业能力、信息和经济能力等方面往往处于强势的一方，在慈善信托中这一点表现得尤其明显。因此，一方面，为了充分利用受托人的专业能力，必须授予受托人以裁量权；另一方面，为了防止受托人滥用裁量权，法律对受托人规定了法定义务，补充委托人约定的不足。但是不可否认的是，立法不可能规定受托人违背谨慎义务的所有情形，所以在某种程度而言，谨慎义务的立法规定是抽象的也有其无奈之处。慈善信托受托人违背谨慎义务而产生的责任是过错责任，即受托人管理信托事务过程中给信托财产带来损失（loss）因受托人是否尽到尽职管理义务而产生不同：如果尽到尽职管理义务，则该损失变成委托人应当承担的风险（risk）；如果没有尽到职责，就成为应当由受托人承担的损害赔偿责任（damages），这一点不同于受托人违背忠实义务而应承担的无过错责任。

（三）慈善信托的受益人

受益人是委托人设立信托所意图给予利益的对象，在一般的私益信托中，受益人确定是信托设立的最基本要求。但是，根据慈善信托法理论的通说，公益慈善目的要求受益人不得特定，即"公益信托的受益人就不可能是特定的个人或某些人，而只能是不特定的

---

[1] 参见赵廉慧：《信托法解释论》，中国法制出版社 2015 年版，第 332 页。

社会全体或者多数成员",[1] 这也是慈善信托和一般私益信托的重要区别。

慈善信托受益人不特定主要包括两个层面的含义：一是慈善目的须具有公益属性，慈善信托不是为某个私益而设；二是受益人与委托人不存在私益上的关系。慈善信托受益人不特定主要是为了避免委托人为了当事人的利益，借道向其输送利益。虽然现行法律并没有明文规定"慈善信托受益人不特定"的原则，但是相关法规的规定反映了这一点，如《慈善信托管理办法》第 10 条规定，"慈善信托的委托人不得指定或者变相指定与委托人或受托人具有利害关系的人作为受益人。"

（四）慈善信托的监察人

信托监察人是指根据委托人的确定、信托文件规定或公益事业管理机构的指定而承担维护受益人利益之职责的人。在《慈善法》颁布实施前，我国《信托法》第 64 条规定，"公益信托应当设置信托监察人。信托监察人由信托文件规定。信托文件未规定的，由公益事业管理机构指定。"《慈善法》的颁布实施实质上改变了公益信托监察人强制设置的规定，《慈善法》第 49 条第 1 款规定，"慈善信托的委托人根据需要，可以确定信托监察人"，因此我国慈善信托的监察人属于选择性设置。

客观上看，《慈善法》规定由委托人选择设置监察人显得更尊重信托设立人的意愿。的确，《信托法》一律把监察人作为必设机构，增加了设立公益信托的成本，延宕了设置信托的时间，而且会产生谁去监督监督者的代理成本问题。不过，《慈善法》把监察人一律作为可选择的设置，似乎对保护公共利益不足。我们认为，慈善信托监察人有其设置的必要性。信托法上的一般规则是受益人应

---

[1] 参见周小明：《信托制度：法理与实务》，中国法制出版社 2012 年版，第 354页。

自行维护其自身利益，但是在慈善信托中，从信托财产中享有利益的人不特定，多而分散，以促进环保或文化事业为目的的慈善信托，可以监督信托的具体受益人甚至是不存在的，难以有效行使法律赋予的各项权利；同时，委托人虽然有监督意愿，但通常不具备监督的能力和条件，特别是在出现委托人丧失行为能力、死亡等情形时。正因如此，为了应对慈善信托结构性失衡以更好地保护不特定公众的利益，十分有必要设置信托监察人以代表受益人行使权利。实践中，大多数已成立的慈善信托都设置了监察人。

结合我国《信托法》和《慈善法》的规定，慈善信托监察人的职权主要包括：对受托人进行监督的权利、在受托人违反义务或难以履行职责的场合向委托人报告的职责、为维护受益人的利益以自己的名义提起诉讼的权利、对受托人就信托事务处理情况及财产状况做出的年度报告进行认可的权利、对受托人做出的处理信托事务的清算报告进行认可的权利等。慈善信托监察人虽然由委托人选任，但是监察人的职权主要是法定职权，对于法律所规定的信托监察人的上述职权，由于其是为失衡的慈善信托的再平衡而设，事关公共利益，委托人和受托人不能在信托文件中约定限制监察人的职权。

（五）慈善信托的其他参与人

慈善信托涉及多种多样的关系人，除了委托人、受托人、受益人这类信托当事人外，为了确保受托人更好地履行慈善信托的管理职责，往往还会引入以下参与人：

1. 项目执行人或投资管理人

在慈善信托中，信托事务实际上包括两个方面，一方面是信托财产的管理和投资，另一方面是慈善项目的实施。就这两个主要的信托事务的实施方面，受托人都可以在信托文件有约定的情况下，设置项目执行人或者投资管理人来帮助其履行职责。

需要明确指出的是，项目执行人（项目顾问）或投资管理人

（投资顾问）并不是慈善信托的法定制度设置。但是，项目执行人或投资管理人在慈善信托当中存在着一定的必要性。其一，在信托公司独任受托人的场合，信托公司由于仅仅擅长对信托财产的投资管理，缺乏慈善项目的实施团队和能力（由信托公司从事慈善项目的实施可能是效率低下的），需要借助慈善组织的力量来实施。其二，在慈善组织独任受托人的场合，慈善组织由于缺乏对信托财产的投资管理能力，需要聘任投资管理人进行财产管理。其三，即便是共同受托人的模式下，为了执行某些特定的信托事务，受托人聘任项目执行人或投资管理人有时可能亦属必要。

确立项目执行人和投资管理人法律地位的规范基础是《信托法》第30条，该条规定："受托人应当自己处理信托事务，但信托文件另有规定或者有不得已事由的，可以委托他人代为处理。受托人依法将信托事务委托他人代理的，应当对他人处理信托事务的行为承担责任。"按照该条规定，项目执行人或投资管理人是受托人选任的代理人，其所从事的管理信托事务之行为，其效果归属于受托人。

2. 信托财产保管人

我国《慈善信托管理办法》第28条规定，"对于资金信托，应当委托商业银行担任保管人，并且依法开立慈善信托资金专户；对于非资金信托，当事人可以委托第三方进行保管。"信托财产保管人的引入主要是为了保障信托财产的独立性，确保信托财产始终独立于委托人、受托人和受益人自身债权人的效力。

六、慈善信托的终止和近似原则

（一）慈善信托的终止

信托的终止是指，因法定或者约定的事由的出现使已经合法成立的信托关系归于消灭。我国《信托法》第53条规定了信托终止的六种情形：①信托文件规定的终止事由发生；②信托的存续违反信托目的；③信托目的已经实现或者不能实现；④信托当事人协商同意；⑤信托被撤销；⑥信托被解除。《慈善信托管理办法》第40条规定的慈善信托终止情形，重复了《信托法》第53条的规定。

不过，上述规定的情形并没有考虑到慈善信托的特殊性，对于慈善信托能否以信托当事人的合意终止（解除）以及能否以法定解除而终止仍有讨论的空间。

第一，慈善信托能否以信托当事人的合意终止（解除）。由于慈善信托受益人为不特定社会公众，慈善信托的终止不可能得到不特定公众的同意，即便慈善信托设置了监察人，信托监察人作为受益人的代表，在性质上只能为了保护受益人的利益而行动，不能代表受益人同意终止信托而使受益人利益受到损害。因此"信托当事人协商同意"终止信托的事由对于慈善信托的终止很难适用。

第二，慈善信托能否因法定解除而终止。法定解除信托的情形有二：一是委托人是唯一受益人的，委托人或其继承人可以解除信托（《信托法》第50条），只能发生在自益信托的场合，而慈善信托均为他益信托，因此不适用。二是受益人对委托人有重大侵权行为或者经受益人同意的，委托人可以解除信托（《信托法》第51条），但是由于慈善信托受益人具有不特定性，委托人实际上很难得到全体受益人的同意；而受益人侵害委托人的情形也很少发生，或者虽有发生，因慈善信托为公益而设，不可因个别人的错误行为解除信托。因此，实际上慈善信托也不能因法定解除而终止。

所以，我们认为，考虑到慈善信托的特殊性，其终止的事由主要有以下四种：①信托文件规定的终止事由发生；②信托的存续违反信托目的；③信托目的已经实现或者不能实现；④信托被撤销。

慈善信托终止事由发生后，受托人应当在终止事由发生之日起15日内将终止事由、终止日期、剩余财产处置方案和有关情况向备案的民政部门主动报告。

（二）近似原则

在私益信托中，当信托终止时，剩余的信托财产归属于信托文件所规定的人，在没有约定归属权利人的时候则归属于受益人或者受益人的继承人，之后是委托人或者委托人的继承人（《信托法》第 54 条）。而当慈善信托终止时，剩余财产则一般按照近似原则处理，应当用于与原信托目的相近似的公益目的，不能归属于个人或用于私人目的。[1]

我国《信托法》第 72 条确定了该原则：公益信托终止，没有信托财产权利归属人或者信托财产权利归属人是不特定的社会公众的，经公益事业管理机构批准，受托人应当将信托财产用于与原公益目的相近似的目的，或者将信托财产转移给具有近似目的的公益组织或者其他公益信托。根据《慈善法》第 50 条的规定，慈善信托终止时也适用《信托法》第 72 条的规定。

需要特别指出的是，适用近似原则需要监管部门的批准，根据《信托法》第 72 条的规定，在适用近似原则的时候，须经公益事业管理机构批准，受托人似乎无权自行决定是否适用近似原则以及如何适用。而根据《慈善法》第 50 条的规定，慈善信托终止时适用近似原则的按照《信托法》第 72 条处理，基于《慈善法》中将慈善信托的监管职权统一收归受托人所在地县级以上人民政府民政部门，是否适用近似原则以及如何适用近似原则的批准机关应该是慈善信托原备案的民政部门，而不应该是公益事业管理机构。

当然，近似原则不仅仅是慈善信托法的原则，而且也应是整个慈善事业法中的一个原则。例如，我国《慈善法》第 18 条规定，慈善组织清算后的剩余财产，应当按照慈善组织章程的规定转给宗旨相同或者相近的慈善组织；章程未规定的，由民政部门主持转给宗旨相同或者相近的慈善组织，并向社会公告。

---

[1] 参见何宝玉：《信托法原理研究》（第 2 版），中国法制出版社 2015 年版，第 505 页。

第六节 慈善法监督管理的特殊规则

一、监督目的

政府对慈善的有效性监督应当包括至少以下两个目的：一是保障慈善活动的合法性；二是保障慈善活动的合理性。具体而言：

第一，保障慈善活动的合法性，这包括募捐的开展和使用的合法性。就募捐开展的合法性而言，监督对象既包括针对募捐资金的违法活动，其典型的是募捐"诈骗"，也包括了募捐行为本身的违法活动，如侵犯隐私、煽动等，但各国慈善立法重点监督和预防的仍是各种募捐"诈骗"。就募捐使用的合法性而言，我国《公益事业捐赠法》第 29 条即规定了禁止挪用、侵占和贪污（慈善）捐赠资金，而《慈善法》中也列举式地规定了禁止私分、挪用、截留或者侵占慈善财产，可以说，以上这些违法活动即是适用合法性监督和预防的重点。

第二，保障慈善活动的合理性，亦即保证慈善活动的有序开展。慈善行为并非绝对自由，政府基于公共利益等理由仍然可以对其进行必要的限制，以此保证慈善活动的有序开展。而这种限制又进一步可以区分为开展的合理性和使用的合理性：①慈善募捐开展的合理性，亦即我们在开展慈善行为时应当采取合理的形式，如在开展活动的"地点"上可以予以限制，而在"方式"上不得采取"骚扰"的形式强行索要捐赠；②慈善资金使用的合理性，即由于慈善组织通过募捐形式获得了大量的资金，如何使用是由慈善组织本身决定，那么就需要政府对慈善募捐的使用是否符合慈善目的等要求予以监督，使得捐赠效益最大化。

二、监督模式

(一) 事前监督

事前监督, 即在募捐行为开展前, 为了保证募捐行为合法、合理地开展, 通过设置"许可"或"备案"的"事先准许"机制, 要求募捐者予以事先公开, 以便政府开展监督的机制。

事前监督的目的包括两点: 首先, 预知募捐开展, 即通过"许可"或"备案"的方式予以事先公开募捐计划, 使得监督者能够及时掌握募捐开展的具体信息; 其次, 规范募捐开展, 即监督者通过对募捐开展的方法、时间等方面进行规制, 以督促募捐合法、合理地开展。而根据设置机制的不同, 现今的事先监督可以进一步区分为"许可制"和"备案制"两类。其中, 许可制即开展募捐行为必须获得特定监督者的审批, 而最终是否许可由监督者自由裁量决定。备案制即开展募捐行为需要向特定监督者进行备案, 募捐只需符合规定的条件即可展开, 监督者无权对是否开展进行自由裁量。我国《慈善组织公开募捐管理办法》第 11 条规定, 慈善组织应当在开展公开募捐活动的 10 日前将募捐方案报送登记的民政部门备案。材料齐备的, 民政部门应当即时受理, 对予以备案的向社会公开; 对募捐方案内容不齐备的, 应当即时告知慈善组织, 慈善组织应当在 10 日内向其登记的民政部门予以补正。为同一募捐目的开展的公开募捐活动可以合并备案。公开募捐活动进行中, 募捐方案的有关事项发生变化的, 慈善组织应当在事项发生变化之日起 10 日内向其登记的民政部门补正并说明理由。有业务主管单位的慈善组织, 还应当同时将募捐方案报送业务主管单位。开展公开募捐活动, 涉及公共安全、公共秩序、消防等事项的, 还应当按照其他有关规定履行批准程序。表明我国在事前监督上选择了备案制作为管理方式, 并在一些特殊事项下附加特别审批。

(二) 事后监督

事后监督, 即募捐开始后, 为了保障募款及其资金能够合法、合理地使用，通过对募捐者设置公开义务和对监督者授予监察职权来开展的监督。依据监督内容，大致可以分为以下两部分：

第一，募捐者的公开义务。即要求募捐者将募捐的结果和使用情况依法定形式公布。公开的内容方面，包括募捐的收入、适用、成本、余额四个方面。而为了公开有效地开展，各国立法重点规定公开的形式，通常包括项目报告和年度报告两种。项目报告是以特定募捐项目为对象，要求募捐者在募捐结束后对于结果做出详尽报告，并以此与募捐开展前的备案或许可相互呼应，共同构成连贯的全程监督。年度报告则是以时间为标准，要求募捐者在每年特定时间详尽公开本年度募捐的收入、适用、成本和余额等信息。

第二，监督者的监察职权，即授予特定监督者对募捐者的募捐及其适用情况进行调查、处罚的监管权力。其通常包括①调查权，即授予监督者查明募捐开展和适用情况的权力；②处罚权，即授予监督者依法对募捐者在募捐开展和使用中存在的违法行为进行处罚的权力。

第五章 | 卫生法

第一节　卫生法总论

一、卫生法

（一）卫生法的概念

在中国的社会与文化语境中，卫生与健康原本具有明显区别，在现代汉语里，卫生指清洁、干净之意；健康则是指没有疾病的状态。牛津大词典中，"Health Law"中的"Health"只有"健康"之意，因此，译为"健康法"似乎更为准确。但"Health Law"传入中国之时便被翻译成"卫生法"，在我国医疗卫生及政策法律领域，"卫生"即"健康"，两个词语表达意思相同，基于语言习惯，我们继续沿用传统表达，在中国，卫生法即健康法。

在卫生法学语境下，卫生是指为维护和保障人体健康而进行的一切个人和社会活动的总和。卫生具有广义和狭义之分，广义的卫生是指有关人体卫生健康的一切社会活动，如环境卫生、医疗卫生、劳动卫生、食品卫生等。[1] 狭义的卫生指医疗卫生活动，包括公共卫生、医疗保健和医疗保障、药品保障等医疗卫生活动。

卫生法是指由国家制定或认可，并以国家强制力保障实施的，旨在调整在保护人的生命健康活动中所形成的各种社会关系的法律规范的总和，是我国法律体系的重要组成部分。卫生法有广义和狭义之分，狭义的卫生法指医疗卫生法。卫生法调整在人体生命健康相关活动中所形成的各种社会关系。主要包括调整生命健康权益保障关系、国际国内对公共卫生管理中形成的法律关系、医疗行为法律关系、医疗新技术应用与发展所形成的新型关系及医药卫生和资源配置关系等。

（二）卫生法的属性与特征

1. 卫生法与社会法的属性关联

卫生法以"健康权"为权利基础。从健康权的发展历史来看，健康权即有自由权成分，也有社会权成分。健康权不仅仅是公民的民事权利，也是公民所享有的一项公法权利。健康权兼具私法权利与公法权利的这一混合性质，得到了国际社会的承认，并在2000年国际经济、社会及文化权利委员会所给出的健康权定义中有所体现。从卫生法的演进过程看，卫生法是社会生长而非逻辑建构的法律，以健康权为中心的人文关怀是卫生法的社会属性的本质反应。从卫生法的发展历程看，卫生法呈现出公法与私法相融合的趋势，其法律调整方法兼具公力和私力色彩。而社会法是公法与私法之外的第三法域，是公法与私法之外带有公私法属性的法律，调整维护自然人基本权益而产生的社会关系。社会法的主要理论基础之一为"社会团结连带"理论。所谓社会团结连带，指的是一种社会关系，即社会中人们之间的相互作用、相互依赖的关系。社会团结连带理论对医疗卫生法律制度产生直接的影响，为其奠定了理论基础。如

---

〔1〕 参见苏玉菊主编：《卫生法学：原理·图解·案例》，中国民主法制出版社2014年版，第3页。

中国卫生法突出了社会生活的"公共性"和社会成员彼此之间的连带关系。如公共卫生法上的群防群治、医事法上的医生紧急救助义务，医疗保险的全覆盖等制度。从卫生法立法发展状况及该领域现存的社会危机可以看出，卫生法是为应对现实的社会危机而实现其内容扩张和功能勃兴的新兴法，与社会法的理论基础、价值追求和调整方法高度契合。

2. 卫生法具有科学性和技术规范性特征

卫生法是法学与医药学的交叉学科。卫生法是依据医学、生物学、卫生学、药物学等自然科学的基本原理和研究成果而制定。卫生法囊括了大量的医疗卫生技术规范。是法律规范与技术规范的融合，是卫生法不同于其他部门法的显著特征。医乃仁术，医生守密原则、救死扶伤等许多医学伦理规范上升成为卫生法的法律规范，彰显了卫生法的伦理道德性。

（三）卫生法的价值

卫生法的本质是以生命健康、社会卫生公益为法益的法律。卫生法的根本宗旨是对人类健康权的维护。每个公民都依法享有改善卫生条件，获得基本医疗保健和保障的权利，以增进身体健康，延年益寿，提高生命质量。保护人体健康，使人人享有医疗卫生保健是社会的基本责任，也是一切卫生工作和卫生立法的最终目的。卫生法以追求人的生命健康为最大利益，此乃卫生法所要达到的最大法益。卫生法的价值在于使卫生服务更加公平和公正。在此背景下，公平是指卫生资源和服务分配与卫生需求相适应，对人类健康权的保护，就是建立一个有效的、综合的根据需要作出反应的卫生法律制度，保证公平对待每一个社会成员，不因贫富贵贱而区别对待，赋予其医疗卫生平等权。

（四）卫生法的基本原则

卫生法的基本原则，是体现卫生法的立法精神、指导思想和依据的基本准则。卫生法的基本原则，能够反映卫生法的基本理念、解释卫生法的本质特征，具有高度的抽象性、权威性和稳定性。根据卫生法的本质特点、价值目标及功能，卫生法的基本原则包括保护人的健康的原则、符合医学规律原则、公平原则、全社会参与原则。

1. 保护人的健康的原则

健康权是人的一项基本权利。保护人的健康是卫生法存在的基础。保护人的健康的原则要求卫生法的制定和实施要以保护人的健康为宗旨。卫生立法和执法，应以保护人的生命健康为宗旨，科学立法，严厉打击危害人的健康的违法犯罪活动，保护公民的健康权。各类司法机关在审理涉及生命健康损害的案件时，应以保护人的健康为原则，严格适用卫生法律规范，依法追究各类侵害公民健康权的违法主体的法律责任。

2. 符合医学规律的原则

卫生法是法学与医学的交叉学科，是保障医疗卫生事业健康发展的法律工具。将好的成熟的医学行为固定在法律文本中，使之上升为法律规范，即尊重了医学的特点，又体现了法律的优先选择。如"大医治未病"，预防为主、防治结合本是医学行为规范，已上升为卫生法的基本准则，我国现行法中许多关于预防接种、传染病防治、国境卫生检验等的法律规范，均体现了预防为主、防治结合的原则。"好的医学技术+好的法律技术＝好的卫生法"，卫生法应遵循医学规律，好的卫生法与好的医学殊途同归，其最终的目标都是为维护人的健康和健康权。

3. 公平原则

健康权的获得，不是指获得健康的状态，而是指获得保证健康的决定因素。毋庸置疑的是，医疗资源的可及性决定了人的生命质量和健康水平。在我国，客观上存在着医疗卫生发展不平衡的现象，比如南方和北方、东部和西部、城市和乡村，在医疗卫生服务体系的内部构造上，同样存在着医疗资源配置不合理现象。依据卫生法上的公平原则，我国卫生法立法着重需要解决的是医疗卫生资源的合理配置，以获得保证健康的决定因素，确保人人达到尽可能高的健康水平。

4. 全社会参与原则

全社会参与原则是卫生法调整卫生关系的基本准则。全社会参与原则作为卫生法基本原则的基础，源于卫生活动中卫生关系的特殊性，在卫生关系中，信赖是卫生关系存在的前提和基础，合作是卫生关系存在的基本形式。卫生关系是一种社会团结连带关系。为维护生命健康，抗击疾病及不健康因素，需要国家、政府、社会、医疗机构甚至患者的共同参与和合作，有关个体健康、群体健康和社会健康，需要全社会的共同参与。卫生法的实施，有赖于全社会的广泛参与。这一原则也体现了医疗卫生工作的社会性。

（五）我国卫生法的历史演进

我国的卫生法是中国社会发展的产物，卫生法在中国古已有之，在西周时期就建立了中国最早的医事管理制度。一直以来，中国的卫生法都在回应中国社会的变迁，与中国的社会经济发展相辅相成。

中华人民共和国成立后，中国的卫生法治进程首先经历了中华人民共和国成立初期的恢复卫生立法到"文革"时期的立法停滞，再到改革开放后的卫生立法迅速发展的过程。1978 年改革开放以来，以维护人民健康为宗旨的卫生立法进入了一个迅速发展的历史时期，在此阶段，中国的医疗卫生法治建设取得了巨大成就。20世纪 80 年代，中国卫生法律框架基本得以确立，其中着重加强了公共卫生领域的立法，如《中华人民共和国食品卫生法（试行）》（1982）、《中华人民共和国药品管理法》（1984）、《中华人民共和国国境卫生检疫法》（1986）、《中华人民共和国传染病防治法》（1989）。

1997 年我国正式提出依法治国方略，标志着中国的医疗卫生事业正式走向法治化的轨道。20 世纪 90 年代，中国卫生法治以强化医疗服务法律建设为突出特征，其中尤其加强了卫生行政立法，如《中华人民共和国执业医师法》（1998）、《中华人民共和国献血法》（1997）。

进入 21 世纪以来，我国的医疗卫生改革工作全面推进，2009年《中共中央、国务院关于深化医药卫生体制改革的意见》提出了"建立健全覆盖城乡居民的基本医疗卫生制度，为群众提供安全、有效、方便、价廉的医疗卫生服务"的总目标，为顺利实现新医改目标，保障医疗卫生事业健康发展，此阶段中国卫生立法大幅增量，如《中华人民共和国人口与计划生育法》（2001）、《中华人民共和国食品安全法》（2009）、《中华人民共和国职业病防治法》（2001）、《中华人民共和国精神卫生法》（2012）；2003 年中国经历了"非典"疫情，总结 SARS 防控经验和教训，国务院出台了《突发公共卫生事件应急条例》。伴随社会市场经济的不断发展，中国医疗保障制度正在从公费医疗过渡到社会医疗保险制度，为解决老百姓"看病难""看病贵"，立法对新兴医疗保障进行了回应，如《中华人民共和国社会保险法》（2010）对社会医疗保险进行了专章规定。此阶段卫生法立法激增，出台了大量的卫生部门规章和地方性法规。改革开放带来了中国经济的发展和中国社会的转型，进入 21 世纪以来，中国社会转型的阵痛在一定程度上波及医患关系，此阶段医患矛盾加剧、社会上医疗纠纷案件数量攀升，由医疗纠纷衍生的"医闹"甚至在一定程度上影响了社会和谐，此阶段中国的医疗卫生立法对医患矛盾和医疗纠纷进行了积极应对，如《医疗事故处理条例》（2002）、《中华人民共和国侵权责任法》"医疗损害责任"专章规定（2010）。

近年来，根据依法治国的精神，我国卫生法治的发展进入了快车道。2016 年《"健康中国 2030"规划纲要》明确强调了提高社会福祉——包括平等、正义和健康的原则，而利用法律来提高中国人民的健康和福祉已经成为国家和全社会的共识。为实现建设健康中国的宏伟目标，中国的卫生法治体系的建设正在努力从模式化向中国特色化转型，如《中华人民共和国中医药法》（2016）；卫生法立法正在从粗放化向细目化发展，如《中华人民共和国广告法》（2015 年修订）第 15~23 条对医疗广告的规定、《医疗纠纷预防和处理条例》（2018）；为顺应医疗卫生事业的发展，大量旧法得以修订，如《中华人民共和国药品管理法》（2015 年修订）、《中华人民共和国人口与计划生育法》（2015 年修订）。

截止到目前，我国现行卫生相关的专门性法律 15 部，卫生行政法规 50 余部，地方性专门性法规和部门规章百余部。这些相关卫生法调整的内容涉及医疗、医药、医保、公共卫生等医疗卫生的各个领域。

（六）我国卫生法的渊源

我国卫生法的渊源主要包括宪法、卫生法律、卫生行政法规、卫生部门规章、地方性卫生法规、卫生自治条例和单行条例、地方政府卫生规章、卫生国际公约。

表 5.1　我国现行卫生法法律、主要卫生行政法规及部门规章

●法律：

1. 《中华人民共和国国境卫生检疫法》

2. 《中华人民共和国红十字会法》

3. 《中华人民共和国母婴保健法》

4. 《中华人民共和国食品安全法》

5. 《中华人民共和国献血法》

6. 《中华人民共和国执业医师法》

7. 《中华人民共和国药品管理法》

8. 《中华人民共和国职业病防治法》

9. 《中华人民共和国人口与计划生育法》

10. 《中华人民共和国传染病防治法》

11. 《中华人民共和国突发事件应对法》

12. 《中华人民共和国精神卫生法》

13. 《中华人民共和国中医药法》

14. 《中华人民共和国侵权责任法》第七章"医疗损害责任"

15. 《中华人民共和国社会保险法》之有关社会医疗保险的规定

此外，《中华人民共和国动物防疫法》《中华人民共和国畜牧法》《中华人民共和国农产品质量安全法》《中华人民共和国禁毒法》《中华人民共和国水污染防治法》等法律中也涉及许多关于公共卫生的内容。

● 行政法规：

1. 《医疗纠纷预防和处理条例》

1. 《医疗机构管理条例》

2. 《医疗事故处理条例》

3. 《人体器官移植条例》

4. 《艾滋病防治条例》

5. 《中华人民共和国药品管理法实施条例》

6. 《中华人民共和国食品安全法实施条例》

● 部门规章：

1. 《新生儿疾病筛查管理办法》卫生部令第 64 号

2. 《血站管理办法》卫生部第 44 号令

3. 《国家基本药物目录（基层医疗卫生机构配备使用部分）（2012 年版）》

4. 《餐饮服务食品安全监督管理办法》卫生部令第 71 号

5. 《餐饮服务许可管理办法》卫生部令第 70 号

6. 《药品类易制毒化学品管理办法》卫生部令第 72 号

7. 《食品添加剂新品种管理办法》卫生部令第 73 号

8 《食品安全国家标准管理办法》卫生部令第 77 号

9. 《药品生产质量管理规范》卫生部令第 79 号

10. 《公共场所卫生管理条例实施细则》卫生部令第 80 号

二、卫生法学

（一）卫生法学的概念及研究内容

卫生法学（Science of Health law）以卫生法（Health Law）作

为研究对象，是研究卫生法的产生、发展及其运行规律的一门新兴的法学学科，是现代法学体系中一个重要组成部分。卫生法学以卫生法律规范为研究对象。主要研究卫生法的产生、发展及运行的规律。卫生法学研究范围包括卫生法治的各个环节，包括卫生立法、卫生司法、卫生法制监督、卫生法律服务等环节的法律原则、法律规范及法律制度等。

卫生法学亦有广义和狭义之分，广义卫生法学除研究医疗卫生法律外，还研究在处理其他法律事务中，如食品卫生法、环境卫生法、劳动卫生法、体育法中如何保护人类健康的法律问题，其外延十分宽泛。狭义卫生法学是专门研究医疗卫生法律及其规律的学科。由于医疗卫生是保护人类健康的最为重要的手段，在维护人类健康活动中运用最为广泛、要求最为严格，因此，狭义卫生法学是卫生法学的核心内容。国内传统卫生法学采狭义卫生法学的概念。

狭义卫生法学是卫生法学的核心。因此本学科的主要研究方向和学科特色也主要集中在狭义卫生法学研究领域。其主要研究内容包括卫生法的产生及其发展规律，卫生法的特征和调整对象，卫生法的基本原则、地位和作用，卫生法的渊源和法律体系，卫生法的制定和实施等卫生法学基本理论以及我国现行各类卫生法律制度，卫生争议的解决等卫生法部门法、卫生程序法。在世界范围内，由于疾病和疾病的治疗方法的同质性，世界卫生组织（WHO）框架下的全球卫生法及国别法等国际卫生立法理论和实践具有重要借鉴意义，且中国的卫生法嵌在国际卫生法当中，离开国际法孤立地研究国内法有闭门造车之嫌，且我国卫生法整体上看在吸收引进内容方面还存在不足，客观上造成了卫生法相对落后的局面，因此国际卫生法是卫生法学的重要内容。另外，现代医学技术的发展，对法律和伦理构成了挑战。如何运用卫生法来解决卫生体制改革和医学科技发展中出现的新情况。也成为卫生法学的重要研究内容。

（二）卫生法学的体系和框架

在当代物质和精神文明浪潮的推动下，健康权已成为全社会乃至全人类高度关注的重大问题，健康不仅是医学、药学、公共卫生等自然科学领域关注的技术问题，而且是法学、伦理学、社会学、管理学、经济学等社会科学关注的重大社会问题。依据广义的卫生法学概念及高校人才培养总体要求，广义的卫生法学的学科体系应由不同学科组成，以适合复合型知识结构人才培养需要。应是以医学和法学为重心，以其他相关辅助学科作为补充而构成的学科群。包括法学、医学、管理学、伦理学、公共课程（如外语、政治、哲学、体育）等诸多学科门类。

依据狭义卫生法学构建卫生法学科体系，更加能够体现卫生法学科特色，因此卫生法学科体系的核心应该体现狭义卫生法学研究内容的内涵。医疗卫生体系包括公共卫生体系、医疗服务体系、药品供应保障体系、医疗保障体系。根据医疗卫生体系和分类特点，狭义卫生法学的研究内容主要为公共卫生法学、医事法学、药事法学、医疗保障法学。其中，公共卫生法学研究卫生监督、卫生检疫、疾病预防、采供血、健康教育、妇幼保健、传染病防治、职业病防治、麻风病防治、突发公共卫生事件等公共卫生服务法律规范及规律。医事法学研究医疗服务主体及医疗行为等行业规范的法律及其运行规律，具体包括医疗执业行政法律责任、医疗侵权责任、医疗违约责任、医事刑事法律责任、医疗技术临床准入、医事程序法、医疗新技术等法律规范及其规律。药事法学研究药品研发、生产、流通、使用法律规范及其运行规律。医疗保障法学研究医疗社会保险、健康保险、社会救助、互助保险等的法律规范的产生、发展及其运行规律。

学科的分类有助于厘清知识的脉络和源流，世界是普遍联系的，卫生法各个学科既相互区别又具有密切联系。例如，关于疫苗接种问题，疫苗是预防性药品，受到药品法的调整，而疫苗接种为预防性措施，又属于公共卫生法的范围，同时其具体的预防接种行为还属于医事法调整的范围。在医疗卫生领域，医疗、医药及医保三医联动才能切实解决医疗难题，维护健康，任何孤立的思维，"头疼医头、脚疼医脚"都有可能导致偏颇。另外图 5.1 中所列食品卫生法本不属于狭义卫生法学研究内容，但"食药同源"，由于有些时候，食物充当了医生的治疗手段，此时，食品卫生与卫生法发生了部分交叉和联系。

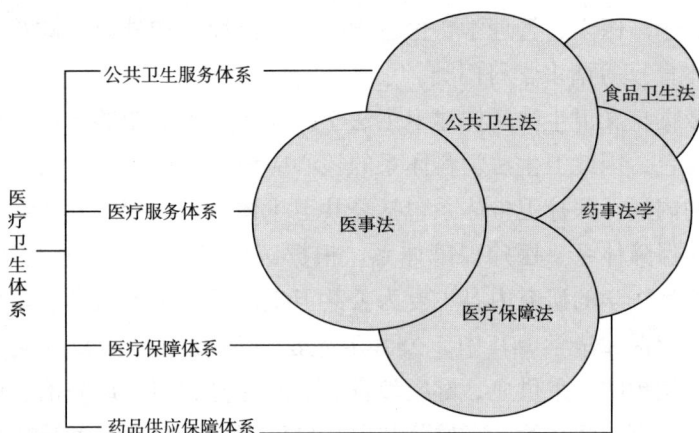

图 5.1　医生法学体系及相互关系

卫生法学研究内容广泛复杂，学科体系庞大精细。以医事法学为例，从医事实体法和程序法两方面进一步细分，逐渐拆解细分至具体行为的准则及规范，在掌握大的学科框架的基础上，进一步纲举目张，使我们能够逐渐厘清具体的医疗行为准则和技术规范的边界。

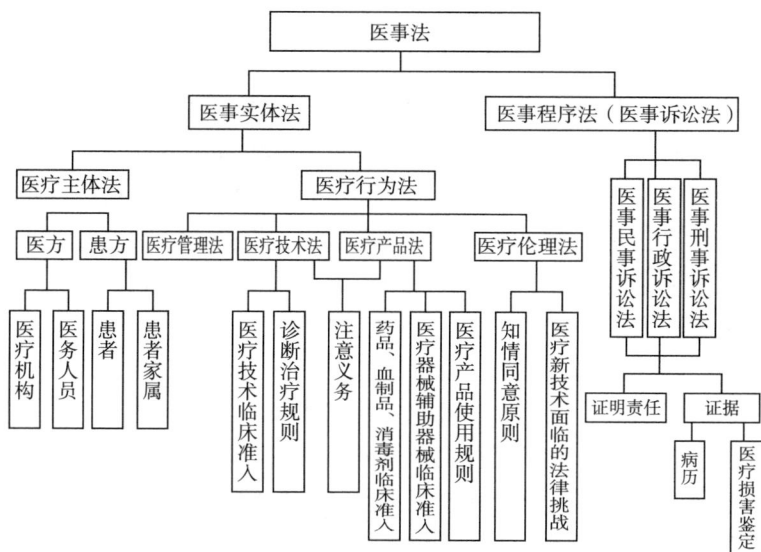

图 5.2　医事法学体系

卫生法学是一门新兴的正在发展中的法学学科。由于生物—心理—社会医学模式的产生、疾病谱不断变迁及与医疗卫生相关的科学技术发展迅猛，新的医疗技术、新药临床应用、医疗卫生管理、卫生防疫以及国际、国家卫生管理、调控等法律、政策的制定、修改和更新快速，卫生法学需要研究和解决的问题也越来越多，同时，新的卫生法学研究成果也急需整理，因此卫生法的研究内容和研究体系始终呈现出不断丰富和发展的态势。

（三）卫生法学的意义

"天覆地载，万物悉备，莫贵于人"，而健康，是人的首要福祉，是人生所有福祉的基础，对健康的需求是人们的一项基本权利，卫生法基于维护这一基本权利——健康权而存在。一直以来，卫生法是我国法律体系的重要组成部分。随着我国社会经济的发展和人民生活水平的提高，卫生法越来越受到全社会的重视，当前，在中国的发展规划中明确强调了提高社会福祉——包括平等、正义和健康的原则。卫生法因承载"健康"这一主题之社会生活的记录和表达，在当前"健康中国"战略背景下，其作用尤为凸显。卫生法学正是研究卫生法这一特定社会现象及其发展变化规律的一门科学。为回应时代的呼唤，卫生法学应运而生并日益受到广泛的关注。卫生法学是法学和医学的交叉学科，它既蕴含了医学伦理的美德，又承继了传统法学的价值追求。卫生法学研究如何利用法律的工具来提高人们的健康福祉，与医学的救死扶伤殊途同归。同时，作为一门新兴的部门法学，卫生法学在医疗卫生领域对传统法学和医学构成了挑战。健康权是人的一项基本权利，无论人们的社会经济地位如何，每个人必须有机会得到良好的健康。在法理层面，卫生法学研究不仅需要厘清健康正义及健康权的基础地位，还需要厘清卫生法学的边界及卫生法律关系、卫生法律原则等基本理论问题；在操作层面，卫生法学不仅需要规训和回应医疗卫生社会环境的转型与变化，还需要应对生命健康权引发的诸如"器官移植""干细胞研究""安乐死"及"基因编程"对生命本质的操纵等一系列社会难题。法律应社会需求而生，因应中国情势的关怀，对卫生法学领域重要论题进行反思并透过法律的棱镜检视医疗卫生之社会生活，洵属必要。正如民国中医名家张赞臣所言："江河之大，不弃细流；医道虽小，可见时势"。卫生法学在我国法治进程中扮演重要的角色，卫生法学使人们能够把法律作为一种工具来提高中国人民的健康水平，将有助于中国在国内和国际为提供人类健康和合作继续做出努力。

（四）卫生法学与相近学科的关系

卫生法学是一个开放的学科体系，与其他相关学科，尤其是法学学科交叉研究甚多。从其与其他相关学科关系的分析和比较中，更能凸显卫生法学的特色。

1. 卫生法学与行政法学、民法学的区别

卫生法的研究对象包括一些卫生行政管理法律关系，从现行立法看，一些卫生法律法规确实可以纳入行政法的范畴，但是不应将卫生法视为行政法的子部门则忽视了卫生法学的相对独立性。卫生法的根本宗旨是健康权的保护，而健康权具有公私法混合权的性质，并非公法所完全能够调整的。卫生法学的研究内容如医患关系，公共卫生关系、药品流通和使用等领域所涉问题并非是纯粹的行政法律问题。因此，卫生法学并不能被简单的归为行政法的子部门。

卫生法学涉及一些医疗服务法律关系，与民法的私法权利保护法益有趋同，体现了一定的平等主体间的私法自治的色彩，但是卫生法律在调整医疗服务法律关系（主要是医患关系），如《医疗事故处理条例》，既有医疗事故行政监督和处理，又规定了民事赔偿，体现了国家干预和私法自治的结合。由此也明显区别于民法的私法自治。

2. 卫生法学与医事法学

二者概念外延不同。医事法学仅调整医疗服务活动所发生的社会关系。而卫生法学不仅调整医疗服务社会关系，还包括公共卫生、药事活动、医疗保障活动中的所形成的社会关系。卫生法学概念外延大于医事法学。

3. 卫生法学与卫生管理学

二者一级学科属性不同。卫生管理学是研究卫生管理工作中普遍应用的基本管理理论、知识和方法的一门科学。卫生管理的方法很多，法律方法是其中的一种。卫生法律规范是卫生管理工作的准则和依据。

4. 卫生法学与医学伦理学

医学伦理学是研究医学道德的一门科学，虽构成一定卫生法的法理学基础，但是卫生法又与医德有明显的区别，卫生法的实施表现出了明显的国家强制力。

第二节　卫生法学研究的逻辑起点：健康权

健康权是人的一项基本权利，健康平等和正义是卫生法的价值追求。健康权在卫生法学领域处于一种基础性的地位，也是卫生法学研究的逻辑起点。

一、健康权的基本性质

（一）国际人权法：健康权作为人的一项基本权利

当今世界，人权已被普遍接受。人权法以人人享有固有的平等和尊严为核心宗旨，对促进健康平等和正义影响非凡。1946 年《世界卫生组织宪章》序言中指出，"健康是指人的躯体、精神、社会适应能力的良好状态，不仅仅是没有疾病。"健康是人们赖以生存和维持生命活动的基础，是维持人本身作用的必不可少的需要，是人的一切社会活动的前提和基础。从世界范围来看，健康权已被国际法确定为一项基本人权。《世界卫生组织宪章》将健康的目标设定为"使全世界人民获得可能达到的最高的健康水平"。该序言中确认，"享受可能获得的最高健康标准是每个人的基本权利之一，不因种族、宗教、政治信仰、经济及社会条件而有区别。"其后，《国际人权公约》和许多国家宪法和法院的健康权概念都借鉴了《世界卫生组织宪章》中"每一个人都享有最高标准的身心健康的权利"的表述。1948 年的《世界人权宣言》第 25 条规定，"为了自己及其家人的健康和幸福，每个人都享有达到基本生活水平的权利，包括食物、衣服、住房、医疗和必要社会服务的权利，在失业、疾病、残疾、寡居、老年或其他不可控因素导致生计难以为继时的安全保障权利"，该条款规定了健康权的物质条件。《经济、社会及文化权利国际公约》第 12 条规定，"健康权是人人享有尽可能高的身体和精神健康的权利"，该定义修正了因社会适应完好状态范围过大而无法实现的弊端，是产生影响最大的健康权条款。《经济、社会及文化权利国际公约》第 11 条则明确了健康的物质权："基本生活水平……包括必要的食物、衣服、住房和生活条件的不断改善" 以及 "免于饥饿的权利"。与健康权相关的国际人权法律文件（见表 5.2）将健康权视为一种人的基本权利，即每个人享有的最高标准的身心健康权。

《消除对妇女一切形式歧视公约》于 1980 年对我国生效；《消除一切形式种族歧视国际条约》于 1982 年对我国生效，其中第 5 条规定了 "保证人人有不分种族、肤色或民族或人种在法律上一律平等的权利"，包括 "享受公共卫生、医疗照顾、社会保障及社会服务的权利"；《儿童权利公约》于 1992 年对我国生效；《经济、社会及文化权利国际公约》于 2001 年对我国生效；我国还于 2000 年签署了《联合国千年宣言》，承诺降低婴儿死亡率、改善产妇保健、抗击艾滋病、疟疾和其他疾病。国际法通过国内法发挥作用，作为国际社会的一员，上述公约在我国生效，健康权作为人的一项基本权利的人权公约对我国法产生了深远的影响。人权法使得人们从人权角度出发，采用人权的价值、原则和方法来检视我国健康问题，并将有关健康权的人权公约融合进我国法律当中。

表 5.2　与健康权相关的主要国际人权法文件

条　约	通过日期
《消除一切形式种族歧视国际公约》	1965 年 12 月 21 日
《公民权利和政治权利国际公约》	1966 年 12 月 16 日
《经济、社会及文化权利国际公约》	1966 年 12 月 16 日
《消除对妇女一切形式歧视公约》	1979 年 12 月 18 日
《禁止酷刑和其他残忍、不人道或有辱人格的待遇或处罚公约》	1984 年 12 月 10 日

续表

条　　约	通过日期
《儿童权利公约》	1989 年 11 月 20 日
《保护所有移徙工人及其家庭成员权利国际公约》	1990 年 12 月 18 日
《残疾人权利公约》	2006 年 12 月 13 日
《经济、社会及文化权利国际公约任择议定书》	2008 年 12 月 10 日
《公民权利和政治权利国际公约任择议定书》	1966 年 12 月 16 日
《消除对妇女一切形式歧视公约任择议定书》	1999 年 10 月 6 日
《儿童权利公约——关于儿童卷入武装冲突问题的任择议定书》	2000 年 5 月 25 日
《儿童权利公约——关于儿童买卖、儿童卖淫和儿童色情制品问题的任择议定书》	2000 年 5 月 25 日
《禁止酷刑和其他残忍、不人道或有辱人格的待遇或处罚公约任择议定书》	2002 年 12 月 18 日
《残疾人权利公约任择协定书》	2006 年 12 月 12 日

健康权作为一项基本人权，其权利主体不仅是个人，也包括各种集体。健康权的主体主要是个人，集体人权是人权发展到一定历史阶段的产物，如妇女的权利、儿童的权利、老年人的权利、残疾人的权利。而且在国际公约中，涉及群体（或集体）的健康权公约越来越多，如《残疾人权利公约》《儿童权利公约》等。

（二）国家宪法：健康权作为公民的一项宪法基本权利

在全世界范围内，自 1925 年《智利宪法》第一次确定保护健康权以来，健康权被越来越多国家的宪法所认可。目前全世界有超过 130 个国家的宪法规定了保障公民健康权的条款。大多数条款给予健康权明确的解释，如"可达到的最高身心健康标准""健康保护""医疗保健""健康安全"或者"健康和医疗保健".[1] 在卫生健康领域，我国宪法将国际人权条约合并进国内法，我国《宪法》第21条规定，国家发展医疗卫生事业，发展现代医药和我国传统医药，鼓励和支持农村集体经济组织、国家企业事业组织和街道组织举办各种医疗卫生设施，开展群众性的卫生活动，保护人民健康。国家发展体育事业，开展群众性的体育活动，增强人民体质。第45条规定，公民在年老、疾病或者丧失劳动能力的情况下，有从国家和社会获得物质帮助的权利。国家发展为公民享受这些权利所需要的社会保险、社会救济和医疗卫生事业。国家和社会保障残废军人的生活，抚恤烈士家属，优待军人家属。国家和社会帮助安排盲、聋、哑和其他有残疾的公民的劳动、生活和教育。我国宪法虽未直接表述公民健康权，但是规定了一系列保障健康的决定因素，如医疗卫生事业、医药、社会保险、社会救济及特殊人群的生活和教育等，覆盖了健康权所涉及的大部分领域，健康权依法获得了确认和保护。

人权法和国家宪法理性地决定了人们具有健康权利，客观上确立了健康权的基础性地位。卫生法学因维护健康权而存在，健康权的基础性地位是卫生法学实践理性的开端，它确定了行动的基本理由，将卫生法学引向了基本的人类之善。

（三）健康权的自由权与社会权属性

健康权涵盖了保障健康的物质条件及对身体和精神双重健康的需求。对于《经济、社会及文化权利国际公约》第12条"健康权是人人享有尽可能高的身体和精神健康的权利"的规定，国际经济、社会及文化权利委员会进一步定义为"健康权是一种享受各种

---

[1] See Johannes Morsink, *The Universal Declaration of Human Rights: Origins, Drafting, and Intent*, Philadelphia: University of Pennsylvania Press, 1999; Eleanor D. Kinney and Brian Alexander Clark, "Provisions for Health and Health Carein the Constitutions of the Countries of the World", *Cornell International Law Journal* 37, no. 2 (2004): 285-355.

对于最高可能达到的健康标准所必需的设施、物品、服务和条件的权利"，这一解释更加清楚地、具象地表达了健康权的内容。国家不排斥私法上健康权对个体之间法律关系的规训，国家通过不干预个人实现权利来尊重健康权，更为重要的是，健康权要求国家履行对健康的义务，包括健康设施、商品和服务；营养和食品安全、基本营养、住房、环境卫生和安全饮用水；基本药物和公平分配医疗资源以及采取公平合理的公共健康战略和行动计划；等等。国家必须尊重、保护及落实健康权利。健康权既是私法上的权利，又是公法上的权利，国际经济、社会及文化权利委员会对于健康权的定义兼容健康权的公法和私法属性，客观上使得公、私法两种法域下的健康权的内涵连贯和价值趋同。健康权除了具有自由权的属性之外，还表现出一种靠国家的积极干预来实现人的健康的社会权。因此健康权既具有自由权的属性，又具有社会权的属性，这与更广泛被人所熟知的单纯的自由权具有显著的差异。

社会权是与自由权相对的权利，两者均以对国家的关系为主轴，但是表现出的法的实质内容是相异的。[1] 自由权是一种消极权利，只要国家不作为就能实现。社会权是一种积极权利，需要国家积极作为予以提供帮助才能实现。[2] 初期现代市民社会的宪法是以自由权为核心建立起来的，而后渐渐吸纳进社会权。在健康权领域，自由权尊重健康权领域的个人意思自治，强调国家权力的不作为，表现为一种消极权利，而社会权通常指个人要求国家提供直接的、实体性最低限度的积极作为的权利，集中体现在社会、经济生活方面的诉求，要求国家承担作为的义务。[3] 健康权作为一种

---

[1] 参见［日］大须贺明：《生存权论》，林浩译，法律出版社 2001 年版，第 12 页。

[2] 参见广州大学人权理论研究课题组、李步云：《中国特色社会主义人权理论体系论纲》，载《法学研究》2015 年第 2 期。

[3] 参见夏正林：《社会权规范研究》，山东人民出版社 2007 年版，第 5 版。

社会权，又表现为一种积极的权利，即公民有权要求国家履行健康义务。

二、健康权的实现

在丰富且纷繁的健康利益诉求面前，政府的资源、能力与信息有时显得"捉襟见肘"，在大健康背景下，一些社会健康领域，如母婴围产期护理、老龄人口的社区医疗照护、临终关怀、精神病人的社区康复，政府权力甚至鞭长莫及，留下了一些健康投入、管理和运行上的"空缺"，而社会组织则可以发挥补强功能，协助政府承担公民的生老病死的健康义务。此外，政府的过度干预，也可能导致官僚主义和腐败等问题而给国家带来危机。在历史上，可以看到迫使政府在法律上作出让步的通常不是社会成员个人，而是社会组织、社会集团或阶级。[1] "普通公民联合起来，也可能建立非常富裕、非常有影响力、非常强大的社团。"[2] 在个人主义和国家主义的浪潮中，个人、国家以及介于两种实体之间的各种群体是分不开的。纵观健康权的历史，人们的健康权利意识是社会生长而非逻辑建构，健康权的获得一直是社会运动推进立法，在全球卫生法上，全球抗击艾滋病社会运动便是一个最好的注脚。对公民健康权的维护，不仅是国家公权力的责任，也是社会权的义务。健康权既具有自由权的成分，又具有社会权的成分，在维护健康的活动中，国家、社会和个人互相渗透，人们相互作用、相互影响、相互依赖，是一种"社会团结连带"的社会法法律关系，对于健康权的维护，必须构建一种新的治理结构，在这种治理结构中，国家公权力、社会权力、个人意志被组合进一个层级秩序明确、功能分化清

---

〔1〕 参见夏勇主编：《走向权利的时代——中国公民权利发展研究》，中国政法大学出版社 2000 年版，第 640 页。

〔2〕 ［法］托克维尔：《论美国的民主》，董果良译，商务印书馆 1988 年版，第 874~881 页。

晰的系统中，是一种国家干预、社会共治及个人意思自治的新型的合作治理，这也正与社会法的调整手段相吻合。实际上，关于健康权的社会法法治化体现在诸多医疗卫生法律中，如我国《艾滋病防治条例》第 2 条规定："艾滋病防治工作坚持预防为主、防治结合的方针，建立政府组织领导、部门各负其责、全社会共同参与的机制，加强宣传教育，采取行为干预和关怀救助等措施，实行综合防治。"这种公共卫生法领域的群防群治原则及医事法领域的医师救死扶伤义务、医患和谐的价值追求、药事法领域的基本药物保障及医疗保障法领域的社会共同体关系建构等都闪烁着社会法学的智慧。而医疗卫生领域的基本法《中华人民共和国基本医疗卫生与健康促进法》的立法本意也是更加突出社会生活的"公共性"和社会成员彼此之间的连带关系。中国卫生法所释放的这种公正和友爱价值观无不渗透着强烈的社会团结连带思想，而这又与医学人文精神中的"医乃仁术""大爱无疆""救死扶伤"等的价值追求殊途同归。以下以艾滋病防治法为例具体阐述健康权的实现。

健康权是一项人的基本权利，健康权具有自由权和社会权的混合权性质。从全社会参与视角研究和处理健康权领域相关问题，已经成为国际社会普遍认同的方法，而在我国立法和司法实践中，往往多从政府行政监督和民事侵权角度来规范卫生健康事务。而从社会动员视角探索健康权问题，无论学界还是实务界还关注不多。艾滋病（Acquired Immune Deficiency Syndrome，AIDS），即获得性免疫缺陷综合征，AIDS 是由艾滋病病毒引起的，艾滋病病毒又称为人类免疫缺陷病毒（Human Immuno-deficiency Virus，HIV）。自从 1981 年在美国同性恋人群中首次被证实以来，在很短暂的几年里，艾滋病覆盖到了整个世界，截止到目前，艾滋病造成 3500 多万人死亡。2017 年，全球有 3690 万艾滋病病毒携带者，全球有 94 万人死于艾滋病病毒相关病症。[1] 艾滋病成为人类历史上最具灾难性的疾病。艾滋病是 21 世纪人类的瘟疫，是全球中突出、引人担忧的健康威胁之一。在人类共同面对艾滋病这一灾难时，全社会乃至全球团结的抗击艾滋病运动对艾滋病人群健康权的推进是卫生法发展史上的最为成功经验。

（一）全球动员：国际社会的考察[2]

艾滋病是社会介质性疾病，因对性工作者、吸毒者和男同性恋、女同性恋、双性恋、变性人群体（LGBT）的歧视，导致公众的认知受到了影响。在世界范围内，最初对艾滋病的回应是否认、忽视和沉默，面对绝望和社会排斥，艾滋病群体首先勇敢地站了起来为他们的生命而斗争。最初，由于被迫隔离，感染艾滋病病毒或艾滋病病人以及他们的爱人组成了草根网络、建立了支持系统以照顾生病的人，并发起运动来争取科研、平等权利和公平治疗。在美国，一些抗击艾兹病倡导团体，例如，"行动起来"（ACTUP）和"兰巴达法律辩护基金"（Lambda Legal Defense Fund）充分利用其成员以及支持者的专长，这些抗击艾兹病倡导者做了很多工作，并赢得了社会尊重和自己的地位。抗击艾兹病倡导者从仅仅观察政府决策，发展到强烈影响和推动研究议程。抗击艾兹病宣传活动从本地和国家层面转移到了区域和全球动员。"全球艾滋病患者网络"（GNP+）用区域和国家网络将艾滋病病毒携带者联合起来进行国际化的抗击艾兹病。其他全球和区域网络，像妇女艾滋病患者的国际群体，通过抗击艾滋病宣传改善了其生活。男同性恋者和艾滋病全球论坛倡导健康和人权，而由健康专家组成的"国际艾滋病协会"

---

〔1〕 世界卫生组织：《艾滋病毒/艾滋病》，载 https://www.who.int/zh/news-room/fact-sheets/detail/hiv-aids，最后访问日期：2019 年 4 月 1 日。

〔2〕 参见［美］劳伦斯·O.戈斯廷：《全球卫生法》（本部分根据第 10 章 "'走向零艾滋'艾滋病蔓延中的科技创新、社会动员和人权问题"编辑整理），翟宏丽、张立新主译，中国政法大学出版社 2016 年版，第 268~300 页。

（International AIDS Society）则提倡科学研究。

艾滋病运动促成了国际社会对艾滋病的关注，千禧年的发展目标（"抗击艾滋病病毒/艾滋病、疟疾和其他疾病"）把艾滋病推到了发展的最前沿。更具革新的是，政治领导人开始将艾滋病视为是人类安全和国际和平的威胁。2000 年 1 月，联合国安理会认为非洲艾滋病是一大安全威胁——这是安理会第一次依据《联合国宪章》处理健康问题。基于安理会的决议，联合国大会在 2001 年 6 月举行了一个关于艾滋病的特别会议——第一个致力于健康问题的联合国高层峰会。在社会运动的推动下，这次会议成为一个至关重要的转折点。这次特别会议虽然不具有法律约束力，但是它对艾滋病预防的宣言承诺，成了政治意志的新象征。2002 年，"抗击艾滋病、结核和疟疾的全球基金"（Global Fund to Fight AIDS，Tuberculosis and Malaria，the Global Fund）开始运营，它永远改变了制度的格局。1996 年创建的联合国艾滋病规划署（UNAIDS）动员政治意愿、资金资源和技术资源，团结利益相关者，发展战略和证据，并支持国家领导权，它同时发布年度流行病状态报告和对所需与可用资金进行评估。在艾滋病治理创新的早期例子中，UNAIDS 是第一个在董事会拥有非政府组织代表的联合国代理机构。2003 年，美国总统乔治·布什（George W. Bush）创建了"总统防治艾滋病紧急救援计划"（PERPFAR）。它将成为世界上最大的抗击单一疾病的双边项目。在最初的五年拨出了 188 亿美元。在上述全球基金成为一个主要的国际资金提供者的同时，较小的多边合作组织，例如国际药品采购机制（UNITAID）也成立了。巴西、智利、法国、挪威和英国在 2006 年成立了 UNITAID，用以降低价格和增加针对艾滋病、结核和疟疾的药品供应和诊断。UNITAID 是第一个全球健康机构，它主要通过一个所谓的创新融资机制提供资金让参与国对所有出境航班进行征税，税收的额度由参与国确定。UNITAID 大约有 65%~70%的资金来自于航空税，到 2012 年，UNITAID 的 29 个成员中的 10 个实施了该规定，剩下的预算来自成员的贡献。到目前为止，大多数来自于法国。在最初的五年里，UNITAID 筹集了 20 亿美元。2002 年，世界卫生组织在 UNITAID 内部承担了艾滋病病毒治疗的主要任务。

联合国在最高政治层面持续对艾滋病表现出关注。在 2001 年特别会议后，联合国大会于 2006 年和 2011 年分别又举行了高层会议。在每次会议上都会宣布政治宣言，重新确认过去的义务并作出新的承诺。2011 年的宣言承诺"到 2015 年有 1500 万人接受抗逆转录病毒治疗"并强调了艾滋病的预防。安理会采用了 2011 年的一项决定，呼吁各个国家加强其在维和任务中的预防工作，继续将艾滋病视为一种安全威胁。2010 年，联合国发起成立了全球艾滋病病毒和法律委员会（GCHL）。该委员会由代表各个地区的领袖组成，包括前国家元首和法律、人权和艾滋病专家。2012 年 7 月发布的委员会报告中认为，惩罚性法律阻碍了应对艾滋病病毒的工作，浪费了资源，并破坏了人权。该报告敦促各国政府将法律建立在公共健康和人权的基础上，包括禁止歧视和废除将风险行为入罪的法律（如同性关系、性工作和注射吸毒）。该报告要求国家运用法律来结束针对妇女的暴力行为，抵制因国际压力而优先考虑贸易而非健康的行为。该报告还强调了 2011 年艾滋病病毒和艾滋病的政治宣言，通过联合国成员的承诺，对艾滋病治疗产生不利影响的国家法律进行审查，创建促进有效政策的法律环境和社会环境。在全球团结抗击艾滋病的浪潮中，艾滋病的侵袭开始放缓，甚至开始逆转。如果没有强大机构的出现，停止艾滋病导致的死亡蔓延就是不可能的。毋庸置疑，抗艾滋病运动已取得极大的成功，它同时又为全球健康带来了益处。抗艾滋病提倡者把全球健康纳入国际日程之中；如果没有抗艾滋病运动，就不可能有对具有历史意义的政治参与及不同的利益相关者的合作关系、国家所有权以及公平获得技术等重要性问题的探索，艾滋病的制度改革为全球健康治理提供了更为广泛的经验。处理其他的健康问题，从癌症、肥胖到酒精和烟草，都从应对艾滋病的行动中获得了经验。

（二）我国艾滋病防治法的成功经验

我国 1985 年在北京协和医院发现第一例美籍艾滋病病人，国人十分恐慌，并认为这是"外国人的病"，因此，防治时主要是将艾滋病拒于国门之外，如法律规定要求来华外国人提供健康证明，对外国留学生进行艾滋病抗体检测，等等。1989 年，我国云南地区在吸毒人员当中检测出了 146 例艾滋病病毒携带者，引发社会恐艾情绪蔓延。[1] 1995 年，我国艾滋病病人数量激增。截至 2018 年 9 月底，全国报告存活感染者 85 万例，死亡 26.2 万例。估计每年新发感染者 8 万例左右，全人群感染率约为 9.0/万。[2] 全国艾滋病疫情整体保持低流行态势，男性同性性行为传播比例上升明显，且艾滋病呈现出年轻化的趋势。艾滋病易感人群指具有被艾滋病病毒感染的危险行为，容易被艾滋病病毒感染的人群包括同性恋群体、静脉吸毒者、性工作者。然而近年来，艾滋病的蔓延从高危人群向普通人群扩散，艾滋病问题变得日益复杂化。面对艾滋病的低流行，我国高度重视对艾滋病的防治。艾滋病防治法是指为了预防、控制和消除艾滋病的发生和流行，保障人体健康和公共卫生，调整和规范在艾滋病防控过程中各个机构、组织和个人之间发生的权利义务关系的法律规范的总称。我国艾滋病法立法的基本原则包括保护公民健康权的原则、预防为主防治结合原则、科学原则、符合疾病控制理论及全社会参与原则。艾滋病防治法的全社会参与原则要求通过立法营造一个有利于控制艾滋病的社会环境，使所有人，其中包括那些因非主流社会价值的行为或生存方式而遭受社会

---

〔1〕 参见孟金梅：《我国艾滋病防治法律政策发展分析》，载《汕头大学学报（人文社会科学版）》2016 年第 3 期。

〔2〕 参见刘昶荣：《中国报告艾滋病感染者 85 万人 新发感染者每年 8 万例》，载《中国青年报》2018 年 11 月 29 日。

歧视与道德谴责的人们感染或遭遇艾滋病病毒威胁的可能性降到最低。2006 年 3 月开始实施的《艾滋病防治条例》第 2 条规定了，艾滋病防治工作坚持预防为主、防治结合的方针，建立政府组织领导、部门各负其责、全社会共同参与的机制，加强宣传教育，采取行为干预和关怀救助等措施，实行综合防治。该规定充分体现了艾滋病防治法的全社会参与的原则。截至目前，我国艾滋病相关的各类规范性文件达 400 余部，同时，我国对艾滋病群体实行了特殊保护措施。2003 年国家对于艾滋病的救助从原来的"三免一关怀"增补为"四免一关怀"政策，为艾滋病人群提供了一定的医疗救助。总体上看，我国卫生立法相对粗犷，但是关于艾滋病防治的立法相对密集，且与国际接轨，反映了全社会对艾滋病防治的高度重视。这是我国卫生法领域的典范，为其他部门卫生法立法提供了经验。

第三节　我国卫生法的制度实践

一、我国基本医疗卫生制度框架

当今世界正面临着空气污染和气候变化、非传染性疾病、全球流感大流行、脆弱和易受攻击的环境、抗生素耐药性、埃博拉病毒及高威胁病原体、初级卫生保健薄弱、拒绝接种疫苗、登革热、艾滋病病毒等多种健康威胁。[1] 进入 21 世纪以来，我国更是经历了"非典"、流感大流行、艾滋病持续低流行的健康危害，尤其是随着人口老龄化社会的到来，癌症、糖尿病、高血压、冠心病等慢性非传染性疾病的健康威胁正在日益加重。医疗卫生是应对健康威胁、保护人类健康的最为重要的手段，医药卫生事业关乎人们健康，是

---

〔1〕　参见上海市公共卫生临床中心编辑部：《2019 年全球健康面临的十大威胁》，载 http：//www.sohu.com/a/289715175_756004，最后访问时间：2019 年 3 月 2 日。

重大民生问题。2009 年 3 月 17 日发布的《中共中央、国务院关于深化医药卫生体制改革的意见》中提出建立中国特色医药卫生体制，逐步实现人人享有基本医疗卫生服务的目标。该文件提出，到 2020 年，覆盖城乡居民的基本医疗卫生制度基本建立。普遍建立比较完善的公共卫生服务体系和医疗服务体系，比较健全的医疗保障体系，比较规范的药品供应保障体系，比较科学的医疗卫生机构管理体制和运行机制，形成多元办医格局，人人享有基本医疗卫生服务，基本适应人民群众多层次的医疗卫生需求，人民群众健康水平进一步提高，这成为新医改的纲领性文件。2016 年 10 月 25 日，中共中央、国务院印发的《"健康中国 2030"规划纲要》第三章"战略目标"中提出，到 2020 年，建立覆盖城乡居民的中国特色基本医疗卫生制度，健康素养水平持续提高，健康服务体系完善高效，人人享有基本医疗卫生服务和基本体育健身服务，基本形成内涵丰富、结构合理的健康产业体系，主要健康指标居于中高收入国家前列。到 2030 年，促进全民健康的制度体系更加完善，健康领域发展更加协调，健康生活方式得到普及，健康服务质量和健康保障水平不断提高，健康产业繁荣发展，基本实现健康公平，主要健康指标进入高收入国家行列。到 2050 年，建成与社会主义现代化国家相适应的健康国家。2016 年 12 月 27 日《国务院关于印发"十三五"深化医药卫生体制改革规划的通知》中提出，到 2017 年，基本形成较为系统的基本医疗卫生制度政策框架。分级诊疗政策体系逐步完善，现代医院管理制度和综合监管制度建设加快推进，全民医疗保障制度更加高效，药品生产流通使用政策进一步健全。到 2020 年，普遍建立比较完善的公共卫生服务体系和医疗服务体系、比较健全的医疗保障体系、比较规范的药品供应保障体系和综合监管体系、比较科学的医疗卫生机构管理体制和运行机制。经过持续努力，基本建立覆盖城乡居民的基本医疗卫生制度，实现人人享有基本医疗卫生服务，基本适应人民群众多层次的医疗卫生需求。

依据上述指导性文件，我国基本医疗卫生制度已基本建立，其基本制度框架可以概括为"一个目标、四大体系、八项支撑"。（见图 5.3）

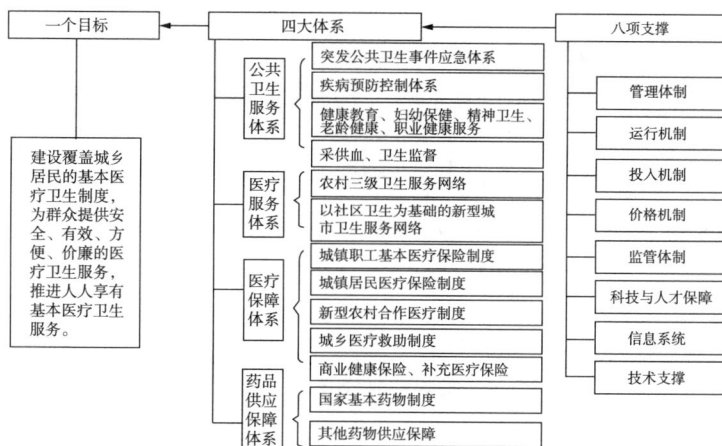

图 5.3 我国基本医疗卫生制度框架

二、我国医疗卫生体系运行

我国医疗卫生服务包括公共卫生服务体系和医疗服务体系两部分。我国公共卫生服务体系是由为人民健康提供公共卫生服务的各种组织机构形成的具有不同功能、关系和相互作用的网络。包括：国家、省市、区县疾病预防控制机构、卫生监督机构、采供血机构、健康教育、妇幼保健、精神卫生、职业卫生、公共卫生研究机构等公共卫生服务机构，也包括承担大量公共卫生服务的基层社区卫生机构。各级医疗机构提供预防、保健、公共卫生事件应急服务，也对公共卫生服务体系形成支持。公共卫生服务网络及主要功能见图 5.4、图 5.5。

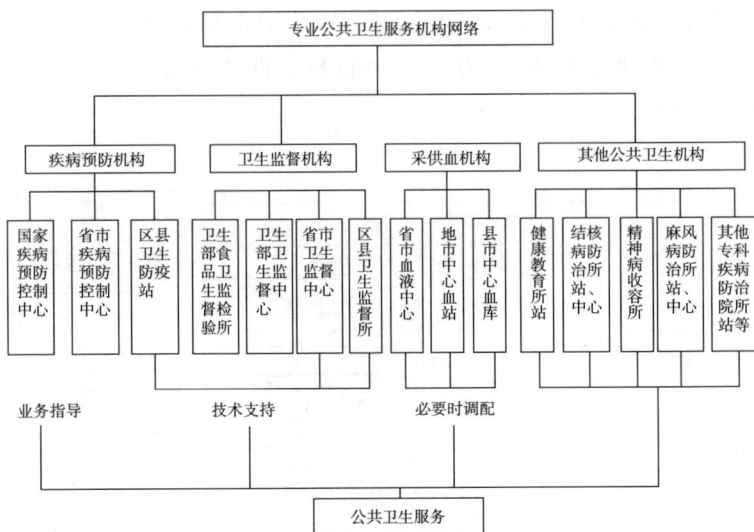

图 5.4　我国专业公共卫生服务网络

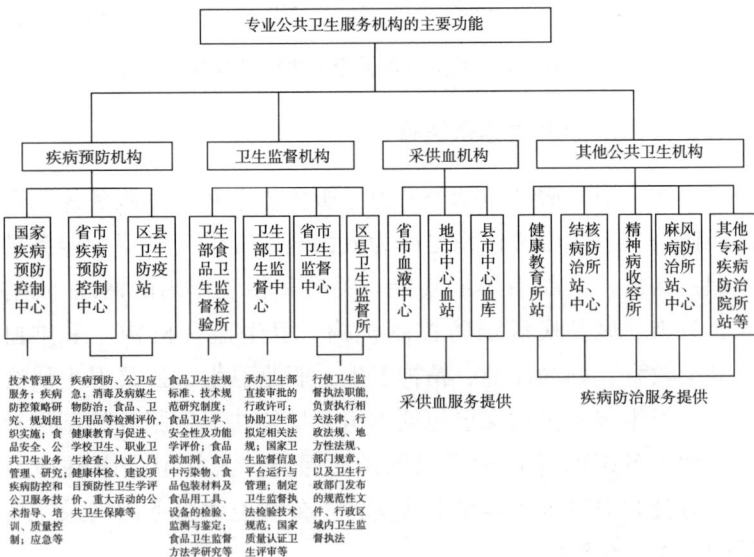

图 5.5　专业公共卫生服务机构的主要功能

　　我国公共卫生服务体系机构呈现出逐年增多的趋势，按机构类别分类，我国公共卫生服务机构以疾病预防控制中心占比最多。按经济类型分类，公立公共卫生机构数以千计，但是非公立机构不足百数。按主办单位分类，政府办公共卫生机构占据绝大多数，而社会办及个人办公共卫生机构占比很小。长期以来，我国公共卫生健康义务主要强调了国家义务，国家投入、管理和运行公共卫生事务。社会组织和个人在公共卫生事务中还没有形成更加广泛的影响力，这与公共卫生健康工作的社会性特征不相符合。公共卫生服务以群防群治为主要手段，必须把国家义务、社会及个人力量紧密结合起来，在强调公共健康的国家义务的同时，发挥社会组织和个人对公共健康的补强作用。只有这样，才能切实实现这种以群体健康保护为特征的健康权的维护。

　　2015年3月6日，国务院办公厅发布《全国医疗卫生服务体系规划纲要（2015—2020年）》的规划目标是：优化医疗卫生资源配置，构建与国民经济和社会发展水平相适应，与居民健康需求相匹配、体系完整、分工明确、功能互补、密切协作的整合型医疗卫生服务体系，为实现2020年基本建立覆盖城乡居民的基本医疗卫生制度和人民健康水平持续提升奠定坚实的医疗卫生资源基础。我国城市医疗服务体系见图5.6。

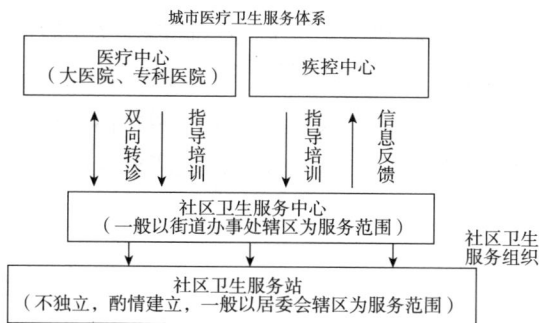

图5.6　城市医疗服务体系

社区卫生服务中心的任务是面向社会、面向基层、面向家庭，是我国初级卫生保健形式，是构成具有中国特色的卫生保健体系最重要的基层网络。社区卫生服务中心承载着疾病预防、保健、医疗、康复、卫生宣教、优生优育六位一体的功能。大型医院集中了先进的医疗设备和优质的医务人员，而社区卫生中心则因政府投入相对不足，导致医疗设备和医疗技术较落后，医疗服务能力不足，常常导致大医院人满为患、小医院门可罗雀。而且由于人员编制和配比不合理，许多社区卫生服务中心只能以医疗保健为工作重点，而社区健康教育、妇幼保健、老龄人口的社区医疗照护则显得力不从心，而居委会、街道、村委会建制中则没有专业的医务护理人员，使得老龄人口医养结合、精神病人的社区照护、吸毒、酗酒、残疾人等特殊人群的社区健康管理照护及家庭医疗服务成为盲点和短端，这与大健康背景下的医疗卫生发展目标极不相称，医疗发展不平衡使医疗资源全覆盖呈现形式化的趋势，世界卫生组织所倡导的实质的医疗资源的全覆盖并没有真正实现。另外，现实中，我国医疗服务存在城乡和区域医疗卫生发展不平衡、医疗资源配置不合理的问题，医疗卫生服务发展不平衡问题突出。加之医疗保障制度不健全、医疗费用上涨过快等问题都构成了潜在的健康危害。

在人口老龄化及经济发展的双重因素作用下，中国药品市场高速扩容。然而，中国药品市场竞争激烈，产业集中度低，自主研发能力不足，自主的原研药不足 5%。药品价格放开后，资本的逐利性导致的不正当竞争，极大的干扰了药品的市场秩序，药价问题凸显。而且，在药品行业，有关药品安全的问题由来已久，社会上有关假药、劣药案件频发，对公众健康构成严重威胁。

三、我国医疗卫生医与法交错的现实困境

（一）医学嵌入社会

现代医学最初表现为一种治病救人的科学技术，随着科学技术的进步，人口老龄化进程加速以及疾病谱从传染病向慢性非传染性疾病转变，医疗卫生服务已向四个方面扩大，即从单纯治疗扩大到预防保健，从生理服务扩大到心理服务，从医院扩大到社区，从单纯的医疗技术措施扩大到综合的社会服务，[1] 现代医学不仅通过健康评估、疾病诊治以及促进机体康复与人类紧密相连，还通过疾病预防、健康教育、生活指导、心理咨询、优生优育等面向整个社会，因此现代医学已不再只是一门复杂的科学技术体系，而是一个庞大的社会服务体系，现代医学呈现了社会化的趋势。

医学的社会化是一把双刃剑，医学的高风险性、医疗行为的不确定性和不可逆性等医学固有的缺陷常常令人失望，为医患矛盾、不健康因素的形成埋下隐患。医学在促进个体健康、群体健康及社会健康的同时，客观上也将医疗矛盾嵌入了社会。长期困扰现实社会的医疗纠纷问题便是一个充分的例证。

（二）医学伦理的异化

现代医学模式，已由生物医学模式向生物—心理—社会医学模式转变，新的医学模式更加关注人的社会生存状态，从生物与社会结合的角度理解健康和疾病，体现在医疗卫生社会关系中，就是尊重人的生命和医疗权利，更加凸显医者的社会责任，更加强调医患双方的权利和义务。[2] 然而，常常被法律所忽视的是医生和病人并不是医患关系中唯一的因素。[3] 医生和患者，本是普通的人人

---

〔1〕 参见龚幼龙主编：《社会医学》，人民卫生出版社 2000 年版，第 1 页。

〔2〕 参见伍天章主编：《医学伦理学》，高等教育出版社 2008 年版，第 91~92 页。

〔3〕 参见［美］H. T. 恩格尔哈特：《生命伦理学基础》（第 2 版），范瑞平译，北京大学出版社 2006 年版，第 291 页。

关系，而横亘于医生和患者之间的医学专业这门"艺术"，使医生和患者的地位发生了质的变化。[1] 医学如此神秘，也就造就了一组具有高超的、复杂的医学专业知识的精英和悬壶济世的道德上的楷模。

医患关系，由于医学专业这门艺术的参与而变得复杂。健康权及健康正义是法律的理想和夙愿，然而，该理想和夙愿的法律实践必须考虑到医学专业的特点，以克服由此导致的法律制度本身的局限。

四、我国卫生法治建设存在的问题与展望

法律应社会需求而生，中国的卫生法伴随社会的转型，为回应中国社会对医疗安全、药品安全、医疗保障、公共卫生安全的迫切需求，在短短二十年时间急剧发展，中国卫生立法数量激增，呈现出应急性和零散、碎片化的特征，且由于中国医疗、医药、医保的行政管理权属分散在医疗卫生行政部门、食品药品管理行政部门、医疗保险行政部门、民政部门等多个政府职能部门，相关卫生立法存在部门利益和地方保护主义倾向（如中国医疗卫生行政部门下医院药师的管理和药品管理局下社会药店执业药师管理的二元化问题），立法"寻租"问题突出，中国卫生法立法数量虽然庞大，但是立法体系不够顺畅、法出多头、立法位阶不高，中国卫生法律欠缺统一性和规范性，其最典型的表现是长期以来中国缺乏一部统领卫生健康领域的"基本法"。随着 2019 年 12 月《中华人民共和国基本医疗卫生与健康促进法》（以下简称《基本医疗卫生与健康促进法》）的公布，这一局面得以扭转。

与其他领域立法相比，中国卫生法治整体上从国际社会借鉴不多，原因是多方面的，例如中国幅员广阔、人口众多、社会医疗卫

---

〔1〕 参见［美］H. T. 恩格尔哈特：《生命伦理学基础》（第 2 版），范瑞平译，北京大学出版社 2006 年版，第 295 页。

生现象复杂及医疗行业的高度专业性导致信息不对称等。中国卫生法治发展缓慢，立法思想僵化，立法质量不高，卫生法律与实施细则之间，法律原则与具体法律适用之间，还远没有实现配套，甚至存在立法上的脱节和断裂。而"徒法不能以自行"，实践中，卫生法律的实施阻碍重重。

中国卫生法治的另一突出问题是部分卫生法律滞后、立法领域窄浅，与中国医学和医药行业的飞速发展并不相称。很多现实中存在的医疗新技术新课题尚无立法规范，急需借鉴国际社会的现代立法经验加以弥补。

促进中国卫生法治的发展，健全中国卫生法治体系，是新时代的呼唤。在当今的中国，医疗卫生法成为一个独立的部门法已经成为立法、执法和法学研究者的广泛共识，在医疗卫生领域，医疗卫生领域的"基本法"《基本医疗卫生与健康促进法》立法工作的全面推进便是一个最好的注脚。这一立法关乎国人的健康权和整个中国社会医疗卫生事业的发展，客观上也影响着健康全球治理的进程和效果。一个国家，承担着独自和集体的责任，政府有责任通过国内的卫生立法和安全法规来维护自己的公民。可以预见的是，未来中国的《基本医疗卫生与健康促进法》将是管理中国人口健康的规则、规范、制度和程序的综合性法律规范。而如何运用法治思维，坚持民主立法、科学立法，以及有关未来《基本医疗卫生与健康促进法》的立法思想、立法范围、权利义务以及确保医疗、医药、医保制度的联动都将成为立法者和全社会关注的重中之重。

放眼世界，从卫生法立法趋势来看，世界经济的全球化必然推动法律的全球化，国际法与国内法正在呈现融合之势。尤其在医疗卫生领域，健康是全人类的共同价值追求，较之其他领域，生命和医学在技术标准、人文关怀等方面更具有全世界的共通性，这为卫生法立法国际化提供了客观条件。当前，构建"人类命运共同体"理念深入人心，中国已经不再是一个地理意义上的孤立的中国，而是一个世界结构中的中国。[1] 因此，中国卫生法治在强调中国本土化、中国特色的同时，以国际化的视野积极探索立法国际化的新课题，有助于推进中国医疗卫生创新法律制度的建设。

世界卫生组织（WHO）是具有发展性宪章和国际合法性的全球健康领袖，[2]《世界卫生组织宪章》创造了一个具有非凡权力的规范性机构，致力于"使全世界人民获得可能达到的最高的健康水平"。[3] WHO 所颁布的《国际卫生条例》《烟草控制框架公约》等具有强制力的"硬法"，以及诸多医药及公共卫生领域的行业标准类的"软法"，构成了 WHO 下的国际卫生法的法律体系的核心，对于保障健康和人权以及世界缔约国各国卫生法立法具有重要影响。

国际法影响着国内法，但其成功仍然依赖于国内法。如果没有强大的国内法的立法和执行，国际法所包含的权利和义务就无法得到履行。因此，值此中国国家卫生法治进程加速的时代，WHO 对中国卫生立法的关注，是将其健康全球治理、医疗保障全覆盖理念、法律、政策纳入中国国内卫生法体系进而提升中国健康福祉的良好契机，同时中国日益完善的卫生法制建设，也可以增强 WHO 框架下国际卫生法的目标。因此，对于中国卫生法的发展而言，在 WHO 框架下对国际卫生法以及经验丰富国家卫生法进行借鉴和引进，将是有益的尝试。

同全世界发展中国家一样，在中国的卫生健康领域，健康危害不仅来自于疾病和灾害，也来自于医疗卫生资源配置不平衡，WHO 所倡导的医疗保障全覆盖体现了人类对健康正义的价值追求。

---

〔1〕 参见邓正来：《谁之全球化？何种法哲学？——开放性全球化观与中国法律哲学建构论纲》，商务印书馆 2009 年版，第 15 页。

〔2〕 参见［美］劳伦斯·O.戈斯廷：《全球卫生法》，翟宏丽、张立新主译，中国政法大学出版社 2016 年版，第 78 页。

〔3〕 参见［美］劳伦斯·O.戈斯廷：《全球卫生法》，翟宏丽、张立新主译，中国政法大学出版社 2016 年版，第 91 页。

在中国的现实中，医改进入深水区，医疗、医药、医保三医联动机制中，有关医疗保险税率机制单一粗放、医保覆盖和实际支付能力存在不足，商业健康保险定位不清，在目前药品取消政府定价的情况下，医保控费作用凸显，而相应法律法规滞后。法律应社会需求而生，因此，医疗保险法案立法将会越来越引起全社会重视。

在医疗服务领域，为盘活有限的医院和医生资源和实现医疗资源下沉实现医疗服务人人均等，中国正在推进公立医院改革、大力发展社会办医、医生自由执业、医生多点执业等策略，有关医生集团、新兴的医疗集团、互联网医疗平台等应运而生。而相应的医疗卫生服务法律法规，尤其是卫生行政监督法亟待调整，成为卫生立法的当务之急。

在中国公共卫生领域，立法将从传统的传染病防治法向环境、人口、卫生经济等领域拓展。在消灭贫困和疾病救助方面，中国相关医疗慈善、医疗救助立法亦亟待加强。

在药品供应保障方面，目前中国正在大力促进医药分开改革，公立医院全面取消药品加成，药企缺乏激励机制，导致药品短缺情况时有发生，因此未来有关药品供应保障将是立法的重点。同时我国药学人员管理由于行政部门权属的条块分割，长期存在药师管理的二元化现象，为改变这一现状，有关《药师法》的立法工作已于2015年进入全国人大立法研究计划，相信一元化的《药师法》立法工作一定会在未来持续推进。

中国医患矛盾由来已久，在一定程度上威胁着社会的和谐与稳定，近年来，有关医疗决定权与患者知情同意权、患者自主决定权的博弈的案例时有发生，有些成为社会公共事件，有鉴于此，于2017年12月14日出台的《最高人民法院关于审理医疗损害责任纠纷案件适用法律若干问题的解释》中明确了无法取得患者及其近亲属意见时医生的治疗决定权，堪称我国医疗卫生服务法领域的一个亮点。但是在司法环节，有关医疗证据司法审查、医疗损害鉴定等制度依然需要完善。2018 年 10 月 1 日开始实施的《医疗纠纷预防和处理条例》引入了医疗纠纷的人民调解，但是医疗损害鉴定的二元化问题依然没有得到解决。

"健康入万策"，在中国推进全面依法治国的新时代，我们比以往任何时代都更加重视卫生法治的建设，中国正在和全世界一起，为人类所期许的个体健康、群体健康、社会健康乃至全球健康而不懈努力。而机遇与挑战并存，"实践发展永无止境，立法工作也永无止境"，中国的卫生法立法目的是保障健康的最高可能性标准，同时为中国所有人，包括那些最贫困的人口和处于社会最底层的人们公平地分配健康权益。目前，中国在健康权益上依然存在一些不公平，中国卫生法仍需要进一步地发展和完善。

后 记

中国政法大学社会法学科原来依托于我校经济法学科，2016年1月由我校新设立为目录外独立法学二级学科。我校社会法学博士、硕士学位授予点依托社会法学科设立，导师队伍主要由我校民商经济法学院社会法研究所的10名专任研究生导师和1名校外兼任博士研究生导师、12名校外兼任硕士研究生导师共同构成。

我校社会法学学位授予点自2017年开始招收和培养社会法学专业学术型硕士研究生和社会法方向法本法硕研究生，自2019年开始招收和培养社会法学专业博士研究生。在此过程中，我们深切感受到编写一本主要针对在读及备考研究生的教材对于提升研究生招收和培养质量、加强师生之间的学术交流至关重要。同时，我国社会法学仍属新兴"幼稚学科"，社会法理论体系尚未建立，编写一本研究生教材对于促进全国社会法学科建设也可尽绵薄之力。

我校社会法学博士、硕士研究生的培养有两大特色：其一，重视社会法基础理论的教学和研究，明确将社会法基础理论作为最重要的博士和硕士研究生培养方向。其二，设置的博士和硕士研究生培养方向在国内所有高校中最为齐全，包括社会法基础理论、劳动法学、社会保障法学、社会组织法与慈善法学、卫生法学、反歧视法与特殊群体保护法学等，而国内其他高校的社会法学博士和硕士研究生培养方向主要为劳动法学和社会保障法学，特别是偏重于劳动法学。本教材主要以前述培养方向为依据并考虑到参编导师的学科方向确定章节体系，因师资的局限性，前述培养方向中的部分内容未能列入本教材的章节体系。

本教材的定位是：总体上给研习或准备研习社会法学的研究生提供系统性和前沿性的知识与理论指导，给社会法学界同仁之间进行学术交流提供理论参考。然而，我校社会法学学位授予点设立时间尚短，我们在研究生教学中所做的学术积淀还不够丰厚，编写本教材时预留的时间也较为短促，因而尽管已尽了很大努力，但本教材不论是不同章节间内容体例的一致性，还是知识与理论的广度和深度等方面都难以达到令我们自身和读者满意的程度。此缺憾或许只能留待今后本教材修订时再予以弥补。

本教材由我任主编，由我的 5 位同事与我共同执笔编写，并有幸得到"中国政法大学第一批研究生精品教材支持计划"和"中国政法大学新兴学科培育与建设计划"两个项目给予的资助以及中国政法大学出版社给予的大力支持，现得以顺利完成并出版。

在此，特别要致敬并致谢中国政法大学出版社的各位编校人员！在疫情的特殊时期，他们秉持严谨认真负责的职业精神，在编审和校对书稿过程中，不但修了一些文字错误，而且将一些内容的疑点一一找出，帮助我们减少了疏误。

本教材敬请社会法学界同仁和读者予以批评指正。

赵红梅
2020 年 10 月 28 日

图书在版编目（ＣＩＰ）数据

社会法学前沿问题研究/赵红梅主编. —北京：中国政法大学出版社，2020.12

ISBN 978-7-5620-9758-7

Ⅰ.①社⋯　Ⅱ.①赵⋯　Ⅲ.①社会法学－研究　Ⅳ.①D912.5

中国版本图书馆CIP数据核字(2020)第232029号

出 版 者	中国政法大学出版社
地　　址	北京市海淀区西土城路 25 号
邮寄地址	北京 100088 信箱 8034 分箱　邮编 100088
网　　址	http://www.cuplpress.com (网络实名：中国政法大学出版社)
电　　话	010-58908289(编辑部) 58908334(邮购部)
承　　印	北京中科印刷有限公司
开　　本	880mm×1230mm　1/32
印　　张	11.75
字　　数	320 千字
版　　次	2020 年 12 月第 1 版
印　　次	2020 年 12 月第 1 次印刷
定　　价	55.00 元